Analyse qualitativer Daten mit MAXQDA

Stefan Rädiker · Udo Kuckartz

Analyse qualitativer Daten mit MAXQDA

Text, Audio und Video

Springer VS

Stefan Rädiker
Berlin, Deutschland

Udo Kuckartz
Berlin, Deutschland

ISBN 978-3-658-22094-5 ISBN 978-3-658-22095-2 (eBook)
https://doi.org/10.1007/978-3-658-22095-2

Die Deutsche Nationalbibliothek verzeichnet diese Publikation in der Deutschen Nationalbibliografie; detaillierte bibliografische Daten sind im Internet über http://dnb.d-nb.de abrufbar.

Springer VS
© Springer Fachmedien Wiesbaden GmbH, ein Teil von Springer Nature 2019
Das Werk einschließlich aller seiner Teile ist urheberrechtlich geschützt. Jede Verwertung, die nicht ausdrücklich vom Urheberrechtsgesetz zugelassen ist, bedarf der vorherigen Zustimmung des Verlags. Das gilt insbesondere für Vervielfältigungen, Bearbeitungen, Übersetzungen, Mikroverfilmungen und die Einspeicherung und Verarbeitung in elektronischen Systemen.
Die Wiedergabe von Gebrauchsnamen, Handelsnamen, Warenbezeichnungen usw. in diesem Werk berechtigt auch ohne besondere Kennzeichnung nicht zu der Annahme, dass solche Namen im Sinne der Warenzeichen- und Markenschutz-Gesetzgebung als frei zu betrachten wären und daher von jedermann benutzt werden dürften.
Der Verlag, die Autoren und die Herausgeber gehen davon aus, dass die Angaben und Informationen in diesem Werk zum Zeitpunkt der Veröffentlichung vollständig und korrekt sind. Weder der Verlag noch die Autoren oder die Herausgeber übernehmen, ausdrücklich oder implizit, Gewähr für den Inhalt des Werkes, etwaige Fehler oder Äußerungen. Der Verlag bleibt im Hinblick auf geografische Zuordnungen und Gebietsbezeichnungen in veröffentlichten Karten und Institutionsadressen neutral.

Springer VS ist ein Imprint der eingetragenen Gesellschaft Springer Fachmedien Wiesbaden GmbH und ist ein Teil von Springer Nature.
Die Anschrift der Gesellschaft ist: Abraham-Lincoln-Str. 46, 65189 Wiesbaden, Germany

Vorwort

„To begin at the beginning" heißt es zu Beginn des Theaterstücks „Under Milk Wood" des walisischen Dichters Dylan Thomas. So wollen auch wir hier mit dem Anfang beginnen und mit einigen Informationen zur Geschichte der Analysesoftware MAXQDA starten. Diese Geschichte ist ziemlich lang, sie beginnt im Jahr 1989 mit einer ersten Version der damals noch „MAX" genannten Software für das Betriebssystem DOS und einem 1992 im Gustav Fischer Verlag erschienenen Buch „Textanalysesysteme für die Sozialwissenschaften: Einführung in MAX und Textbase Alpha" von Udo Kuckartz. Seither hat es viele Veränderungen und Innovationen gegeben: technologische, programmtechnische und methodische. MAXQDA hat seine Wurzeln in der sozialwissenschaftlichen Methodik, der ursprüngliche Name MAX war eine Reminiszenz an den Soziologen Max Weber, dessen Methodologie in einer zu seiner Zeit einzigartigen Weise quantitative und qualitative Methoden, Erklären und Verstehen, miteinander verband. Seit den ersten Versionen war MAX bzw. MAXQDA immer eine sehr innovative Analysesoftware: 1994 war es eines der ersten Programme mit graphischer Benutzeroberfläche, seit 2001 nutzte es das Rich Text Format mit eingebetteten Grafiken und Objekten. Später war MAXQDA das erste QDA-Programm (QDA steht für Qualitative Data Analysis) mit einer speziellen, alle analytischen Funktionen umfassenden Version für Mac-Computer. Seit Herbst 2015 gibt es MAXQDA in nahezu identischer Version für Windows und Mac, sodass Nutzer und Nutzerinnen zwischen den Betriebssystemen wechseln können ohne sich mit einer neuen Oberfläche oder veränderten Funktionalität vertraut machen zu müssen. Diese Kompatibilität und Funktionsgleichheit zwischen Mac- und Windows-Version ist einzigartig und erleichtert die Zusammenarbeit im Team erheblich. Auch in den dazwischenliegenden Jahren hat MAXQDA mit zahlreichen Neuerungen aufgewartet: einem logisch und sehr intuitiv gestalteten User-Interface, sehr vielseitigen Optionen für Memos und Anmerkungen, zahlreichen Visualisierungsoptionen, dem Summary Grid als einer mittleren Analyseebene zwischen Primärdaten und Kategorien und vielem mehr: Transkription, Geo-Links, Gewicht-Scores für Codierungen, PDF-Analyse, Twitter-Analyse etc. Last but not least sind die Mixed-Methods-Features zu erwähnen, bei denen MAXQDA schon seit langem eine Vorreiterrolle einnimmt.

Diese Aufzählung zeigt bereits, dass MAXQDA heute weit mehr als eine Textanalysesoftware ist: Das erste Kapitel dieses Buches enthält eine Darstellung der Datenarten, die MAXQDA heute (Version 2018) analysieren kann und zeigt auf, welche Dateiformate verarbeitet werden können. Der großen Vielfalt von Datenarten steht eine noch um ein Mehrfaches größere Anzahl von Analysemethoden gegenüber. Die Vielfalt der Möglichkeiten ist einerseits faszinierend, stellt uns als Autoren dieses Buches andererseits aber auch vor die Frage, welche Inhalte wir auswählen und welche Methoden und Vorgehensweisen wir mit welchem Grad an Detailliertheit beschreiben sollen. Es ist nun einmal ein gewaltiger Unterschied, ob im Rahmen von Unterrichtsforschung und Didaktikforschung Videos von Schulunterricht analysiert werden, ob in der Biographieforschung narrative Interviews ausgewertet oder ob Mixed-Methods-Evaluationen entwicklungspolitischer Maßnahmen durchgeführt werden. In allen drei Fällen wird eine spezifische Methodik benötigt, die jeweils eine eigene Abhandlung, einen eigenen Step-by-Step-Guide, verdient hätte – und außer diesen existieren natürlich noch viele weitere Anwendungsfelder wie die Pflegeforschung, Umweltforschung, Technikfolgenforschung. Wir haben versucht, möglichst viele Themen zu behandeln, vor allem fokussieren wir solche Aspekte, die einen Querschnittscharakter besitzen und in vielen Anwendungsfeldern, bei vielen Datenarten und Methoden in gleicher Weise eine Rolle spielen. Hierzu gehören an allererster Stelle Fragen rund um die Kategorienbildung, der wir besondere Aufmerksamkeit widmen.

Sinn und Zweck dieses Buches ist es, einen guten Überblick über die Analysemöglichkeiten von MAXQDA zu geben, und zwar für die Datenarten Texte, Dokumente (PDF), Audio und Video. Wir hatten uns fest vorgenommen, keinen dicken Wälzer zu schreiben, sondern einen Umfang von 300 Seiten nicht zu überschreiten, d. h. der Text sollte so ausführlich wie nötig und so kurz wie möglich sein. Es ist uns fast, aber nicht punktgenau gelungen.

Wenn es um den Umgang mit Software geht, wird heute meist das eigene Ausprobieren mittels Trial-and-Error bevorzugt, während das Lesen von Anleitungen und Manuals eher aus der Mode gekommen ist. Das Lernen via Ausprobieren ist sicherlich ein Weg, der in vielen Fällen erfolgversprechend ist und auch viel Spaß machen kann. Für die methodisch kontrollierte Analyse sozialwissenschaftlicher Forschungsdaten ist dies aber nicht immer auch der bestmögliche Weg: Um beispielsweise eine qualitative Inhaltsanalyse durchzuführen, ein Kategoriensystem zu konstruieren oder Mixed-Methods-Daten auszuwerten und in sogenannten Joint Displays darzustellen, bedarf es schon eines inhaltlichen Inputs und den wollen wir mit diesem Buch liefern. Obwohl MAXQDA über eine sehr intuitiv zu bedienende Oberfläche verfügt, werden gewiss manchmal Fragen auftauchen. Weitergehende spezielle Informationen lassen sich dann im Online-Manual, in den auf YouTube verfügbaren Video-Tutorials und in den ausführlichen Informationen finden, die kontextspezifisch in MAXQDA abrufbar sind.

Zum Aufbau des Buches
Das Buch ist in drei Hauptteile untergliedert:
Im *ersten Hauptteil* werden nach einer methodischen Einführung die *Basisfunktionen von MAXQDA* dargestellt. Der Aufbau folgt der schrittweisen Logik des Forschungsprozesses. Das erste Kapitel „Qualitative Daten mit Software analysieren" enthält eine kurze

methodische Einführung und gibt einen Überblick über die Analysemöglichkeiten. Die folgenden Kapitel befassen sich mit der Bedienung und der Oberfläche von MAXQDA (Kap. 2), Vorbereitung und Import von Daten (Kap. 3) und der Handhabung und Transkription von Audio- und Videodaten (Kap. 4).

Lesen, Reflektieren und Explorieren stehen dann am Anfang des eigentlichen Auswertungsprozesses (Kap. 5). Die zentrale analytische Tätigkeit des Codierens ist Gegenstand von Kap. 6 (Textdaten und PDF) und Kap. 7 (Videodaten und Bilder). Das folgende Kap. 8 „Das Kategoriensystem gestalten" fokussiert die so wichtige Frage der Konstruktion des Kategoriensystems. Der Logik einer Schritt-für-Schritt-Anleitung folgend, befasst sich das neunte Kapitel dann mit der Frage, wie codierte Segmente zusammengestellt werden können und welche Formen der Weiterarbeit, etwa zur Ausdifferenzierung von Codes, sich anschließen. Kap. 10 „Variablen hinzuziehen und Codes quantifizieren" ist insbesondere für Mixed-Methods-Ansätze interessant, aber auch für alle diejenigen wichtig, die im Rahmen etwa von problemzentrierten Interviews zusätzliche Daten, beispielsweise soziodemographische Informationen gesammelt haben und mit den qualitativen Daten kombinieren wollen. Mit Kap. 10 endet der Grundlagenteil des Buches. Bis hierhin sollten die Kapitel sequenziell nacheinander gelesen werden, denn sie bauen weitgehend aufeinander auf. Dieser Ratschlag gilt vor allem für die Leserinnen und Leser, die bisher kein Wissen über die computerunterstützte Analyse qualitativer Daten besitzen.

Der *zweite Hauptteil* des Buches (Kap. 11 bis 16) ist problemorientiert, d. h. es werden konkrete Analyseprobleme und Anwendungsfälle besprochen. Während der erste Hauptteil am besten sequenziell von vorne nach hinten gelesen werden sollte, können die Kapitel des zweiten anwendungsbezogenen Teils unabhängig voneinander gelesen werden. Wenn es beispielsweise darum geht, wie ein Literaturreview erstellt werden kann, reicht es aus, nach dem ersten Teil lediglich Kap. 14 zu lesen. Durch diesen auf Anwendungen fokussierten Aufbau des Buches wollen wir vermeiden, dass lauter träges Wissen erworben wird, welches man ja leider erfahrungsgemäß auch wieder sehr schnell vergisst. Es werden also spezielle Arten der Analyse bzw. spezielle Datenarten behandelt: In Kap. 11 geht es um Techniken der Paraphrasierung, um fallorientierte Zusammenfassungen und Fallvergleiche. Kap. 12 widmet sich den Fragen, wie sich Zusammenhänge entdecken lassen, wie Gruppenvergleiche durchgeführt werden können und welche Formen der Darstellung und der Visualisierung der Ergebnisse mit MAXQDA möglich sind. Kap. 13 ist Mixed-Methods-Ansätzen, insbesondere den Möglichkeiten der Integration von qualitativem und quantitativem Forschungsstrang, gewidmet. Die beiden folgenden Kapitel behandeln spezielle Analyseformen: die Erstellung von Literaturreviews (Kap. 14) und die Fokusgruppenanalyse (Kap. 15). Kap. 16 fokussiert eine sehr beliebte Form von Mixed-Methods-Forschung, nämlich die Analyse von (Online-)Survey-Daten mit geschlossenen und offenen Fragen.

Der die letzten vier Kapitel umfassende *dritte Hauptteil* des Buches ist wieder allgemeinen Themen gewidmet, die unabhängig von bestimmten Analysearten von Interesse sind: Die visuelle Darstellung von Zusammenhängen, zum Beispiel in Form von Infographiken, Concept Maps, kausalen Netzwerken und Modellen, ist Gegenstand von Kap. 17.

Die Möglichkeiten zur Zusammenarbeit im Team, inklusive der arbeitstechnischen Realisierung, sind Gegenstand von Kap. 18. Im anschließenden Kap. 19 wird die Frage der Übereinstimmung von unterschiedlichen Personen bei der Codierung des Datenmaterials behandelt. Das Schlusskapitel 20 widmet sich den Fragen der Dokumentation und der Archivierung, die sich ganz am Ende eines Projektes oder einer Qualifikationsarbeit stellen, etwa der Frage, wie die geleistete Arbeit, beispielsweise das Kategoriensystem und die Codierungen, dokumentiert werden kann.

Dieses Buch ist bewusst mit der Zielsetzung der optimalen Handhabung von MAXQDA geschrieben. Auf Methodenliteratur wird zwar Bezug genommen, aber wer lernen möchte, wie beispielsweise eine qualitative Inhaltsanalyse funktioniert oder welche Methoden der Videoanalyse existieren, sollte auf die vielfältige Methodenliteratur zurückgreifen. In diesem Buch vermitteln wir möglichst verständlich und nachvollziehbar das notwendige Wissen, um vorhandene Methoden mit MAXQDA umsetzen zu können.

Für ihre zahlreichen Rückmeldungen zu unserem Manuskript bedanken wir uns an dieser Stelle ganz herzlich bei Denise Gider, Malte Hilker und Aikokul Maksutova sowie bei Anne Kuckartz, Isabel Kuckartz, Jonas Ringler, Fabrice Mielke und Ann-Kathrin Fischer. Sie alle haben durch ihr wertvolles Feedback dazu beigetragen, unseren Text an vielen Stellen zu optimieren. Ein besonderes Dankeschön sagen wir hier auch Frau Katrin Emmerich und Frau Stefanie Loyal vom Springer VS Verlag, die uns bei der Produktion des Bandes stets hilfreich zur Seite standen.

Berlin, Deutschland
im Mai 2018

Udo Kuckartz
Stefan Rädiker

Inhaltsverzeichnis

1	**Einleitung: Qualitative Daten mit Software analysieren**		1
	1.1	Was sind qualitative Daten?	2
	1.2	Welche Datenarten lassen sich mit MAXQDA analysieren?	3
	1.3	Die Analysefunktionen von MAXQDA	4
	1.4	Methoden qualitativer Datenanalyse	6
	1.5	Ist MAXQDA eigentlich eine Methode?	10
2	**Die MAXQDA-Oberfläche kennenlernen**		13
	2.1	Das Startfenster von MAXQDA	13
	2.2	Das User-Interface von MAXQDA	15
	2.3	Die Kontextmenüs und die Symbole in den Hauptfenstern	17
	2.4	Die Rückgängig-Funktion	18
	2.5	Die Hilfe-Funktionen	19
	2.6	Wichtige Bezeichnungen in MAXQDA	19
3	**Ein MAXQDA-Projekt vorbereiten und Daten importieren**		23
	3.1	Worüber sollte man sich vorab Gedanken machen?	24
	3.2	Daten vorbereiten	26
	3.3	Texte importieren	31
	3.4	Texte im „Dokument-Browser" anzeigen und bearbeiten	31
	3.5	Dokumente und Dokumentgruppen in der „Liste der Dokumente" verwalten	33
	3.6	PDF-Dokumente, Bilder, Tabellen importieren	34
	3.7	Audio- und Videodateien einem Projekt hinzufügen und abspielen	36
	3.8	Webseiten importieren	38
	3.9	Metainformationen in Memos festhalten	40
	3.10	Die Arbeit kontinuierlich dokumentieren	41

4	**Audio- und Videoaufnahmen transkribieren**		43
	4.1	Keine Transkription ohne Regeln	44
	4.2	Audioaufnahmen von Interviews und Fokusgruppen transkribieren	45
	4.3	Videoaufnahmen transkribieren	48
	4.4	Die „Übersicht Zeitmarken"	49
	4.5	Vorhandene Transkripte mit Zeitmarken importieren	50
	4.6	Transkription überprüfen	51
5	**Daten explorieren**		53
	5.1	Daten explorieren und Wichtiges in Memos notieren	54
	5.2	Textstellen farbig markieren	56
	5.3	Texte mit der lexikalischen Suche durchsuchen	57
	5.4	Wortwolke: die häufigsten Wörter visuell darstellen	59
	5.5	Videodaten explorieren	61
	5.6	Daten mithilfe von Links verknüpfen	62
	5.7	Texte paraphrasieren	64
6	**Texte und PDF-Dokumente codieren**		67
	6.1	Über Codes und Kategorien	68
	6.2	Was bedeutet eigentlich „codieren"?	69
	6.3	Neue Codes anlegen und die „Liste der Codes" organisieren	70
	6.4	Einen Text codieren	72
	6.5	Weitere Techniken des Codierens	74
	6.6	Anzeige der Codierungen im „Dokument-Browser" steuern	77
	6.7	Codierungen bearbeiten: kommentieren, gewichten, löschen	78
	6.8	Die „Übersicht Codings": Überblick über die codierten Segmente behalten	80
	6.9	PDF-Dokumente codieren	82
	6.10	Suchtreffer automatisch codieren	83
7	**Videodaten, Audiodaten und Bilder codieren**		85
	7.1	Charakteristika von Videoanalyse	86
	7.2	Videoaufnahmen direkt codieren oder transkribieren?	86
	7.3	Videoaufnahmen direkt im „Multimedia-Browser" codieren	87
	7.4	Mit Memos arbeiten und Videostellen verlinken	90
	7.5	Standbilder weiterverarbeiten und in Publikationen integrieren	91
	7.6	Audiodaten direkt im „Multimedia-Browser" codieren	92
	7.7	Bilder codieren und analysieren	92
8	**Das Kategoriensystem gestalten**		95
	8.1	Verschiedene Arten von Kategoriensystemen	96
	8.2	Wege zu einem strukturierten Kategoriensystem	98
	8.3	Deduktive Kategorienbildung: Kategorien konzeptgesteuert bilden	99

8.4	Induktive Kategorienbildung: Kategorien datengesteuert bilden	102
8.5	Visuelle Entwicklung eines Kategoriensystems mit Creative Coding	105
8.6	Die Entwicklung des Kategoriensystems dokumentieren	109
8.7	Tipps für das Kategoriensystem	109

9 Mit codierten Segmenten und Memos arbeiten ... 111

9.1	Codierte Segmente zusammenstellen	112
9.2	Codierte Videoclips zusammenstellen	117
9.3	Codes ausdifferenzieren: codierte Segmente auf verschiedene Codes verteilen	118
9.4	Codes aggregieren: codierte Segmente aus mehreren Codes in einem Code vereinen	120
9.5	Das Smart-Coding-Tool: effektiv mit Codes und Codings arbeiten	121
9.6	Zusammenstellung von Segmenten weiterverarbeiten und drucken	123
9.7	Der Smart Publisher: Codings in einem layouteten Bericht präsentieren	124
9.8	Übersicht über die Memos und ihre Inhalte behalten	125
9.9	Memos weiterverarbeiten und drucken	127

10 Variablen hinzuziehen und Codes quantifizieren ... 129

10.1	Welchen Nutzen bieten quantitative Daten in Form von Variablen?	130
10.2	Variablen in der „Liste der Variablen" managen	131
10.3	Variablenwerte im „Dateneditor" eingeben, ändern und betrachten	135
10.4	Codehäufigkeiten in Dokumentvariablen transformieren	138
10.5	Häufigkeitstabellen und Diagramme für Dokumentvariablen erstellen	139

11 Mit Paraphrasen arbeiten, thematische Zusammenfassungen und Fallübersichten erstellen ... 143

11.1	Mit Paraphrasen arbeiten und Paraphrasen kategorisieren	144
11.2	Thematische Zusammenfassungen im Summary-Grid schreiben	149
11.3	Fallübersichten mithilfe der Summary-Tabellen erstellen	151
11.4	Aus Summary-Tabellen Dokumentvariablen erzeugen	153
11.5	Alternative Darstellung für die Fallübersichten	155
11.6	Integrative Zusammenfassungen erzeugen	156
11.7	Die „Übersicht Summarys"	157

12 Fälle und Gruppen vergleichen, Zusammenhänge entdecken, Visualisierungen nutzen ... 159

12.1	Generelles zu Fallkontrastierung und Gruppenvergleichen	160
12.2	Gruppen anhand von Variablenwerten bilden	160
12.3	Qualitative Kontrastierung: Inhaltliche Aussagen von Fällen und Gruppen vergleichen	162
12.4	Quantitative Kontrastierung: Häufigkeiten inhaltlicher Aussagen von Fällen und Gruppen vergleichen	164

12.5 Weit mehr als Spielerei: Visualisierungen als Mittel der Analyse und der Präsentation nutzen 165
12.6 Der Code-Matrix-Browser: Verteilung von Codes pro Fall oder Gruppe darstellen.. 166
12.7 Der Code-Relations-Browser: gemeinsames Auftreten von Codes darstellen... 168
12.8 Komplexe Zusammenhänge von Codes entdecken 170
12.9 Codekonfigurationen: mehrdimensionale Muster identifizieren 172
12.10 Das Dokument-Portrait: die Codierungen eines Falls visualisieren .. 174
12.11 Die Codeline: zeitliche Verläufe und Abfolgen von Codierungen darstellen 177

13 Mixed-Methods-Datenanalyse 181
13.1 Integration als Herausforderung der Mixed-Methods-Forschung 182
13.2 Verbindung von qualitativen und quantitativen Daten in MAXQDA .. 183
13.3 Möglichkeiten und Strategien der Integration in MAXQDA 184
13.4 Resultatbasierte Integrationsstrategien 185
13.5 Datenbasierte Integrationsstrategien 188
13.6 Ähnlichkeitsanalyse für Dokumente 196

14 Mit bibliographischen Informationen arbeiten und Literaturreviews anfertigen 201
14.1 Arbeiten mit bibliographischen Daten aus Literaturverwaltungsprogrammen 202
14.2 Literatur und Exzerpte mit MAXQDA organisieren und analysieren . 205
14.3 Literaturreviews mit MAXQDA erstellen 205

15 Fokusgruppen analysieren 217
15.1 Über Fokusgruppen und Gruppendiskussionen 218
15.2 Fokusgruppentranskripte vorbereiten und importieren 219
15.3 Fokusgruppentranskripte explorieren..................... 222
15.4 Fokusgruppentranskripte codieren 226
15.5 Codierte Segmente gezielt zusammenstellen 227
15.6 Teilnehmende und Gruppen von Teilnehmenden vergleichen 229
15.7 Typische Auswertungsfragen beantworten 232

16 (Online-)Surveydaten mit geschlossenen und offenen Fragen auswerten . 235
16.1 Umfragedaten vorbereiten und importieren 236
16.2 Umfragedaten analysieren 241

17 MAXMaps: Infographics, Concept-Maps und Zusammenhangsmodelle erstellen 247
    17.1 Zusammenhänge visualisieren 248
    17.2 Grundzüge des Arbeitens mit MAXMaps 251
    17.3 Eine Map gestalten 252
    17.4 Grafiken mit Style 253
    17.5 Eine Case-Map gestalten 255
    17.6 Mit Layern arbeiten und eine Präsentation gestalten 256
    17.7 MAXMaps mit den MAXQDA-Projektdaten synchronisieren .. 258
    17.8 Die Modell-Vorlagen: vorbereitete Maps für spezielle Aufgaben 260

18 Im Team zusammenarbeiten 271
    18.1 Unterschiedliche Formen von Teamwork und Arbeitsteilung 272
    18.2 Zwei MAXQDA-Projekte fusionieren 275
    18.3 Codierungen, Memos, Summarys, Variablen und Links von einem Projekt in ein anderes transferieren 277
    18.4 Externe Dateien bei der Zusammenarbeit im Team verwalten 280
    18.5 Über die Analysearbeit im Team kommunizieren 281
    18.6 Rechte für einzelne Teammitglieder verteilen 282

19 Intercoder-Übereinstimmung analysieren 287
    19.1 Ziele und Einsatzgebiete der Übereinstimmungsprüfung 288
    19.2 Das Vorgehen zur Prüfung der Intercoder-Übereinstimmung in MAXQDA 291
    19.3 Intercoder-Übereinstimmung auf Dokument-Ebene 293
    19.4 Intercoder-Übereinstimmung auf Segment-Ebene 295
    19.5 Berechnung zufallskorrigierter Koeffizienten wie Kappa 299

20 Die Analysearbeit dokumentieren und archivieren 305
    20.1 Dokumentation ist Pflicht 306
    20.2 Die Memos als wichtige Hilfsmittel zur Dokumentation 307
    20.3 Das Logbuch als digitales Forschungstagebuch 307
    20.4 Einen Text mit Absatznummern und Codierungen exportieren und ausdrucken 308
    20.5 Das Kategoriensystem und die codierten Segmente dokumentieren .. 310
    20.6 Audit-Trail: Wie hat sich das Projekt entwickelt? 310
    20.7 MAXQDA-Projekte und Daten weitergeben und archivieren ... 311

Literatur 313

Einleitung: Qualitative Daten mit Software analysieren

Unter dem Oberbegriff „qualitative Daten" wird eine riesige Vielfalt von Datenarten zusammengefasst. Computersoftware zu ihrer Analyse einzusetzen ist ein relativ neues Feld der Methodenentwicklung. So ist die computergestützte Analyse von Multimedia-Daten, wie beispielsweise Videos, erst in jüngster Zeit aufgrund der rasanten technischen Entwicklung ins Blickfeld geraten. Heute ist (fast) jeder in der Lage, solche Daten zu erheben (etwa via Smartphone) und zu analysieren. Dieses Kapitel gibt einen Überblick, welche Daten sich mit MAXQDA analysieren lassen, welche Dateiformate verarbeitet werden können und welchen Leistungsumfang MAXQDA besitzt. Thematisiert wird auch die Frage des Verhältnisses von qualitativen Methoden und Computersoftware als Analyseinstrument in der Forschungspraxis. Bevorzugt Computersoftware bestimmt sozialwissenschaftliche Methoden oder ist dies gar selbst eine Methode, die andere traditionelle Methoden verdrängt?

In diesem Kapitel

- ✓ Die Vielfalt qualitativer Daten entdecken
- ✓ Einen Überblick über die Datenarten und Datenformate erhalten, die sich mit MAXQDA analysieren lassen
- ✓ Einen ersten Eindruck von der Leistungsfähigkeit von MAXQDA bekommen
- ✓ Die Kontroverse um QDA-Software als Werkzeug oder Methodologie nachvollziehen

1.1 Was sind qualitative Daten?

MAXQDA ist ein Programm zur Analyse qualitativer Daten und zählt damit zur Gattung CAQDAS, dem englischen Akronym für „Computer assisted qualitative data analysis software". In letzter Zeit wird statt des Begriffs CAQDAS auch häufig der kürzere Begriff QDAS (Qualitative data analysis software) bevorzugt, den wir auch im Folgenden benutzen. Zuallererst lässt sich die Frage stellen, was überhaupt qualitative Daten sind? Der Begriff „qualitative Daten" stammt aus den Sozialwissenschaften und ist eine Sammelbezeichnung für alle nicht-numerischen, unstrukturierten Daten. Während sich vermutlich jeder unter *numerischen Daten* sofort etwas vorstellen kann, ist dies für *qualitative Daten* nicht so ohne weiteres der Fall. Numerische Daten, das sind Zahlen – mehr oder weniger große Zahlen – mit mehr oder weniger großer Genauigkeit; sie werden üblicherweise mit Hilfe von Messungen erhoben und mit statistischen Methoden ausgewertet. Für solche Analysemethoden existiert entsprechende Software wie etwa SPSS, STATA, SAS oder SYSTAT.

Während das Feld der numerischen Daten sehr überschaubar ist, gilt für qualitative Daten das Gegenteil. Es existieren unglaublich viele Arten qualitativer Daten; sie reichen von Interview- und Fokusgruppentranskripten über Fotografien bis hin zu Dokumenten, Filmen, Ton- und Videoaufnahmen. Von *qualitativen Daten* zu unterscheiden ist der in der quantitativ orientierten Sozialforschung verwendete Begriff „qualitative Merkmale"; damit sind nämlich Variablen mit Nominalskalenniveau gemeint, wie etwa die Variablen „Geschlecht", „Familienstand" oder „Parteipräferenz". Solche Daten werden häufig auch als *kategoriale Variablen* bezeichnet, weil die Merkmalsausprägungen sich Kategorien („SPD", „CDU", „CSU", „Die Grauen", „FDP", „Grüne" etc.) zuordnen lassen.

Sinnvoll ist es, bei der Betrachtung der verschiedenen qualitativen Datenarten zwischen methodischen und technischen Aspekten zu unterscheiden. Methodisch unterscheidet man zwischen narrativen Interviews, episodischen Interviews, ethnographischem Interview, problemzentrierten Interviews etc.. Ich kann beispielsweise ein offenes Interview mit einer Person führen, bei welchem ich die Themen, zu denen ich Fragen stellen möchte, vorab in einem Leitfaden fixiert habe, ansonsten aber das Interview völlig offen gestalten will. Technisch gesehen können all diese methodisch unterschiedlichen Arten beispielsweise in einer Audiodatei im MP3-Format oder in einem anderen Dateiformat aufgezeichnet werde. Nach der Verschriftlichung der Audioaufnahme, der sogenannten Transkription, wird das Interview zu einer Textdatei in einem bestimmten Format, z. B. RTF-, DOC/X- oder PDF-Format, gespeichert. Die technische Seite ist nicht unwichtig, wenn das Interview mit MAXQDA oder einem anderen Programm zur Analyse qualitativer Daten ausgewertet werden soll. Manche QDA-Software kann nur Texte im TXT- oder RTF-Format auswerten, während andere Software auch Dokumente im PDF-Format analysieren kann (manchmal allerdings nur die in einer PDF-Datei enthaltenen Wörter, jedoch nicht die Bilder, Tabellen und alle anderen nicht-textlichen Inhalte). Wieder andere Programme können auch Audio- und Videodateien analysieren und schließlich existieren auch Programme wie MAXQDA oder ATLAS.ti, die es sogar erlauben, Transkript und Audio- bzw. Videodatei synchron wiederzugeben und zu analysieren.

Betrachtet man also die Art der analysierten Daten, so haben die quantitativ orientiert Forschenden (manchmal auch als „die Quantis" bezeichnet) es relativ einfach, denn sie haben es nur mit einer einzigen Datenart zu tun, nämlich mit Zahlen. Qualitativ Forschende („die Qualis") sind hingegen mit einer Vielfalt von Datenarten konfrontiert; in Anlehnung an den Begriff „Bio-Diversität" ließe sich auch von „Quali-Diversität" sprechen, einer kaum überschaubaren Pluralität von Datenarten und Erfassungsmodi.

1.2 Welche Datenarten lassen sich mit MAXQDA analysieren?

Der Vielfalt qualitativer Daten entsprechend ist die Liste all der Datenarten, die sich mit MAXQDA analysieren lassen, sehr umfänglich. Tab. 1.1 gibt – ohne den Anspruch auf Vollständigkeit – einen Überblick über Datenarten und Datenformate.

Die letzten beiden Zeilen der Tab. 1.1 stellen eine Besonderheit dar, weil die Daten in diesen Fällen noch nicht vorliegen, sondern erst unter Benutzung von MAXQDA erzeugt werden, z. B., wenn im Rahmen von Feldforschung ein Beobachtungsprotokoll geschrieben oder eine Feldnotiz in MAXQDA eingegeben wird oder wenn Audio-/Videodateien transkribiert werden.

Für die Oberfläche von MAXQDA kann zwischen 15 verschiedenen Sprachen gewählt werden. Ganz gleich, welche Oberflächensprache ausgewählt wurde, kann MAXQDA alle Texte verarbeiten, die dem Unicode-Standard entsprechen; damit sind Texte (fast) aller Sprachen, also zum Beispiel auch chinesische, koreanische oder arabische Texte, bearbeitbar. Das gilt auch für alle in MAXQDA eingegebenen Kategorienbezeichnungen, Dokumentnamen, Notizen und Zusammenfassungen.

Tab. 1.1 In MAXQDA analysierbare Datenarten und Datenformate

Daten	Beispiele aus der empirischen Sozialforschung	Importierbare Datenformate in MAXQDA
Vorhandene Texte aller Art	Interview- und Fokusgruppentranskripte, Forschungstagebücher, Notizen etc.	RTF, RTFD (Mac), DOC/X, ODT, TXT
Dokumente	Forschungsberichte, Artikel aus Fachzeitschriften	PDF
Audioaufnahmen	Leitfadeninterviews, narrative Interviews, episodische Interviews, Fokusgruppen etc.	MP3, WAV und viele andere Formate
Videoaufnahmen	Ethnografie, Feldforschung, Unterrichtsforschung etc.	MP4, MOV, 3GP, 3GGP, MPG, AVI, M4V, AVCHD

Tab. 1.1 (Fortsetzung)

Daten	Beispiele aus der empirischen Sozialforschung	Importierbare Datenformate in MAXQDA
Umfragen, Surveys	Import von Umfragedaten aus Excel mit automatischer Codierung. Import von Variablen aus SPSS-Dateien	XLS/X, SAV
Daten von Online-Erhebungstools	SurveyMonkey, Qualtrics, LimeSurvey, 2ask, Kernwert etc.	Direktübernahme von SurveyMonkey, XLS/X, HTML
Tabellen	Import von Tabellen	XLS/X
Daten aus Social Media	Twitter, Facebook etc.	Direktübernahme von Twitter, PDF (von Facebook-Seiten)
Fotografien, Bilder	Ethnografie, Feldforschung, Stadtforschung, Unterrichtsforschung	PNG, JPG, JPEG, GIF, TIF
Bibliographische Daten	Exporte aus Literaturverwaltungsprogrammen (Endnote, Citavi, Zotero etc.) und Online-Literaturdatenbanken	RIS, TXT
Webseiten	Organisations-Homepages, Foren etc.	PDF, PNG
MAXApp-Projekte	Import von Projekten, die mit MAXApp (iOS/Android) erstellt wurden	ZIP, XML
Vorstrukturierte Daten	Strukturierte Interviews, Datenbankexporte etc.	RTF, RTFD (Mac), DOC/X, ODT, TXT
In MAXQDA direkt eingegebene Texte und Tabellen	Feldnotizen, Beobachtungsprotokolle etc.	–
In MAXQDA transkribierte Audio- und Videoaufnahmen	Interviews und Gruppeninterviews; Interaktions-Videos etc.	–

1.3 Die Analysefunktionen von MAXQDA

MAXQDA ist in der Lage, alle üblicherweise in der empirischen Sozialforschung erhobenen Daten auszuwerten. Selbstverständlich kann die Software auch für Aufgaben jenseits von sozialwissenschaftlicher Forschung eingesetzt werden. Sie eignet sich beispielsweise hervorragend für die Erstellung von Literaturreviews, wie sie in allen wissenschaftlichen Disziplinen üblich sind, sowie für die systematische Erschließung von Textbeständen einschließlich automatischer Codierung: Unternehmen können so ihre Vorstandsprotokolle, Pfarrer_innen ihre Predigten und Kriminalämter die Vernehmungsprotokolle verwalten.

Was kann man nun alles mit MAXQDA tun und welche Funktionen stellt das Programm zur Verfügung? Die auf der MAXQDA-Webseite unter www.maxqda.de/produkte/funktionen abrufbare Funktionsübersicht umfasst elf Abteilungen:

1.3 Die Analysefunktionen von MAXQDA

1. Datenarten (Import und Analyse)
2. Daten verwalten & Usability
3. Transkription
4. Qualitative Datenanalyse
5. Mixed Methods
6. Visualisierung
7. Teamwork
8. Report & Publish
9. Sprachen
10. Quantitative Textanalyse
11. Statistische Datenanalyse

Mit einem Umfang von fast 20 Seiten ist die Liste der einzelnen Funktionen viel zu lang, um hier vollständig wiedergegeben zu werden, zumal in den weiteren 19 Kapiteln dieses Buches viele Funktionen im Detail beschrieben werden. Hier, zu Beginn der Arbeit mit der Software, wollen wir uns auf einen ersten Überblick über die grundlegenden Analysefunktionen beschränken; diese sind in Tab. 1.2 wiedergegeben.

MAXQDA unterstützt die Arbeit in allen Analysephasen eines Projekts. Eine zentrale Funktionalität von MAXQDA und aller QDA-Software ist die Möglichkeit mit Codes (Kategorien) zu arbeiten und ausgewählten Teilen der Daten – seien es nun Wörter oder Passagen eines Textes, Ausschnitte eines Bildes oder Szenen eines Videos – Codes zuzuordnen. Seit den Anfängen der Entwicklung von QDA-Software in den 1990er Jahren spielt die Analysetechnik des Codierens von Datensegmenten eine zentrale Rolle; es existieren aber durchaus auch Analyseansätze, die nicht kategorienbasiert arbeiten (Silver und Lewins 2014, S. 18–19). So kann QDA-Software auch lediglich zur Unterstützung einer rein hermeneutischen Analyse dienen, indem sie das schnelle Suchen von Wörtern und

Tab. 1.2 Grundlegende Analysefunktionen von MAXQDA

Analysefunktion	Beschreibung der Analysefunktion
Codieren	Zuordnen von Codes zu Teilen eines Dokuments (Textstelle, Bildteil, Videoclip). Kategorien induktiv aus dem Text heraus generieren, z. B. per In-vivo-Codieren, mit Farben wie mit einem Textmarker codieren, Codieren mit Symbolen („emoticode"), Tastenkürzel für häufig verwendete Codes vergeben.
Textsuche und automatisches Codieren	Suche nach Begriffen in allen oder ausgewählten Dokumenten eines Projektes. Automatisches Codieren der Fundstellen mit flexibler Bestimmung des zu codierenden Kontextes (z. B. ganzer Satz, Absatz).
Hierarchisches Kategoriensystem	Arbeit mit einem hierarchischen Kategoriensystem (Codesystem) – Subkategorien auf 10 Ebenen. Organisieren des Kategoriensystems und seiner Ebenen via Klicken-und-Ziehen mit der Maus. Nutzung von Codefavoriten und Codesets als Zusammenstellung von Codes. Optionale Gewichtung und Kommentierung von Codierungen.

Tab. 1.2 (Fortsetzung)

Analysefunktion	Beschreibung der Analysefunktion
Memos und Kommentare	Memos mit eigenen Anmerkungen, Ideen und Hypothesen an Dokumente, Codes oder Datensegmente anheften sowie Möglichkeit zu freien Memos. Elf verschiedene Memo-Typen und eigene Memo-Labels erleichtern die Organisation. Suchen und Filtern von Memos in tabellarischer Übersicht. Suche nach Begriffen in allen Dokumenten oder Memos eines Projektes.
Paraphrasieren	Teile eines Textes markieren und den Inhalt der Textstelle „in eigenen Worten" zusammenfassen.
Thematische Zusammenfassungen	Textstellen, denen der gleiche Code zugeordnet wurde, fallorientiert zusammenfassen, das heißt, für jedes Dokument wird eine Zusammenfassung der Aussagen zu einem bestimmten Thema geschrieben.
Coding-Suche	Suche nach codierten Datensegmenten durch Auswahl („Aktivierung") von Dokumenten und Codes. Interaktive Ergebnislisten, gleichzeitige Anzeige der Segmente im Originaldokument. Filtern durch Aktivierung, Variablen, Farben, Gewichte möglich.
Klassifikation mit Variablen, Mixed Methods	Demographische und andere standardisierte Informationen als Variablen für Dokumente vergeben. Daten anhand von Variablenwerten gruppieren und durchsuchen. Bei Mixed-Methods-Studien die quantitativen mit den qualitativen Daten kombinieren.
Links und Verweise	Einzelne Textstellen oder Bildausschnitte miteinander und mit externen Dateien, Webseiten oder Georeferenzen verknüpfen.
Logbuch	Wichtige Informationen zum Arbeitsprozess eines Forschungsprojektes in einem Forschungstagebuch festhalten.

Wortkombinationen sowie die Darstellung der Fundstellen im Kontext erlaubt. Auch die Möglichkeit, Text- und Bildstellen miteinander zu verlinken und auf diese Weise eine Art Hyper-Struktur über den Text zu legen, arbeitet ohne Kategorien und erfordert kein Codieren der Daten.

1.4 Methoden qualitativer Datenanalyse

„Was heißt und zu welchem Ende betreibt man qualitative Datenanalyse?" ließe sich in Anlehnung an Friedrich Schillers Jenaer Antrittsvorlesung fragen. Die Antwort würde allerdings keineswegs leichtfallen, denn der qualitativen Methoden existieren viele, sogar sehr viele: Das Programm der jährlich stattfindenden Magdeburger Methodenworkshops zur Qualitativen Bildungs- und Sozialforschung (www.zsm.ovgu.de) kündigt beispielsweise das Arbeiten mit folgenden Methoden an:

> Berufsbiographische narrative Analyse, Biographieforschung, Dokumentarische Methode, Ethnographie, Ethnomethodologie, Figurative Hermeneutik, Grounded Theory, Hermeneutik, Ikonik, inhaltsanalytische Paraphrasierung und Rekonstruktion, Interaktionsanalyse, Konversationsanalyse, kritische Gesellschafts- und Kulturtheorie, Kulturvergleich, linguistische

1.4 Methoden qualitativer Datenanalyse

Gesprächsforschung, materialistische Sozialisationstheorie, Morphologische Hermeneutik, Narrationsanalyse, objektive Hermeneutik, Phänomenologie, Pragmatismus, Praxisanalyse, sequenzanalytische Habitusrekonstruktion, Sozialphänomenologie soziolinguistische Prozessanalyse, soziolinguistische Textanalyse, Strukturalismus, Symbolischer Interaktionismus, verstehende/hermeneutische Ansätze in der Pädagogik, Videographie.

Kaum kürzer ist die Liste der Methoden, die im Rahmen des Berliner Methodentreffens (www.qualitative-forschung.de/methodentreffen/) Gegenstand der Forschungswerkstätten und Workshops sind:

Tiefenhermeneutik/Psychoanalytisch orientierte Sozialforschung, Interpretation als Ko-Konstruktion, Grounded-Theory-Methodologie, Qualitative Inhaltsanalyse, Dokumentarische Methode, Wissenssoziologische Bildhermeneutik, Wissenssoziologische Hermeneutik, Biografie-/Narrationsanalysen, Biografische Fallrekonstruktion, Objektive Hermeneutik, Beobachtungsprotokolle, Triangulation, Artefaktanalyse, Wissenssoziologische Diskursanalyse, Sequenzanalyse bei der Textinterpretation, Figurative Hermeneutik, Film- und Fernsehanalyse, Lebensweltanalytische Ethnografie, Autoethnografie, Systematische Metaphernanalyse, Grounded Theory und Situationsanalyse, Biografische Fallrekonstruktion.

All dies sind Methoden, die in der Literatur mehr oder weniger detailliert und systematisch beschrieben sind und in der Praxis der Sozialforschung mehr oder weniger häufig praktiziert werden. Es ist augenscheinlich, dass die gelisteten Methoden einen sehr verschiedenen Abstraktionsgrad besitzen, so haben dann Wissenschaftler_innen schon des Öfteren versucht, nach Kriterien von Nähe und Ferne eine Typologie von qualitativen Methoden zu erstellen. Weithin bekannt ist beispielsweise die von Renata Tesch erstellte Typologie, die die Methoden aufgrund des zugrunde liegenden Forschungsinteresses gruppiert und vier Haupttypen unterscheidet (Tesch 1990, S. 72–73):

- Das Forschungsinteresse richtet sich auf die Merkmale der Sprache.
- Das Forschungsinteresse richtet sich auf die Entdeckung von Regelmäßigkeiten.
- Das Forschungsinteresse richtet sich auf das Verstehen der Bedeutung von Texten und Handlungen.
- Das Forschungsinteresse richtet sich auf Reflexion.

Typologien dieser Art sind immer mit der Schwierigkeit konfrontiert, konkrete Methoden wie etwa die Grounded Theory, die Diskursanalyse oder die Inhaltsanalyse plausibel zuzuordnen. Häufig wird auch nicht genügend zwischen Methode und Methodologie differenziert. Als eine Teildisziplin der Wissenschaftstheorie befasst sich die Methodologie mit der Lehre der Methoden, also etwa mit der Frage, welche Methode für bestimmte Forschungsprobleme angemessen ist. Methoden bezeichnen hingegen planmäßige Verfahren zur Erreichung eines bestimmten Ziels, beispielsweise auf welchem Weg eine Hypothese überprüft wird. Auch wenn sie vielleicht nur von begrenztem Nutzen sind, geben Typologien wie die obige von Tesch doch einen gewissen Überblick und stellen die Kriterien des Vergleichs zur Diskussion. In ihrem auf QDA-Software fokussierenden Buch verzichten Silver und Lewins (2014, S. 23–33) dann auch darauf, die Vielzahl der Methoden und Methodologien zu gruppieren und zu typisieren, sondern skizzieren fünf *Strategien der Analyse,* die nach ihrer Meinung von QDA-Software wirksam unterstützt werden, nämlich Diskursanalyse, narrative Analyse, Framework-Analyse, Grounded Theory und thematische Analyse:

1. *Diskursanalyse* bezieht sich auf eine breite Palette von sprachbasierten Ansätzen zur Analyse von Texten, die von deskriptiven Varianten bis zur Foucaultschen Diskursanalyse und zur kritischen Diskursanalyse reichen. Die Daten können mittels verschiedener Methoden wie Interviews und Gruppendiskussionen erhoben werden oder liegen bereits in Form von Dokumenten, Zeitungen, Artikeln, Reden etc. vor. In verschiedenen Disziplinen existieren verschiedene Ansätze von Diskursanalysen, deren Gemeinsamkeiten darin bestehen, dass sich das Interesse auf die Sprache, auf Wörter, Sätze und sprachliche Strukturen richtet.
2. Auch das Feld *narrativer Analyse* sehen Silver und Lewins durch Diversität charakterisiert. Hier geht es ebenfalls um Sprache und die Analyse von Texten, meist Interviews, Tagebücher, existierende narrative Quellen und anderes mehr. Die Methodologie und Methoden, mit denen in diesen Feldern (etwa der „oral history") gearbeitet wird, sind zahlreich, Silver und Lewins nennen Grounded Theory, Hermeneutik und Phänomenologie.
3. Bei der *Framework-Analyse* handelt es sich um eine spezielle Analysetechnik, die kategorienbasiert vorgeht und die Schlüsselthemen der Forschung in einer Matrix organisiert, in welche thematische Summarys eingetragen werden. Silver und Lewins weisen selbst auf die Gemeinsamkeiten dieses recht unbekannten Ansatzes mit der Grounded Theory, der thematischen Analyse und codebasierten Methoden hin.
4. *Grounded Theory* ist ein auf Glaser und Strauss (2010, zuerst 1967) zurückgehender Forschungsstil, eher eine Methodologie als eine Methode. Seit den Anfängen hat die Grounded Theory die Methode des konstanten Vergleichs in den Mittelpunkt gerückt, sie basiert auf einem mehrstufigen Prozess des Codierens und des Arbeitens mit Memos. Vom anfänglichen offenen Codieren arbeitet man sich in einem Wechselspiel aus neuer Datenerhebung, Analyse und Memo-Schreiben bis hin zu Codes höherer Abstraktion und höheren Stellenwerts vor. Auch die Grounded Theory hat sich in den letzten Jahrzehnten diversifiziert, so existieren nun verschiedene Varianten, von der eher traditionell interpretativ orientierten Corbins (Corbin und Strauss 2015) bis hin zur konstruktivistischen Orientierung von Charmaz (2014).
5. In der *thematischen Analyse* sehen Silver und Lewins eher eine in vielen Ansätzen eingesetzte Technik als eine eigenständige Methode. Im Gegensatz beispielsweise zur Foucaultschen Diskursanalyse oder zur Grounded Theory geht die Methode der thematischen Analyse nicht mit bestimmten methodologischen oder gar epistemologischen Grundannahmen einher. Thematische Analyse ist flexibel, wird in vielen Disziplinen eingesetzt und strebt eher eine detailreiche Beschreibung der Daten als die Theorieentwicklung an.

1.4 Methoden qualitativer Datenanalyse

Augenscheinlich weisen diese fünf von Silver und Lewins dargestellten Strategien einen unterschiedlichen Grad an Abstraktion auf und besitzen unterschiedliche wissenschaftstheoretische Fundierung, teilweise auch eine sehr weitreichende theoretische Fundierung wie beispielsweise die Foucaultsche Diskursanalyse. Diese Unterschiedlichkeit des Abstraktionslevels gilt erst recht für die beiden weiteren von Silver und Lewins vorgestellten Strategien, die Mixed-Methods-Forschung und die visuelle Analyse, die sie als *breitere Ansätze* bezeichnen. Während die Mixed-Methods-Forschung sich als Methodologie versteht, Johnson et al. (2007, S. 129) sprechen sogar vom „third methodological paradigm", kann die Analyse von visuellem Datenmaterial ja durchaus im Rahmen von Grounded Theory, Diskursanalyse oder Mixed Methods stattfinden.

Dieser Einteilung in fünf Strategien und zwei breitere Ansätze, wie auch der Typologie von Tesch, liegt offenkundig die Beobachtung zugrunde, dass diese diversen Methodologien, Methoden und Techniken in der empirischen Forschung mehr oder weniger häufig benutzt werden und dass sie alle von der Unterstützung von QDA-Software profitieren. Die Sortierungen und Gruppierungen können allerdings hinsichtlich der Systematik nicht recht überzeugen. Sie ähneln eher den Playlists in YouTube, die nach bestimmten Kriterien Ähnliches zusammenfassen, aber nicht den Anspruch besitzen, eine den gesamten Bereich erfassende Systematik zu erstellen.

Der erste Teil der eingangs dieses Kapitels gestellten Frage „Was heißt und zu welchem Ende betreibt man qualitative Datenanalyse?" wird wie man sieht also vielstimmig beantwortet; so vielstimmig, dass es sich eigentlich empfehlen würde, jeweils eigenständige Texte zu schreiben wie etwa „Grounded Theory mit MAXQDA", „Ethnographie mit MAXQDA" oder „Kritische Diskursanalyse mit MAXQDA". Das erscheint uns Autoren nun doch etwas zu ambitioniert, stattdessen bleiben wir (erstmal) bei dem Versuch, ein Buch über die Datenanalyse mit MAXQDA zu schreiben, das methodenübergreifend, aber dennoch methodenorientiert ist, und es dabei vermeidet, allzu konkrete Handlungsanweisungen wie in einem Software-Referenzhandbuch zu geben.

Auf den zweiten Teil der an Schillers Vorlesung angelehnten Frage, nämlich zu welchem Ende man qualitative Datenanalyse betreibe, versuchen nur wenige der oben dargestellten Methoden eine Antwort zu geben. Die Frage reicht schließlich auch über den Bereich der Methoden hinaus in die Bereiche von Methodologie, Epistemologie und Ontologie. In diesem sich auf der Ebene der Methoden bewegenden Buch können und wollen wir in Bezug auf die über diese hinausgehenden Ebenen Epistemologie und Ontologie Zurückhaltung üben. Wir halten es aber für geboten, darauf zu insistieren, dass eine die moderne Digitaltechnik einsetzende sozialwissenschaftliche Methodik große Chancen bietet, interdisziplinär zu arbeiten, Zusammenhänge zu erkennen und Theorien zu entwickeln. Natürlich können die in diesem Buch beschriebenen Methoden einen nicht mit Sicherheit davor bewahren, in Partikularität zu versinken, sie bieten aber zumindest die Chance, weiterreichende Theorien zu entwickeln und damit zur gesellschaftlichen Transformation beizutragen.

1.5 Ist MAXQDA eigentlich eine Methode?

Seit den Anfängen der computerunterstützten Analyse qualitativer Daten existiert eine kontrovers geführte Diskussion um den methodischen Stellenwert von QDA-Software (QDAS). Kurz gesagt sind es folgende (Extrem-)Positionen, welche die beiden Enden eines weiten Spektrums von Positionen und Meinungen markieren:

Einerseits wird die Position vertreten, dass QDAS den Nutzer_innen eine bestimmte Methode aufdränge, vor allem das Arbeiten mit Kategorien begünstige und interpretative Methoden stark benachteilige. Es existiere also eine Botschaft, eine Art Hidden Curriculum, dass QDAS eine ganz bestimmte Richtung der Analyse vorgebe, die in diametralem Gegensatz zur klassischen qualitativen Form der Analyse stehe. Diese Position lässt sich schon Anfang der 1990er Jahre bei Barney Glaser, dem Co-Autor der Grounded Theory, finden (Glaser 1992). Software erscheint hier im Kern als „Teufelszeug", welches der neoliberalen Gedankenwelt entstammt, Effektivierung und Beschleunigung bewirke und sich damit als Totengräber der „good old times" erweise. Diese Denkfigur findet man der Tendenz nach auch noch in aktuellen Publikationen, etwa bei Jo Reichertz (2014, 2016).

Andere Autor_innen wie Kelle et al. (1995) und Fielding und Lee (1998) sind dieser Argumentation mit dem Verweis auf die Empirie entgegengetreten, welche klar belege, dass QDAS innerhalb sehr unterschiedlicher Methoden und Methodologien benutzt werde. Auf diesem Hintergrund wird dann immer wieder die Metapher des Werkzeugkastens („Toolbox") angeführt, derzufolge es sich bei QDAS quasi um einen methodenneutralen Werkzeugkasten handele, aus dem man sich je nach präferierter Methode die geeigneten Werkzeuge aussuchen könne. Als Beweis hierfür gelte die reale Forschungspraxis, in der beispielsweise sowohl Anhänger der Grounded Theory als auch der Diskursanalyse, der qualitativen Inhaltsanalyse oder der dokumentarischen Methode mit der gleichen Software arbeiten.

Zwischen diesen beiden Positionen „Teufelszeug" oder „Werkzeugkasten" existieren selbstverständlich eine Vielzahl von Abstufungen. Die Protagonisten von QDAS, zu denen wir uns auch zählen, haben verständlicherweise zumeist die zweite Position („Werkzeugkasten") eingenommen. Nach mehr als einem Vierteljahrhundert QDA-Softwareentwicklung und angesichts von Industrie 4.0, autonomen Fahren und den riesigen Fortschritten im Forschungsbereich „Künstliche Intelligenz" scheint uns aber die Zeit für ein kritisches Überdenken dieser Position gekommen. Die Metapher „QDA-Software als Toolbox" wird der Reichweite und der Tiefe der Digitalisierung und der durch QDAS evozierten Veränderungen des Forschungsprozesses nicht gerecht. Eine Toolbox, davon kann eine kurze Google-Suche nach Bildern überzeugen, enthält traditionelles mechanisches Werkzeug. Die Computer und die Software der heutigen Generation sind aber nicht mit den Werkzeugen Hammer, Zange und Schraubenzieher zu vergleichen, sondern es handelt sich um sehr komplexe Algorithmenmaschinen. Auch ein in der medizinischen Diagnostik benutzter Magnetresonanztomograph ist ein Werkzeug, hat aber einen ganz anderen Stellenwert im Diagnoseprozess als ein „Fieberthermometer" oder ein „Stethoskop"; insofern erscheint die Diskussion, ob es sich QDAS um eine eigene Methode oder lediglich ein Werkzeug handelt, eigentlich müßig. Würde man aber vor die Wahl gestellt, die Frage „Werkzeug oder Methode" nur mit ja oder nein zu beantworten, so scheint uns heute die Antwort „eher eine Methode" adäquater zu sein als die Werkzeugmetapher, welche die Auswirkungen auf die soziale Praxis des Forschens verharmlost (Zhao et al. 2016).

In diesem Kontext erscheint es geboten, noch einmal genauer hinzuschauen und zu fragen: Was ist überhaupt eine Methode? Man findet hierfür eine Reihe von Definitionen, beispielsweise die folgende aus einem Online-Glossar:

> Methoden sind planmäßig angewandte, begründete Vorgehensweisen zur Erreichung von festgelegten Zielen (i.a. im Rahmen festgelegter Prinzipien). Methoden können fachspezifisch sein. Zu Methoden gehören eine Notation, systematische Handlungsanweisungen und Regeln zur Überprüfung der Ergebnisse.[1]

Erheblich weicher ist eine Definition, die in der deutschen Wikipedia zu finden ist:

> Eine Methode (altgriechisch $\mu\acute{\epsilon}\theta o\delta o\varsigma$ ‚Nachgehen', ‚Verfolgen') ist ein mehr oder weniger planmäßiges Verfahren zur Erreichung eines Zieles. Methoden finden sich in der Alltagspraxis genauso wie in Wissenschaft, Philosophie und Kunst. Im engeren Sinne wird unter einer Methode ein Erkenntnisweg verstanden.[2]

Macht man diese beiden Definitionen zum Maßstab, scheint es schwer zu bestreiten, dass QDAS Funktionen vorhält, die in keinem Methodenlehrbuch jenseits von QDAS zu finden sind, etwa Geolinks zur Verbindung von Daten mit Orten oder Features zur Visualisierungen von Daten, wie wir sie in diesem Buch besprechen. Diese Funktionen kann man als Methoden auffassen; systematische Vorgehensweise, klare Handlungsanweisungen, diese Merkmale sind zweifellos gegeben; jedenfalls in weit größerem Ausmaß als dies bei anerkannten qualitativen Methoden wie etwa der Grounded Theory oder der phänomenologischen Analyse der Fall ist. Vom Standpunkt der Methodologie, der Lehre von den wissenschaftlichen Methoden, aus betrachtet, handelt es sich um eine Methode oder – vorsichtiger formuliert – kann es sich unter bestimmten Umständen um eine Methode handeln. Eine solch vorsichtige Formulierung, bei der immer vorausgesetzt wird, dass auf „Vollzugsdefizite" hin überprüft wird, ist natürlich auch in Bezug auf andere Methoden angeraten. Die Aussage „man habe nach der Grounded Theory" gearbeitet begründet an sich noch nicht das Urteil, hier sei nach einer Methode vorgegangen worden.

Aber wie verhält sich dies zur Werkzeugkasten-Metapher? Ist es denn unzutreffend, dass Forschende, die unterschiedlichen Schulen angehören und unterschiedliche Analysestrategien verwenden, das gleiche QDA-Programm erfolgreich eingesetzt haben? Gewiss nicht, hierfür gibt es genügend empirische Belege, aber dies ist noch kein Beweis für die Richtigkeit der Werkzeug-Metapher. Eher verhält es sich so, dass QDA-Software viele

---

[1] Arbeitskreis „Informatik-Begriffsnetz" der Gesellschaft für Informatik e. V. (GI) unter Rückgriff auf Hesse et al. (1992), http://www.informatikbegriffsnetz.de/arbeitskreise/vorgehensmodelle/themenbereiche/prinzipMethodeWerkzeug.html, Zugriff: 27.11.2017.
[2] https://de.wikipedia.org/wiki/Methode_(Erkenntnistheorie), Zugriff: 27.11.2017.

analytische Möglichkeiten beinhaltet, die dann im Rahmen von verschiedenen Methodologien, Forschungsstilen oder spezifischen Auswertungstechniken genutzt werden, wodurch diese selbst sich mehr oder weniger stark verändern. Darüber hinaus verfügt QDAS über ein methodisches Innovationspotential, das über die vorhandenen Forschungsstile und Methoden hinausgeht. Das heißt, QDA-Software besitzt einen gewissen Methodenüberschuss, einen Aufforderungscharakter die erweiterten methodischen Möglichkeiten zu nutzen: Ähnlich wie im Grimm'schen Märchen „Frau Holle", in dem das Brot im Backofen von Frau Holle dem vorbeikommenden Mädchen zuruft „Ach bitte, zieh mich raus, zieh mich raus", so fordern die technischen Möglichkeiten die etablierten Methoden heraus, sie anzuwenden und die Methode zu erweitern.

Die MAXQDA-Oberfläche kennenlernen

2

Nachdem Sie sich Klarheit über Ihre Forschungsfrage(n) verschafft haben, einen Plan für Ihr Projekt erstellt und vielleicht schon die ersten Daten erhoben haben, wird es Zeit, sich mit der Oberfläche von MAXQDA vertraut zu machen. Wenn sich MAXQDA nach dem Programmstart zum ersten Mal öffnet, ähnelt die Situation dem erstmaligen Öffnen eines Werkzeugkastens. Man versucht, die Ordnung zu verstehen, schaut in die verschiedenen Fächer und nimmt das ein oder andere Werkzeug in die Hand. Es gibt viele Wege, das Neue zu erkunden. Die Software beinhaltet Tools, Menüs und Optionen, die darauf warten, dass man sie sich aktiv aneignet.

In diesem Kapitel

- ✓ Die Arbeit mit der Software beginnen: Benutzername festlegen und Projekt anlegen
- ✓ Die Art und Weise des Speicherns kennenlernen
- ✓ Den Vier-Fenster-Bildschirm erkunden
- ✓ Das Programm über das Menüband und die Kontextmenüs steuern
- ✓ Die Symbolleisten in den vier Hauptfenstern benutzen
- ✓ Einen Überblick über die Grundbegriffe von MAXQDA gewinnen

2.1 Das Startfenster von MAXQDA

Nach dem Programmstart von MAXQDA erscheint ein Startdialog, der alle notwendigen Funktionen für das Anlegen und Öffnen von Projekten bereithält. Zudem ermöglicht der Dialog den Direktzugriff auf zahlreiche Online-Hilfen zum Erlernen von MAXQDA-Funktionen wie die Video-Tutorials oder den Getting Started Guide sowie den Zugriff auf die Beispielprojekte von MAXQDA (Abb. 2.1); auch besteht die Möglichkeit zur Eingabe eines Feedbacks für das Entwicklerteam. Beim ersten Start ist es wichtig, im linken oberen Bereich des Startdialogs einen Benutzernamen oder ein Benutzerkürzel einzugeben bzw. den von MAXQDA vorgeschlagenen Namen zu überprüfen. Dies ist besonders dann wichtig, wenn mehrere Personen mit dem gleichen Projekt arbeiten, denn in MAXQDA werden viele Aktionen mit dem Benutzernamen gekennzeichnet. Daher empfiehlt es sich auch, bei der Wahl des Namens auf Kosenamen und Fantasienamen zu verzichten und an allen Computern den gleichen Namen zu verwenden. Für Projekte mit vielen Mitarbeiter_innen, denen unterschiedliche Rechte eingeräumt werden sollen, besitzt MAXQDA ein spezielles Rechteverwaltungssystem, das wir ausführlich in Kap. 18 beschreiben.

MAXQDA arbeitet mit *Projekten*, etwa so wie Excel mit *Arbeitsmappen*. Projektdateien der Version 2018 besitzen immer die Dateiendung *.mx18;* bei ausgeblendeten Dateiendungen erkennt man sie an ihrem Dateityp „MAXQDA 18 Project". In einem Projekt wird (fast) alles gespeichert, was als Daten nach MAXQDA importiert wird – zum Beispiel Transkripte von Interviews oder Fokusgruppen, Dokumente, Bilder, Tabellen – und dergleichen mehr. Ferner wird alles, was im Laufe der Arbeit mit MAXQDA erzeugt wird, ebenfalls im *Projekt* gespeichert, beispielsweise das gesamte Kategoriensystem, die

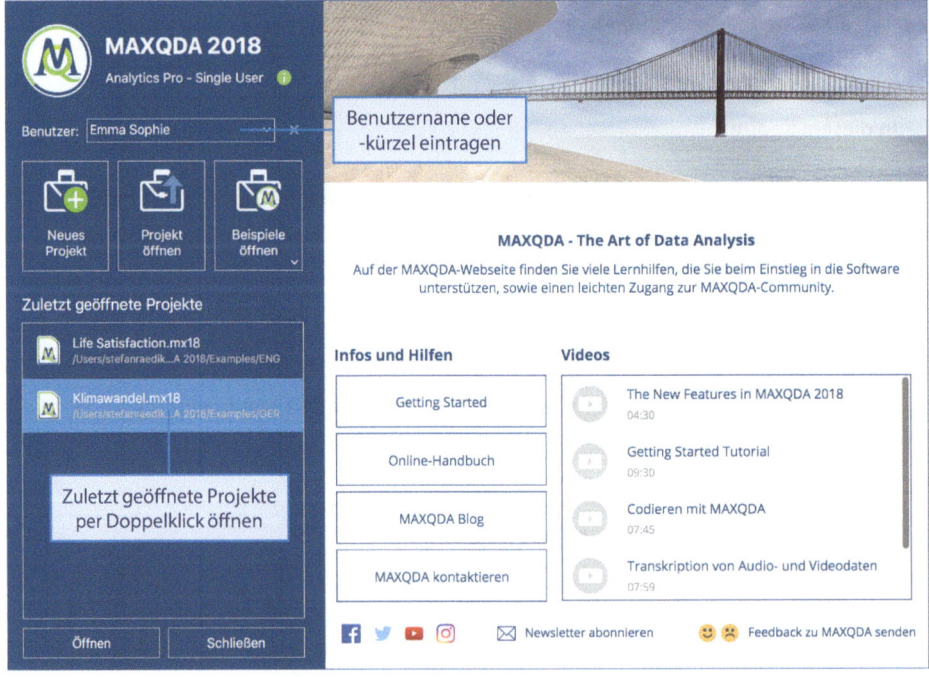

Abb. 2.1 Startdialog von MAXQDA

Kategorienbeschreibungen, alle Memos und Anmerkungen, die erzeugten Links und die mit dem Visualisierungstool MAXMaps erstellten Grafiken und Concept Maps.

Projektdateien können an beliebiger Stelle gespeichert werden, allerdings ist es nicht empfehlenswert, Projekte zu öffnen, die in der Cloud bzw. in der Dropbox abgelegt sind. Instabile oder langsame Netzverbindungen können sich dann negativ auf das Arbeiten auswirken.

In punkto Speichern der Projektdatei gibt es eine wichtige Eigenschaft von MAXQDA, die so zentral ist, dass wir sie an dieser Stelle besonders hervorheben:

▶   **Achtung** MAXQDA speichert automatisch alles, was in das Programm importiert wird und alles, was die Benutzer_innen erzeugen. Ein gesondertes Speichern ist deshalb nicht erforderlich.

Im Prinzip gilt für die Speicherung aller Projektdaten die Regel „ein Projekt = eine einzige Datei", was die Datensicherung und den Datentransfer ungemein erleichtert. Diese Regel gilt allerdings nicht für die häufig sehr großen Mediadateien (eine Videodatei kann schnell mal die Größe von einem Gigabyte erreichen). Für PDF-Dateien und Bilder lässt sich bestimmen, bis zu welcher Dateigröße diese innerhalb der Projektdatei gespeichert werden. Der voreingestellte Standardwert ist 5 Megabyte und kann in den Einstellungen von MAXQDA, die sich über das Zahnradsymbol am oberen rechten Bildschirmrand aufrufen lassen, angepasst werden. Nähere Informationen zum Umgang mit Dateien, die nicht in die Projektdatei aufgenommen, sondern extern gespeichert sind, haben wir in Kap. 3 zusammengestellt.

Wie alle wichtigen Daten sollten auch MAXQDA-Projektdateien regelmäßig gesichert werden. Eine einfache Methode besteht z. B. darin, zu Beginn eines jeden Arbeitstages eine Kopie des Projektes anzulegen und an den Dateinamen das aktuelle Datum anzuhängen. Aktuell geöffnete Projekte lassen sich über die Funktion *Start > Projekt speichern unter* aus dem Menüband duplizieren. Alternativ kann man natürlich auch Dateikopien im Windows Explorer oder Mac Finder erzeugen. MAXQDA legt auch automatisch Backups an: Beim Öffnen eines Projektes wird überprüft, wann die letzte automatische Sicherung stattgefunden hat, und ggf. wird dann eine Projektkopie im eingestellten Backup-Ordner erzeugt. Das Sicherungsintervall und der Backup-Ordner lassen sich in den Einstellungen anpassen.

MAXQDA bietet die Möglichkeit, Projekte älterer MAXQDA-Versionen zu öffnen. Hierzu muss im Dateidialog der entsprechende Dateityp ausgewählt werden, z. B. MX12 für die Projektdateien der Version 12.

2.2 Das User-Interface von MAXQDA

Wenn das erste Projekt erfolgreich erzeugt wurde, erscheint der charakteristische MAXQDA-Bildschirm, dessen vier Hauptfenster zu diesem Zeitpunkt noch weitgehend leer sind. Zuoberst erkennt man das *Menüband* mit einer Vielzahl von Tabs (Registerkarten), in denen die Hauptfunktionen von MAXQDA aufrufbar sind. Der Tab **Start** enthält beispielsweise Funktionen für das Öffnen von Projekten, die Einstellung der Oberflächenansicht oder zum Aufruf des Logbuchs, in dem man wie in einem Forschungstagebuch wichtige Erkenntnisse und Analyseschritte festhalten kann. Die Tabs der Zusatzmodule MAXDictio und Stats sind nur dann zu sehen, wenn entsprechende Lizenzen erworben wurden. Die in Abb. 2.2 gezeigte Ansicht ist auf Mac und Windows identisch, anders als bei Windows ist bei der Mac-Version von MAXQDA zusätzlich ein Menü am oberen Bildschirmrand vorhanden. Da das Menü die gleichen Funktionen wie die Tabs beherbergt, wird es im Prinzip nicht benötigt, weshalb man MAXQDA auf einem Mac sehr bequem in den Vollbildmodus schalten kann und dennoch alle wichtigen Funktionen im Zugriff sind. Um die Arbeitsfläche für MAXQDA zu vergrößern, lässt sich das Menüband einklappen (mithilfe des Pfeil-Symbols am oberen rechten Fensterrand); durch Klick auf einen Tabnamen wird das Menüband jederzeit eingeblendet.

Das Fenster oben links in der Abbildung (1) heißt „Liste der Dokumente" und enthält später alle Daten (Quellen), mit denen gearbeitet werden kann. Das zweite darunter befindliche Fenster (2) trägt die Überschrift „Liste der Codes"; es ist für das Kategoriensystem vorgesehen. Das dritte Fenster (3) oben rechts („Dokument-Browser") ist ein

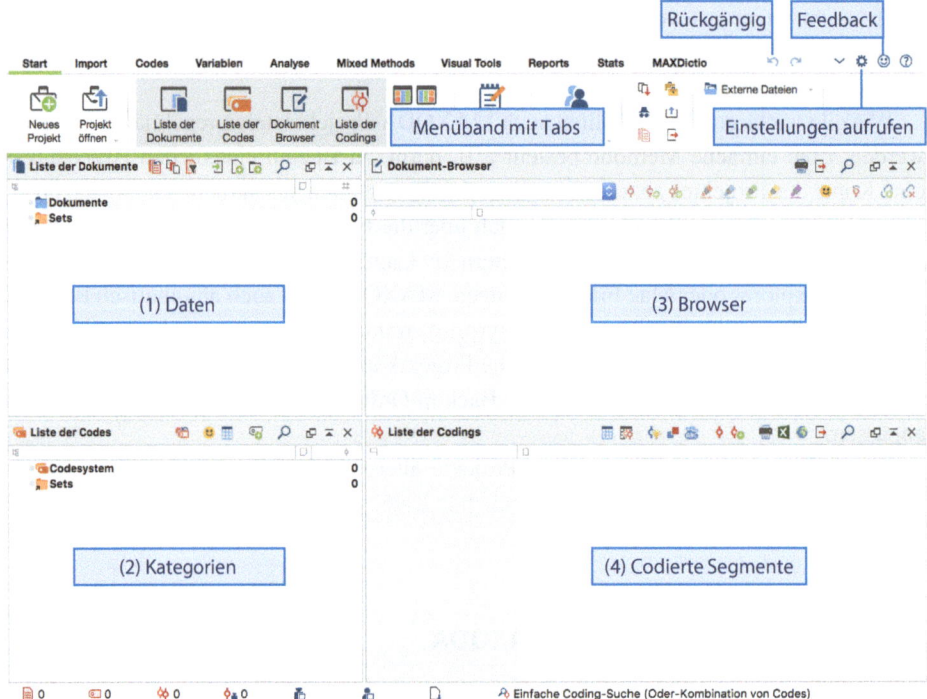

Abb. 2.2 Die vier Hauptfenster und die Menüleiste von MAXQDA

Arbeitsfenster, in dem Dokumente angezeigt und bearbeitet werden können. Man kann beispielsweise Texte editieren, Textstellen oder Bildteile codieren, Memos an den Text heften oder bestimmte Stellen in Dokumenten miteinander verlinken. Darunter befindet sich das vierte Fenster (4) „Liste der Codings"; dies ist ein Resultatsfenster, in dem bei der späteren Arbeit codierte Segmente zusammengestellt werden.

Diese vier Fenster bilden die feste Grundstruktur von MAXQDA. Man kann das Arrangement der Fenster verändern (beispielsweise die Relation der Fenstergrößen), die Seiten tauschen (die beiden linken Fenster auf die rechte Seite) oder die Fenster statt in zwei in drei Spalten anordnen. Dies geschieht mithilfe des Tabs *Start*, auf dem sich vier Symbole für die Anordnung der Hauptfenster von MAXQDA befinden. Die Drei-Spalten-Ansicht ist dann sehr praktisch, wenn man mit einem 16:9 Bildschirm entsprechender Größe arbeitet.

Auf der rechten Seite in der Titelleiste jedes Hauptfensters befinden sich drei Symbole für die Fenstersteuerung: ⌸ ⊼ ✕. Ein Fenster lässt sich aus der festen Struktur herauslösen, um es z. B. auf einem zweiten Monitor zu platzieren. Ferner kann es auf maximale Größe geschaltet oder auch geschlossen werden. Mindestens eins der vier Hauptfenster bleibt allerdings immer geöffnet. Über den Tab *Start* lassen sich momentan nicht sichtbare Fenster wieder anschalten. Unmittelbar vor den drei Symbolen zur Handhabung der Hauptfenster findet man eine symbolisierte *Lupe*, mit deren Hilfe eine lokale Suche innerhalb des jeweiligen Fensters gestartet wird.

Unterhalb der Hauptfenster befindet sich die *Statusleiste*, in der MAXQDA Informationen über aktuelle Selektionen und zurzeit aktive Einstellungen anzeigt. Bewegt man die Maus über ein Symbol, wird die jeweilige Bedeutung angezeigt.

Das MAXQDA-Interface kann in zahlreichen Sprachen – u. a. Deutsch, Englisch, Spanisch, Chinesisch und Japanisch – erscheinen; wählen lässt sich die Sprache in den globalen Einstellungen, aufrufbar über das Zahnradsymbol.

2.3 Die Kontextmenüs und die Symbole in den Hauptfenstern

In den vier Hauptfenstern sind Kontextmenüs per rechter Maustaste verfügbar. In diesen sind all jene Funktionen abrufbar, die sich auf das betreffende Fenster beziehen. So sind etwa im Fenster „Liste der Dokumente" alle Funktionen konzentriert, die sich auf die Handhabung der Dokumente beziehen: Hier lassen sich beispielsweise Dokumentgruppen zur sinnvollen Organisation der Dokumente bilden (oder löschen). Man kann Dokumente verschiedenen Typs importieren, die Transkription einer Audio- oder Videodatei starten und vieles andere mehr. Kontextmenüs werden aufgerufen, indem man das entsprechende Objektsymbol mit der rechten Maustaste anklickt. Zu Beginn der Arbeit mit einem Projekt, wenn noch keine Daten importiert wurden, sind die Fenster leer und dementsprechend ist die Anzahl der anklickbaren Objekte sehr klein. Im Fenster „Liste der Dokumente" sind nur die Symbole *Dokumente* und *Sets* sichtbar. Klickt man *Dokumente* mit der rechten Maustaste an, erscheint eine lange Liste von Möglichkeiten der Arbeit mit

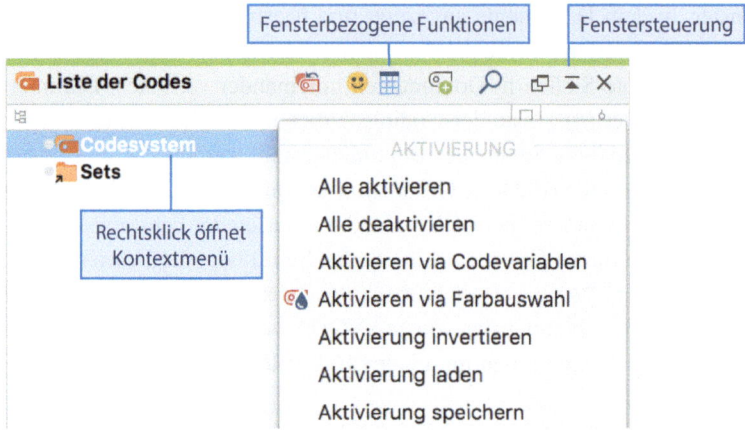

Abb. 2.3 Kontextmenü im Hauptfenster „Liste der Codes"

Dokumenten, unter anderem Optionen zum Import von Dokumenten. Ganz ähnlich verhält es sich mit dem Fenster „Liste der Codes": auch hier sind anfangs nur zwei Symbole sichtbar, ein rechter Mausklick auf *Codesystem* zeigt die verschiedenen Optionen zum Arbeiten mit Codes an (Abb. 2.3).

▶ **Tipp** Um auf einem Mac-Computer einen rechten Mausklick auszuführen, kann mit zwei Fingern gleichzeitig auf das Trackpad getippt werden. Bei manchen Geräten muss die ctrl- bzw. control-Taste gehalten und mit einem Finger auf das Trackpad getippt werden, um einen Rechtsklick auszuführen.

In der Kopfzeile der vier Hauptfenster befindet sich eine Reihe von Icons, die einen Schnellzugriff auf fensterbezogene Funktionen erlauben, eine lokale Suche im Fenster starten und der Steuerung des Fensters dienen. Darüber hinaus befindet sich in den Fenstern „Dokument-Browser" und „Liste der Codings" ein Icon, welches das Exportieren des Fensterinhalts in verschiedenen Formaten initiiert.

2.4 Die Rückgängig-Funktion

Nahezu alle Aktionen in MAXQDA, vom Import eines Dokuments über das Erstellen und Löschen einer Kategorie bis hin zum Verändern eines Memos, lassen sich rückgängig machen. Hierfür steht am oberen rechten Fensterrand ein Symbol (rückwärts gerichteter Pfeil) zur Verfügung. Mit dem daneben befindlichen Symbol (vorwärts gerichteter Pfeil) kann man eine rückgängig gemachte Aktion wiederherstellen.

2.5 Die Hilfe-Funktionen

Oben rechts in der Menüleiste von MAXQDA findet sich ein Fragezeichensymbol, das den Zugriff auf die zahlreichen Hilfen für MAXQDA erlaubt. Nach Klick auf das Fragezeichen öffnet sich ein Menü, aus dem sich die MAXQDA Online-Hilfe, der MAXQDA Getting Started Guide und die Video-Tutorials aufrufen lassen. Die Online-Hilfe beinhaltet umfassende inhaltliche und technische Informationen zu den einzelnen Funktionen und eignet sich beispielsweise dafür, die Einstelloptionen für bestimmte Tools nachzuschlagen. Besonders hilfreich ist hierbei, dass viele Dialoge von MAXQDA ein kleines Info-Icon besitzen. Ein Klick auf dieses Icon öffnet die Online-Hilfe kontextsensitiv genau an der zugehörigen Stelle. Das Hilfe-Menü enthält auch eine Auflistung wichtiger Tastenkürzel, die in MAXQDA verfügbar sind und die Bedienung erleichtern können.

Wer über die MAXQDA-Webseite und das Hilfe-Menü hinaus weitere Unterstützung benötigt, kann diese unter anderem im MAXQDA User-Forum erhalten, in dem man sich online anmelden und öffentliche Fragen stellen kann (www.maxqda.de/forum). Ohne Anmeldung steht eine Suchfunktion bereit, um alle bereits beantworteten Fragen und Kommentare zu durchsuchen.

2.6 Wichtige Bezeichnungen in MAXQDA

Bevor in den nächsten Kapiteln die Grundfunktionen von MAXQDA erläutert werden, wollen wir an dieser Stelle noch die wichtigen und vor allem häufig verwendeten Bezeichnungen in MAXQDA kurz erläutern. Die Namen und Begriffe in der Software orientieren sich zwar weitgehend an der üblichen Terminologie in der Methodenliteratur, dennoch gibt es einige MAXQDA-spezifische Begriffe, deren Kenntnis das Erlernen und die Bedienung der Software erleichtern. In den nachfolgenden Kapiteln werden die Begriffe dann in ihren Kontexten ausführlicher dargestellt, zur Übersicht über das „Vokabular" an dieser Stelle kann man jederzeit leicht zurückblättern.

Projekte heißen die Arbeits- und Speichereinheiten von MAXQDA. Sie enthalten alle Daten, die im Verlaufe einer Analyse importiert wurden (Texte, PDFs, Bilder etc.) oder entstanden sind (Kategorien, Codierungen, Memos, Kommentare, Konzept-Maps etc.).

Dokumente werden die Daten eines Projekts genannt. Bei Dokumenten kann es sich um unterschiedliche Datenarten wie Interviewtexte, PDF-Dokumente, Fotos, Feldnotizen, Videos und vieles mehr handeln (siehe Tab. 1.1). Über die „Liste der Dokumente" erfolgt der Zugriff auf die Daten eines Projekts.

Dokumentgruppen werden verwendet, um die Dokumente in der „Liste der Dokumente" zu gruppieren. Sie sind vergleichbar mit den Ordnern auf einem Computer. Üblicherweise werden Daten nach ihrem Typ (z. B. Interviews, Fokusgruppen, Beobachtungen) oder nach inhaltlichen Kriterien gruppiert (z. B. Krankenhaus A, B, C oder Erzieher_innen, Kinder, Eltern).

Dokumentsets erlauben die Zusammenstellung der Dokumente nach beliebigen Kriterien und ermöglichen zusätzliche Gruppierungen der Daten. Dokumentsets sind temporärer Natur, das heißt, sie können wieder gelöscht werden, ohne dass damit auch die betreffenden Dokumente gelöscht würden. Ein Dokument kann gleichzeitig beliebig vielen Dokumentsets angehören und ohne weitere Folgen aus einem Dokumentset entfernt werden.

Codes stellen ein zentrales Werkzeug für die Analyse dar und erlauben unter anderem eine Bedeutungszuschreibung und Systematisierung des Datenmaterials. Sie können Textabschnitten, Bildsegmenten oder Videoclips zugeordnet werden. In MAXQDA werden alle Formen von Kategorien Codes genannt, welche Art von Kategorie sich hinter einem Code verbirgt, bleibt den Forschenden überlassen. Einzige Ausnahme ist MAXDictio, dem Tool für wortbasierte Analysen und die quantitative Inhaltsanalyse; hier greift MAXQDA auf den Terminus „Kategorie" zurück.

Codesets sind das Pendant zu Dokumentsets. Sie erlauben die Zusammenstellung von Codes und sind temporärer Natur, das heißt, sie können wieder gelöscht werden, ohne dass damit auch die betreffenden Codes gelöscht würden. Ein Code kann vielen Codesets angehören und wieder aus einem Codeset entfernt werden; in der „Liste der Codes" bleibt er erhalten.

Codesystem oder **Codebaum** bezeichnet die Gesamtheit der Kategorien und Subkategorien, die in der „Liste der Codes" in hierarchischer Weise organisiert werden können.

Codieren heißt der Vorgang der Zuordnung einer Kategorie (eines Codes) zu einem aktuell ausgewählten Teil des Datenmaterials.

Codings oder **codierte Segmente** heißen die Segmente des Datenmaterials, denen ein Code zugewiesen wurde.

Coding-Suche wird das Zusammenstellen codierter Segmente, z. B. alle Codings zu einem Thema, genannt.

Memos enthalten die Aufzeichnungen der Forschenden. Sie erlauben es, Vermutungen und Hypothesen über Zusammenhänge zu formulieren oder wichtige Erkenntnisse festzuhalten. In Code-Memos können zudem die Beschreibungen und Anweisungen für die Verwendung von Kategorien festgehalten werden.

Kommentare beziehen sich immer auf eine bestimmte Codierung und sind kürzer als Memos. In ihnen können Hinweise und erkannte Widersprüche im Datenmaterial festgehalten werden und sie lassen sich darüber hinaus gut für die Kategorienbildung und die Zusammenarbeit im Team einsetzen.

Dokumentvariablen beinhalten standardisierte Informationen für jeden Fall, z. B. den Bildungsgrad und das Alter einer Interviewperson.

Links dienen dazu, eine Stelle im Datenmaterial mit einer anderen Stelle, einer Webseite, einer Datei oder einer Geoposition zu verbinden.

Übersichten enthalten tabellarische Auflistungen von Analyseinformationen. Es existieren Übersichten der codierten Segmente, der erstellten Memos, der Dokumentvariablen, der Links und weiterer Analyseelemente. Die Übersichten erleichtern es, stets den Überblick über die Fülle der Daten zu behalten.

Ein MAXQDA-Projekt vorbereiten und Daten importieren

3

Bei der Entwicklung von MAXQDA stand der sozialwissenschaftliche Forschungsprozess Pate, d. h. die Logik der Auswertung von qualitativen Daten und Mixed-Methods-Daten lässt sich quasi eins zu eins in das Arbeiten mit der Software übertragen. Dazu gehört auch, dass man keine neuen Begriffe aus anderen Welten lernen muss und dass die Software ein hohes Maß an Flexibilität ermöglicht. Man kann also jederzeit neue Daten erheben, Kategorien differenzieren und integrieren sowie Codierungen rückgängig machen. Trotz aller Flexibilität ist es allerdings empfehlenswert, sich Gedanken über die Konzeption eines MAXQDA-Projektes zu machen, über Analyseeinheiten (Fälle) und das optimale Vorbereiten der Daten nachzudenken.

In diesem Kapitel

- ✓ Ein MAXQDA-Projekt konzipieren und die Organisation der Daten festlegen: Fälle und Analyseeinheiten, Dokumentgruppen, Variablen etc.
- ✓ Die Daten vorbereiten: Texte, PDF-Dokumente, Bilder, Videos und Tabellen
- ✓ Die Daten in die Software importieren
- ✓ Den „Dokument-Browser" erkunden: Tabs nutzen, Text editieren
- ✓ Die „Liste der Dokumente" handhaben
- ✓ Neue Texte direkt in MAXQDA erstellen
- ✓ Die eigene Analysearbeit dokumentieren: das Logbuch und das Projekt-Memo

© Springer Fachmedien Wiesbaden GmbH, ein Teil von Springer Nature 2019
S. Rädiker und U. Kuckartz, *Analyse qualitativer Daten mit MAXQDA*,
https://doi.org/10.1007/978-3-658-22095-2_3

3.1 Worüber sollte man sich vorab Gedanken machen?

Jede Forschung beginnt mit einer Forschungsfrage, sei sie nun sehr präzise oder nur recht vage. Auch wenn man nicht forscht, sondern beispielsweise die Sitzungsprotokolle einer Institution, Firma oder eines Vereins etc. analysieren will, stellt sich die Frage nach den auszuwertenden Daten und nach deren *Vorbereitung* und *Organisation*. Im Folgenden haben wir mehrere relevante und häufig anzutreffende Fragen und Antworten zur Datenorganisation in MAXQDA zusammengestellt, die es vor Analysebeginn zu klären gilt.

Was definiert man als Fall?

Dies ist wohl die wichtigste Frage des Datenmanagements. Da nahezu alle Auswertungsfunktionen von MAXQDA den Ein- und Ausschluss sowie den Vergleich einzelner Dokumente erlauben, fährt man in der Regel am besten mit dem einfachen Prinzip „Jeder Fall in einem eigenen Dokument". Wenn beispielsweise jedes zu analysierende Interview als eigenes Dokument vorliegt, ist es ein leichtes mit MAXQDA, Interviews zu kontrastieren und für Analysen gruppenweise zusammenfassen, wohingegen es die Analyse deutlich einschränken würde, wenn mehrere Interviews in einem Dokument zusammengefasst wären. Für das Prinzip „Ein Fall = Ein Dokument" spricht zudem, dass MAXQDA es erlaubt, genau ein qualitatives Dokument mit genau einem Satz quantitativer Daten zu verlinken. So lassen sich für jeweils ein Interview die soziodemographischen Daten des Interviewten eingeben oder für die einzelnen Jahresberichte von NGOs die Mitgliederzahlen und Wirkungsfelder festhalten.

Antworten auf offene Fragen eines Fragebogens liegen häufig zusammen mit den quantitativen Daten in einer Datenmatrix, d. h. in einem einzigen Tabellen-Dokument, vor. Um bei der Analyse der offenen Fragen das volle Analysepotenzial von MAXQDA auszuschöpfen und auch um später qualitative Codier-Ergebnisse mit einer Statistik-Software analysieren zu können, ist es ratsam, für jeden Fall ein eigenes Dokument anzulegen. MAXQDA kann dies automatisch beim Import erledigen, was ausführlich im Kap. 16 nachzulesen ist.

Eine Besonderheit stellt die Analyse von zeitlichen Verläufen dar. Wurde eine qualitative Längsschnitt-Studie mit wiederholten Interviews, Videoaufnahmen oder Beobachtungen durchgeführt, ist es meist hilfreich, pro Erhebungszeitpunkt für jeden Fall ein eigenes Dokument anzulegen. Dies vereinfacht es bei der Analyse, die Entwicklung eines Falls nachzuzeichnen.

Wie lassen sich die Dokumente untergliedern?

Wer fünf Interviews erhoben hat, braucht sich kaum Gedanken über die Projektorganisation zu machen, doch kann sich bei nur wenig mehr Daten bereits die Frage nach deren Aufgliederung und Systematisierung stellen. MAXQDA ist diesbezüglich sehr flexibel und erlaubt es mithilfe von *Dokumentgruppen* und *Dokumentsets* verschiedene Gliederungen über das Datenmaterial zu legen. Häufig liegt die Unterteilung der Fälle in verschiedene Gruppen auf der Hand und ergibt sich aus dem Design einer Studie. Beispielsweise können die Fälle nach Erhebungszeiträumen, befragten Gruppen (Eltern, Lehrer_innen, Schüler_innen), Berufsstatus, Organisationsform oder auch nach Datenarten (Interviews, Fokusgruppen, Twitter-Daten) eingeteilt werden (Kuckartz und Rädiker 2014, S. 392–393). Wenn bereits die Forschungsfrage eine Kontrastierung von zwei oder mehr Gruppen vorsieht, sollte diese in MAXQDA für die Gruppierung der Dokumente übernommen werden.

Auch, wenn es hilfreich ist, die Aufteilung in Dokumentgruppen vorab zu klären, lässt sich diese nachträglich leicht anpassen, das heißt, man legt sich beim Import nicht endgültig fest.

Welche quantitativen Zusatzinformationen liegen vor?

Wie bereits erwähnt, ermöglicht es MAXQDA, jedem Dokument ein Set quantitativer Daten zuzuordnen, beispielsweise für ein Interview das Alter und den Berufsstatus der Interviewten festzuhalten. Die quantitativen Zusatzinformationen zu einzelnen Dokumenten stellen den Schlüssel für die zahlreichen Mixed-Methods-Funktionen von MAXQDA dar, etwa für die „Joint Displays" (Guetterman et al. 2015). Führt man eine Mixed-Methods-Studie durch, ist es zudem ratsam zu klären, welche qualitativen Daten und welche quantitativen Daten vorliegen und auf welchen Ebenen und zu welchem Zeitpunkt diese integriert werden sollen: erst am Ende des Forschungsprojekts beim Kontrastieren von Ergebnissen oder bereits bei der Analyse (Kuckartz 2017).

Worüber sollte man sich bei Transkripten und Tonaufnahmen Gedanken machen?

MAXQDA bietet die Möglichkeit, jedem Transkript eine Audio- oder Videodatei zuzuordnen und Transkript und Audio bzw. Video mit Zeitmarken zu verbinden. Ein Klick auf eine Zeitmarke im Transkript spielt unverzüglich den O-Ton ab. Wer bereits fertige Transkripte vorliegen hat, sollte sich fragen, ob diese Verbindung für die weitere Analyse notwendig ist und deshalb aus dem MAXQDA-Projekt heraus Zugriff auf die Audio- oder Videodateien benötigt wird.

Wer mit MAXQDA transkribieren möchte, sollte sich unter anderem die Fragen stellen, nach welchem Transkriptionssystem gearbeitet werden soll, ob alles vollständig wortgenau transkribiert wird oder ob ggf. eine zusammenfassende und/oder Teil-Transkription für die Beantwortung der Forschungsfragen ausreicht. Weitere Hinweise zum Transkribieren in MAXQDA finden sich in Kap. 4.

Sollten alle Daten in einem Projekt oder besser in mehreren gespeichert werden?

In der Regel ist es zur Beantwortung von Forschungsfragen zielführend, alle Daten eines Forschungsprojektes in einem MAXQDA-Projekt zu speichern. Dies ermöglicht den schnellen Zugriff auf die Daten und erlaubt Cross-Over-Analysen, welche verschiedene Datenerhebungen und unterschiedliches Datenmaterial einbeziehen. Allerdings ist es für die Teamarbeit aufgrund kleinerer Dateigrößen und besserer Übersicht oft hilfreich, an Teilprojekten zu arbeiten, die später zu einem Projekt zusammengeführt werden. In Kap. 18 haben wir weitere relevante Informationen für Teamarbeit zusammengestellt.

3.2 Daten vorbereiten

Natürlich ist man in der Regel daran interessiert, möglichst schnell mit der Analyse der Daten zu beginnen, doch empfiehlt es sich vorab, die zu analysierenden Daten für die computergestützte Analyse sorgfältig vorzubereiten. Dies ist meist schnell erledigt und erspart nachträgliche und meist schwierig zu bewerkstelligende Arbeit.

Ein besonders wichtiger Schritt bei der Vorbereitung von Forschungsdaten ist die Anonymisierung. Je nachdem, wie sensitiv die Daten sind, wer alles mit dem MAXQDA-Projekt arbeiten wird, ob das Projekt später weitergereicht oder gar öffentlich zugänglich gemacht wird, ist eine mehr oder weniger umfangreiche Anonymisierung notwendig. Hierzu können die üblichen Verfahren zum Einsatz kommen: Mithilfe von „Suchen" und „Ersetzen" im Textverarbeitungsprogramm werden in den Transkripten die Namen der Befragten und andere vorkommende Personen durch Pseudonyme oder Abkürzungen ausgetauscht. Personen, Orte, Berufsposition und andere Rückschluss erlaubende Informationen lassen sich durch Abstrahierungen wie {Schwester}, {Großstadt}, {Geschäftsführerin} usw. ersetzen, wobei allerdings wichtige Kontextinformationen verloren gehen können (Döring und Bortz 2016, S. 584). Da es sich empfiehlt, die spätere Exploration der Daten direkt in MAXQDA computergestützt durchzuführen (vgl. Kap. 5), kann man sich bei der Vorab-Anonymisierung von Texten auf die einfachen und automatisierbaren Schritte beschränken und die Anonymisierung weiterer Rückschluss erlaubender Informationen direkt in MAXQDA bewerkstelligen; auch nach dem Import in die Software lassen sich Texte editieren. Wichtig ist auf jeden Fall, sich eine Anonymisierungsliste anzulegen, aus der hervorgeht, welche Namen und Informationen durch welche anonymisierten Daten ersetzt wurden.

Im Gegensatz zu Textdaten erlauben PDF-Dokumente in der Regel nur eine sehr eingeschränkte Bearbeitung und können kaum anonymisiert werden, was glücklicherweise auch selten notwendig ist. Für den Fall, dass jedoch ein PDF-Dokument anonymisiert werden muss, lassen sich mit dem Profi-Programm „Adobe Acrobat" Textinhalte anpassen und Elemente entfernen. Wer umfangreiche Änderungen an einem PDF-Dokument vornehmen muss, fährt möglicherweise besser damit, den gesamten Text mit Hilfe eines Softwaretools zu extrahieren und als normale Textdatei zu speichern.

3.2 Daten vorbereiten

Auch bei Bildern sind die Möglichkeiten der Anonymisierung begrenzt. Mithilfe von Bildbearbeitungs-Tools können Personen und andere kritische Bereiche geschwärzt oder maskiert werden, wobei man allerdings relevante Interpretationsdaten verlieren kann. Bei Audio- und Videodateien besteht naturgemäß kaum die Chance der Anonymisierung ohne zu viele relevante Informationen zu verlieren und man wird sich eher über sichere Speicherorte während des Projektverlaufs und geeignete Präsentationsformen der Daten in Veröffentlichungen Gedanken machen müssen.

▶ **Tipp** MAXQDA bietet auf dem Tab **Start** auch die Möglichkeit, eine Projektkopie zu speichern, in der ausgewählte Textstellen automatisch durch xxx anonymisiert werden. Voraussetzung ist, dass die betreffenden Textstellen wie in Kap. 6 beschrieben codiert werden.

Vorbereitung von Textdaten

Neben der Anonymisierung sollten Textdaten hinsichtlich weiterer Aspekte geprüft und aufbereitet werden. Ganz gleich, ob es sich um Interviewtranskripte, Forschungsnotizen oder sonstige Textdaten handelt, sollte eine am Bildschirm gut lesbare Schriftart und -größe gewählt werden und es empfiehlt sich, einen 1,1- bis 1,5-fachen Zeilenabstand einzustellen. Wenngleich sich Texte später auch in MAXQDA korrigieren lassen, sollten die Texte vorab durch die Rechtschreibprüfung des Textverarbeitungsprogrammes laufen, damit man sich bei der späteren Auswertung nicht um vermeidbare Tippfehler kümmern

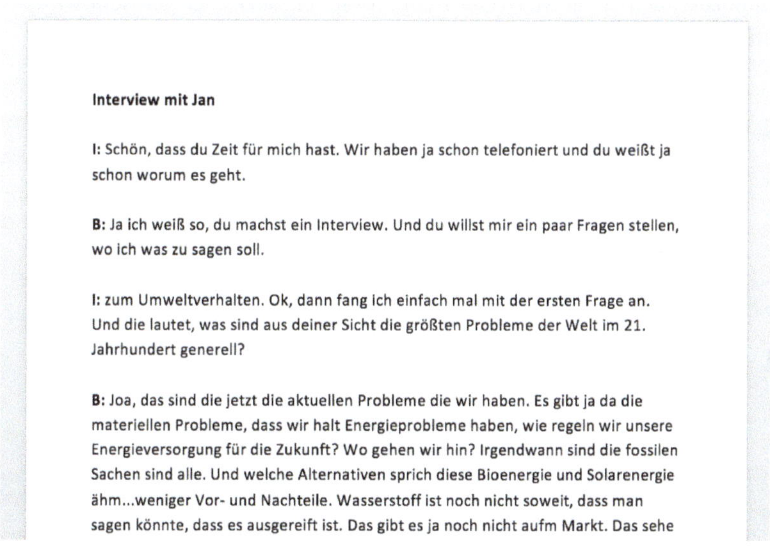

Interview mit Jan

I: Schön, dass du Zeit für mich hast. Wir haben ja schon telefoniert und du weißt ja schon worum es geht.

B: Ja ich weiß so, du machst ein Interview. Und du willst mir ein paar Fragen stellen, wo ich was zu sagen soll.

I: zum Umweltverhalten. Ok, dann fang ich einfach mal mit der ersten Frage an. Und die lautet, was sind aus deiner Sicht die größten Probleme der Welt im 21. Jahrhundert generell?

B: Joa, das sind die jetzt die aktuellen Probleme die wir haben. Es gibt ja da die materiellen Probleme, dass wir halt Energieprobleme haben, wie regeln wir unsere Energieversorgung für die Zukunft? Wo gehen wir hin? Irgendwann sind die fossilen Sachen sind alle. Und welche Alternativen sprich diese Bioenergie und Solarenergie ähm...weniger Vor- und Nachteile. Wasserstoff ist noch nicht soweit, dass man sagen könnte, dass es ausgereift ist. Das gibt es ja noch nicht aufm Markt. Das sehe

Abb. 3.1 Vorbereiteter Interviewtext in Word

muss, sondern voll und ganz auf die eigentlichen Daten konzentrieren kann. Bei Interviewtranskripten ist es zudem ratsam, auf eine einheitliche Schreibweise der Interviewenden und Befragten zu achten, um später mit automatisierten Suchläufen und Auswertungsroutinen leicht die Beiträge der Befragten von den Interviewenden unterscheiden zu können. Ein Beispiel für einen gut vorbereiteten Interviewtext ist in Abb. 3.1 zu sehen:

- In der ersten Zeile steht der Name der interviewten Person zur leichten Identifizierung des Textes.
- Jeder Sprechbeitrag befindet sich in einem eigenen Absatz und zwischen den Redebeiträgen ist zur besseren Abgrenzung eine Leerzeile eingefügt.
- Alle Redebeiträge der interviewenden Person werden durch das Kürzel „I:", der interviewten Person durch „B:" eingeleitet; hier können natürlich auch aussagekräftigere Namen, Pseudonyme oder Kürzel für die Befragten gewählt werden.

Abb. 3.2 zeigt das Interviewtranskript direkt nach dem Import in MAXQDA. Beim Import werden die Formatierungen der Schrift und des Absatzes übernommen. Nicht importiert werden die Inhalte von Kopf- und Fußzeilen, Fußnoten und Endnoten, Seitenzahlen sowie Kommentare, deren Texte in Bubbles am Rand in Textverarbeitungsprogrammen erscheinen. In der Abbildung ist gut zu erkennen, dass MAXQDA am linken Rand eine Spalte mit den Absatznummern anzeigt: Alle nicht-leeren Absätze werden fortlaufend durchnummeriert, was als Quellenangaben beim Zitieren aus Interviewtranskripten verwendet werden kann. Wichtig zu betonen ist, dass die Absatznummern nicht direkt in den Text eingefügt werden, sondern die Nummerierung nur in der Anzeige erfolgt. Wenn bei einem importierten Text in MAXQDA ein Absatz ergänzt oder gelöscht wird, verändert sich auch die Nummerierung.

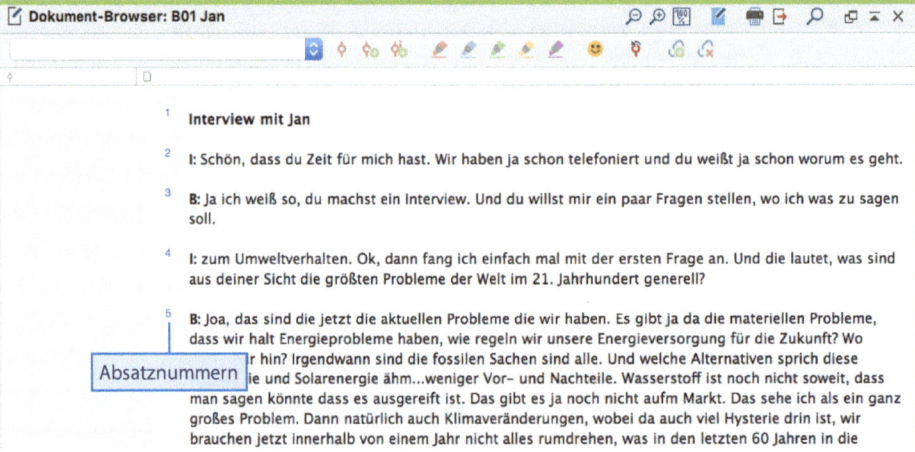

Abb. 3.2 Importiertes Interviewtranskript in MAXQDA

▶ **Tipp** Für einige Forschungsstile ist es notwendig, das Datenmaterial zeilengenau zitieren zu können. In diesen Fällen reicht eine Absatznummerierung nicht aus. Nach Einschalten des Edit-Modus (s. u.) kann man durch einen Rechtsklick die Funktion *In Text mit Zeilennummern konvertieren* wählen und eine maximale Zeilenlänge in Zeichen angeben. Daraufhin fügt MAXQDA an jedem Zeilenende automatisch Absätze ein, sodass man als Ergebnis eine zeilengenaue Nummerierung erhält. Je nach Bildschirmbreite und gewünschtem Detaillierungsgrad bietet sich eine Zeilenbreite von 60 bis 100 Zeichen an.

Beim Import von Texten in MAXQDA werden Farbhinterlegungen nicht übernommen, weil sie in MAXQDA beim Arbeiten mit dem elektronischen Textmarker und anderen Funktionen zur Texthervorhebung überschrieben würden. Im Text enthaltene Bilder und Grafiken werden standardmäßig importiert, allerdings sollte man darauf achten, dass es sich nicht um zahlreiche 20-Megapixel-Fotos handelt (hierfür ist der Direktimport von Bildern besser geeignet), sondern dass die Auflösungen der Bilder nicht zu groß sind und vorab für die Bildschirmanzeige reduziert werden.

Für die Arbeit in MAXQDA ist es unpraktisch und wenig empfehlenswert, mit sehr langen Tabellen in einem Text zu arbeiten. Wenn man es also mit einem Transkript zu tun hat, das vollständig in einer einzigen Tabelle untergebracht wurde, sollte man diese vor dem Import auflösen und die Sprecherwechsel lieber wie in Abb. 3.1 und 3.2 kenntlich machen. In Microsoft Word lässt sich dies leicht mit der Funktion „Tabelle in Text" auf dem Tab „Layout" bewerkstelligen.

Wichtig zu bemerken ist noch, dass es auch sehr gut möglich ist, direkt in MAXQDA zu transkribieren, was wir ausführlich in Kap. 4 vorstellen. In diesem Fall wird man die Schriftformatierung vorab in MAXQDA einstellen und in der Regel die Anonymisierung direkt bei der Eingabe vornehmen.

Für die Vorbereitung von Fokusgruppen-Transkripten gibt es spezielle Hinweise, die im Detail in Kap. 15 zu finden sind.

Vorbereitung von PDF-Dokumenten
Da es sich bei PDF-Dokumenten von der Idee her um unveränderbare und standardisierte Dateien handelt, sind in der Regel gar keine oder nur wenige Vorkehrungen für den Import in MAXQDA zu treffen. PDF-Dateien können sowohl markierbaren Text als auch Bilder enthalten. Wer ein eingescanntes Buch analysieren will, sollte in einem PDF-Reader überprüfen, ob sich der Text des Buches bereits markieren lässt. Wenn dies nicht der Fall ist, kann man mit Programmen wie Adobe Acrobat eine automatische Zeichenerkennung (abgekürzt „OCR") durchführen, um die Bilder in editierbaren Text zu verwandeln. Adobe Acrobat kann auch gut verwendet werden, um die Größe einer PDF-Datei durch optimiertes Speichern zu reduzieren.

Wer nur an dem reinen Text ohne dessen Layout interessiert ist, kann eine PDF-Datei mithilfe des kostenlosen Adobe Readers im TXT-Format abspeichern und diese Datei später in MAXQDA einlesen. Alternativ lassen sich durch die Arbeitsschritte „(1) Alles markieren im PDF", „(2) Kopieren in die Zwischenablage" und anschließendes „(3) Einfügen des Inhalts der Zwischenablage in Word oder in MAXQDA" verhältnismäßig gute Ergebnisse erzielen, wobei sogar Schriftformatierungen größtenteils erhalten bleiben.

Vorbereitung von Bildern
Bilder bedürfen kaum der Vorbereitung für die spätere Analyse. Vor dem Import sollten die Bilder nur kurz hinsichtlich ihrer Qualität durchgeschaut werden. Schlechte Aufnahmen lassen sich in vielen Programmen mit einem Klick auf „Optimieren" automatisch verbessern.

Sollen mehrere hundert Bilder analysiert werden, ist es zudem ratsam, den Speicherbedarf im Blick zu behalten. Aufgrund der zahlreichen Bildformate, Auflösungen und permanenten technischen Verbesserungen, können an dieser Stelle nur schwerlich konkrete Zahlen genannt werden. Zur Orientierung kann man jedoch sagen, dass ein von einem modernen Smartphone stammendes JPG-Foto etwa 4000 × 3000 Pixel misst, ca. 2 bis 3 Megabyte verbraucht und selbst noch auf hochauflösenden Retina- oder 4K-Monitoren ausreichende Qualität besitzt. Je stärker man an Details interessiert ist und in das Bild hineinzoomen möchte, desto mehr Pixel sollten die Bilder haben.

Vorbereitung von Tabellen
Wer Daten in einer Tabellenform vorliegen hat und diese in MAXQDA in ihrer Tabellenform belassen und analysieren möchte, sollte folgendes beachten: Die Tabelle wird eins-zu-eins übernommen und lässt sich in MAXQDA nach den einzelnen Spalten alphabetisch aufsteigend und absteigend sortieren. Wenn man die Sortierung in der Tabelle zurücksetzt, wird sie auf die Sortierreihenfolge des Imports zurückgesetzt, weshalb man auf eine sinnvolle Tabellensortierung vor dem Import achten sollte.

Tabellen-Dokumente können in MAXQDA auch genutzt werden, um Paraphrasierungen nach Mayring (2015) durchzuführen. Da es in MAXQDA nicht vorgesehen ist, nachträglich Spalten oder Zeilen bei einer importierten Tabelle zu ergänzen, sollten vorab ausreichend Spalten neben dem Text für den Paraphrasierungsprozess ergänzt werden. Besser geeignet für die Paraphrasierung ist allerdings die Funktion ***Analyse > Paraphrasen***, die wir in Kap. 11 beschreiben.

Vorbereitung von Audio- und Videodateien
MAXQDA kann die meisten üblichen Audio- und Videoformate abspielen, weshalb nur selten eine Vorbereitung notwendig ist. Nur wenn MAXQDA meldet, dass ein Format nicht abgespielt werden kann oder wenn die Dateien in sehr seltenen Formaten vorliegen, sollten die Media-Dateien vor dem Import in Standardformate konvertiert werden, z. B. mit kostenlosen Programmen wie XMediaRecode für Windows oder mit dem Apple eigenen Quicktime für Mac. Für Videos ist das MP4-Format mit dem Codec H.264 und für Audios das MP3- oder M4A-Format zu empfehlen. Unter Windows eignen sich auch sehr gut die Formate WMV und WMA, die jedoch nicht auf einem Mac abgespielt werden können, was die gemeinsame Teamarbeit unmöglich machen kann.

Abb. 3.3 Fenster „Liste der Dokumente" nach dem Import von drei Texten

3.3 Texte importieren

Nachdem man in MAXQDA wie in Kap. 2 beschrieben ein neues Projekt angelegt hat, kann der Import der vorbereiteten Daten beginnen. Nach Wahl der Funktion **Import > Dokumente** öffnet sich ein Dateidialog, in dem alle in MAXQDA importierbaren Dateien auswählbar sind. Es lassen sich sowohl einzelne Dateien anklicken als auch mehrere Dateien bei gedrückter Strg- bzw. ⌘-Taste auswählen. In Abb. 3.3 ist zu sehen, wie drei importierte Texte nach dem Import im MAXQDA-Fenster „Liste der Dokumente" ganz oben erscheinen. Dokumente werden automatisch wie die Dateinamen genannt, weshalb es sinnvoll ist, den Dokumenten vor dem Import sinntragende, eindeutige und einheitlich aufgebaute Namen zu vergeben. Natürlich lassen sich die Dokumente nach dem Import in MAXQDA jederzeit umbenennen, z. B. per Rechtsklick auf den Namen.

Die Texte sind nach dem Import direkt in der MAXQDA-Projektdatei gespeichert – es gibt keine Verbindung mehr zum Originaltext. Wenn der Text in MAXQDA geändert wird, hat dies keinen Einfluss auf den Originaltext und umgekehrt. Wenn die Projektdatei per E-Mail verschickt wird, enthält sie alle importierten Textdateien.

Das Wort „Sets", das in Abb. 3.3 ganz unten zu sehen ist, hat folgende Bedeutung: In sogenannten *Dokumentsets* können Zusammenstellungen von beliebigen Dokumenten gespeichert werden. Dies ist insbesondere bei der späteren Analyse für Gruppenvergleiche von Interesse und wird in Kap. 12 weiter erläutert.

3.4 Texte im „Dokument-Browser" anzeigen und bearbeiten

Am schnellsten öffnet man ein Dokument per Doppelklick auf seinen Dokumentnamen. Daraufhin wird das Dokument ins Fenster „Dokument-Browser" geladen und angezeigt. Welches Dokument gerade geöffnet ist, lässt sich leicht an dem Stift-Symbol auf dem Dokumentsymbol vor dem Dokumentnamen erkennen; außerdem wird der Dokumentname in der Titelleiste des „Dokument-Browsers" angezeigt. Nach Rechtsklick auf ein Dokument in der „Liste der Dokumente" erscheint wie in Abb. 3.4 zu sehen ein Kontextmenü, welches weitere Optionen für das Öffnen bereithält. Dokumente lassen sich in einem neuen Tab öffnen, was sehr praktisch ist für das schnelle Hin- und Herwechseln zwischen

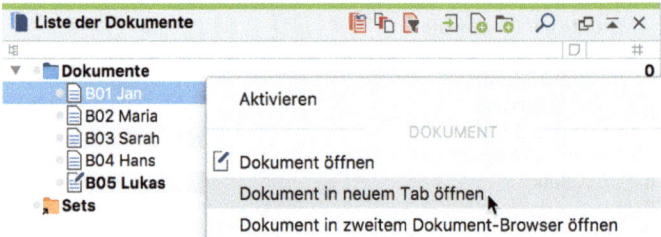

Abb. 3.4 Kontextmenü für ein Dokument im Fenster „Liste der Dokumente"

Dokumenten (Abb. 3.5), oder sie lassen sich in einem zweiten „Dokument-Browser" anzeigen, sodass zwei Dokumente gleichzeitig betrachtet werden können.

Weiter unten im Kontextmenü besteht zudem die Möglichkeit, einem Dokument Farben zuzuordnen. Dies ist z. B. hilfreich, um den Status der Dokumentbearbeitung festzuhalten, etwa so: Rot markierte Dokumente sind gerade in Bearbeitung, bei grün markierten ist die erste Analyse bereits abgeschlossen.

Wie in allen vier Hauptfenstern von MAXQDA ist auch am oberen Fensterrand des „Dokument-Browsers" eine Symbolleiste zu finden (Abb. 3.6). Sie enthält unter anderem Icons zum Vergrößern und Verkleinern der Anzeige sowie zum Editieren, Drucken und Exportieren des Dokuments:

Edit-Modus ein/aus – Nach dem Öffnen eines Text-Dokumentes lässt sich dieses nicht verändern, denn es wäre sehr unpraktisch, wenn man durch versehentliches Tastendrücken ein zu analysierendes Dokument verändert. Mit einem Klick auf das Edit-Icon schaltet man deshalb explizit den Edit-Modus ein, in dem ein Dokument bearbeitet werden kann, um beispielsweise Tippfehler zu korrigieren. Um ein Text-Dokument vor unbeabsichtigter

Abb. 3.5 Der „Dokument-Browser" mit zwei geöffneten Texten in zwei Tabs

Abb. 3.6 Symbolleiste im „Dokument-Browser"

Bearbeitung zu schützen, lässt sich die Option *Schreibgeschützt* auswählen, nachdem man im Kontextmenü für das Dokument auf *Eigenschaften* geklickt hat. Beim Einschalten des Edit-Modus wird die globale Rückgängig-Funktion von MAXQDA ausgestellt, das heißt, es lassen sich dann keine Änderungen mehr rückgängig machen, die vor oder während des Edit-Modus durchgeführt werden. Textänderungen im Edit-Modus lassen sich über das Icon auf der Symbolleiste für den Edit-Modus rückgängig machen, allerdings nur solange wie der Edit-Modus eingeschaltet bleibt.

Dokument drucken – Ein Text-Dokument kann mit den von MAXQDA vergebenen Absatznummern (und noch weiteren späteren Analyseergebnissen wie z. B. den Codierstreifen am Textrand) gedruckt werden – auf Papier oder in eine PDF-Datei, was beides in den Anhang einer Forschungsarbeit integriert werden kann.

Dokument exportieren – Der geöffnete Text wird an einem beliebigen Speicherort als Word- oder Excel-Datei abgelegt. Dabei kann gewählt werden, ob die von MAXQDA vergebenen Absatznummern mit exportiert werden, was für Dokumentationszwecke sehr hilfreich ist. Die exportierte Datei kann ebenfalls als Anhang einer Publikation dienen.

▶ **Tipp** Texte lassen sich nicht nur importieren, sondern auch direkt in MAXQDA erstellen, und zwar über den Eintrag *Dokument erstellen* im Tab *Import*. Das neu erstellte Dokument wird direkt im Edit-Modus geöffnet und es lässt sich Text eingeben. Mitunter erhält man für den Import von Text-Dokumenten auf Mac-Computern bessere Ergebnisse was den Erhalt der Originalformatierungen betrifft, wenn man ein neues Dokument auf diese Weise erstellt und den Inhalt des Text-Dokuments über die Zwischenablage in das neue Dokument einfügt.

3.5 Dokumente und Dokumentgruppen in der „Liste der Dokumente" verwalten

Dokumente lassen sich mithilfe sogenannter *Dokumentgruppen* ordnen und systematisieren: Über einen rechten Mausklick auf das Wort „Dokumente" in der obersten Zeile der „Liste der Dokumente" ruft man ein Kontextmenü auf und wählt den Eintrag *Neue Dokumentgruppe*. Die Gruppen können nur auf der obersten Ebene angelegt werden; Dokumentgruppen innerhalb einer anderen Dokumentgruppe sind nicht vorgesehen.

Dokumente lassen sich durch Klicken und Ziehen mit der Maus zwischen den Dokumentgruppen hin- und herschieben, mehrere Dokumente können durch Festhalten der *Alt-Taste* (Windows) bzw. *⌥-Taste* (Mac) ausgewählt werden. Die unter Umständen mühselige Verschiebe-Arbeit kann man sich meist sparen, wenn man den Import von Dokumenten

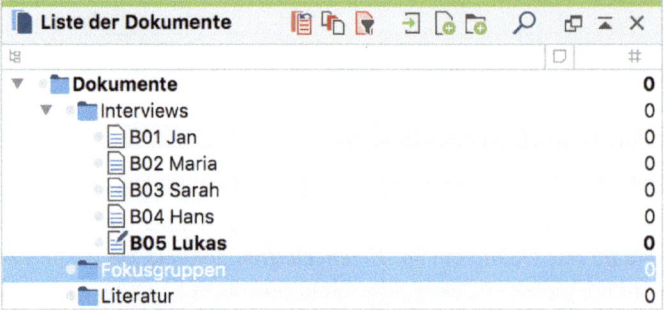

Abb. 3.7 Die „Liste der Dokumente" mit Dokumentgruppen

direkt aus dem Kontextmenü einer Dokumentgruppe aufruft, dann werden nämlich die importierten Dateien direkt in die angeklickte Gruppe importiert. Gleiches gilt, wenn der blaue Fokus wie in Abb. 3.7 auf oder in einer ausgewählten Dokumentgruppe liegt und man den Import über das Hauptmenü initiiert.

Da mit den oben bereits angesprochenen Dokumentsets weitere beliebige Aufgliederungen möglich sind, ohne die Dokumente fortwährend umzusortieren, ist man für spätere Analysen nicht auf die ursprünglich gewählte Gruppierung der Dokumente festgelegt.

3.6 PDF-Dokumente, Bilder, Tabellen importieren

PDF-Dokumente, Bilder und Excel-Tabellen lassen sich mithilfe der gleichen Funktionen wie Text-Dokumente importieren, z. B. über die bereits bekannte Option ***Import > Dokumente*** im Hauptmenü. In der „Liste der Dokumente" sind die unterschiedlichen Dokumenttypen durch jeweils eigene Symbole unterscheidbar und im „Dokument-Browser" stehen für die einzelnen Dokumentarten teilweise besondere Funktionen zur Verfügung (Abb. 3.8):

PDF-Dokumente – Für die schnelle Navigation werden in der Symbolleiste des „Dokument-Browsers" einige Icons angezeigt, mit denen man seitenweise blättern, an den Anfang oder das Ende sowie zu Lesezeichen innerhalb des Dokuments springen kann. Zudem lässt sich der Zoomfaktor an die Seitenbreite oder die ganze Seite anpassen.

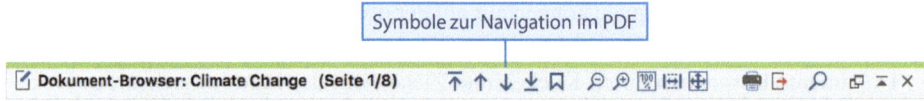

Abb. 3.8 Symbolleiste im „Dokument-Browser" bei PDF-Dokumenten

3.6 PDF-Dokumente, Bilder, Tabellen importieren

- Bilder – Über ein zusätzliches Icon in der Symbolleiste können Bilder um 90° gedreht werden und die Anzeige lässt sich ebenfalls an die Fensterbreite anpassen.
- Excel-Tabellen – Beim Import wird nur der reine Text übernommen und die Spalten und Zeilen werden fortlaufend nummeriert. Nach Einschalten des Edit-Modus kann man den Text in einzelnen Zellen bearbeiten.

Grundsätzlich verfolgt MAXQDA das Prinzip „Alle Daten in einer Projektdatei". Da jedoch PDF-Dokumente und Bilder sehr groß sein können und es daher folglich auch zu sehr großen und unhandlichen Projektdateien kommen könnte, besteht die Möglichkeit, PDF-Dokumente und Bilder nicht physisch in die Projektdatei zu integrieren, sondern extern in einem frei wählbaren Ordner zu speichern. In der Projektdatei werden dann nur Verweise auf die extern abgelegten Dokumente abgelegt.

Umgang mit extern gespeicherten Dateien
Dies wirft natürlich die Frage auf, wie sich extern gespeicherte Dokumente in MAXQDA verwalten und über mehrere Computer hinweg synchronisieren lassen, insbesondere bei der Teamarbeit. Standardmäßig werden alle PDF-Dokumente und Bilder, die größer als 5 Megabyte sind, in den Ordner für externe Dateien kopiert und nicht in die Projektdatei integriert. Beim Import eines Dokuments weist MAXQDA ausdrücklich darauf hin, dass eine Datei nicht in die Projektdatei integriert wird. Sowohl der Ordner für externe Dateien (verkürzt auch „Externals-Ordner" genannt) als auch der Grenzwert für die Einbettung lassen sich in den Einstellungen von MAXQDA ändern. Die Einstellungen lassen sich über das Zahnradsymbol am oberen rechten Fensterrand aufrufen. Steht der Schwellenwert auf 0 Megabyte, werden alle PDF-Dateien und Bilder im Ordner für externe Dateien gespeichert und nicht in die Projektdatei eingebettet (Abb. 3.9).

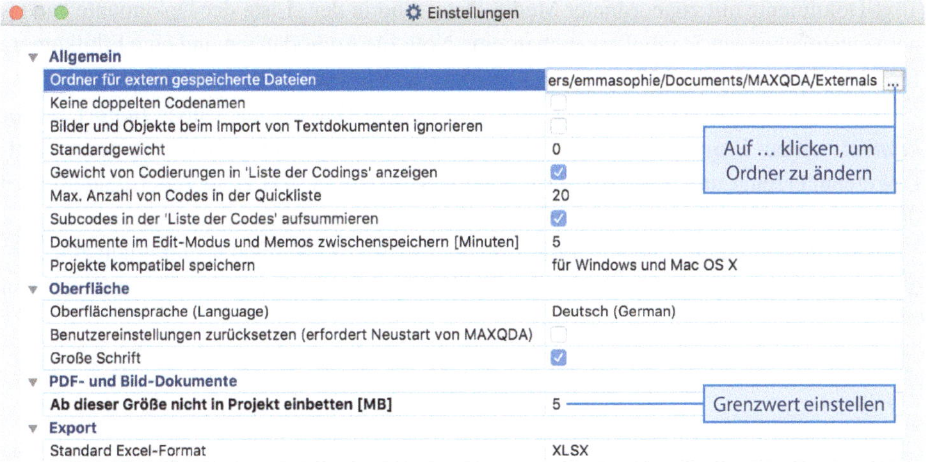

Abb. 3.9 Optionen für die Einbettung und Speicherung externer Dateien festlegen

Der Ordner für externe Dateien sollte immer auf einem möglichst schnellen lokalen Laufwerk liegen, damit die Ladezeiten beim Öffnen eines Dokuments möglichst kurz sind. Während es nicht empfehlenswert ist, Projektdateien direkt aus der Dropbox oder einem ähnlich synchronisierten Cloud-Ordner zu öffnen, spricht technisch nichts dagegen, als Ordner für die externen Dateien einen synchronisierten Ordner zu wählen – insbesondere, wenn man im Team oder an unterschiedlichen Rechnern arbeitet.

Bei Dateien, die man extern speichern möchte, sollte man vor dem Import besonderes Augenmerk auf ihre Dateinamen legen, denn nach dem Import dürfen sie im Ordner für extern gespeicherte Dateien nicht mehr umbenannt werden, um nicht die Verknüpfung zu verlieren. Natürlich lassen sich die Dokumentnamen in MAXQDA anpassen, dies hat jedoch keine Auswirkungen auf die Verknüpfung oder den Namen der extern gespeicherten Datei.

Ausgehend von den technischen Möglichkeiten lassen sich bei der Arbeit mit PDF-Dokumenten und Bildern zwei Strategien unterscheiden: Erstens, man integriert alle Dokumente in die Projektdatei. Dies bietet sich an, wenn die Datenmenge noch überschaubar ist und sich die Datei trotz ihrer Größe im Team gut austauschen und sichern lässt. Zweitens, man speichert alle Dateien extern, um ein kleines Projekt zu haben, das leicht zu sichern und zu versenden ist.

3.7 Audio- und Videodateien einem Projekt hinzufügen und abspielen

Audio- und Videodateien werden aufgrund ihrer potenziellen Größe nie in der MAXQDA-Projektdatei gespeichert. In der „Liste der Dokumente" werden sie nicht als eigenständige Dokumente aufgeführt, sondern sie werden immer einem Text-Dokument zugeordnet, in dem ein vollständiges oder partielles Transkript der Media-Datei gespeichert werden kann. Text-Dokumente mit zugeordneter Media-Datei sind in der „Liste der Dokumente" an einem entsprechenden Symbol erkennbar: eine Note für Audiodateien und eine Filmkamera für Videodateien (Abb. 3.10).

Audio- und Videodateien lassen sich wie andere Dateien auch über *Import > Dokumente* einem Projekt hinzufügen. Es wird für jede importierte Datei ein neues Text-Dokument erzeugt und die Media-Datei dem neu erstellten Text zugeordnet. Zudem wird die Media-Datei immer automatisch in den Ordner für externe Dateien kopiert.

Es ist auch möglich, einem bereits vorhandenen Text-Dokument nachträglich eine Media-Datei zuzuordnen. Hierzu klickt man mit der rechten Maustaste auf das Dokument

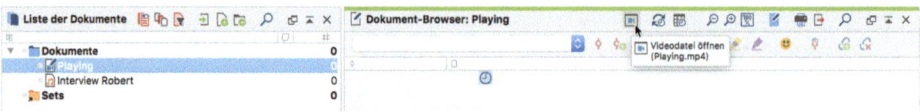

Abb. 3.10 Audio-/Videodatei in „Liste der Dokumente"; Videodatei öffnen im „Dokument-Browser"

in der „Liste der Dokumente" und wählt *Eigenschaften*. Im erscheinenden Dialog lässt sich der Link zu einer Media-Datei ergänzen (oder auch ändern). Alternativ lässt sich das Anlegen einer Verknüpfung durch einen Rechtsklick auf das Dokument und die Wahl des Eintrags *Audio-/Videodatei zuordnen* vornehmen.

Um eine Audio- oder Videodatei abzuspielen, öffnet man zuerst das zugehörige Text-Dokument und klickt auf das Symbol mit der Note bzw. der Videokamera ganz links im Titel des Fensters „Dokument-Browser" (Abb. 3.10). Daraufhin öffnet sich der sogenannte „Multimedia-Browser", mit dem man die Media-Datei wiedergeben und analysieren kann (Abb. 3.11). Im „Multimedia-Browser" wird eine Audiospur angezeigt, welche die Navigation innerhalb der Datei erleichtert. Für Videos können zur besseren Navigation zusätzlich auch Vorschaubilder erstellt werden. Der Vorgang kann je nach Länge und Art des Videos mehrere Minuten in Anspruch nehmen.

Beim Import bzw. ersten Öffnen einer Media-Datei legt MAXQDA eine Datei mit der Endung .dat im Ordner für extern gespeicherte Dateien an. Diese Datei trägt den gleichen Namen wie die Media-Datei und enthält deren Audiospur und – sofern erzeugt – die Vorschaubilder. Wenn man im Team zusammenarbeitet oder die gleiche Projektdatei an mehreren Rechnern mit MAXQDA bearbeiten möchte, empfiehlt es sich, die DAT-Dateien auf allen Rechnern in den „Externals-Ordner" zu kopieren, denn dies spart Zeit bei der Erzeugung der Audiospur und der Vorschaubilder auf den anderen Computern.

Abb. 3.11 Multimedia-Browser zur Anzeige von Videodateien und der Audiospur

▶ **Hinweis** MAXQDA sucht beim Öffnen eines Dokumentes immer in einer festgelegten Reihenfolge nach extern gespeicherten Audios, Videos, PDF-Dateien und Bildern. Zuerst wird versucht, die Datei vom ursprünglichen Speicherort zu öffnen. Wenn die Datei an dieser Stelle nicht mehr vorhanden ist, wird im Ordner für externe Dateien gesucht. Wenn die Datei von hier auch nicht geöffnet werden kann, sucht MAXQDA noch im Verzeichnis der gerade geöffneten Projektdatei.

3.8 Webseiten importieren

Unternehmensdarstellungen, Zeitungsartikel und Blogartikel sind typische Beispiele für Webseiten, deren Form und Inhalt sich qualitativ analysieren lässt. Um Webseiten in MAXQDA zu importieren, bietet sich der MAXQDA Web Collector an, eine kostenlose Erweiterung für den Browser Chrome. Um die Erweiterung zu installieren, sucht man am einfachsten im Internet nach „MAXQDA Collector Chrome Web", um in den Chrome Web Store zu gelangen und klickt auf *Hinzufügen*. Nach Installation der Erweiterung erscheint im Browser oben rechts ein kleines MAXQDA-Symbol. Dieses Symbol wird angeklickt, um eine in Chrome geöffnete Webseite für den Import in MAXQDA vorzubereiten. Im erscheinenden Web Collector hat man die Wahl zwischen zwei Varianten (Abb. 3.12):

- Web Page – speichert die Webseite mit allen Grafiken und unter Beibehaltung des Layouts.

Abb. 3.12 MAXQDA Web Collector im Browser Chrome

- Simplified Web Page – reduziert die Anzeige der Webseite auf dessen Text und einzelne im Text enthaltene Bilder, ganz ähnlich wie der Lesemodus für Artikel auf einem Handy. Diese Funktion ist nur wählbar, wenn sich die aktuelle Seite reduziert darstellen lässt.

Im Web Collector können bereits Name und Memo für das spätere Dokument in MAXQDA vergeben werden, sodass man wichtige Informationen für den Erhebungsvorgang, etwa warum die Seite ausgewählt wurde oder wie man sie gefunden hat, notieren kann. Durch Klick auf *Collect* wird der Download der Webseite gestartet, woraufhin der Web Collector im eingestellten Download-Ordner für jede heruntergeladene Webseite eine eigene Datei mit der Endung .mxml speichert.

Der Import der heruntergeladenen Dateien wird in MAXQDA über *Import > Web Collector Daten* gestartet. Es erscheint ein Optionsdialog, im dem alle im eingestellten Ordner befindlichen Webseiten gelistet sind und in dem sich verschiedene Formate für den Import wählen lassen (Abb. 3.13). Vereinfachte Webseiten wird man in der Regel als Text-Dokumente importieren. Ganze Webseiten hingegen werden zumeist als PDF-Dokumente importiert, weil in diesem Fall sowohl das Layout für Analysen erhalten bleibt als auch der Text auf der Webseite codiert und durchsucht werden kann.

Sofern eine Webseite bereits gespeichert im HTML-Format vorliegt, lässt sich diese auch ohne Nutzung des Web Collectors über *Import > Dokumente* direkt einlesen. MAXQDA erzeugt beim Import dann ein neues Text-Dokument. Dabei kann es jedoch zur Veränderung des Layouts kommen, weshalb sich diese Form des Imports meist nur für textorientierte Analysen eignet.

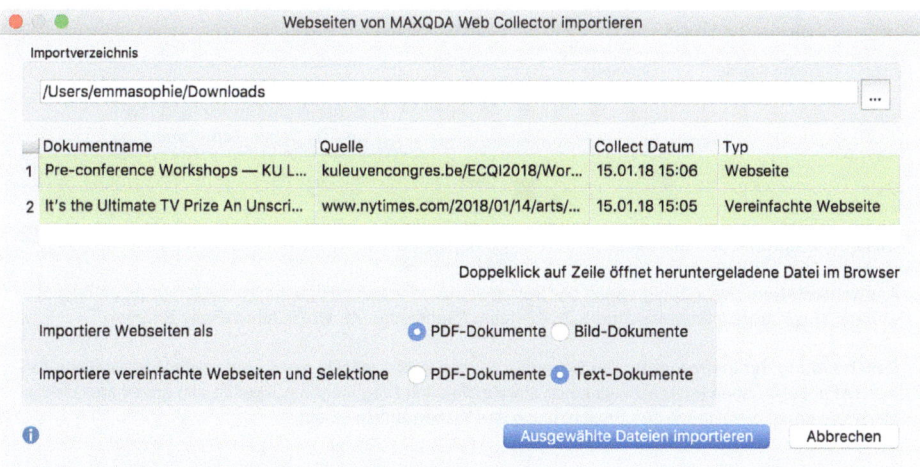

Abb. 3.13 Dialog beim Import von Webseiten in MAXQDA

3.9 Metainformationen in Memos festhalten

Memos sind sehr machtvolle Analysewerkzeuge in MAXQDA. Sie erlauben es, jederzeit eigene Notizen, Anmerkungen und Gedanken festzuhalten und ähnlich wie gelbe Klebezettel an nahezu beliebige Stellen des Datenmaterials anzuheften. Nach Abschluss der Projektvorbereitungen und des Datenimports ist es hilfreich, in einem sogenannten *Projekt-Memo* eine Zusammenfassung des methodischen Vorgehens zu notieren (Abb. 3.14): „Welche Forschungsfragen werden verfolgt?", „Welche Daten wurden wann und innerhalb welcher Designs erhoben?" usw. Diese Metainformationen zur Studie sind sehr nützlich, um Teammitgliedern, Hilfskräften und späteren Gutachter_innen schnell und unkompliziert die relevanten Informationen über ein Projekt zur Verfügung zu stellen. Zudem ist es für Dokumentations- und Archivierungszwecke ratsam, diese Metainformationen in der Projektdatei vorzuhalten, was sich als besonders hilfreich erweisen kann, wenn man nach einigen Jahren eine alte Datei öffnet.

Um ein neues Memo für das Gesamtprojekt anzulegen, klickt man mit der rechten Maustaste in die oberste Zeile in der „Liste der Dokumente" und wählt den Eintrag *Memo*. Es erscheint daraufhin eine Memo-Eingabemaske, wie sie in Abb. 3.14 dargestellt ist. Im oberen Bereich trägt man einen aussagekräftigen Titel für das Memo ein und wählt dann durch Klick auf eins der elf gelben Icons einen Memo-Typ, der darüber bestimmt, wie das Memo auf der Oberfläche von MAXQDA dargestellt wird. Im unteren Maskenbereich kann der eigentliche Memo-Inhalt eingegeben und formatiert werden. Über die Zwischenablage lassen sich Texte und sogar Grafiken und Tabellen direkt in das Me-

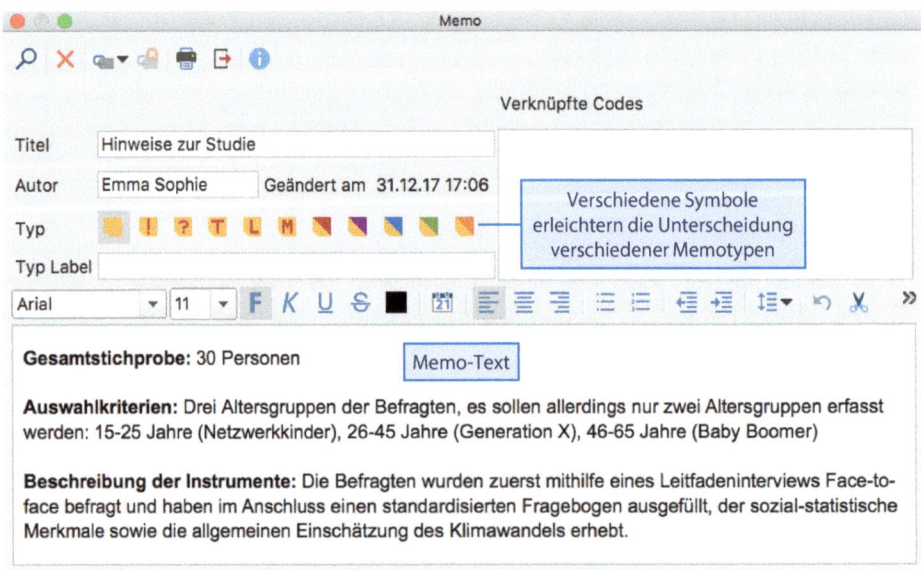

Abb. 3.14 Ein Memo mit Informationen über ein Forschungsprojekt

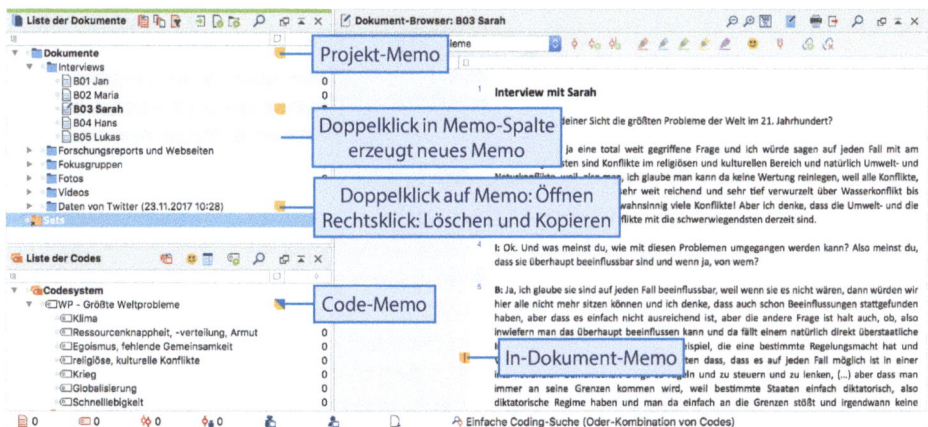

Abb. 3.15 Memos im direkten Zugriff auf der Oberfläche von MAXQDA

mo hineinkopieren. Auch bei einem Memo gibt es keinen extra Speicher-Button, sondern MAXQDA legt das Memo sofort an und beim Schließen des Memos werden alle Änderungen gespeichert. Zusätzlich wird das Memo standardmäßig alle fünf Minuten automatisch in der Projektdatei gesichert. Das Zeitintervall für die automatische Speicherung lässt sich in den globalen Einstellungen von MAXQDA verändern und gilt auch für Texte, die im Edit-Modus geöffnet sind.

Memos werden auf der MAXQDA-Oberfläche als gelbe Klebenotizen dargestellt und lassen sich durch einen einfachen Doppelklick auf deren gelbes Icon öffnen. Abb. 3.15 zeigt das angelegte Projekt-Memo ganz oben in der sogenannten Memo-Spalte der „Liste der Dokumente" sowie zwei weitere Memos: eins für eine Dokumentgruppe, in dem sich sehr gut Metainformationen für einen Teil der Dokumente festhalten lassen, und ein zweites für ein Interview-Dokument, in dem das Postskriptum und spätere Fallzusammenfassungen notiert werden können. Eine Vorschau des Memo-Inhalts wird angezeigt, sobald man den Mauszeiger über einem Memo-Icon platziert.

3.10 Die Arbeit kontinuierlich dokumentieren

Wer voll Enthusiasmus eine Studie beginnt, mag es anfangs als lästig erleben, getroffene Entscheidungen, erreichte Meilensteine und eingeschlagene Wege bei der Analyse in einem Forschungstagebuch festzuhalten. Doch zeigt sich oft beim Verfassen eines Methodenkapitels für eine Publikation, wie wertvoll sukzessiv im Projektverlauf notierte Informationen sind und wie viel Arbeit es sparen kann, nicht bloß das eigene Gedächtnis für die vielen Detailaspekte bemühen zu müssen. Zu den Kennzeichen einer guten empirischen Studie gehört eine saubere Dokumentation, die den Forschungsprozess transparent und nachvollziehbar darstellt: Wie wurde das Datenmaterial erhoben, wie wurde es an-

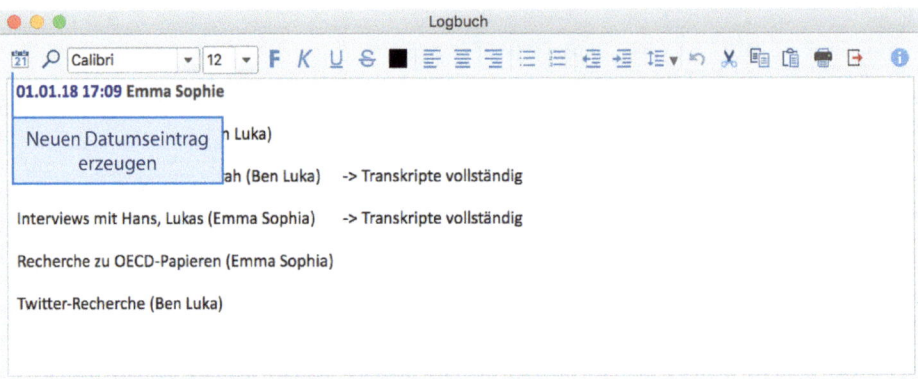

Abb. 3.16 Einsatz des Logbuchs als Forschungstagebuch

onymisiert? Welche analytische Vorgehensweise wurde zu welchem Zweck gewählt und warum? MAXQDA nimmt einem ein wenig der Dokumentationsarbeit ab: Beim Import von Dokumenten werden das Importdatum sowie der Username, unter dem der Import durchgeführt wurde, in der Projektdatei vermerkt. Beide Informationen erscheinen in einem Tooltip, wenn man den Mauszeiger auf einem Dokumentnamen platziert. Auch neu angelegte Memos und die später im Buch beschriebenen Codierungen werden mit einem Autornamen und Datum versehen.

Für das Schreiben eines Forschungstagebuchs hält MAXQDA ein sogenanntes *Logbuch* bereit, das im Tab **Start** aufgerufen werden kann. Ähnlich wie in einem Memo kann hier beliebiger Text notiert werden, ein Klick auf das erste Icon mit dem Kalender erzeugt einen neuen Datumseintrag, was für die Protokollierung des zeitlichen Projektverlaufes sehr nützlich sein kann (Abb. 3.16).

Audio- und Videoaufnahmen transkribieren

4

Einer der größten Wünsche von Forschern und Forscherinnen ist vermutlich, dass eine Analysesoftware eine automatische Transkription der aufgenommenen Interviews durchführen würde. Nun, das ist leider immer noch nicht zuverlässig möglich und so führt in den meisten Fällen kein Weg daran vorbei, die Audioaufnahmen von Interviews oder Fokusgruppen auf die althergebrachte Art und Weise zu transkribieren. Der Transkriptionsmodus von MAXDQA erleichtert zwar die Arbeit wesentlich, doch kostet das Transkribieren trotz dieser wirksamen Unterstützung viel Zeit und Mühe. Allerdings wird man dadurch belohnt, dass jederzeit auf den Originalton zurückgegriffen werden kann und sich interessante Stellen in der Audioaufnahme über Zeitmarken sofort anspringen lassen. Im Fall von Videoaufnahmen ist, je nach Fragestellung, eine Transkription nicht unbedingt erforderlich bzw. kann man sich auf die Verschriftlichung von Teilen des Materials beschränken.

In diesem Kapitel

- ✓ Geeignete Regeln für die Transkription festlegen
- ✓ Unterstützende Transkriptionseinstellungen wählen und Transkription vornehmen
- ✓ Partielle Transkription von Media-Dateien durchführen
- ✓ Zeitmarken für die Verbindung von Transkript und O-Ton setzen und verwalten
- ✓ Transkripte mit Zeitmarken importieren
- ✓ Transkripte abschließend kontrollieren

4.1 Keine Transkription ohne Regeln

Interviews und Fokusgruppen werden im heutigen Forschungsalltag in der Regel mit einem Audiorekorder oder mit Hilfe eines Smartphones aufgenommen. Möglichst zeitnah zum Interview sollte die Aufnahme transkribiert werden, damit mögliche unverständliche Passagen leicht durch Erinnerungen an die gesprochenen Worte ergänzt werden können. Von der Zielsetzung der Analyse hängt es ab, wie detailliert und genau die Transkription sein sollte und welche Regeln man demgemäß verwendet. Es existieren zahlreiche Transkriptionssysteme (Dittmar 2009; Dresing und Pehl 2018; Kowal und O'Connell 2005; Kuckartz 2016) die sich u. a. dadurch unterscheiden, wie verschiedene verbale und nicht-verbale Merkmale in der Transkription berücksichtigt werden. Transkriptionen sind zeitaufwändig und damit auch ein Kostenfaktor, sodass gut überlegt sein will, welcher Genauigkeitsgrad tatsächlich für die Beantwortung der Forschungsfragen benötigt wird. In den meisten Fällen reichen relativ einfache Transkriptionssysteme völlig aus. Im Rahmen eines Evaluationsprojektes haben wir einfache und schnell erlernbare Transkriptionsregeln definiert (Kuckartz et al. 2008, S. 27–28). Diese Regeln sind – ergänzt um zwischenzeitliche eigene Erfahrungen und um erweiternde Vorschläge von Dresing und Pehl (2018) – im Folgenden dargestellt:

1. Jeder Sprechbeitrag wird als eigener Absatz transkribiert. Sprecher_innenwechsel werden durch zweimaliges Drücken der Entertaste, also einer Leerzeile zwischen den Sprecher_innen deutlich gemacht, um die Lesbarkeit zu erhöhen.
2. Absätze der interviewenden oder moderierenden Person(en) werden durch „I:" oder „M:", die der befragten Person(en) durch eindeutige Kürzel, z. B. „B:", eingeleitet. Zur Unterscheidung mehrerer Personen in einer Aufnahme werden die Kürzel um Nummern ergänzt („M1:", „M2:", „B1:", „B2:" etc.). Alternativ zu Kürzeln können Namen oder Pseudonyme verwendet werden. Die Kennzeichnungen der Sprechenden werden zur besseren Erkennbarkeit fett gesetzt.
3. Es wird wörtlich transkribiert, also nicht lautsprachlich oder zusammenfassend. Vorhandene Dialekte werden nicht mit transkribiert, sondern möglichst genau in Hochdeutsch übersetzt.
4. Sprache und Interpunktion werden leicht geglättet, d. h. an das Schriftdeutsch angenähert. Zum Beispiel wird aus „Er hatte noch so'n Buch genannt" → „Er hatte noch so ein Buch genannt". Die Wortstellung, bestimmte und unbestimmte Artikel etc. werden auch dann beibehalten, wenn sie Fehler enthalten.
5. Deutliche, längere Pausen werden durch in Klammern gesetzte Auslassungspunkte (…) markiert. Entsprechend der Länge der Pause in Sekunden werden ein, zwei oder drei Punkte gesetzt, bei längeren Pausen wird eine Zahl entsprechend der Dauer in Sekunden angegeben.
6. Besonders betonte Begriffe werden durch Unterstreichungen gekennzeichnet.
7. Sehr lautes Sprechen wird durch Schreiben in Großschrift kenntlich gemacht.

> **I:** Und ihr trefft euch sozusagen jetzt nur jetzt zum Ende (**B:** Genau) oder schon länger?
>
> **B:** Also wir haben auch in der Übung öfter nebeneinander gesessen und zusammen was gemacht und ja aber sonst haben wir uns jetzt erst getroffen.
>
> **I:** Ja, ja. Was für eine Note erwartest du in der Klausur?
>
> **B:** Also eine Note? (..) Also ich schätze mal so 2 bis 3. Also ich denke mal schon, ich bin eigentlich zuversichtlich (lacht), dass ich überhaupt durchkomme so. Also irgendwie kursieren ja auch alte Klausuren und wenn man sich die so anguckt, dann denke ich mal, das ist ja durchaus machbar. Und allein auch schon die Probeklausur hat ja viel an Befürchtungen genommen.

Abb. 4.1 Auszug aus einem Transkript mit einer Studierenden am Ende einer Lehrveranstaltung

8. Zustimmende bzw. bestätigende Lautäußerungen der Interviewer (mhm, aha etc.) werden nicht mit transkribiert, sofern sie den Redefluss der befragten Person nicht unterbrechen.
9. Kurze Einwürfe der jeweils anderen Person, wie z. B. „Ja" oder „Nein", werden in Klammern in den Sprechbeitrag integriert.
10. Störungen von außen werden unter Angabe der Ursache in Doppelklammern notiert, z. B. ((Handy klingelt)).
11. Lautäußerungen der befragten wie auch der interviewenden Person werden in einfachen Klammern notiert, z. B. (lacht), (stöhnt) und Ähnliches.
12. Bei Videos: Nonverbale Aktivitäten werden wie Lautäußerungen in einfache Klammern gesetzt, z. B. (öffnet das Fenster), (wendet sich ab) und Ähnliches.
13. Unverständliche Wörter und Passagen werden durch (unv.) kenntlich gemacht.
14. Alle Angaben, die einen Rückschluss auf eine befragte Person erlauben, werden anonymisiert.

Ein nach diesen Regeln verschriftlichtes Interview sieht dann beispielsweise aus wie in Abb. 4.1 dargestellt. Die verwendeten Regeln sollten bei wissenschaftlichen Arbeiten im Methodenteil oder Anhang dokumentiert werden.

Ergänzend sei noch erwähnt, dass man auch zusammenfassend transkribieren kann, das heißt, es wird nicht wörtlich transkribiert, sondern man hört eine längere Passage und notiert in eigenen Worten wichtige Inhalte, die sich auf das Erkenntnisinteresse beziehen. Ein solches Vorgehen ist einsetzbar, wenn nicht der Wortlaut, sondern nur die genannten Inhalte von Interesse sind, und bedarf natürlich einer entsprechenden Beschreibung und Legitimation.

4.2 Audioaufnahmen von Interviews und Fokusgruppen transkribieren

Für die Transkription einer Audiodatei muss diese zuerst wie in Kap. 3 beschrieben in ein MAXQDA-Projekt eingefügt werden. Beim Import wird in der „Liste der Dokumente" automatisch ein Text-Dokument mit einem Notensymbol angelegt, das den Namen der importierten Audiodatei trägt und in welches das Transkript eingegeben werden kann. Um mit der Transkription zu beginnen, führt man einen Rechtsklick auf das Dokument in der „Liste der Dokumente" aus und wählt die Funktion **Audiodatei transkribieren**. Daraufhin schaltet MAXQDA die Ansicht in den Transkriptionsmodus, in dem die Audiodatei im „Multimedia-Browser" angezeigt und direkt darunter der „Dokument-Browser" für das Transkript platziert wird (Abb. 4.2). Bei jedem Start des Transkriptionsmodus wird zudem ein Fenster für die Transkriptionseinstellungen angezeigt. Das Fenster kann man bei Bedarf schließen; es lässt sich bei eingeschaltetem Transkriptionsmodus jederzeit über ein Symbol im „Multimedia-Browser" wieder öffnen.

Im Einstellungsfenster können das Rückspulintervall und mehrere transkriptionsunterstützende Funktionen eingestellt werden. Das Rückspulintervall lässt sich von 0 bis 10 s einstellen, wodurch bei jedem Start der Wiedergabe die eingestellte Sekundenzahl zurückgespult wird. Meist erreicht man mit einem Intervall von 2 bis 3 s eine flüssige Transkription, wobei der optimale Wert von der Sprechgeschwindigkeit, der Verständlichkeit der Aufnahme und dem Detailgrad der Transkription abhängig ist. Die Option „Zeitmarke nach Enter" sollte stets eingeschaltet bleiben, denn dadurch wird nach jedem Drücken der Entertaste im „Dokument-Browser" automatisch eine Zeitmarke erzeugt und eine Leerzeile eingefügt. Dies hat den Vorteil, dass man später bei der Analyse jederzeit einen Sprechbeitrag per Klick auf die Zeitmarke direkt abspielen kann. Zeitmarken dienen dazu, das Transkript und die Audiodatei miteinander zu verbinden, um jederzeit auf den Originalton an der jeweiligen Stelle zugreifen zu können. Jedes Transkript enthält min-

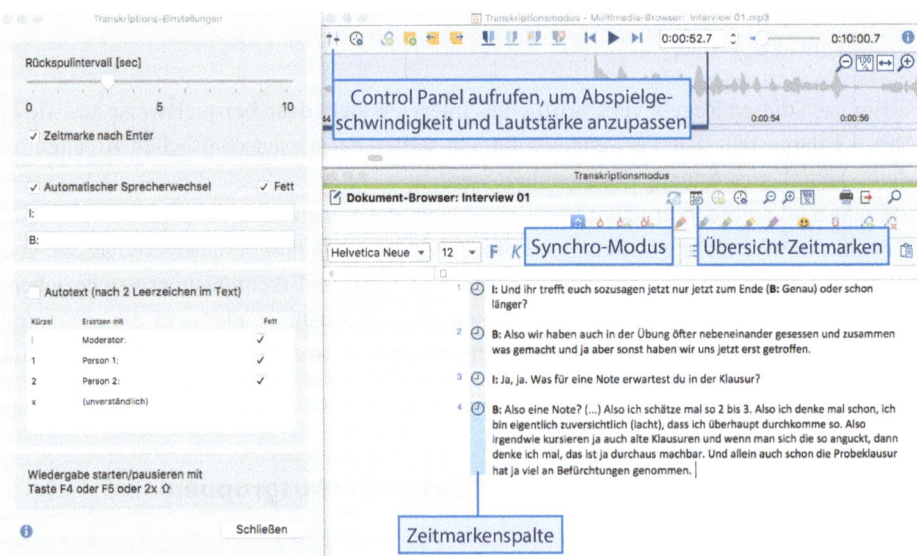

Abb. 4.2 MAXQDA im Transkriptionsmodus

destens eine von MAXQDA automatisch gesetzte Zeitmarke an der Position 0:00:00, die sich auch nicht löschen lässt. Die Zeitmarken werden links neben dem Transkript in einer eigenen Spalte im „Dokument-Browser" als Uhrsymbole angezeigt (Abb. 4.2). Hält man den Mauszeiger auf eins dieser Symbole, erscheint im Tooltipp die zugehörige Zeit. Ein Klick auf das Symbol spielt die Audiodatei an eben dieser Stelle ab, sodass man später bei der Arbeit mit dem Transkript den Originalton zur Interpretation und Bewertung des Gesagten hinzuziehen kann.

Den automatischen Sprecherwechsel kann man bei der Transkription von Einzelinterviews einschalten, um sich Tipparbeit zu ersparen. Nach jedem Drücken der Entertaste wird der nächste Absatz abwechselnd mit „I:" und „B:" oder anderen frei einstellbaren Kürzeln für die interviewende und die befragte Person begonnen; wahlweise gleich in Fettschrift. Bei Gruppendiskussionen bietet sich hingegen die Verwendung der Option *Autotext* an, die dazu führt, dass Kürzel im Text nach anschließender Eingabe von zwei Leerzeichen automatisch durch frei definierbare Texte ersetzt werden. Für jede teilnehmende Person an der Gruppendiskussion kann man ein passendes Kürzel definieren, etwa ein i für die Moderatorin, ein a für Person A, ein b für Person B und so weiter. Auch die Verschriftlichung von Sprechpausen lässt sich durch Autotexte komfortabler gestalten, z. B. durch Verwendung der 1 für (.) und der 2 für (..).

Nachdem alle notwendigen Einstellungen vorgenommen wurden, kann die Verschriftlichung beginnen, wobei die Steuerung von Audiodatei und Transkription am einfachsten durch die Verwendung verschiedener Tasten erfolgt:

- Die Tasten F4 oder F5 starten die Wiedergabe an der aktuellen Position – bei eingestelltem Rückspulintervall entsprechend früher. Erneutes Drücken hält die Wiedergabe an. (Die Tasten F4 und F5 funktionieren absolut identisch, es ist egal welche Taste man verwendet.)
- Gleiches erreicht man durch zweimaliges Drücken der Strg-Taste (Windows) bzw. der Shift-Taste ⇧ (Mac), sodass die Hände bei Zehn-Finger-Schreibweise stets in der Ausgangsposition verbleiben können.
- F6 fügt in das Transkript eine neue Zeitmarke an der aktuellen Abspielposition ein. Solche manuell eingefügten Zeitmarken kann man nutzen, um schlecht zu verstehende, möglicherweise falsch interpretierbare Verschriftlichungen oder anderweitig zu kennzeichnende Stellen zu markieren. MAXQDA achtet darauf, dass keine chronologisch falschen Zeitmarken erzeugt werden. Zwischen zwei existierende Zeitmarken lässt sich nachträglich daher eine weitere Zeitmarke nur setzen, sofern sich die aktuelle Abspielposition zwischen den Zeitpositionen der beiden umgebenden Zeitmarken befindet. Der aktuelle Abspielbereich ist zur besseren Orientierung in der Zeitmarkenleiste immer blau markiert.
- F12 spult 5 s vor, ⇧+F12 spult 5 s zurück, sodass man bei unverständlichen Passagen schnell zurückspringen kann oder eine gesuchte Stelle schneller ausfindig machen kann.

Die aktuelle Position der Audiodatei ist jederzeit im „Multimedia-Browser" zu sehen. Dort lässt sich auch durch Verwendung des Schiebereglers oder durch direkte Eingabe einer Zeit eine gewünschte Abspielposition anspringen.

▶ **Hinweis** Unter Mac sind die Funktionstasten F1 bis F12 üblicherweise mit systemeigenen Funktionen belegt. Um sie in MAXQDA für die Transkription zu nutzen, muss man gleichzeitig die fn-Taste gedrückt halten. Da dies sehr umständlich sein kann, sollte man die Systemeinstellungen aufrufen und dort im Bereich „Tastatur" die Einstellung **Die Tasten F1, F2 usw. als Standardfunktionstasten verwenden** auswählen. Dann ist es nicht mehr notwendig, die fn-Taste gedrückt zu halten. Auch bei einigen Windows-Computern sind die Funktionstasten mit Systemfunktionen belegt, hier hilft eine Suche im Internet, wie bei dem jeweiligen Modell die Funktionstasten ohne Festhalten der fn-Taste verwendet werden können.

Sollte sich beim Transkribieren herausstellen, dass die Personen sehr schnell sprechen, kann man die Abspielgeschwindigkeit reduzieren. Hierzu öffnet man durch Klick auf das Symbol *Control Panel* im „Multimedia-Browser" (erstes Symbol von links, Abb. 4.2) ein Steuerungsfenster für die Lautstärke und die Abspielgeschwindigkeit. Die Einstellungen sind auch bei ausgeschaltetem Transkriptionsmodus verfügbar.

Für das erleichterte und schnellere Transkribieren unterstützt MAXQDA die Fußschalter „Science" und „Science II" der Firma audiotranskription.de. Der gelbe Schalter „Science" ist funktionsgleich mit der Taste F4 oder F5 (je nach Softwareeinstellung im Fußschalter): Einmal drücken startet, erneutes Betätigen stoppt die Wiedergabe. Den schwarzen Schalter „Science II" muss man gedrückt halten, um die Media-Datei abzuspielen, und loslassen, um die Wiedergabe zu stoppen.

Um die Transkription zu beenden, schließt man das Fenster „Multimedia-Browser" durch Klick auf das entsprechende Symbol im Kopf des Fensters. Daraufhin dockt MAXQDA das Fenster „Dokument-Browser" mit dem Transkript automatisch an seine vorherige Position.

▶ **Tipp** Um nach Beenden des Transkriptionsmodus die Transkription fortzusetzen, klickt man mit der rechten Maustaste auf das Dokument und wählt erneut *Audiodatei transkribieren*.

4.3 Videoaufnahmen transkribieren

Videodateien lassen sich im Prinzip genauso transkribieren, wie es im vorherigen Abschnitt für Audiodateien beschrieben wurde. Nach einem rechten Mausklick auf das Videodokument in der „Liste der Dokumente" wählt man den Eintrag *Videodatei transkribieren*, um den Transkriptionsmodus einzuschalten, und nimmt bei Bedarf Einstellungen für die Transkription vor.

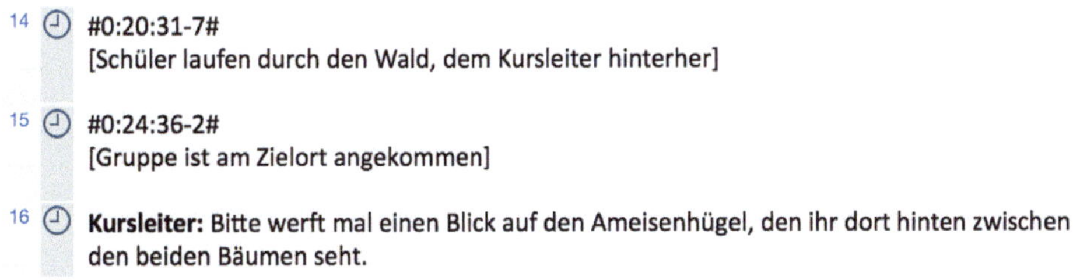

14 🕐 #0:20:31-7#
[Schüler laufen durch den Wald, dem Kursleiter hinterher]

15 🕐 #0:24:36-2#
[Gruppe ist am Zielort angekommen]

16 🕐 **Kursleiter:** Bitte werft mal einen Blick auf den Ameisenhügel, den ihr dort hinten zwischen den beiden Bäumen seht.

Abb. 4.3 Video-Transkript mit Auslassungen in eckigen Klammern

Bei Videodateien (und manchmal auch bei Audiodateien) kommt es vor, dass nur ausgewählte Parts transkribiert werden sollen, etwa weil Teile der Aufnahme irrelevant für das Forschungsinteresse sind oder um eine Detailanalyse einer verschriftlichten Interaktionssequenz vornehmen zu können. Bei Teiltranskriptionen spielt man durch Drücken der F4- oder F5-Taste die Aufnahme ab, bis die zu transkribierende Stelle erreicht ist; ist diese bereits bekannt, kann man natürlich direkt dorthin springen. Dort beginnt man dann wie oben für Audiodateien beschrieben mit der Transkription und setzt diese solange fort, bis der relevante Part vorbei ist. Um die Übersicht über den Verlauf des Videos zu behalten, kann es hilfreich sein, den nicht-transkribierten Bereich, zumindest mit ein paar in Klammern gesetzten Stichwörtern im Transkript zu beschreiben, ggf. auch die jeweiligen Anfangs- und Endzeiten in den Text zu tippen (Abb. 4.3). Auf jeden Fall sollte zu Beginn jedes transkribierten Abschnitts eine Zeitmarke gesetzt werden, was sich über Drücken der Taste F6 erreichen lässt.

Für den Fall, dass man beim Betrachten eines Videos im „Multimedia-Browser" eine Passage entdeckt, die man gerne transkribieren möchte, sieht MAXQDA eine Funktion vor, die Transkription direkt für einen markierten Videoclip durchzuführen. Hierzu zieht man im „Multimedia-Browser" eine Markierung auf, klickt diese mit der rechten Maustaste an und wählt den Eintrag *Transkribieren*. Daraufhin positioniert MAXQDA die Videodatei an den Beginn der Markierung, schaltet – sofern noch nicht aktiv – den Transkriptionsmodus ein, springt an die passende Stelle im Transkript und fügt dort eine Zeitmarke ein, die als Orientierungshilfe zusätzlich auch in der Form #H:MM:SS-m# in den Text eingetragen wird. Man kann dann F4, F5 oder zweimal hintereinander die Strg-Taste (Windows) bzw. die Shift-Taste ⇧ (Mac) drücken und sofort mit dem Transkribieren beginnen.

4.4 Die „Übersicht Zeitmarken"

Wie bereits erwähnt, stellen Zeitmarken ein hilfreiches Mittel dar, um verschriftlichte Aussagen und Originalton bzw. Originalbild miteinander zu verbinden. Darüber hinaus offeriert MAXQDA die Möglichkeit, zu jeder Zeitmarke einen Kommentartext zu verfassen, in dem sich in kurzen Worten der aktuelle Abschnitt beschreiben lässt, sodass die

Anfang	Ende	Dauer	Kommentar
00:00:00.0	00:00:10.7	00:00:10.7	Kursleiter betritt den Raum
00:00:10.7	00:01:34.7	00:01:23.9	Begrüßung und Infos des Kursleiters
00:01:34.7	00:03:57.5	00:02:22.7	
00:03:57.5	00:05:11.7	00:01:14.2	
00:05:11.7	00:20:09.1	00:14:57.3	Erste Gruppenübung (Indoor)
00:20:09.1	01:27:46.2	01:07:37.1	Zweite Gruppenübung (Outdoor)

Abb. 4.4 „Übersicht Zeitmarken" mit Kommentaren als Strukturierungsmittel

Zeitmarken auch eine inhaltliche Gliederungsfunktion übernehmen können; ein nicht zu unterschätzendes Hilfsmittel bei Teiltranskriptionen. Ein Kommentar lässt sich jederzeit durch Rechtsklick auf ein Zeitmarkensymbol eintragen oder bearbeiten. Hält man den Mauszeiger auf eine Zeitmarke, zeigt der kleine Tooltip nicht nur die zugehörige Zeitposition, sondern auch den Kommentar.

In der „Übersicht Zeitmarken" sind neben den Zeiten und der jeweiligen Dauer eines Abschnitts (bis zur nächsten Zeitmarke) auch alle vorhandenen Kommentare aufgelistet (Abb. 4.4). Die Übersicht lässt sich durch Klick auf das gleichnamige Symbol im „Dokument-Browser" aufrufen, das dort angezeigt wird, sobald einem Text eine Audio- oder Videodatei zugeordnet ist. Die Kommentare können in der Übersicht verfasst, geändert und gelöscht werden, zudem ist die Übersicht interaktiv: Ein Doppelklick auf eine Zeile bringt das Segment zu Gehör und positioniert gleichzeitig den Text im „Dokument-Browser" an die zugehörige Stelle im Transkript.

4.5 Vorhandene Transkripte mit Zeitmarken importieren

Die in MAXQDA enthaltenen Transkriptionsfunktionen sind gut für einfache Standardtranskriptionen geeignet. Wer darüber hinaus noch weitere Funktionalität benötigt, kann auch auf Transkription spezialisierte Programme wie f4 & f5transkript oder easytranscript zurückgreifen. Nicht selten wird in Projekten die Transkription des Datenmaterials auch von externen Dienstleistern übernommen, die ihrerseits mit solchen Spezialprogrammen für die Transkription arbeiten. Bei der Nutzung dieser Transkriptionsprogramme entstehen in der Regel Transkripte im RTF-Format, die es gilt, zusammen mit der zugehörigen Audio- oder Videodatei in MAXQDA zu importieren. Die Transkripte enthalten üblicherweise bereits Zeitmarken, welche direkt in den Text geschrieben wurden. Beispielsweise werden die Zeitmarken bei den zuvor genannten Transkriptionstools standardmäßig im Format #HH:MM:SS-m# am Ende eines Absatzes ergänzt, wobei H für Stunde, M für Minute, S für Sekunde und m für Zehntelsekunden steht.

4.6 Transkription überprüfen

Tab. 4.1 Von MAXQDA beim Import erkannte Zeitmarkenformate

easytranscript, f4 & f5transcript	#hh:mm:ss-x#
HyperTRANSCRIBE	[hh:mm:ss.xxx]
Inqscribe, Transcriva	[hh:mm:ss.xx]
Transana	(h:mm:ss.xx)
Transcribe	[hh:mm:ss]
Transcriber Pro	hh:mm:ss

Den Import eines solchen Transkripts startet man über **Import > Transkripte mit Zeitmarken**, woraufhin man eine oder mehrere Transkripte im erscheinenden Dateidialog auswählt. Sofern in dem Dokument ein lesbares Zeitmarkenformat erkannt wird, fragt MAXQDA nach der zugehörigen Media-Datei, um diese dem Dokument zuzuordnen und in den Ordner für externe Dateien zu kopieren. Beim Import in MAXQDA werden die Zeitmarken aus dem Dokument entfernt und als Zeitmarkensymbole neben dem Text im „Dokument-Browser" angezeigt. Der Import eines Transkripts mit Zeitmarken lässt sich auch über jede andere übliche Form des Imports in MAXQDA vornehmen, etwa über **Import > Dokumente** oder per Klicken und Ziehen aus dem Dateiexplorer in die „Liste der Dokumente". MAXQDA überprüft Text-Dokumente grundsätzlich daraufhin, ob sie Zeitmarken enthalten.

MAXQDA erkennt automatisch die Zeitmarken der in Tab. 4.1 aufgelisteten Transkriptionssoftware. Will man Transkripte anderer Software einlesen, muss das Zeitmarkenformat in den Transkripten angepasst werden, beispielsweise mit den erweiterten Funktionen zum Suchen und Ersetzen in einem Textverarbeitungsprogramm.

4.6 Transkription überprüfen

Nach Abschluss einer selbst angefertigten Transkription und nach Import eines extern erstellten Transkripts, ist es meist ratsam, die Übereinstimmung der Verschriftlichung mit dem Originalton zu überprüfen. Für diesen Vorgang kann man ggf. die Abspielgeschwindigkeit erhöhen und den sogenannten „Synchro-Modus" von MAXQDA verwenden, bei dem das jeweils abgespielte Segment farblich hinterlegt im „Dokument-Browser" erscheint. Das genaue Vorgehen bei der Transkriptüberprüfung ist im Kasten 4.1 erläutert.

Kasten 4.1: Transkript überprüfen

- Öffnen Sie das Transkript im „Dokument-Browser", z. B. durch einen Doppelklick auf seinen Namen in der „Liste der Dokumente".
- Schalten Sie in der Symbolleiste des „Dokument-Browsers" den Synchro-Modus durch Klick auf das gleichnamige Symbol ein.

- Öffnen Sie, sofern nicht bereits sichtbar, den „Multimedia-Browser" durch Klick auf das gleichnamige Symbol im „Dokument-Browser". Positionieren Sie den „Multimedia-Browser" so, dass Sie gleichzeitig das Transkript sehen können.
- Gehen Sie zum Anfang der Audio- oder Videodatei und starten Sie die Wiedergabe.
- Wenn die Personen nicht schnell sprechen, können Sie die Abspielgeschwindigkeit erhöhen, um das Transkript schneller durchzuhören. Hierzu öffnen Sie das **Control Panel** ⇵ über das Symbol ganz links im „Multimedia-Browser".
- Wenn Sie einen Fehler im Transkript entdecken, pausieren Sie die Wiedergabe durch Drücken der Taste F4 oder F5 oder durch zweimaliges Drücken der Strg-Taste (Windows) bzw. der Shift-Taste ⇧ (Mac). Alternativ können Sie zum erneuten Anhören der fraglichen Stelle 5 Sekunden mithilfe der Tastenkombination ⇧+F12 zurückspringen.
- Um eine Stelle im Text zu korrigieren, schalten Sie den „Edit-Modus" durch Klick auf das entsprechende Symbol im Dokument-Browser ein und nehmen im Text die gewünschten Änderungen vor. Schalten Sie anschließend den Edit-Modus wieder aus, da der Synchro-Modus im Edit-Modus nicht wirksam ist.

Die Verwendung des Synchro-Modus setzt natürlich voraus, dass im Transkript mehrere Zeitmarken vergeben wurden. Sollte das Transkript keine Zeitmarken außer der allerersten enthalten (diese wird von MAXQDA immer automatisch erzeugt und beginnt bei 0:00:00), können Sie auf den Synchro-Modus verzichten und nur die Abspielgeschwindigkeit auf einen sinnvollen Wert einstellen.

Daten explorieren 5

Qualitative Datenanalyse ist eine spannende Angelegenheit und verlangt von den Forschenden sich auf die Daten einzulassen und sie zunächst intensiv zu erkunden. So, wie man das Wasser eines an einem Sommertag blau strahlenden Sees nur „erfühlen" kann, wenn man nicht am Ufer stehenbleibt, sondern sich ins Wasser hineinbegibt, so ist es auch notwendig, „in die Daten einzutauchen". Die Software nimmt einem dies nicht ab, stellt aber eine Reihe von Hilfsmitteln bereit, welche die Erkundungen unterstützen: Anmerkungen, Notizen, Fragen und Ideen lassen sich festhalten; was einem wichtig erscheint, lässt sich farbig markieren und mittels lexikalischer Suchfunktionen kann in den Texten nach Wörtern oder Wortkombinationen gesucht werden. Auf den ersten Blick ähnelt die Arbeit mit dem digitalisierten Text dem Arbeitsprozess mit einem Fachbuch, doch sind die digitalen Werkzeuge wesentlich mächtiger, denn es lassen sich auch Textstellen miteinander verlinken und externe Links zu anderen Dokumenten, Webseiten, Bildern oder geographischen Räumen erstellen. In dieser ersten Phase der Analyse lernt man nicht nur die Daten kennen, sondern beginnt bereits damit, ein dichtes Netz von Verbindungen, Anmerkungen, Ideen und Hypothesen zu knüpfen und Bilder und Videoaufnahmen zu explorieren. Die Erkundung von Videodaten unterscheidet sich notwendigerweise von der Erkundung textueller Daten. Videodaten sind mehrdimensional, sprechen andere Sinne an und lösen möglicherweise wesentlich mehr im Betrachter aus als Texte dies können.

> **In diesem Kapitel**
>
> ✓ Die Memo-Funktion kennenlernen
> ✓ Memos schreiben, editieren und Symbole zuordnen
> ✓ Memos verwalten und exportieren
> ✓ Interessante und auffällige Textstellen farbig markieren
> ✓ Lexikalische Suche in den Texten durchführen und die Resultate exportieren

© Springer Fachmedien Wiesbaden GmbH, ein Teil von Springer Nature 2019
S. Rädiker und U. Kuckartz, *Analyse qualitativer Daten mit MAXQDA*,
https://doi.org/10.1007/978-3-658-22095-2_5

✓ Wortwolken erstellen und Wort-Stopplisten anwenden
✓ Links erzeugen und die Linkfunktion als Werkzeug zur Vernetzung entdecken
✓ Texte paraphrasieren

5.1 Daten explorieren und Wichtiges in Memos notieren

Aus technischer Sicht kann die Analyse der Daten bereits beginnen, sobald die ersten Daten erhoben und in die Software importiert werden. Allerdings wird die Arbeitsweise stark von der gewählten Methodik bestimmt. So mag es sein, dass Forschende, die nach der Methode der Grounded Theory (Charmaz 2014; Glaser und Strauss 2010; Strauss und Corbin 1996) vorgehen, bereits nach der Erhebung der ersten Daten sofort mit der Analyse beginnen und basierend auf den Ergebnissen dann die weitere Datenerhebung gestalten. Andererseits mag es bei einem vorab feststehenden qualitativen Auswahlplan (Kelle und Kluge 2010) günstiger sein, wenn die Daten zunächst möglichst vollständig erhoben werden und erst in der folgenden Phase mit der Auswertung begonnen wird. Ein weiteres nicht zu unterschätzendes Bestimmungsmoment für die Arbeitsweise bei der Datenanalyse stellen die Gewohnheiten der Forschenden dar, wobei die Computeraffinität eine nicht unbedeutende Rolle spielt. Während die einen am liebsten zunächst mit Papier arbeiten, dort Textpassagen markieren und Anmerkungen an den Rand schreiben, bevorzugen andere, von Beginn an ausschließlich am Computer zu arbeiten. Zwischen diesen beiden Polen existieren unzählige Mischformen, von denen sich keine als richtig oder falsch, besser oder schlechter bezeichnen lässt.

MAXQDA bietet verschiedene Hilfsmittel für diese Phase der Exploration der Forschungsdaten an, ohne dass die Daten bereits systematisch codiert werden müssten. Ein sehr wichtiges Hilfsmittel stellen hierbei die *Memos* dar. Bei diesen handelt es sich um mehr oder weniger ausführliche Anmerkungen, die an verschiedene Elemente von MAXQDA angeheftet werden können. Ein weiteres Hilfsmittel stellen *Paraphrasen* dar, das heißt Textinhalte können, ähnlich wie die Headlines bei Nachrichten, kurz zusammengefasst werden. Drittens können besonders interessante Textpassagen *farbig markiert* werden; dies ähnelt dem Anstreichen wichtiger Stellen eines Fachbuches mit einem Farbmarker.

Memos können an verschiedene Elemente von MAXQDA angeheftet werden, und zwar an:

- Dokumente,
- Dokumentgruppen und Dokumentsets,
- Codes und
- an bestimmte Stellen innerhalb von Dokumenten, Audioaufnahmen und Videos.

5.1 Daten explorieren und Wichtiges in Memos notieren

Eine weitere Form von Memo dient zur Beschreibung des gesamten Projekts („Projekt-Memo", vgl. Kap. 3) und als „Freies Memo" wird ein Memo bezeichnet, das keinem bestimmten Element von MAXQDA zugeordnet ist. Dort, wo Memos zugeordnet sind, wird dies von MAXQDA visualisiert; Memos sehen ähnlich wie Post-it-Zettel aus.

Memos können sehr unterschiedliche Funktionen bei der Analyse erfüllen. Vor allem in der sozialwissenschaftlichen Auswertungsmethodik ist es üblich, mit Memos zu arbeiten und dort ist es vor allem die ursprünglich von Glaser und Strauss entwickelte Auswertungsmethode der Grounded Theory, in der Memos eine besondere Rolle spielen (Strauss 1998; Strauss und Corbin 1996). Die Grounded Theory unterscheidet eine Reihe von Memotypen, die spezielle Aufgaben im Forschungsprozess besitzen, wie etwa Theorie-Memos und Code-Memos. Memos unterscheiden sich prinzipiell von den Primärdaten: Während die Primärdaten normalerweise den Status von Dokumenten haben, d. h. sie werden analysiert und können nicht mehr wesentlich verändert werden, sind Memos Produkte der Forschenden und können jederzeit wieder verändert werden. Sie lassen sich ergänzen, modifizieren und integrieren.

In der Phase der Exploration sind es insbesondere die „In-Dokument-Memos", die genutzt werden, das heißt Anmerkungen, Ideen, Fragen und Hypothesen werden direkt mit einer bestimmten Stelle des Datenmaterials verknüpft. Im „Dokument-Browser", in dem ein Text, ein PDF oder ein Bild angezeigt wird, befindet sich links neben dem Dokument eine eigene Spalte für die In-Dokument-Memos. Wenn man den Mauszeiger in diese Spalte bewegt, kann man nach einem Doppelklick eine Anmerkung eingegeben (Abb. 5.1).

Die Memo-Eingabemaske (Abb. 5.2) besitzt für alle Memoarten von MAXQDA den gleichen Aufbau. Zuoberst lässt sich ein Titel für das Memo eingeben; dieser sollte so aussagekräftig sein, dass man das Memo später in der Liste aller Memos unschwer bereits am Titel identifizieren kann.

MAXQDA erlaubt es zwischen elf verschiedenen Memotypen zu unterscheiden. Hierzu wird jedem Memo eines der zur Auswahl stehenden Symbole zugeordnet. Die Symbole ! (hohe Relevanz), ? (Fragen ans Material, Vorbereitung für weitere Datenerhebung), T (Theorie), M (Methoden) und L (Sprache) haben eine intendierte Bedeutung; sie kön-

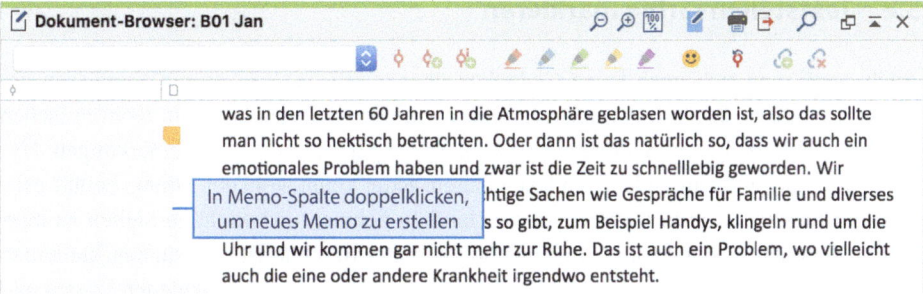

Abb. 5.1 In-Dokument-Memos verfassen

Abb. 5.2 Die Memo-Eingabemaske

nen aber genauso wie die anderen Symbole mit einem benutzerdefinierten Label versehen werden.

Der eigentliche Text des Memos wird im unteren Bereich des Fensters eingegeben – dort stehen auch verschiedene Möglichkeiten für die Formatierung des Textes zur Verfügung. Die Zwischenablage kann benutzt werden, um Text aus dem Memo heraus zu kopieren oder Text, z. B. Zitate aus dem Quelltext, einzufügen. Dieses funktioniert auch mit Hilfe von Klicken-und-Ziehen einer Textstelle mit der Maus aus dem „Dokument-Browser".

Per Doppelklick auf das angezeigte Memosymbol lässt sich ein Memo wieder öffnen und nach Wunsch verändern. Eine tabellarische Auflistung von Memos ist unter *Reports > Übersicht Memos* verfügbar; damit hat man einen schnellen Zugriff auf einzelne Memos oder Memotypen (Details hierzu in Kap. 9).

5.2 Textstellen farbig markieren

Auch wenn man sich noch keine Gedanken über mögliche Auswertungskategorien gemacht hat und noch gar nicht so recht weiß, wie der Analysegang denn wohl aussehen mag, entsteht häufig das Bedürfnis etwas im Text zu markieren oder Bemerkungen, Hypothesen und weiterführende Ideen festzuhalten. Jeder kennt wohl den Drang, beim Lesen eines Fachbuchs einen Farbmarker in die Hand zu nehmen und wichtige Stellen zu markieren. Will man selbst etwas schreiben und reicht der Rand im Buch nicht aus, klebt man vielleicht einen Post-it-Zettel auf die Seite und notiert auf diesem die eigenen Fragen und Gedanken. Ähnliches lässt sich auch in MAXQDA bewerkstelligen: Mit der Funktionalität des *Farb-Codierens* stehen fünf virtuelle Markierstifte mit unterschiedlichen Farben

5.3 Texte mit der lexikalischen Suche durchsuchen

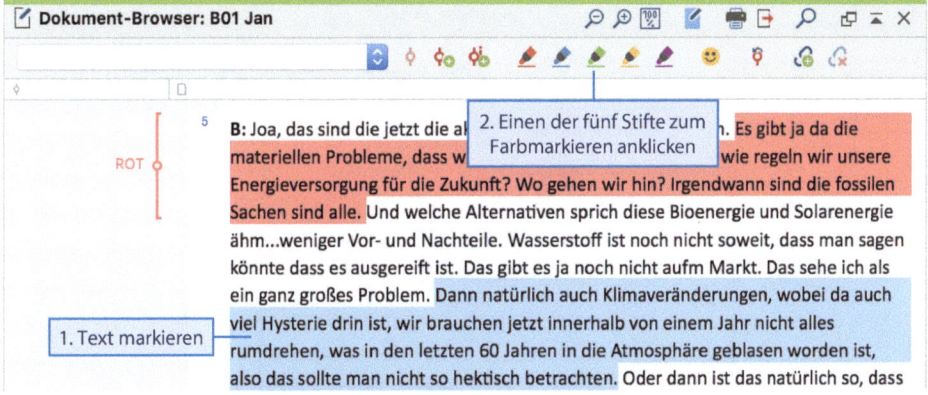

Abb. 5.3 Eine Textstelle mit der Funktion „Farb-Codieren" markieren

(rot, blau, grün, gelb und violett) zur Verfügung. Mit ihnen lassen sich Textstellen markieren, beispielsweise zitierfähige Passagen in rot und analytisch bedeutsame Passagen in Gelb.

Zunächst wird die betreffende Textstelle mit der Maus markiert, dann eines dieser fünf Farbsymbole angeklickt, die sich oben im „Dokument-Browser" befinden. Welche der fünf Farben verwendet wird, ist selbstverständlich frei bestimmbar. Die Textstelle wird daraufhin entsprechend eingefärbt (Abb. 5.3). Der Unterschied zum Markieren einer Textstelle in einem Buch ist allerdings, dass man in MAXQDA auf diese Weise farbig markierte Stellen sehr einfach wiederfinden kann, während man in einem Buch unter Umständen sehr lange blättern muss, um eine bestimmte unterstrichene Stelle erneut zu finden. Farbcodierte Textstellen lassen sich für einzelne und auch für mehrere Texte zusammenstellen und weiterbearbeiten. Wie dies genau geschieht, ist in Kap. 9 beschrieben.

5.3 Texte mit der lexikalischen Suche durchsuchen

Zur Phase der Exploration gehört es auch, dass in den Dokumenten nach bestimmten Wörtern oder Wortkombinationen gesucht werden kann. MAXQDA ermöglicht es, in allen vier Hauptfenstern lokal zu suchen, d. h. die Suche findet nur in dem fokussierten Fenster statt. So kann man in der „Liste der Dokumente" nach Dokumentnamen und im „Dokument-Browser" nach dem Vorkommen von Worten suchen. In den Symbolleisten, die in jedem Fenster oben angezeigt werden, befindet sich jeweils ein Icon mit einer Lupe als Symbol. Nach Anklicken der Lupe kann der gesuchte Begriff eingeben werden. Es wird angezeigt, wie häufig der Begriff im betreffenden Dokument vorkommt; mit den Auf- und Ab-Tasten kann man sich von Treffer zu Treffer bewegen.

Weitaus mächtiger als die lokale Kontextsuche ist die *Lexikalische Suche*, die im Tab *Analyse* aufgerufen werden kann – alternativ auch mit dem Tastenkürzel **Strg+⇧+F** (Win-

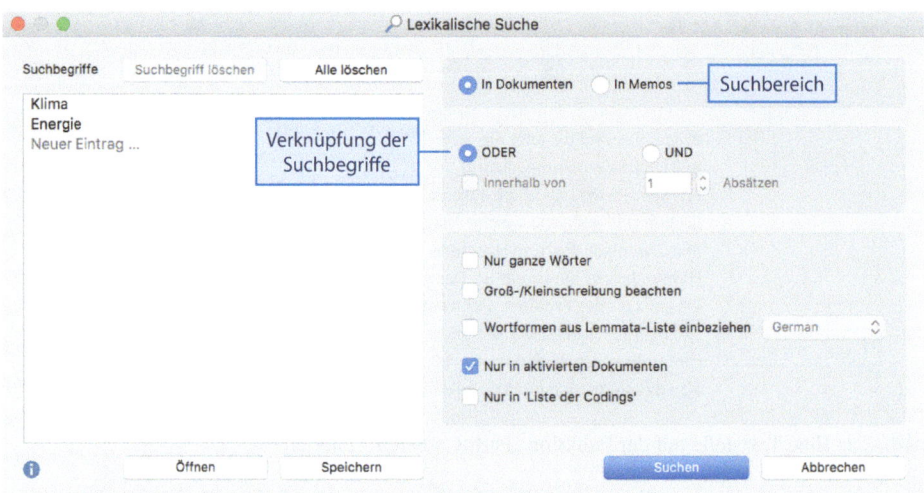

Abb. 5.4 Dialog „Lexikalische Suche" mit verschiedenen Optionen

dows) und ⌘+⇧+*F* (Mac). Die *Lexikalische Suche* erlaubt es, nicht nur in dem geöffneten Dokument, sondern in vielen Dokumenten gleichzeitig suchen. Abb. 5.4 zeigt den Suchdialog, hier wird in den ausgewählten (aktivierten) Dokumenten gesucht, als Suchbegriffe sind „Klima" und „Energie" eingegeben.

Es lassen sich beliebig viele Suchbegriffe eingeben, standardmäßig werden die Suchbegriffe mit der Oder-Logik verknüpft, d. h. wird *einer* der Begriffe aus der Liste der Suchbegriffe gefunden, gilt dies als Treffer. Alternativ kann aber auch mit der Und-Kombination nach dem gleichzeitigen Vorkommen von Wörtern im Dokument oder innerhalb einer eingestellten Anzahl von Absätzen gesucht werden. Suchbegriffe können die Platzhalterzeichen * und ? enthalten:

- Gibt man für ein einzelnes Zeichen das Zeichen ? ein, z. B. m?sst, findet MAXQDA „musst" und „misst".
- Das Zeichen * steht für eine beliebige Zeichenfolge, z. B. findet MAXQDA bei k*t „kalt" und „kühlt".
- Einen bestimmten Wortanfang findet man mittels <(). Die Zeichenfolge <(inter) findet also „Interesse" und „intern", nicht jedoch „Winter".
- Ähnlich sucht man nach einem bestimmten Wortende mittels ()>. Die Zeichenfolge (in)> findet „Herrin" und „darin", nicht jedoch „Leontine".

Schaltet man die Option **Wortformen aus Lemmata-Liste einbeziehen** an, so wird neben den eingegebenen Suchwörtern auch nach deren Wortformen gesucht, der Suchbegriff „stehen" findet dann auch „steht", „stand", „standen", „stünde" etc.

Die Ergebnisliste zeigt alle Treffer an (Abb. 5.5). Wird ein Treffer angeklickt, wird das entsprechende Dokument im „Dokument-Browser" geöffnet, und zwar genau an dieser Fundstelle.

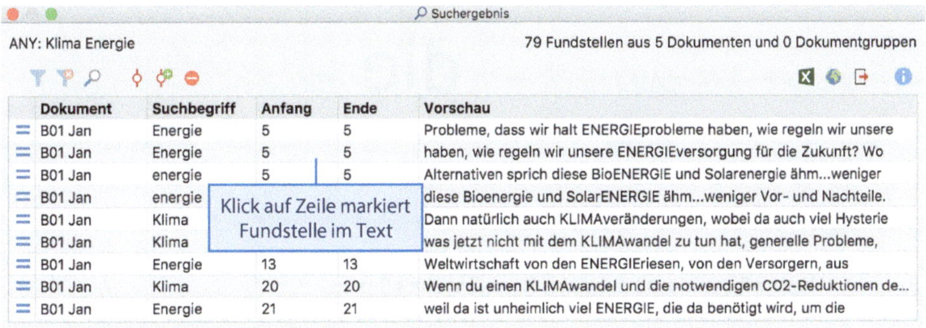

5.4 Wortwolke: die häufigsten Wörter visuell darstellen

Dokument	Suchbegriff	Anfang	Ende	Vorschau
B01 Jan	Energie	5	5	Probleme, dass wir halt ENERGIEprobleme haben, wie regeln wir unsere
B01 Jan	Energie	5	5	haben, wie regeln wir unsere ENERGIEversorgung für die Zukunft? Wo
B01 Jan	energie	5	5	Alternativen sprich diese BioENERGIE und Solarenergie ähm...weniger
B01 Jan	energie			diese Bioenergie und SolarENERGIE ähm...weniger Vor- und Nachteile.
B01 Jan	Klima			Dann natürlich auch KLIMAveränderungen, wobei da auch viel Hysterie
B01 Jan	Klima			was jetzt nicht mit dem KLIMAwandel zu tun hat, generelle Probleme,
B01 Jan	Energie	13	13	Weltwirtschaft von den ENERGIEriesen, von den Versorgern, aus
B01 Jan	Klima	20	20	Wenn du einen KLIMAwandel und die notwendigen CO2-Reduktionen de...
B01 Jan	Energie	21	21	weil da ist unheimlich viel ENERGIE, die da benötigt wird, um die

(Klick auf Zeile markiert Fundstelle im Text)

Abb. 5.5 Ergebnisfenster der lexikalischen Suche

Für die Exploration nützlich ist auch die Möglichkeit, ein Wort oder eine Textpassage im „Dokument-Browser" zu markieren und nach dem weiteren Vorkommen dieses Textes im gleichen oder in anderen Dokumenten zu suchen. Dazu wird der gewünschte Text markiert und aus dem Kontextmenü die Option **Suche nach markiertem Text** gewählt.

5.4 Wortwolke: die häufigsten Wörter visuell darstellen

Wortwolken sind mittlerweile sehr weit verbreitete Mittel zur Visualisierung der Wörter einer bestimmten Quelle. Typisch ist die Darstellung als alphabetische Liste der häufigsten Wörter, wobei besonders häufige Wörter mit einem größeren Schriftgrad dargestellt werden. Oft wird auch mit verschiedenen Farben gearbeitet und generell gibt es für Wortwolken sehr unterschiedliche Darstellungsweisen. Warum sollte man eine Wortwolke erstellen? Wortwolken können einen schnellen Überblick über die häufigsten Begriffe eines Textes verschaffen und dies geschieht in einer visuellen Form, die weitaus besser zugänglich ist als eine tabellarische Darstellung mit einer Auflistung von Wörtern und Angabe ihrer Häufigkeit. Aus einer Wortwolke lassen sich, insbesondere wenn – wie bei der Analyse von Twitterdaten – sehr viele Daten ausgewertet werden, bereits erste Vermutungen und Hypothesen ableiten.

Abb. 5.6 zeigt eine Wortwolke eines etwa drei Seien langen Interviews in einer Online-Zeitung mit den 50 häufigsten Wörtern in alphabetischer Anordnung. Am häufigsten kommen die Wörter wie „die", „ein", „und", „in" vor, das heißt lauter Wörter, die für die Identifikation von Textinhalten nicht geeignet sind. Aussagekräftiger sind da schon solche Wörter wie „Landschaft", „Reise", „Wanderer" und „Wandern". Die Vermutung liegt nahe, dass es in diesem Interview genau um diese Themen geht.

Schaltet man zur Liste der Worthäufigkeiten um, lassen sich alle unerwünschten Wörter in eine Stopp-Liste transferieren (Abb. 5.7). Dies geschieht durch einen Doppelklick in die Spalte vor dem betreffenden Wort. Alle so markierten Wörter werden bei der Wortwolke nicht weiter berücksichtigt.

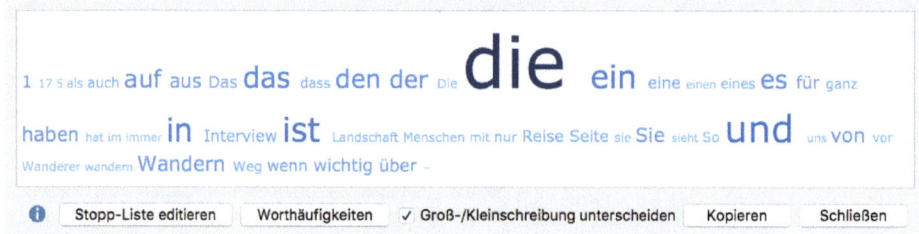

Abb. 5.6 Wortwolke mit den häufigsten Begriffen eines Textes

Wort	Wortlänge	Häufigkeit	%	Rang	Dokumente	Dokumente %
die	3			1	1	100,00
und	3			2	1	100,00
ist	3	20	1,28	3	1	100,00
ein	3	19	1,21	4	1	100,00
in	2	19	1,21	4	1	100,00
das	3	17	1,09	6	1	100,00
den	3	15	0,96	7	1	100,00
es		15	0,96	7	1	100,00
auf		14	0,90	9	1	100,00
der		14	0,90	9	1	100,00
Wandern	7	12	0,77	11	1	100,00
aus	3	11	0,70	12	1	100,00

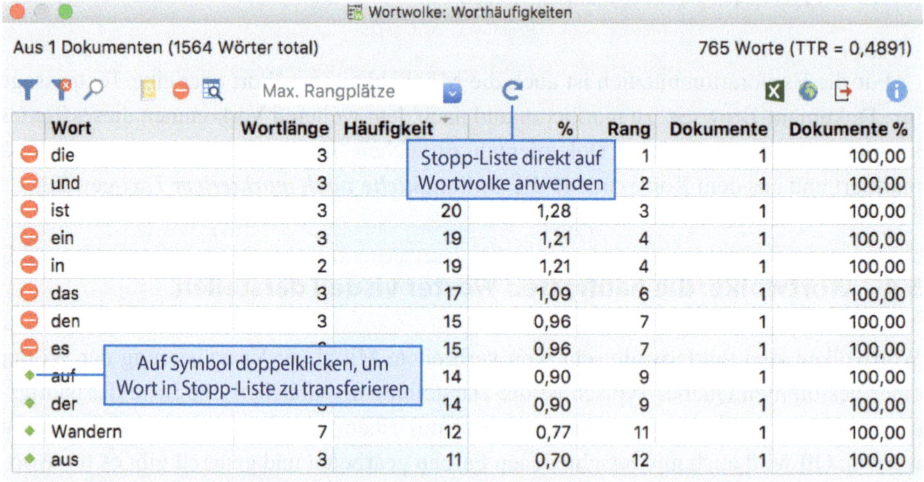

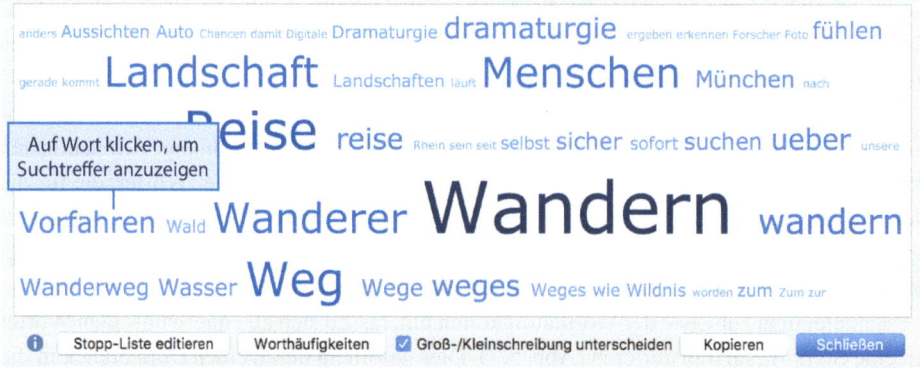

Abb. 5.7 Liste der Worthäufigkeiten mit Auswahl von Stopp-Wörtern

Abb. 5.8 Wortwolke nach Anwendung der Stopp-Liste

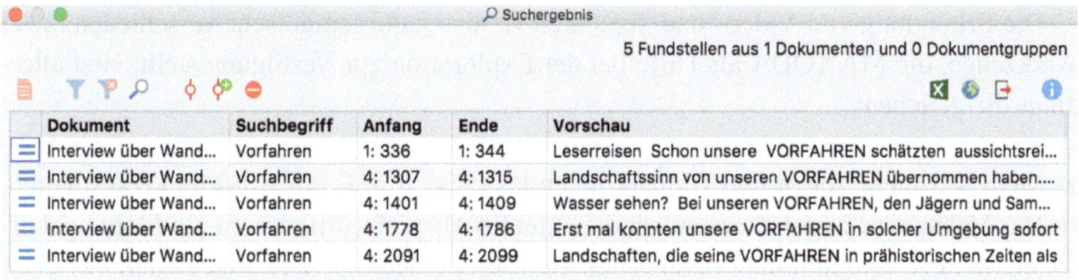

5.5 Videodaten explorieren

Dokument	Suchbegriff	Anfang	Ende	Vorschau
Interview über Wand...	Vorfahren	1: 336	1: 344	Leserreisen Schon unsere VORFAHREN schätzten aussichtsrei...
Interview über Wand...	Vorfahren	4: 1307	4: 1315	Landschaftssinn von unseren VORFAHREN übernommen haben....
Interview über Wand...	Vorfahren	4: 1401	4: 1409	Wasser sehen? Bei unseren VORFAHREN, den Jägern und Sam...
Interview über Wand...	Vorfahren	4: 1778	4: 1786	Erst mal konnten unsere VORFAHREN in solcher Umgebung sofort
Interview über Wand...	Vorfahren	4: 2091	4: 2099	Landschaften, die seine VORFAHREN in prähistorischen Zeiten als

Abb. 5.9 Auflistung der Fundstellen des angeklickten Wortes

Eine auf diese Weise bereinigte Liste der häufigsten Wörter ergibt ein wesentlich aufschlussreicheres Bild (Abb. 5.8). Nun lässt sich sehr viel deutlicher erkennen, dass es in diesem Text um Wandern und damit verbundene Themen wie Aussichten, Landschaften, Reise, Wanderweg, Wasser und Wildnis geht.

Auch scheinen mit dem Wort „Vorfahren" historische Aspekte angesprochen zu werden. Die MAXQDA-Wortwolken sind interaktiv: Ein Klick auf ein Wort, hier auf „Vorfahren", listet alle Vorkommnisse des Wortes als „Stichwort im Kontext" auf. Es zeigt sich nun, dass es bei allen fünf Fundstellen im Interviewtext tatsächlich um solche Aspekte geht (Abb. 5.9). Um den weiteren Kontext einer Fundstelle zu lesen, wird einfach die betreffende Zeile angeklickt.

5.5 Videodaten explorieren

Bei den ersten Schritten der Auswertung von Videos gilt es, sich mit den Daten vertraut zu machen, was in diesem Fall bedeutet, sich die Videos konzentriert anzuschauen, gelegentlich zurückzuspringen und interessante Szenen mehrmals anzugucken. Videodaten zu erkunden ist schwieriger und vor allem zeitaufwendiger als die Erkundung von Textdaten. Eine solch schnelle und aussagekräftige Methode wie die Wortwolke oder die Analyse von Worthäufigkeiten steht hier nicht zur Verfügung. Es sei denn, die Videoaufnahme wird transkribiert (vgl. Kap. 4), dann lassen sich natürlich alle zuvor besprochenen Methoden der Text-Exploration ebenfalls durchführen. In den meisten Fällen wird aber anders als bei Audiodaten auf die Transkription verzichtet, beispielsweise in der Unterrichtsforschung, wo Videodaten eine große Rolle spielen. Das geschieht nicht nur deshalb, weil die Transkription mit erheblichem Zeit- und Kostenaufwand verbunden ist, sondern weil die Videoaufnahme wesentlich mehr Informationen enthält, welche sich auch mit dem detailliertesten Transkriptionssystem nicht erfassen lassen. Man denke etwa an die Szene aus dem Kultfilm „Casablanca", in der der Hauptdarsteller den berühmten Satz „Ich seh' Dir in die Augen Kleines" sagt (Original: „Here's looking at you, kid"): Wie reduziert wäre wohl eine Analyse, wenn sie sich nur auf das Transkript beziehen würde.

Die Erkundung von Video- und Textdaten ist also naturgemäß sehr verschieden, zwei Werkzeuge, die MAXQDA als Hilfe bei der Exploration zur Verfügung stellt, sind allerdings die gleichen:

- Memos: Eigene Ideen und Anmerkungen lassen sich in Form von Memos festhalten. Das Video wird angehalten und an die aktuelle Abspielposition wird ein Memo geheftet. Memos werden immer oben in der Audiospur eingefügt. Wie üblich kann zwischen verschiedenen Memotypen gewählt werden, deren Symbole visualisiert werden. Wird die Maus über ein Memosymbol bewegt, erscheint der Titel und der Anfang des Memos im Tooltip.
- Farbmarkierungen: Interessante und besonders auffällige Stellen lassen sich farblich markieren. Im Video müssen dazu allerdings zuvor die entsprechenden Markierungen für Anfang und Ende eines Clips gesetzt werden – Näheres ist in Kap. 7 beschrieben.

5.6 Daten mithilfe von Links verknüpfen

Eine Technik jenseits des systematischen Codierens, die in der explorativen Phase der Datenanalyse bedeutsam sein kann, ist die Möglichkeit interne und externe Links zu setzen. MAXQDA unterscheidet vier Arten von Links:

1. *Dokument-Links* stellen Verbindungen zwischen zwei Text-, Bild- oder Videostellen her. Zum Beispiel sollen zwei Aussagen eines Befragten gegenübergestellt werden und werden deshalb miteinander verlinkt. Oder zwei Personen haben über den gleichen Sachverhalt Aussagen gemacht und man möchte diese direkt miteinander verbinden, so dass leicht von einer Aussage zur anderen gesprungen werden kann.
2. *Externe Links* stellen Verbindungen zwischen einer Text- oder Bildstelle und einer Datei außerhalb des aktuellen MAXQDA-Projektes her, also beispielsweise zu einem Bild, einem Dokument oder einer Ton- oder Bildaufzeichnung, die auf der Festplatte gespeichert sind.
3. *Web-Links* stellen Verbindungen zwischen einer Text- oder Bildstelle und einer Internetseite her. Ein Klicken auf die Text- bzw. Bildstelle bewirkt einen direkten Aufruf der entsprechenden Internetseite im standardmäßig eingestellten Internetbrowser.
4. *Geo-Links* stellen Verbindungen zwischen einer Text- oder Bildstelle und einem Ort auf diesem Globus her, wobei die GPS-Koordinaten zugrunde gelegt werden und die Anzeige in Google Earth oder einem anderen Programm zur Anzeige von Geodaten erfolgt.

Das Setzen (und ggf. Löschen) von Links erfolgt innerhalb des „Dokument-Browsers" (Texte, PDFs, Bilder) oder „Multimedia-Browsers" (Audio- und Videodaten); die vier verschiedenen Typen von Links werden in der „Übersicht Links" durch unterschiedliche Symbole dargestellt.

5.6 Daten mithilfe von Links verknüpfen

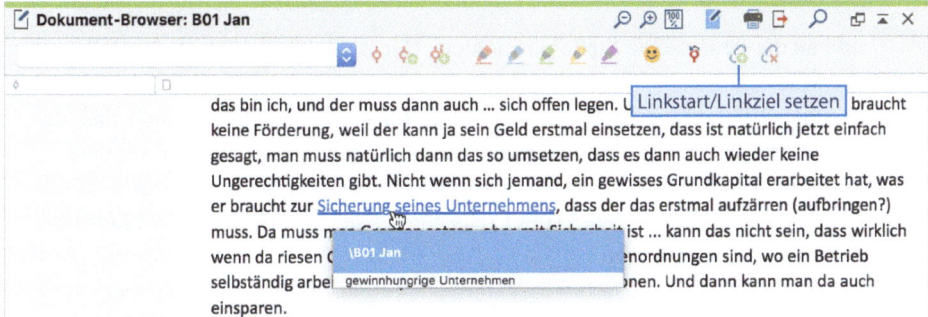

Abb. 5.10 Dokument-Link mit Vorschau auf das Linkziel im Tooltip

Zwei Dokumentstellen miteinander verknüpfen

In der explorativen Phase spielt vor allem der erste Typ, die Dokument-Links, mit der sich zwei Stellen von Dokumenten miteinander verbinden lassen, eine Rolle. Dokument-Links sind interne Links, sie verbinden nur Stellen innerhalb eines MAXQDA-Projektes. Diese Links haben die gleiche Funktion und lassen sich auf die gleiche Weise nutzen wie Hyperlinks bei Webseiten. Sie verbinden zwei Punkte, einen Ankerpunkt und einen Zielpunkt, miteinander. Sobald man bei einem existierenden Link auf einen Ankerpunkt klickt, wird der zugehörige Zielpunkt geladen. In MAXQDA sind diese Links wechselseitig, d. h. sie führen nicht nur irgendwo hin, sondern auch wieder zurück. Ein Klick auf den Zielpunkt bewirkt, dass wieder zurück auf den Startpunkt des Dokument-Links gesprungen wird (Abb. 5.10). Wie Dokument-Links erstellt werden, wird im Detail im Kasten 5.1 erläutert. Die Möglichkeit zur Verbindung von Dokumentstellen mit Hilfe von Dokument-Links besteht für alle Datenarten, also sowohl für Texte, Bilder und PDFs, als auch für Audio- und Videodaten.

Kasten 5.1: Dokument-Link erstellen

- Die Ankerstelle im „Dokument-Browser" mit der Maus markieren und aus dem Kontextmenü die Option **Dokument-Link einfügen** (Tastenkürzel **Strg+L** unter Windows und ⌘+L unter Mac) wählen oder auf das Symbol **Linkstart/Linkziel setzen** in der Codierleiste des „Dokument-Browsers" klicken. Die Darstellung der markierten Stelle verändert sich jetzt. In Text-Dokument erscheint der Text blau unterstrichen und in Bildern und PDF-Dokument erscheint eine blaue Umrahmung.
- Nun den Zielpunkt des Dokument-Links auswählen, entweder indem man im gleichen Dokument bis zur gewünschten Stelle scrollt oder indem man, sofern es sich um eine Stelle aus einem anderen Dokument handelt, dieses zunächst öffnet

und an die gewünschte Stelle positioniert. Der Zielpunkt wird nun ebenfalls mit der Maus markiert.
- Erneutes Klicken auf das Symbol **Linkstart/Linkziel setzen** bewirkt nun, dass der Link hergestellt wird, d. h. die beiden Stellen miteinander verbunden werden.
- Wenn man sich nach dem ersten Schritt entschließt, den Link doch nicht zu setzen, lässt sich der Ankerpunkt des Links durch Klicken auf das Symbol **Linkstart löschen** wieder entfernen.

Um einen Dokument-Link in einem Video zu erstellen, öffnet man das Video im „Multimedia-Browser", markiert dann einen Bereich des Videos und wählt im Kontextmenü den Eintrag **Dokument-Link erstellen**.

Beim Verlinken von Textstellen aus zwei Dokumenten kann es auch sehr nützlich sein das zweite Dokument im zweiten „Dokument-Browser" zu öffnen, so dass beide Dokumente nebeneinander platziert werden können.

Zum schnellen Wiederfinden von Links dient die „Übersicht Links", die für einzelne Dokumente, aber auch für Dokumentgruppen und das gesamte Projekt verfügbar per Kontextmenü in der „Liste der Dokumente" verfügbar ist. In dieser Übersicht tauchen Dokument-Links zweimal auf, nämlich mit ihrem Start- und Zielpunkt, während externe Links, Web-Links und Geo-Links nur einmal in der Liste erscheinen. Die Liste ist interaktiv: Durch einen Doppelklick öffnet sich das jeweils zugehörige Linkziel.

5.7 Texte paraphrasieren

MAXQDA ermöglicht es, Paraphrasen für Textabschnitte zu verfassen. Diese Technik ist vor allem zu Beginn der Datenanalyse sinnvoll, geht es dann doch um das Vertrautwerden mit dem Material und das Verständnis des Gesagten. Der Begriff „Paraphrase" stammt aus dem Griechischen und bedeutet Umschreibung, genauer gesagt die Umschreibung eines Inhalts in anderen, d. h. eigenen Worten. Dabei geht es nicht einfach um eine Umschreibung, sondern es besteht der Anspruch einer *sinngemäßen* Umschreibung: Der Gedanke des Textes soll wiedergegeben werden, das heißt prinzipiell ist eine semantische Identität von Aussage und Paraphrase gefordert. Der Sinn des Paraphrasierten darf nicht verändert werden und es darf nichts hinzugedichtet werden.

Im Rahmen der Analyse von Forschungsdaten kann Paraphrasierung sehr vielfältig eingesetzt werden. Es sind aber vor allem drei Aufgaben, die im Vordergrund stehen: Erstens kann dies eine geeignete Technik zur Bildung von Kategorien am Material sein (Kuckartz 2016; Mayring 2015). Zweitens zwingt das Paraphrasieren zur Genauigkeit und kann hierdurch eine wertvolle Hilfe für das Verständnis und die Interpretation des Materials leisten. In diesem Sinne kann Paraphrasieren auch ein Mittel zur Verständigung sein.

5.7 Texte paraphrasieren

Abb. 5.11 Eingeschalteter „Paraphrasier-Modus" im Tab „Analyse"

Dies kommt etwa darin zum Ausdruck, dass diese Technik auch bei der Entwicklung eines Fragebogens eingesetzt wird. Hier gilt es, in der Phase des Pre-Tests sicherzustellen, dass die im Fragebogen gestellten Fragen bei den Befragten auch „richtig ankommen". Deshalb werden diese gebeten, die Frage mit eigenen Worten wiederzugeben, sodass eine Überprüfung des „richtigen" Verständnisses erfolgen kann. Drittens kann die Technik der Paraphrasierung sinnvoll sein, wenn relativ schnell und ohne Codierung die Kernaussagen eines Textes zusammengefasst werden sollen, etwa wenn eine Journalistin die wichtigsten Aussagen einer Presseerklärung oder ein Politikwissenschaftler zentrale Aussagen eines Parteiprogramms zusammenfassen will. Häufig findet auch im Rahmen einer qualitativen Inhaltsanalyse zu Beginn eine Paraphrasierung des Materials statt (Kuckartz 2016; Mayring 2015).

Um ein Text- oder PDF-Dokument in MAXQDA zu paraphrasieren, ist zunächst der „Paraphrasier-Modus" im Tab *Analyse* durch einen Klick auf das Symbol *Paraphrasen* einzuschalten (Abb. 5.11). Nun reagiert der „Dokument-Browser" anders als gewöhnlich: Sobald man mit der Maus im Dokument eine Stelle markiert, für die man eine Paraphrase verfassen möchte und die Maustaste loslässt, erscheint ein Fenster, in das eine Paraphrase geschrieben werden kann.

Paraphrasen können maximal 255 Zeichen inkl. Leerzeichen umfassen, das entspricht etwa drei bis vier Zeilen in diesem Buch. Der erstellte Paraphrasentext wird rechts neben dem Text in der „Paraphrasen-Spalte" angezeigt (Abb. 5.12). Der paraphrasierte Text wird standardmäßig in grüner Farbe hinterlegt, sodass sich sofort erkennen lässt, welche Textabschnitte bereits paraphrasiert wurden. Im Fenster „Liste der Codes" wird ein Code „Paraphrasen" erzeugt, mit diesem wird die paraphrasierte Textstelle codiert. Dadurch ergibt sich die Möglichkeit, die ganze Funktionalität für Codes und Codierungen auch für den „Paraphrasen-Code" zu verwenden. Beispielsweise lassen sich alle paraphrasierten Textabschnitte eines Dokuments in der „Liste der Codings" zusammenstellen (siehe Kap. 9 „Mit codierten Segmenten und Memos arbeiten").

Für einen Text können beliebig viele Paraphrasen erzeugt werden. Neue Paraphrasen können sich jedoch nicht mit vorhandenen Paraphrasen überlappen. Wenn versucht wird, innerhalb eines grün gekennzeichneten Textabschnitts eine neue Paraphrase aufzuziehen, erscheint deshalb kein Fenster zur Eingabe einer weiteren Paraphrase. Paraphrasentexte können editiert und gelöscht werden: Sobald man auf eine Paraphrase doppelklickt, wird diese zum Editieren geöffnet; ein Klick auf das rote Kreuz im Kasten für die Paraphrase löscht diese.

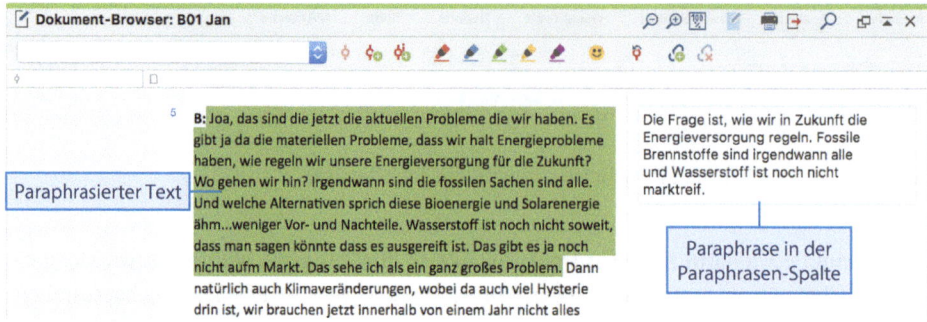

Abb. 5.12 Anzeige der Paraphrasen in der „Paraphrasen-Spalte"

Der „Paraphrasier-Modus" wird auf die gleiche Weise beendet, wie er gestartet wird, nämlich durch einen Klick auf das Symbol ***Paraphrasen*** auf dem Tab ***Analyse***. Daraufhin wird auch die Paraphrasen-Spalte neben dem Text ausgeblendet. Diese Spalte kann später auch angezeigt werden, ohne den Paraphrasier-Modus zu starten. Im Kontextmenü des „Dokument-Browsers" findet sich eine entsprechende Option; dort kann auch die Breite der Paraphrasen-Spalte eingestellt werden.

Paraphrasieren ist nicht nur eine exzellente Möglichkeit für den eigenen Einstieg in das Datenmaterial eines bislang unbekannten Forschungsfelds, sondern auch für die Zusammenarbeit im Team ein gutes Training zum sorgfältigen Umgang mit dem Material und zur Verständigung über die Bedeutung von Aussagen.

Texte und PDF-Dokumente codieren 6

Wie codiere ich Daten bzw. Teile der Daten, zum Beispiel Textpassagen oder Bildausschnitte? In diesem Kapitel geht es um die Basics des Codierens. Mit Kategorien (Codes) zu arbeiten und Teile des Materials zu codieren ist nicht nur eine der ältesten Auswertungstechniken für qualitative Daten, sondern nach wie vor die vermutlich am weitesten verbreitete Methode. Geschah dies früher, indem man recht mühevoll Textteile mit der Schere ausschnitt und diese Textabschnitte auf Karteikarten klebte und mit einem Stichwort versah, so erlaubt QDA-Software ein wesentlich schnelleres und effizienteres Arbeiten. Die konkrete Vorgehensweise beim Codieren unterscheidet sich stark zwischen den einzelnen Methoden und Forschungsstilen. So geht man beispielsweise im Rahmen der Grounded Theory anders vor als in der qualitativen Inhaltsanalyse oder bei diskursanalytischen Ansätzen. QDA-Software legt einen nicht auf eine bestimmte Methode fest, sondern erlaubt sehr unterschiedliche Codierprozesse.

In diesem Kapitel

✓ Die Bedeutung des Codierens verstehen
✓ Codes in MAXQDA anlegen und Code-Eigenschaften definieren
✓ Codes organisieren und sortieren
✓ Die Codiertechniken von MAXQDA erkunden
✓ Einen Kommentar zu einer Codierung verfassen
✓ Mit der Übersicht der codierten Segmente arbeiten
✓ Die generelle Handhabung von MAXQDA-Übersichten erlernen
✓ Vielfältige Möglichkeiten zum automatischen Codieren erkunden

6.1 Über Codes und Kategorien

Die Arbeit mit Kategorien in der qualitativen Datenanalyse erfüllt zahlreiche Funktionen, die von der Benennung, Beschreibung und Erklärung von Daten bis hin zu deren Systematisierung, Ordnung und Zusammenfassung reichen. So dienen in der Forschungstradition der qualitativen Inhaltsanalyse am Material erarbeitete oder a priori definierte Kategorien der inhaltlichen Strukturierung, in anderen Anwendungsfällen der Typenbildung und Bewertung (Kuckartz 2016). In der Grounded Theory übernehmen die Kategorien wichtige Funktionen auf dem Weg zu einer Theoriebildung (Charmaz 2014; Corbin und Strauss 2015). Kategorien bestehen häufig aus einem einfachen Wort („Mülltrennung") oder aus einer Kombination weniger Wörter („Individuelles Umweltverhalten im Privatbereich"), deutlich seltener sind längere Wortkombinationen oder Aussagesätze anzutreffen.

Wie alleine die beiden Kategorienbeispiele andeuten, lassen sich Kategorien anhand zahlreicher Merkmale unterscheiden, unter anderem bezüglich ihrer inhaltlichen Breite, ihres Abstraktionsniveaus und ihrer Nähe zum empirischen Material. Auch der Entstehungskontext und der Theoriegehalt sowie die Anwendbarkeit auf und die Ordnungskraft für das vorliegende Datenmaterial sind wichtige Unterscheidungskriterien für Kategorien. Anhand verschiedener Merkmale und Funktionen von Kategorien lassen sich verschiedene Arten von Kategorien unterscheiden, hierzu gehören unter anderem:

- *Fakten-Kategorien* bezeichnen leicht identifizierbare Tatbestände im Datenmaterial, jemand ist beispielsweise SPD-Mitglied oder ist es nicht.
- *Inhaltliche oder thematische Kategorien* dienen zumeist der inhaltlichen Strukturierung und man kann sie sich wie „Hinweisschilder" im Text vorstellen, die auf das Vorhandensein eines Themas im Text zeigen.
- *Analytische Kategorien* sind das Resultat einer intensiven Auseinandersetzung mit dem Datenmaterial und weisen einen höheren Abstraktionsgrad auf als *natürliche Kategorien* („In-Vivo-Kategorien"), welche aus Originalbegriffen des Datenmaterials gebildet werden.
- *Evaluative Kategorien* übernehmen vorrangig eine bewertende Funktion. Sie bilden häufig eine Ordinalskala, zum Beispiel niedriges, mittleres und hohes Verantwortungsbewusstsein.
- Eine Sonderrolle nehmen Kategorien in Form von *Emoticons und Symbolen* ein, welche überhaupt erst durch MAXQDA für die Analyse qualitativer Daten systematisch nutzbar gemacht wurden. Sie dienen der Arbeit mit symbolartigen Kategorien ohne Textsprache, wie man es aus der Nutzung von SMS und WhatsApp kennt, wo Symbole zum Transport von textlosen Botschaften, Gefühlen und Bildern verwendet werden.

Bisher war nur von „Kategorien" die Rede, doch finden sich in der Literatur zur kategorienbasierten Analyse qualitativer Daten sehr häufig auch die Begriffe „Codes" und „Konzepte". Dabei kann leicht Verwirrung auftreten, werden die Begriffe doch mal für unterschiedliche Aspekte und dann wieder auch synonym verwendet. Beispielsweise stehen in Forschungsprojekten, die dem Ansatz der Grounded Theory folgen, sogenannte „Concepts" (teilweise auch synonym zu „Codes" verwendet) am Anfang der Analyse, während die Entwicklung der Kategorien und vor allem einer „Main Category" das wesentliche Ziel der Analyse darstellt (Corbin und Strauss 2015). Saldaña (2015, S. 12) zeichnet in seinem Lehrbuch über das Codieren qualitativer Daten zumindest sprachlich betrachtet einen leicht anderen Weg: In seinem einführenden Schaubild entwickeln sich Codes über Kategorien hin zu Konzepten und Theorien.

In MAXQDA selbst wird man eine Unterscheidung der genannten Begriffe vergeblich suchen, denn auf der Oberfläche findet sich fast ausschließlich das Wort „Code". Das heißt allerdings nicht, dass MAXQDA damit die Forschenden auf eine bestimmte Bedeutung festlegt – ganz im Gegenteil. Ob die Forschenden einem MAXQDA-Code eine Funktion als Code im engeren Sinn oder eher als Konzept zuschreiben, ist ihnen überlassen. Es bleibt also wichtige Aufgabe der Forschenden, einen bewussten und analytisch durchdachten Umgang mit den Kategorien zu pflegen. Dies gilt umso mehr als die Nutzung von QDA-Software wie MAXQDA das Codieren technisch so schnell und einfach gestaltet, dass es geradezu verlockend sein kann, den Prozess des Codierens als technische Eigenheit und nicht als analytischen Prozess zu verstehen. Für einen guten Forschungsprozess ist es jedoch essenziell, sich im Klaren darüber zu sein, welche Funktion und welche Bedeutung ein konkreter MAXQDA-Code bei der Analyse der Daten übernimmt. (Um Verwirrungen bei der weiteren Lektüre vorzubeugen: Wir gebrauchen in diesem Buch die Begriffe „Code" und „Kategorie" zumeist synonym.)

6.2 Was bedeutet eigentlich „codieren"?

Vereinfacht betrachtet bedeutet „codieren", dass ein ausgewählter Bereich aus dem Datenmaterial einem Code zugeordnet wird – oder umgekehrt: ein Code wird einem Datensegment zugeordnet. Wenn in einem Interview die Antworten auf die Frage nach den größten Weltproblemen mit einem thematischen Code „Weltprobleme" versehen werden, dann nennt man diesen Vorgang folglich „Codieren". Wichtig zu wissen ist, dass ein codiertes Datensegment in MAXQDA *Codiertes Segment* oder *Coding* genannt wird, codierte Videoabschnitte werden auch als *Clips* bezeichnet.

Generell lassen sich beim Codieren zwei Vorgehensweisen unterscheiden. Aus einer deduktiven Forschungsperspektive heraus können Codes vor Sichtung des zu analysierenden Datenmaterials entwickelt werden und die dort vorgefundenen Phänomene anschließend entsprechend klassifiziert und zugeordnet werden. Dies wird auch als „tagging" bezeichnet. Aus einer induktiven Forschungsperspektive heraus kann man Codes als verdichtete Beschreibungen erkannter Phänomene betrachten. Im Zusammenhang des „Codierens" sollte demnach immer zwischen zweierlei unterschieden werden: der Kategorien*anwendung* und der Kategorien*bildung*.

Saldaña (2015, S. 6–7) spricht bei der Arbeit mit Codes von „coding filters" und „analytic lens", um die wichtige Tatsache zu verdeutlichen, dass die Forschenden bei der kategorienbasierten Auswertung eine Brille in Form von Codes aufsetzen, durch welche sie auf das Datenmaterial schauen. In der Tat nimmt die Bildung und Auswahl von Kategorien zusammen mit der Gesamtheit aller Kategorien in Form eines kohärenten Kategoriensystems eine zentrale Bedeutung für die Analyse ein, weshalb wir uns diesem Thema ausführlich in Kap. 9 widmen.

6.3 Neue Codes anlegen und die „Liste der Codes" organisieren

Offenes Codieren am Text

Das offene Codieren ist ein induktiver Zugang zum Datenmaterial, bei dem in der Regel keine Kategorien vorab definiert wurden und beschriebene Phänomene und Sachverhalte mit neuen, dicht am Material liegenden Codes codiert werden. Diese Vorgehensweise kann man in MAXQDA einfach realisieren: Ein Text wird im „Dokument-Browser" geöffnet, ein zu codierender Textabschnitt wird mit der Maus markiert und im Kontextmenü der Eintrag *Codieren mit neuem Code* gewählt (Abb. 6.1). Es öffnet sich daraufhin ein Dialogfenster zur Definition neuer Codes, in dessen oberster Zeile die Code-Bezeichnung eingegeben werden kann (Abb. 6.2). Der neu erstellte Code wird im Hauptfenster „Liste der Codes" ganz oben eingefügt und neben dem codierten Text erscheint am Rand ein Codierstreifen, der die codierte Stelle kenntlich gemacht.

Neuen Code direkt in der „Liste der Codes" erzeugen

Es können jederzeit neue Codes direkt im Hauptfenster „Liste der Codes" erzeugt werden, ohne dass diese wie beim offenen Codieren sofort einer Textstelle zugewiesen werden. In der „Liste der Codes" lässt sich ein hierarchisches Codesystem mit Codes und Subcodes auf mehreren Unterebenen verwalten. Durch Rechtsklick auf die oberste Zeile mit dem Wort „Codesystem" und Auswahl der Funktion *Neuer Code* aus dem Kontextmenü lassen sich neue Kategorien auf der obersten Ebene erzeugen. Ruft man die Funktion durch

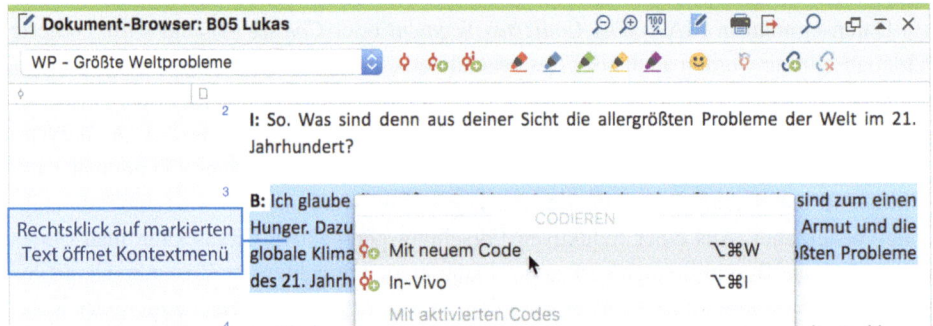

Abb. 6.1 Offenes Codieren: Neuen Code direkt am Text erstellen und markiertem Segment zuweisen

6.3 Neue Codes anlegen und die „Liste der Codes" organisieren

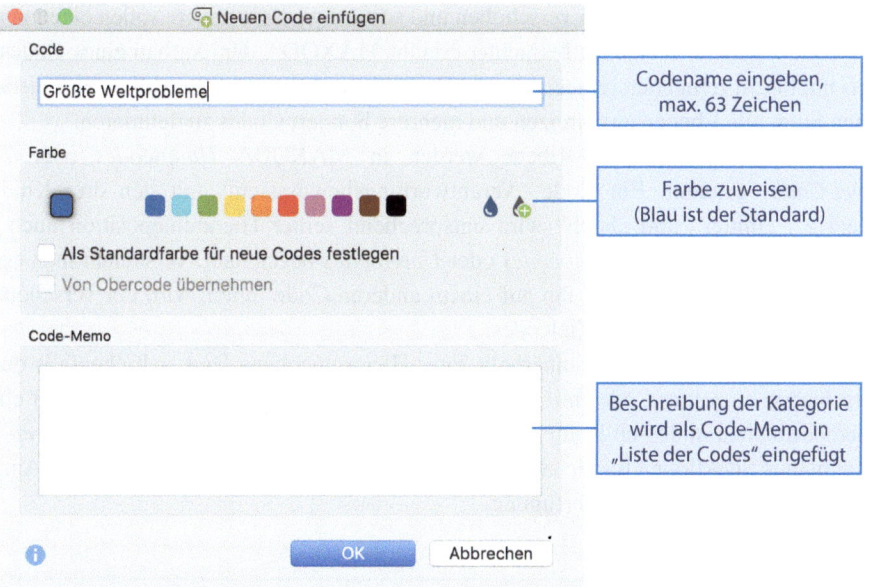

Abb. 6.2 Dialogfenster zur Erstellung neuer Codes

Klick auf einen bereits existierenden Code auf, wird eine Unterkategorie angelegt, die in MAXQDA *Subcode* genannt wird. In beiden Fällen erscheint das gleiche Dialogfenster zur Definition neuer Codes (Abb. 6.2).

Bereits bei der Erstellung eines Codes kann diesem eine frei wählbare Farbe zugewiesen werden. Diese Farbe hat in mehrfacher Hinsicht einen analytischen Mehrwert und sollte wohl überlegt sein: Zum einen dient sie der Unterscheidung verschiedener Kategorien(arten), was die Nutzung einiger visueller Analysetools von MAXQDA überhaupt erst möglich macht. Zum anderen erleichtert sie die Erkennung unterschiedlicher Codierungen im „Dokument-Browser", da die Codierungen sowohl farblich neben dem Text als auch durch Hinterlegung im Text sichtbar gemacht werden können.

Bei der Erstellung neuer Codes lässt sich bei Bedarf gleich eine Beschreibung der Kategorie einfügen, welche eine Definition und Regeln zur Anwendung beinhalten kann oder Auskunft über die Hintergründe und Gedanken bei der Erstellung des Codes gibt. Die Beschreibung wird als sogenanntes *Code-Memo* in der „Liste der Codes" direkt beim Code als gelbes Notizzettel-Symbol abgelegt und ist durch Doppelklick jederzeit zugänglich und veränderbar. Natürlich lassen sich sowohl Codename als auch dessen Farbe im gesamten Verlauf der Analyse anpassen.

Reihenfolge und Sortierung der Codes anpassen
Insbesondere zu Beginn eines Forschungsprozesses gehört es meist zur täglichen Arbeit mit Kategoriensystemen, die Sortierung und den hierarchischen Aufbau der Codes anzu-

passen: Einzelne Codes sollen verschoben und sortiert werden, andere sollen einen neuen Obercode erhalten. Technisch betrachtet erlaubt MAXQDA den Aufbau eines Codesystems mit bis zu zehn Hierarchieebenen und beliebig vielen Codes. Inhaltlich hat es jedoch selten Sinn, alle Ebenen auszureizen und mehrere hundert Codes zu definieren.

Die Codes der obersten Ebene werden in MAXQDA *Hauptcodes* oder *Top-Level-Codes* genannt. Ein Code „Verantwortungsbewusstsein" mit den drei Kindern „niedrig", „mittel" und „hoch" wird entsprechend seiner Hierarchieposition auch als *Obercode*, seine Kinder als *Subcodes* oder *Untercodes* bezeichnet. Verschiebt man einen Code mit der Maus und lässt ihn auf einem anderen Code fallen, wird der verschobene Code zu einem Subcode des Zielcodes.

Die Sortierung von Codes innerhalb einer Hierarchieebene lässt sich ebenfalls durch Verschieben einzelner Codes mit der Maus bewerkstelligen. Nach Rechtsklick auf einen Obercode stehen in dessen Kontextmenü unter dem Menüeintrag **Subcodes sortieren** darüber hinaus Funktionen für die automatische Sortierung nach Alphabet oder nach Anzahl der codierten Segmente zur Verfügung.

6.4 Einen Text codieren

Soll ein Text mit zuvor in MAXQDA angelegten Codes codiert werden, vollzieht sich der typische Codiervorgang immer in zwei einfachen Schritten: Im ersten Schritt wird das zu codierende Segment mit der Maus ausgewählt, also markiert. Die kleinste Einheit für die Zuordnung eines Codes zu einem Text ist technisch gesehen ein Zeichen, in den meisten Fällen wird man aber wohl mindestens ein Wort als kleinste Einheit des Codierens wählen. Für den zweiten Schritt gibt es zwei Wege: Entweder man zieht das soeben markierte Segment mit der Maus auf einen Code und lässt es dort fallen oder man zieht umgekehrt einen Code auf das markierte Segment. Der Codiervorgang ist in Abb. 6.3 zu sehen: Eine Textstelle zu Beginn von Absatz 5 wurde markiert und mit der Maus auf den Code „Größte Weltprobleme" gezogen. Rechts neben dem Code hat sich die Anzahl der Codierungen um eins erhöht und neben dem Text, genau auf Höhe des codierten Segments, visualisiert ein Codierstreifen mit dem Codenamen das Vorhandensein einer Codierung.

▶ **Tipp** Um einen ganzen Absatz zu codieren, ohne ihn zuvor zu markieren, kann man einen Code auf eine neben dem Text stehende Absatznummer ziehen.

In Abb. 6.3 ist eine komfortable Einstellung der MAXQDA-Oberfläche für das Codieren zu erkennen: Durch Ausschalten des Fensters „Liste der Codings" wurde der Platz für den Text maximiert. Die Spalte für die Codierstreifen lässt sich durch Klicken und Ziehen mit der Maus zwischen den Spaltenköpfen in der Breite anpassen, sodass auch lange Codenamen besser lesbar sind. Wer die Codierstreifen lieber rechts neben dem Text anzeigen möchte, kann den Spaltenkopf mit der Maus anklicken und auf der rechten Seite platzieren.

6.4 Einen Text codieren

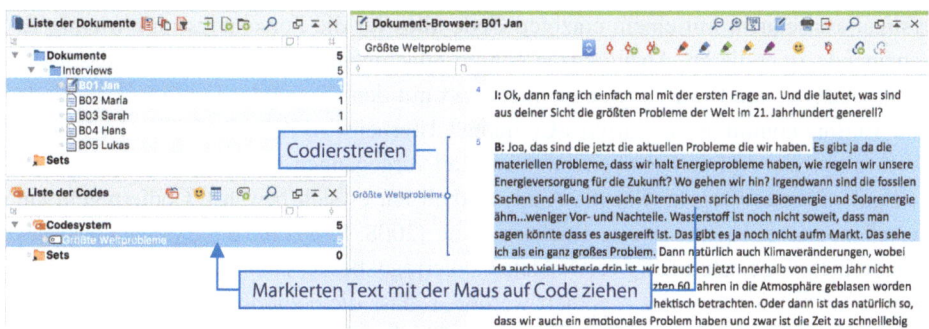

Abb. 6.3 Text codieren durch Klicken und Ziehen mit der Maus

Wer mit dem Codieren beginnt, steht früher oder später immer vor der Frage, mit welchem Text begonnen werden sollte. Hier bietet es sich in vielen Fällen an, möglichst keinen Text zu wählen, von dem man durch die vorherige Exploration bereits weiß, dass er einen Sonderfall darstellt, etwa ein besonders ausführliches Interview oder ein sehr kurzes Interview mit einem nicht kooperativen Interviewpartner. Für die erste Codierarbeit an neuem Datenmaterial bieten sich vielmehr die weniger auffälligen und einfach zu verstehenden Texte an, um das Codesystem zunächst anhand dieser Daten erproben und schärfen zu können. Nachdem sich das Codesystem für einige der „einfachen" Texte bewährt hat und am Material weiterentwickelt wurde, ist es allerdings ratsam, möglichst bald auch die stärker abweichenden Texte hinzuzunehmen, um die Varianz des Datenmaterials zu erhöhen. Wenn dies erst nach drei Viertel der Codierarbeit geschieht und sich erst dann herausstellt, dass das Codesystem an mehreren Stellen grundlegend geändert werden sollte, wäre dies nur zu ärgerlich, weil das gesamte bisherige Material erneut durchgeschaut werden müsste.

Sehr häufig wird man den Text vor der Codierarbeit nicht in Codiereinheiten unterteilt haben, sondern mit dem Text so arbeiten wie er ist bzw. verschriftlicht wurde. Aus diesem Grund taucht beim Thema „Codieren" automatisch die Frage auf, wie viel man codiert, also wie umfangreich jeweils die einzelnen codierten Segmente sein sollen. Dies kann je nach gewähltem Forschungsstil und auch je nach Kategorienart unterschiedlich sein. Bei Analysen, welche den Gebrauch von Verben im Rahmen einer formalen Sprachanalyse im Blick haben oder sich auf die Verwendung von Metaphern richten, sind die codierten Segmente naturgemäß kleiner als dies bei themenorientierten Analysen der Fall ist, welche insbesondere zu Beginn mit breiten thematischen Kategorien arbeiten. Bei der thematisch-inhaltlichen Analyse wird am Anfang häufig „Broad-brush Coding" betrieben, bei dem wie mit einem breiten Pinsel alle Textstellen erstmal großflächig zu breit angelegten Oberkategorien zugeordnet werden, beispielsweise alle Stellen codiert werden, bei denen eine Interviewperson über ihre Kaufentscheidungen gesprochen hat. Erst in einem zweiten Schritt werden dann einzelne Abschnitte der großflächigen Segmente feiner codiert, zum Beispiel mit empirisch am Material entwickelten Subcodes. Alternativ ist auch denkbar, erstmal konsequent mit einem einzigen Code alles für die Forschungsfrage wichtig Erscheinende zu codieren. Abzugrenzen von großflächigem „Makro-Codieren", das häufig auch bei der ersten Codierung eines Interviews mit den Fragen des Leitfadens als Codes zum Einsatz kommt, ist das „Mikro-Codieren". Hierbei wird Zeile für Zeile oder Wort für Wort mit großer Aufmerksamkeit auf das Detail vorgegangen.

Egal wie man vorgeht: Für die Analysearbeit hat es sich bewährt, Codierregeln aufzustellen, wie es beispielsweise Kuckartz et al. (2008, S. 39) für ein Evaluationsprojekt beschreiben. Eine sehr häufig verwendete Codierregel besagt zum Beispiel, dass Sinneinheiten – zumindest ein Satz – codiert werden, sodass die codierten Segmente außerhalb ihres Kontextes noch verständlich sind. Die Interviewenden-Frage soll dabei nur mitcodiert werden, wenn sie zum Verständnis der Antwort notwendig ist.

6.5 Weitere Techniken des Codierens

Neben den bereits vorgestellten Varianten des Codierens erlaubt MAXQDA zahlreiche weitere Vorgehensweisen für die Zuordnung von Textstellen zu Kategorien und vice versa.

Codieren mit der Codierleiste im „Dokument-Browser"
Von besonderer Bedeutung für das Codieren ist die Codierleiste im „Dokument-Browser", dessen einzelne Codierfunktionen in Abb. 6.4 benannt sind.

Ganz links ist die sogenannte *Quickliste der Codes* positioniert. Sie wird bei jedem Codiervorgang aktualisiert, zeigt immer den zuletzt verwendeten oder zuletzt angeklickten Code und lässt sich aufklappen, um einen der zuletzt benutzten Codes auszuwählen. Codieren mithilfe der Quickliste eignet sich insbesondere in allen Fällen, in denen ein Text hinsichtlich eines ausgewählten Codes durchgearbeitet werden soll, zum Beispiel um Codiereinheiten festzulegen oder alle für eine Forschungsfrage relevanten Stellen zu markieren. Nacheinander werden die interessierenden Textstellen markiert und jeweils durch einen kurzen Klick auf das Icon rechts neben der Quickliste codiert. Die Quickliste der Codes mit den zuletzt verwendeten Codes wird auch an anderen Stellen von MAXQDA eingesetzt, um Codes auswählen zu können.

Die Funktion *Codieren mit neuem Code* entspricht der oben bereits vorgestellten Codiervariante für das offene Codieren: Für eine markierte Textstelle wird ein neuer Code

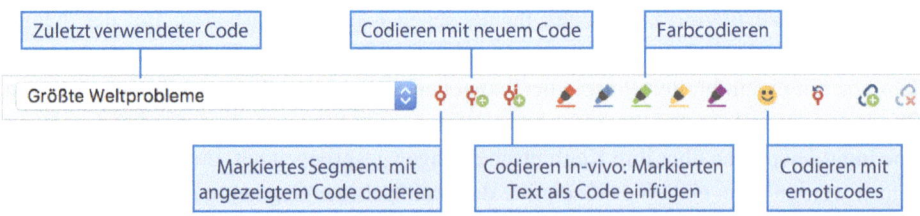

Abb. 6.4 Die Codierleiste im „Dokument-Browser"

vergeben, der direkt zugeordnet wird. Als *In-vivo-Codes* werden üblicherweise solche Codes bezeichnet, deren Name direkt aus dem Ursprungsmaterial übernommen wurde, meist handelt es sich um Begriffe, welche von den Befragten selbst genannt wurden (Corbin und Strauss 2015). Um einen solchen Code in MAXQDA zu erzeugen, markiert man ein besonders hervorstechendes oder aussagekräftiges Wort, das sich als Code-Bezeichnung eignet (es können auch mehrere Wörter sein) und klickt auf das Icon mit der Funktion **Codieren In-Vivo**. Es wird daraufhin der markierte Text als neuer Code ganz oben in das Codesystem eingefügt und die Textstelle dem neuen Code zugeordnet.

MAXQDA ermöglicht die Arbeit mit Emoticons und Symbolen, wobei die dahinterliegende Idee darin besteht, trans-verbale Codierungen des Datenmaterials zu erzeugen. Statt einem Phänomen oder einer Information eine sprachbasierte, textuelle Codierung zuzuordnen, wird mit einem sogenannten *emoticode* codiert: Mithilfe von Smileys können beispielsweise Gefühlsausdrücke im Interview oder auch auto-ethnographische Wahrnehmungen der Forschenden bei der Durchsicht des Datenmaterials codiert werden; Geister-Symbole dienen als Erinnerungen für Stellen, die einen Rückschluss auf befragte Personen erlauben und später bei der Berichtslegung anonymisiert werden müssen; Naturbezüge lassen sich durch Bäume und Stadtbezüge durch Hochhäuser symbolisieren. Für die Arbeit mit emoticodes ist es zunächst notwendig, das emoticode-Fenster (Abb. 6.5) durch Klick auf das Smiley-Icon in der Codierleiste zu öffnen. Für die Codierung eines Textes reicht es dann aus, eine Textstelle zu markieren und auf den gewünschten emoticode zu klicken. In der „Liste der Codes" erscheint bei dem neu angelegten Code anstelle des normalen Codesymbols das angeklickte emoticode-Symbol. Jedem Symbol ist zusätzlich eine vordefinierte und veränderbare Codebezeichnung zugeordnet. Ist ein emoticode einmal im Fenster „Liste der Codes" vorhanden, kann auch bei geschlossenem emoticode-Fenster mit dem Code weitergearbeitet werden, denn dieser lässt sich genauso wie jeder andere Code handhaben.

Auf der Codierleiste im „Dokument-Browser" befinden sich auch die in Kap. 5 bereits vorgestellten fünf Icons, um Texte – vor allem für den Zweck der Exploration – wie mit einem Textmarker zu markieren (Abb. 6.4). Bei der ersten Verwendung einer der Stifte

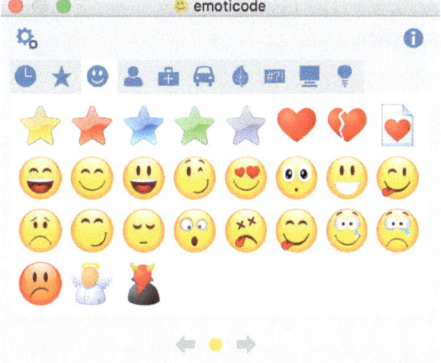

Abb. 6.5 Das emoticode-Fenster

wird in der „Liste der Codes" ein neuer Farbcode mit einem eigenen Symbol angelegt und jede erzeugte Markierung zählt als ein codiertes Segment.

Über die Codierleiste ist zudem ein Aufklappmenü zugänglich, welches die zehn letzten Codiervorgänge anzeigt. Wählt man einen der eingetragenen Codes aus, wird die Codierung direkt gelöscht. MAXQDA geht dabei nicht sukzessiv vor: Wenn die vorletzte Codierung gelöscht wird, bleibt die letzte dennoch erhalten.

Codieren mit dem Codefavoriten-Fenster

Die Nutzung der Codefavoriten bietet sich insbesondere dann an, wenn man Datenmaterial bezüglich weniger ausgewählter Codes durcharbeiten möchte, häufig im Rahmen eines weiter oben beschriebenen „Makro- oder Broad-Brush-Codierens": Über *Codes > Codefavoriten* öffnet sich ein Fenster, in das sich Codes aus der „Liste der Codes" mit der Maus ziehen lassen (Abb. 6.6). Alternativ ist im Kontextmenü eines Codes die Option *Code zu Codefavoriten hinzufügen* verfügbar. Nach Auswahl der Codes, mit denen man arbeiten möchte, kann die Arbeit am Text starten: Relevante Stellen werden markiert und durch einfachen Klick auf einen der Favoriten-Codes codiert. Alternativ lassen sich Textstellen auf einen der Codes mit der Maus ziehen oder umgekehrt: Codes mit der Maus auf eine Textstelle ziehen.

Codieren mit selbst zugewiesenen Tastenkürzeln

Für viele der beschriebenen Varianten des Codierens stellt MAXQDA fest definierte Tastenkürzel zur Verfügung, die sowohl in den Kontextmenüs erkennbar sind als auch beim Verweilen mit der Maus über einer Funktion in der Codierleiste im „Dokument-Browser" sichtbar werden. Darüber hinaus ist es möglich, bis zu neun selbst definierte Tastenkürzel für einzelne Codes zu vergeben. Über die Funktion *Codes > Tastenkürzel für Codes* wird ein Fenster geöffnet, in dem einzelne Codes mit der Maus auf eins der Tastenkürzel von *Strg+1* bis *Strg+9* (Windows) bzw. ⌘*+1* bis ⌘*+9* (Mac) gezogen und dadurch diesem Kürzel zugeordnet werden können. So kann man beispielsweise dem Code „Interessante Textstellen" eine Tastenkombination zuweisen und kann jedes Segment, das einen

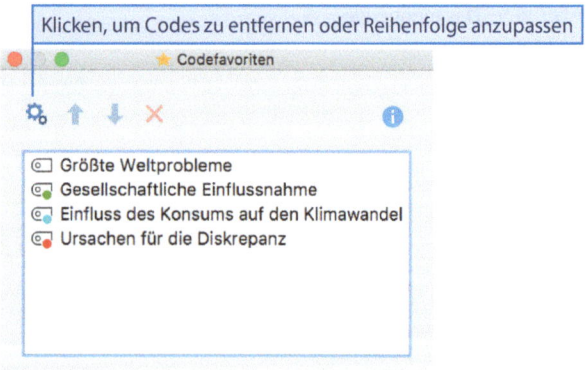

Abb. 6.6 Die Liste der Codefavoriten

6.6 Anzeige der Codierungen im „Dokument-Browser" steuern

bedeutsamen Aspekt beinhaltet, aber vielleicht abseits der Forschungsfrage liegt oder für das noch kein Code vorhanden ist, schnell mithilfe des Tastenkürzels codieren, ohne erst den Code im möglicherweise langen Codesystem suchen zu müssen. Wer mit Tastenkürzeln codiert, kann sogar alle Fenster bis auf den „Dokument-Browser" ausblenden und das Dokument in voller Bildschirmgröße durchsehen.

6.6 Anzeige der Codierungen im „Dokument-Browser" steuern

Ganz gleich welche Codiervariante gewählt wurde: Jede Codierung wird im „Dokument-Browser" neben dem Text als Codierstreifen dargestellt, wobei die Farbe der Streifen der jeweiligen Codefarbe entspricht. Sobald an einem Segment sehr viele Codierungen auf dichtem Raum vorhanden sind, kann schnell der Wunsch entstehen, einzelne Codierungen auszublenden und die Anzeige der Codierstreifen auf ausgewählte Codierungen zu beschränken. Für diesen Zweck gibt es in MAXQDA ein eigenes Optionsfenster, das erscheint, wenn man mit der rechten Maustaste in den grauen Bereich klickt, in dem die Codierstreifen angezeigt werden (Abb. 6.7).

Im Fenster lässt sich zum einen die Anzeige der Codierstreifen anhand ihrer Farbe oder ihrer Autor_innen einschränken, was zum Beispiel hilfreich sein kann, wenn man sich auf ein bestimmtes Thema konzentrieren möchte. Zudem besteht mit der Option *Co-*

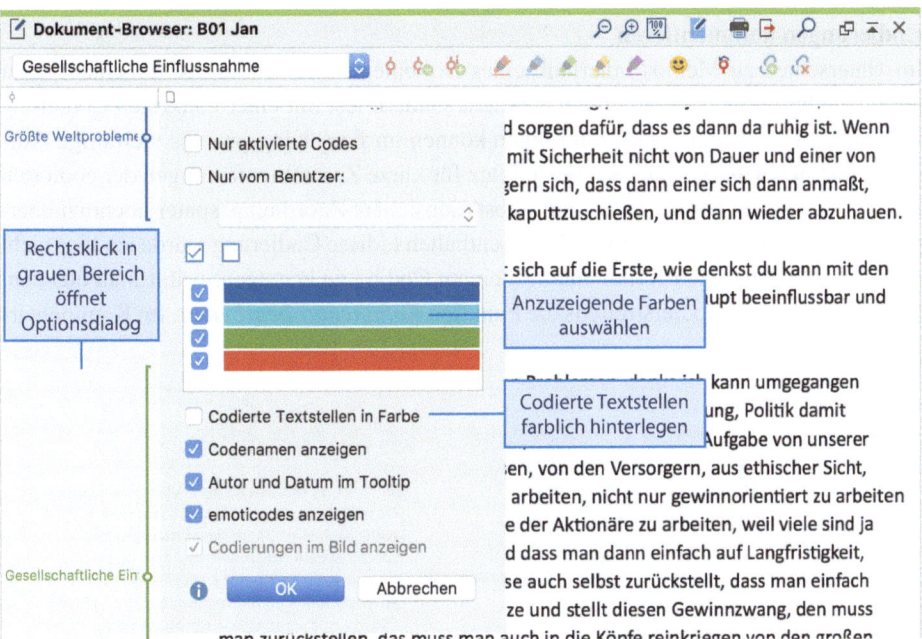

Abb. 6.7 Optionsdialog zur Steuerung der Anzeige der Codierungen

dierte Textstellen in Farbe die Möglichkeit, alle codierten Textstellen mit ihrer jeweiligen Codefarbe zu hinterlegen, was besonders praktisch ist, um direkt im Text die codierten Passagen sichtbar zu machen. Dabei werden nur die derzeit als Codierstreifen sichtbare Codierungen berücksichtigt und bei überlappenden Codierungen eine Mischfarbe angezeigt.

6.7 Codierungen bearbeiten: kommentieren, gewichten, löschen

Die Codierfunktionen in MAXQDA sind sehr flexibel und erlauben auf vielfältige Weise, Änderungen an vorhandenen Codierungen vorzunehmen. So kann ein codiertes Segment verkleinert oder erweitert werden, indem die Textstelle mit den neuen Segmentgrenzen markiert und der gleiche Code erneut der Textstelle zugewiesen wird. MAXQDA passt die Segmentgrenzen der vorhandenen Codierung automatisch an, denn MAXQDA arbeitet nach der Regel „Pro Segment darf der gleiche Code nur einmal vergeben sein" (natürlich können pro Segment beliebig viele verschiedene Codes zugewiesen werden und Codierungen verschiedener Codes können sich beliebig überlappen).

Weitere Bearbeitungsfunktionen für Codierungen sind im Kontextmenü für einen Codierstreifen zugänglich. Das Menü erscheint nach einem Rechtsklick auf den Codierstreifen und enthält unter anderem Einträge für das Kommentieren, Gewichten und Löschen der ausgewählten Codierung (Abb. 6.8).

Codierungen kommentieren
Im Unterschied zu Memos innerhalb eines Dokuments sind Coding-Kommentare nicht nur an ein bestimmtes Textsegment geheftet, sondern fest mit einer konkreten Codierung verbunden. Kommentare an Codierungen können im Forschungsprozess vielfältige Aufgaben übernehmen: Sie sind der ideale Platz für kurze Zusammenfassungen der codierten Inhalte, sie können Hinweise für sich selbst („unsichere Zuordnung, später nochmal überprüfen") oder für andere Teammitglieder enthalten („diese Codierung würde ich hier nicht vornehmen"). Um einen Kommentar zu einem Coding zu erzeugen, wählt man aus dem Kontextmenü eines Codierstreifens die Funktion *Kommentar bearbeiten*. Im Kommentar-

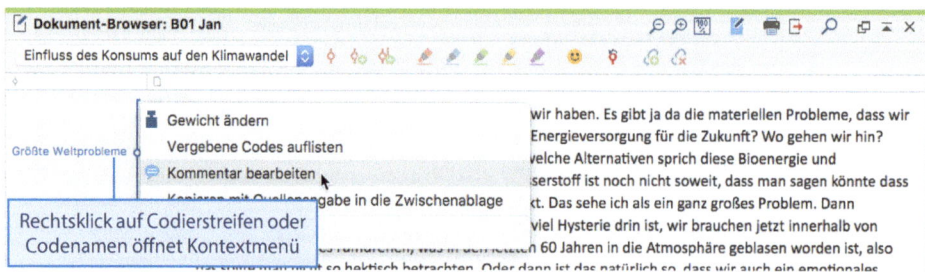

Abb. 6.8 Das Kontextmenü am Codierstreifen

Dialog können bis zu 255 Zeichen eingegeben werden, was in etwa drei bis vier Zeilen Text in diesem Buch entspricht.

Sobald für ein Coding ein Kommentar verfasst wurde, ist dies am Codierstreifen erkenntlich: Der Kreis in der Mitte des Streifens ist jetzt vollständig mit der Farbe des Codierstreifens ausgefüllt. Hält man die Maus über den Codierstreifen, wird der Kommentar im erscheinenden Tooltip angezeigt.

▶ **Tipp** Ein schneller Zugang zu einem Coding-Kommentar ist über einen Doppelklick auf den Codierstreifen oder den Codenamen möglich.

Codierungen gewichten

MAXQDA erlaubt es, jedem codierten Segment einen Gewichtungswert, einen Relevanzscore, zuzuweisen. Angenommen es geht in einer Analyse darum, Textpassagen herauszufinden, die für eine bestimmte Argumentation oder für ein bestimmtes theoretisches Konzept ganz besonders typisch sind, dann haben die verwendeten Codes meist die Bedeutung von „sign posts". Sie sind Wegweiser, die von einer Kategorie auf einschlägige, relevante Textpassagen hinweisen.

Mithilfe der Gewichtungsfunktion von MAXQDA lässt sich nun festhalten, zu welchem Grad ein codiertes Segment das von der Kategorie Gemeinte zum Ausdruck bringt. MAXQDA bietet die Möglichkeit, auf einer Skala von 0 bis 100 eine Gewichtung vorzunehmen. Diese Gewichtungswerte lassen sich auch als „Fuzzy Variables" bezeichnen, und zwar deshalb, weil sie durchaus auch Unschärfe erlauben und es nicht intendiert ist, dass exakte Werte mit einer entsprechenden Reliabilität zugewiesen werden müssen – in manchen Fällen und für manche Auswertungstechniken mag dies allerdings sehr wohl erforderlich sein. Mithilfe von Gewichten für Codierungen lassen sich darüber hinaus zahlreiche weitere Analyseaufgaben bewältigen:

- Teammitglieder können im Gewicht den Status einer Codierung festhalten, z. B. kann eine 50 festgelegt werden für den Status „Nur von einer Person vorgenommene Codierung, noch nicht überprüft" und eine 100 für „Von der Projektleitung überprüft".
- Codierungen, bei denen man sich unsicher ist, können ein spezielles Gewicht zugewiesen bekommen, sodass man diese später leicht wiederfinden kann.
- Bei Mehrfachnennungen einer Information im Text, kann das erste Vorkommen mit einem anderen Gewicht als die darauf folgenden Codierungen versehen werden.

Jedes neu codierte Segment erhält bei der Codierung das derzeit eingestellte Standardgewicht zugewiesen, das zwischen 0 und 100 liegt. Der Standardwert liegt bei 0 und lässt sich jederzeit über die globalen Einstellungen oder durch Klick auf das Gewichtungs-Symbol in der Statusleiste am unteren Bildschirmrand ändern.

Codierungen löschen

Wie bereits beschrieben, lassen sich vorgenommene Codierungen über die Symbolleiste „Codieren" rückgängig machen. Dies ist besonders hilfreich für die zuletzt vorgenommenen Codierungen, doch häufig ist es praktischer direkt an Ort und Stelle eine Codierung löschen zu können. Auch dies lässt sich mit dem Kontextmenü auf einem Codierstreifen bewerkstelligen (Abb. 6.8): Auf Nachfrage wird die angeklickte Codierung gelöscht.

6.8 Die „Übersicht Codings": Überblick über die codierten Segmente behalten

Bei der Codierarbeit besteht naturgemäß der Wunsch, den Überblick über die codierten Segmente zu behalten. Man will beispielsweise überprüfen, welche Textstellen bisher mit einem Code codiert wurden oder möchte die Codierungen eines ausgewählten Textes zusammenstellen und noch einmal durchgehen. Einen stetigen Überblick über die Codierungen eines Dokuments ermöglichen natürlich die bereits beschriebenen Codierstreifen am Textrand. Für die Arbeit mit den Codierstreifen ist es hilfreich, den Codiersektor neben dem Text breiter zu ziehen, sodass auch lange Codenamen gut sichtbar sind. Hält man die Maus über einen Codierstreifen, wird der vollständige Name eines Codes angezeigt. Ein Klick auf den Streifen fokussiert den zugehörigen Code im Codesystem, so dass man leicht das Code-Memo öffnen und die Beschreibung lesen kann.

MAXQDA hält darüber hinaus zahlreiche tabellarische Übersichtstabellen vor, die für verschiedene von den User_innen erzeugte Daten zusammengestellt werden können, so auch für die codierten Segmente: Ein Doppelklick auf einen Code öffnet die sogenannte „Übersicht Codings", die alle Codierungen des angeklickten Codes enthält (Abb. 6.9). Besitzt der angeklickte Code Unterkategorien und waren diese eingeklappt, so werden auch diese in die Übersicht integriert.

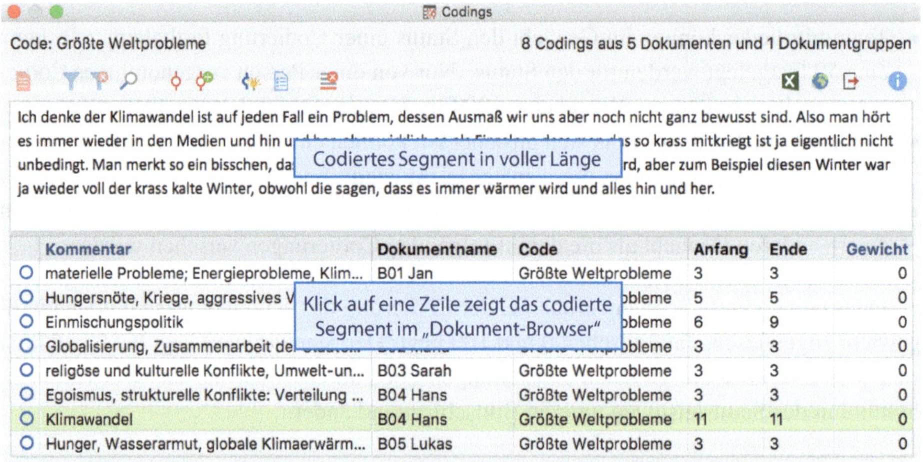

Abb. 6.9 Alle Codierungen eines Codes in der tabellarischen „Übersicht Codings"

Die „Übersicht Codings" ist zweigeteilt. Im unteren Fensterbereich finden sich so viele Zeilen, wie Codierungen für den ausgewählten Code vorliegen. Im oberen Fensterbereich wird das jeweils angeklickte Coding angezeigt. Wie fast alle MAXQDA-Elemente ist auch diese Übersichtstabelle interaktiv. Ein Klick auf eine Codierung (also eine Zeile in der Tabelle) hebt das Herkunfts-Dokument und den vergebenen Code blau hervor und markiert den codierten Text direkt im „Dokument-Browser", wo man dessen umgebenden Kontext einsehen kann. Die Kopfzeile des Fensters zeigt die Anzahl der angezeigten Codierungen und aus wie vielen unterschiedlichen Dokumenten und Dokumentgruppen sie stammen. In der Symbolleiste stehen zudem Funktionen für das Filtern, Suchen, Weiterverarbeiten und Exportieren zur Verfügung. Die verschiedenen Spalten der Übersicht informieren über Details der einzelnen Codierungen: *Dokumentgruppe* und *Dokumentname* geben die Herkunft der Codierung an, *Anfang* und *Ende* beinhalten die genauen Absatznummern, über die sich die Codierung erstreckt. Die Handhabung von Übersichtstabellen in MAXQDA ist ausführlich im Kasten 6.1 beschrieben.

Die Tabelleninhalte der Spalten mit blauen Überschriften lassen sich in MAXQDA-Übersichten verändern. So kann in der „Übersicht Codings" in der Spalte „Gewicht" direkt der Relevanzscore einer Codierung eingetragen werden. In der Spalte „Kommentar" kann ein Coding-Kommentar vergeben werden, was sehr effektiv für die Ausdifferenzierung einer Kategorie und die Kategorienbildung am Material genutzt werden kann: Für jede Codierung wird ein Kommentar in Form einer Zusammenfassung und Abstraktion des Textmaterials eingegeben, bereits vorhandene Formulierungen können erneut verwendet und angepasst werden, was durch die Auto-Vervollständigen-Funktion in den Übersichtstabellen von MAXQDA unterstützt wird. So entstehen direkt am Material mögliche Subkategorien und man erhält eine gute Übersicht über die Inhalte einer Kategorie.

Eine Übersicht der codierten Segmente ist an vielen Stellen und Kontexten in MAXQDA aufrufbar, so auch im Kontextmenü für ein Dokument in der „Liste der Dokumente". An dieser Stelle aufgerufen, zeigt die „Übersicht Codings" alle Codierungen innerhalb des ausgewählten Dokuments.

Kasten 6.1: Die Handhabung tabellarischer Übersichten

In MAXQDA stehen an vielen Stellen tabellarische Übersichten zur Verfügung, in denen codierte Segmente, Memos und weitere Daten zusammengestellt werden können. Die Handhabung dieser Übersichten ist überall sehr ähnlich:

- *Spalten sortieren:* Durch einen Klick auf eine Spaltenüberschrift wird die Tabelle nach dieser Spalte sortiert, ein weiterer Klick dreht die Sortierrichtung um.
- *Spalten anordnen:* Die einzelnen Spalten können durch Anklicken und Verschieben des Spaltenkopfes beliebig horizontal positioniert werden.
- *Spalten ein- und ausblenden:* Nach Rechtsklick auf einen Spaltenkopf steht die Option **Spaltenauswahl** zur Verfügung, mit deren Hilfe alle oder einzelne Spalten ein- und ausgeblendet werden können.

- *Zeilen filtern:* Durch Auswahl der Funktion **Filter setzen** im Kontextmenü auf einen Spaltenkopf wird ein Dialog geöffnet, in dem Filterbedingungen gesetzt werden können. Die Filter-Symbole im Kopf der Übersicht ermöglichen das Ein- und Ausschalten sowie das Löschen der gesetzten Filter.
- *Höhe des Vorschaufensters anpassen:* Sofern in der Übersicht ein Vorschaufenster im oberen Bereich angezeigt wird, kann dessen Höhe durch Anklicken und Verschieben des horizontalen Trenners verändert werden.
- *Übersicht exportieren:* Mithilfe der Icons am rechten oberen Rand lassen sich die Inhalte exportieren. Ein Klick auf das Excel- oder HTML-Symbol erzeugt eine temporäre Datei und öffnet diese unmittelbar in den Standardprogrammen für die Darstellung von Excel-Dateien bzw. Webseiten. Sofern keine Zeile grün selektiert ist, werden alle Zeilen, ansonsten nur die ausgewählten Zeilen exportiert. Über das Exportieren-Icon sind für einzelne Übersichten weitere Exportformate verfügbar, wie etwa das RTF-Format für Word, und es können Name und Speicherort für die exportierte Datei bestimmt werden.

6.9 PDF-Dokumente codieren

Das Codieren von Texten in PDF-Dokumenten vollzieht sich genauso wie bei Text-Dokumenten: Eine Textstelle wird markiert und mit der Maus auf einen Code gezogen. Auch alle anderen oben beschriebenen Codier-Techniken lassen sich bei Texten in PDF-Dokumenten anwenden. Da PDF-Dateien ursprünglich für das einheitliche Drucklayout auf verschiedenen Ausgabegeräten konzipiert wurden, enthalten sie allerdings keine Informationen über Absätze oder Zeilennummern. In der „Übersicht Codings" wird daher bei Anfang und Ende als Position einer Codierung anstelle der Absatznummer die PDF-Seite und die Zeichenposition ausgegeben.

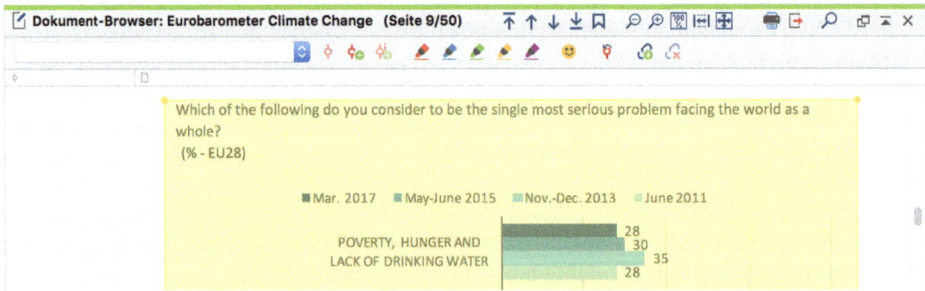

Abb. 6.10 Markierte Fläche in einem PDF-Dokument

Häufig ist es nicht bloß der reine Text, der in PDF-Dokumenten von Interesse ist, sondern auch die enthaltenen Grafiken und Bilder oder auch die Bereiche einer Webseite, die als importierte PDF-Datei vorliegt. Auch bei Dokumenten, bei denen der Text nicht wie in Kap. 3 beschrieben durch eine automatische Zeichenerkennung in Text umgewandelt wurde, will man ausgewählte Flächen mit dem interessierenden Text codieren. Für die Erstellung einer solchen Flächen-Codierung zieht man mit der Maus im PDF-Dokument zuerst einen Rahmen auf (Abb. 6.10) und zieht anschließend die markierte Stelle auf einen Code. Die „Übersicht Codings" gibt als Positionsangabe für Flächen-Codierungen die PDF-Seite und die Koordinaten der Rahmenpunkte wieder.

6.10 Suchtreffer automatisch codieren

In Kap. 5 haben wir beschrieben, wie die lexikalischen Suchfunktionen von MAXQDA für die Exploration des qualitativen Datenmaterials effektiv genutzt werden können. Ergebnis der Suchprozesse ist eine tabellarische Auflistung der Suchtreffer, wie sie in Abb. 6.11 dargestellt ist.

Die Exploration des Datenmaterials lässt sich effektiv mit dem Codieren verknüpfen, da MAXQDA die Möglichkeit offeriert, Suchtreffer automatisch zu codieren und dadurch einzelne Explorationsergebnisse in Form von Codierungen festzuhalten und für weitere Analysen vorzuhalten. Durch das automatische Codieren können auf einen Schlag mehrere Hundert Codierungen erzeugt werden, weshalb sich diese Technik auch bei großen Mengen qualitativer Daten anbietet. Doch auch bei überschaubaren Datenmengen kann die automatische Codierung Nutzen bringen, denn die übliche Vorgehensweise besteht darin, nach interessierenden Wörtern im Datenmaterial zu suchen und dann zu schauen, in welchen Kontexten diese auftreten. Beispielsweise haben Kuckartz et al. (2008) bei der Auswertung von Interviews mit Pädagogik-Studierenden über eine Statistikveranstaltung dezidiert nach dem Wort „Angst" in den Aussagen der Befragten gesucht, die Fundstellen autocodiert und in ihrem Kontext analysiert. An diesem Beispiel lassen sich auch gut die

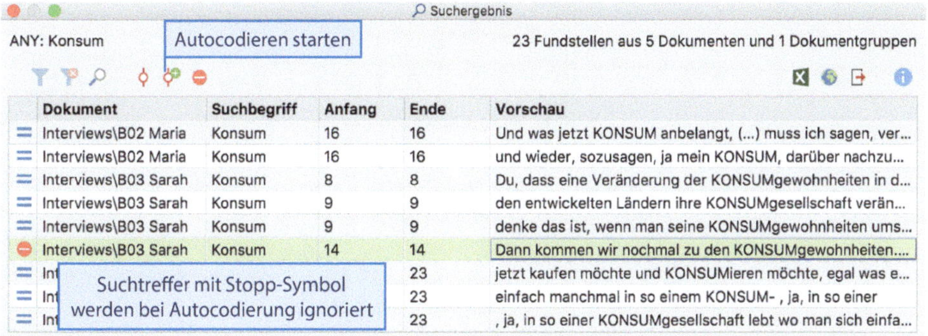

Abb. 6.11 Suchtreffer mit neuem Code automatisch codieren

Problematiken des automatisierten Vorgehens veranschaulichen: Sowohl „gar keine Angst vor der Klausur" als auch „große Angst vor der Klausur" werden gefunden und codiert, weshalb es notwendig ist, die einzelnen codierten Segmente bezüglich ihrer inhaltlichen Bedeutung zu kontrollieren. Zudem werden keine Synonyme für das Wort Angst gefunden, nur die, nach denen explizit gesucht wird.

Wie führt man nun konkret eine automatisierte Codierung durch? Zunächst startet man über den Tab **Analyse** eine einfache oder komplexe lexikalische Suche in allen oder ausgewählten Dokumenten. Um die Suchtreffer automatisiert einem Code zuzuordnen, stehen am oberen Rand des Suchtreffer-Fensters zwei alternative Icons zur Verfügung: einmal zum Autocodieren mit einem vorhandenen Code und einmal für das Autocodieren mit einem neuen Code. Nach Wahl der Funktion **Suchergebnisse mit neuem Code autocodieren** erscheint zunächst ein Fenster für die Definition eines neuen Codes und anschließend ein Optionsfenster für die Einstellung des zu codierenden Kontextes. In der Regel wird man als Kontext „Satz" einstellen, denn lediglich die Suchbegriffe zu codieren, stellt meist nur dann einen analytischen Mehrwert dar, wenn man an Häufigkeiten von Wörtern in ausgewählten Dokumenten interessiert ist und hierfür stehen deutlich komfortablere Funktionen mit dem Erweiterungsmodul MAXDictio zur Verfügung.

Man kann die Autocodierung auch auf ausgewählte Suchtreffer beschränken, indem man uninteressante Fundstellen von der Autocodierung ausschließt. Hierzu ist es notwendig, die einzelnen Fundstellen nacheinander durchzuwandern und bei allen uninteressanten Treffern in der ersten Spalte einen Doppelklick auf die entsprechende Zeile auszuführen, sodass hier ein Stoppsymbol erscheint. Alternativ kann man auch eine oder mehrere Zeilen markieren und dann das Stoppsymbol in der Symbolleiste anklicken.

▶   **Hinweis** Bei der automatischen Codierung mit dem *gleichen* Code werden vorhandene Codierungen nicht geändert, um die möglicherweise mühevoll per Hand erzeugten Zuordnungen von Textstellen zu Kategorien nicht zu überschreiben. Da es sich in der Regel anbietet, die Suchtreffer mit einem *neuen* Code zu codieren, von dem aus sie auf andere Codes verteilt werden können, stellt sich das geschilderte Problem jedoch nur selten.

Videodaten, Audiodaten und Bilder codieren 7

Der gigantische technische Fortschritt der letzten Jahre ermöglicht es heute, mit einem handelsüblichen Smartphone Fotos und Videoaufnahmen in erstaunlicher Qualität zu machen. Damit sind die Chancen für die empirische Forschung stark angewachsen, insbesondere für die Feldforschung und Unterrichtsforschung. Nun ist es quasi allen Forschenden möglich, im Feld Videoaufnahmen höchster Qualität – und das ohne Kosten – zu erstellen. Damit wächst auch der Wunsch, diese Art des Datenmaterials wissenschaftlich auswerten zu können und methodisch auf ähnliche Weise zu behandeln wie Interviewtexte oder Fokusgruppen. Als eine Methode der Datenerhebung hat die Videoaufnahme natürlich vor allem für die Erforschung von nicht-verbalem Verhalten riesige Fortschritte mit sich gebracht. Im Gegensatz zur früheren Protokollierung von Beobachtungen ist es nun möglich, Szenen wiederholt anzuschauen und von mehreren Personen und zu mehreren Zeitpunkten codieren zu lassen, was signifikant zur Verbesserung der Analysequalität beiträgt. Neben der Arbeit mit Videos behandelt dieses Kapitel auch die Codierung und Analyse nichtbewegter Bilder wie Fotos und Screenshots von Webseiten.

In diesem Kapitel

✓ Charakteristika von Videoanalyse kennenlernen
✓ Die Frage „Direkt codieren oder transkribieren?" beantworten
✓ Den „Multimedia-Browser" von MAXQDA bedienen
✓ Videos direkt codieren und mit Memos und Links versehen
✓ Standbilder für Publikationen exportieren und als neue Bild-Dokumente einfügen
✓ Die Ansicht von Bildern anpassen und Bildausschnitte codieren

7.1 Charakteristika von Videoanalyse

Die Analyse von Videodaten kann auf sehr unterschiedliche Weise geschehen. In der Sport- und Bewegungswissenschaft geht es beispielsweise darum, Bewegungsabläufe sehr genau (und sehr langsam) zu studieren und im Falle von Leistungssport auch zu verbessern. Der eine oder die andere wird sich noch erinnern, dass im Rahmen eines Skikurses auch Videoaufnahmen gemacht wurden, die man sich dann gemeinsam – auch in Zeitlupe – ansah. Nicht immer war man durch den eigenen Fahrstil beeindruckt. „Video Content Analysis" ist auch ein innovatives Fachgebiet innerhalb des Forschungsgebiets „Künstliche Intelligenz", dort geht es darum, automatisch zeitliche und räumliche Events zu erkennen, beispielsweise Objekte, Bewegungen und Situationen. Dies spielt vor allem eine Rolle bei der Überwachung des öffentlichen Raumes. In den Sozial- und Erziehungswissenschaften wird bereits seit mehreren Jahrzehnten Videotechnik im Rahmen der Forschung eingesetzt, insbesondere zur Erfassung von Interaktionen und Lernsituationen in der Unterrichtsforschung. Als Analysetechnik wird häufig die Codierung des Materials benutzt, wobei sich dann die Methoden – nicht unähnlich denen der Analyse von Texten – danach unterscheiden, ob sie tendenziell mehr inhaltsanalytisch und kategorienbasiert arbeiten (z. B. Rose 2000) oder stärker auf Interpretation und hermeneutische Analyse ausgerichtet sind (z. B. Tuma et al. 2013).

7.2 Videoaufnahmen direkt codieren oder transkribieren?

Bei der Arbeit mit Videos stellt sich die Frage, ob man ähnlich wie bei Audioaufnahmen von Interviews zunächst transkribieren (Heath et al. 2010) oder ob man das Video direkt codieren soll. Auf den ersten Blick erscheint es verlockend, auf eine Transkription zu verzichten und die Videoaufnahme direkt zu codieren. Transkribieren bedeutet eine Menge Arbeit, vor allem eine Arbeit, die relativ langweilig ist und bei der wenig vom „Abenteuer Forschung" zu spüren ist. Auf der anderen Seite steht die Erfahrung, dass es beispielsweise im Fall von Interviews wesentlich einfacher ist, sich in verschriftlichten Daten zurecht zu finden: Man kann nach Worten oder bestimmten Themen im Transkript suchen, sodass sich Textabschnitte, die gesprochen mehrere Minuten dauern, sehr schnell codieren lassen. Es will also im Einzelfall wohl überlegt sein, ob man eine Verschriftlichung vornimmt. Auf das Transkribieren lässt sich am ehesten verzichten, wenn es vornehmlich Interaktionen, paraverbale Handlungen, Körpersprache und ähnliches sind, die im Mittelpunkt des Interesses stehen. Je stärker das Gesprochene für die Analyse eine Rolle spielt, desto angeratener ist die Verschriftlichung oder wenigstens teilweise Verschriftlichung der Videodaten. Es ist auch zu berücksichtigen, dass jede Transkription bereits einen Informationsverlust bedeutet und eine Interpretation der Daten darstellt. Dies ist bei Videodaten, deren Informationsreichtum weit über eine schriftliche Textfassung hinausgeht, evident. Während es bei Audioaufnahmen – etwa von offenen Interviews oder Fokusgruppen – nicht ungewöhnlich ist, nur mit dem Transkript und nicht mit den Originaltönen weiterzuarbeiten, wird bei Videoaufnahmen in den meisten Fällen neben dem Text auch das Bild analysiert und – zumindest teilweise – codiert. MAXQDA erlaubt es, bei der Analysearbeit mit einer solchen Mischform von Text und Bild zu arbeiten, es ist also möglich, nur Teile eines Videos direkt zu codieren und andere Teile zu transkribieren und den Text zu codieren.

7.3 Videoaufnahmen direkt im „Multimedia-Browser" codieren

Wie in Kap. 3 bereits beschrieben, werden Videodateien nicht wie andere Dokumente im „Dokument-Browser", sondern in einem gesonderten „Multimedia-Browser" dargestellt und abgespielt (Abb. 7.1). Im oberen Fenster des Browsers wird das aufgenommene Video abgespielt. Direkt darunter befindet sich eine Symbolleiste, die alle Funktionen zur Steuerung des Videos und zum Codieren enthält.

Alle wichtigen Arbeitsschritte für das Codieren und Arbeiten mit Videos lassen sich über die Symbole in der Symbolleiste oder durch die Verwendung der zugehörigen Tastenkombinationen durchführen:

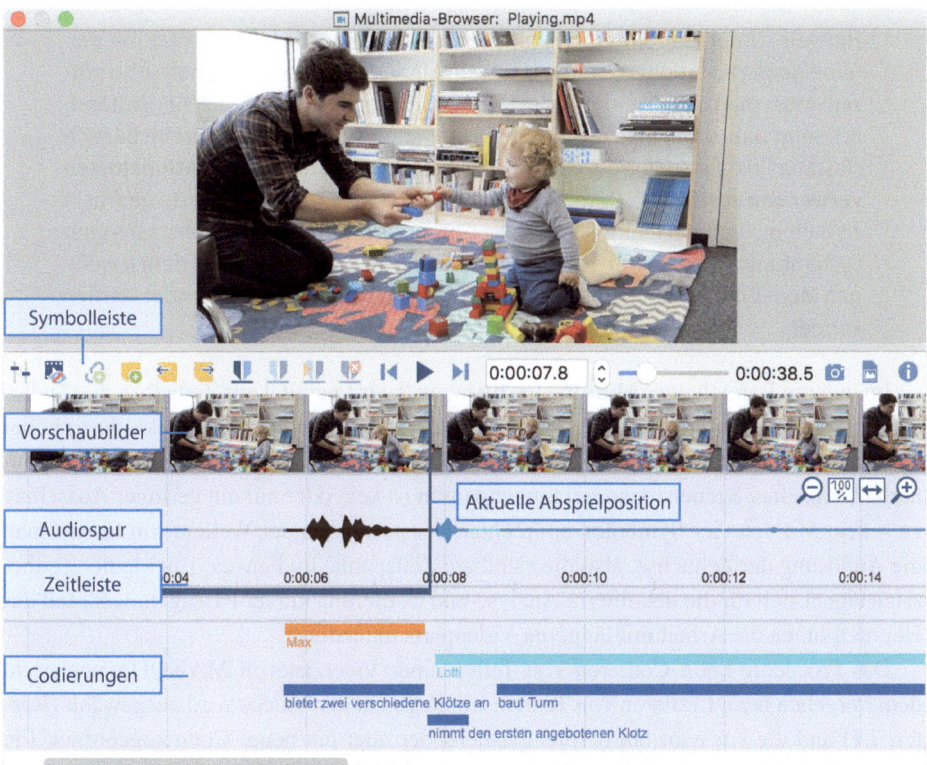

Abb. 7.1 Der „Multimedia-Browser" für die Arbeit mit Videodateien

- Das Abspielen und Anhalten des Videos erfolgt mithilfe des Symbols **Wiedergabe/Pause** oder Drücken der Tasten **F4** oder **F5**, bei fokussiertem „Multimedia-Browser" auch durch Drücken der **Leertaste**. Darüber hinaus startet und pausiert auch das zweimalige Drücken der **Strg-Taste** (Windows) bzw. **Shift-Taste** ⇧ (Mac) die Wiedergabe.
- Der blaue vertikale Streifen im unteren Fensterbereich zeigt die aktuelle Abspielposition, wobei die zugehörige Zeit in der Symbolleiste erscheint. Der Schieberegel ist gut für die großflächige Navigation innerhalb der Videoaufnahme geeignet. Mithilfe der Symbole zum Vor- und Zurückspulen oder der Tasten **F12** und ⇧+**F12** springt man in 5-Sekunden-Schritten vorwärts und rückwärts.
- Vorschaubilder unterhalb der Symbolleiste unterstützen die Navigation innerhalb einer Videodatei, die verschiedene Szenen beinhaltet (bei Aufnahmen eines Interviews sind die Bilder weniger hilfreich, weil sie alle sehr ähnlich aussehen). Die Bilder lassen sich über das zweite Symbol von links ein- und ausblenden. Beim ersten Anzeigen werden die Bilder erstellt, wobei sich ihr zeitlicher Abstand und ihre Größe bestimmen lassen.
- Im **Control Panel**, aufrufbar über das erste Symbol ganz links, lässt sich die Lautstärke bei lauten Aufnahmen reduzieren und bei leisen Aufnahmen erhöhen, zudem kann hier die Abspielgeschwindigkeit angepasst werden.

▶ **Hinweis** Unter Mac sind die Funktionstasten F1 bis F12 üblicherweise mit systemeigenen Funktionen belegt. Um sie in MAXQDA für die Videoanalyse zu nutzen, muss man gleichzeitig die fn-Taste gedrückt halten. Da dies sehr umständlich sein kann, sollte man die Systemeinstellungen aufrufen und dort im Bereich „Tastatur" die Einstellung **Die Tasten F1, F2 usw. als Standardfunktionstasten verwenden** auswählen. Dann ist es nicht mehr notwendig, die fn-Taste gedrückt zu halten. Auch bei einigen Windows-Computern sind die Funktionstasten mit Systemfunktionen belegt, hier hilft eine Suche im Internet, wie bei dem jeweiligen Modell die Funktionstasten ohne Festhalten der fn-Taste verwendet werden können.

Im unteren Bereich des „Multimedia-Browsers" wird parallel zur Zeitachse die Audiospur als Wellenform angezeigt. Je höher die Lautstärke zu einem Zeitpunkt, desto höher sind an dieser Stelle die Berge in der Welle. Die Wellenform hilft bei der Orientierung innerhalb einzelner Szenen, denn bei Sprechpausen ist kein oder nur ein geringer Ausschlag zu sehen. Mit den vier Symbolen am rechten Fensterrand in der Wellenform steuert man die Auflösung der Zeitachse, also die sichtbare Zeitspanne im Fenster. Ein kleiner Zeitbereich eignet sich für die detaillierte Analyse und Codierung kurzer Passagen, während das Herauszoomen die Arbeit mit längeren Videoparts unterstützt.

Das Procedere beim Codieren von Teilen einer Videodatei in MAXQDA entspricht dem Vorgehen beim Codieren von Texten: Ein Segment des Videos wird ausgewählt (Kasten 7.1) und diesem wird ein bereits existierender oder ein neuer Code zugeordnet. Ein ausgewähltes Videosegment wird häufig auch als „Clip" bezeichnet.

7.3 Videoaufnahmen direkt im „Multimedia-Browser" codieren

Kasten 7.1: Einen Clip im „Multimedia-Browser" markieren

- Starten Sie die Wiedergabe der Videoaufnahme, z. B. durch Drücken der Taste F4, und halten Sie diese genau an der Stelle an, an der eine neue Codierung beginnen soll.
- Klicken Sie dann auf das Symbol *Setze Clipanfang* oder drücken Sie die Taste F7.
- Nun starten Sie die Wiedergabe erneut und halten an der Position für das Ende der Codierung an. Klicken Sie auf das Symbol *Setze Clipende* oder die Taste F8.
- Die Grenzen des Clips lassen sich leicht verändern, indem Sie entweder die blau umrahmte Zeitanzeige oder die Grenzen direkt in der Wellenform mit der Maus verschieben. Nach Klick auf eine Clipgrenze lässt sich diese mit den Pfeiltasten ← und → auf der Tastatur bis auf eine Zehntelsekunde genau justieren.
- Zur Kontrolle des markierten Bereichs Können Sie diesen durch Klick auf die blaue Fläche oder Drücken der Taste F9 abspielen.

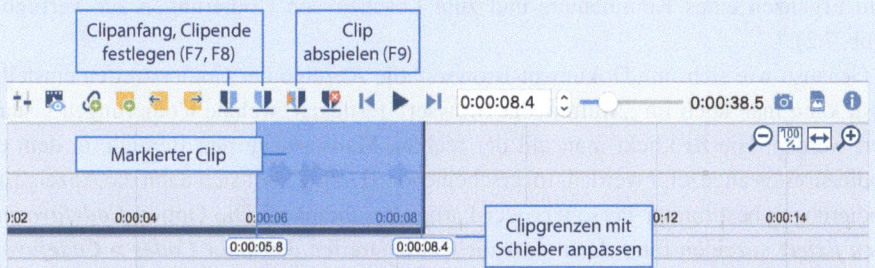

Markierungen können auch direkt in der Wellenform erzeugt werden, indem Sie mit der gedrückten linken Maustaste in der Wave einen horizontalen Bereich aufziehen. Zur Orientierung dienen dabei zum einen die Täler und Berge in der Audiospur, zum anderen auch das Videobild, das während des Markiervorgangs der Mausposition folgt.

Die vorgenommene Markierung lässt sich wie üblich in MAXQDA codieren, z. B. per Klicken-und-Ziehen der Markierung auf einen Code. Nach Klick mit der rechten Maustaste auf die Markierung erscheinen im Kontextmenü drei alternative Codiervarianten: (1) Codieren mit einem neuen Code, (2) Codieren mit dem zuletzt verwendeten Code und (3) Codieren mit aktivierten Codes. Auch die vordefinierten Tastenkürzel für das Codieren, wie z. B. *Alt+W* (Windows) bzw. ⌘+⌥+*W* (Mac) für die Zuordnung eines neuen Codes, sowie selbstdefinierte Tastenkürzel funktionieren innerhalb des „Multimedia-Browsers".

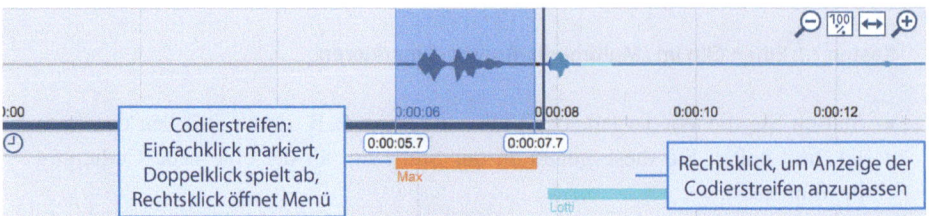

Abb. 7.2 Codierstreifen im „Multimedia-Browser"

Anzeige von Codierungen im „Multimedia-Browser"
Existierende Codierungen werden durch Codierstreifen unterhalb der Zeitleiste angezeigt, der Codename steht immer darunter. Zudem wird die Audiospur im entsprechenden Zeitbereich in der Farbe des Codes eingefärbt. Liegen mehrere Codierungen übereinander, wird die Farbe in der Wellenform gemischt. Ein Klick auf den Codierstreifen markiert die Wellenform an der codierten Stelle, ein Doppelklick spielt den Clip ab. Über den rechten Mausklick auf den Codierstreifen stehen Funktionen zum Anpassen des Gewichts, zum Ergänzen eines Kommentars und zum Löschen von Codierungen zur Verfügung (Abb. 7.2).

Genauso wie sich im „Dokument-Browser" die Anzeige der Codierstreifen einstellen lässt, kann man auch im „Multimedia-Browser" festlegen, welche Codierungen visualisiert werden. Hierzu klickt man mit der rechten Maustaste in den Bereich, in dem die Codierstreifen angezeigt werden. Im erscheinenden Dialog lässt sich dann die Anzeige auf Codierungen bestimmter Personen oder Farben beschränken. Die Option *Codefavoriten oben fixiert* anzeigen führt dazu, dass die Codierstreifen der unter *Codes > Codefavoriten* gelisteten Codes im „Multimedia-Browser" ganz oben angezeigt werden und dabei jeweils eine eigene Zeile für sich beanspruchen. Diese Funktion eignet sich besonders dazu, um mit Codes für die Gliederung und Strukturierung eines Videos arbeiten zu können oder um verschiedene Kameraeinstellungen zu kennzeichnen. Die vergebenen Codes unterstützen dann die leichte Navigation innerhalb der Videodatei und können für Zusammenhangsanalysen genutzt werden, die Fragen wie etwa „Bei welcher Unterrichtsphase finden welche Interaktionen statt?" verfolgen.

7.4 Mit Memos arbeiten und Videostellen verlinken

Memos können vielfältige Funktionen bei der Videoanalyse übernehmen: Sie dienen der Kennzeichnung relevanter Stellen, dem Festhalten von Interpretationen ausgewählter Szenen und können auch für die Gliederung des Videomaterials verwendet werden. Neue Memos werden von MAXQDA grundsätzlich an die aktuelle Abspielposition geheftet (Abb. 7.3). Um ein neues Memo einzufügen, wird entweder mit der rechten Maustaste an eine Stelle in der Audiospur oder auf das Symbol *Neues Memo* in der Symbolleiste im „Multimedia-Browser" geklickt. Auch das Tastenkürzel *Alt*+⇧+M (Windows) bzw.

7.5 Standbilder weiterverarbeiten und in Publikationen integrieren

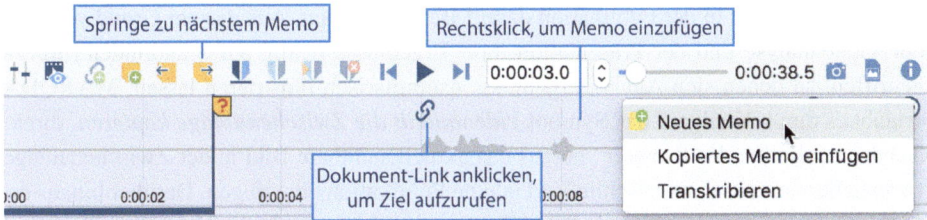

Abb. 7.3 Neues Memo an der Abspielposition einfügen

⌥+⇧+*M* (Mac) ist wirksam. Das Memo lässt sich durch Klicken und Ziehen mit der Maus nach oben und unten sowie nach rechts und links verschieben. Beim Verschieben läuft das Videobild mit, sodass das Memo genau an die gewünschte Stelle platziert werden kann. Hat man Memos für die Strukturierung des Materials eingesetzt, helfen vor allem die beiden Icons **Nächstes Memo** (F3) und **Vorheriges Memo** (⇧+F3) in der Symbolleiste des „Multimedia-Browsers" bei der Navigation innerhalb der Videodatei.

Dokument-Links dienen in MAXQDA dazu, zwei Stellen des Datenmaterials miteinander zu verbinden und schnell von der einen Stelle zur anderen Stelle springen zu können (Details zur Arbeit mit Dokument-Links finden sich in Kap. 5). Die Stellen können im gleichen Dokument oder in verschiedenen Dokumenten liegen. Auch im „Multimedia-Browser" lassen sich Dokument-Links setzen, die entweder zu einer anderen Stelle im gleichen Video, einem anderen Video oder aber, was sicherlich häufiger vorkommen wird, zu einem Textabschnitt führen. Angenommen, man habe mit Lehramtsstudierenden einige Videovignetten geschaut und ein Transkript von der Diskussion der Studierenden über die Videosequenzen angefertigt. Dann kann man Dokument-Links verwenden, um Äußerungen der Studierenden im Transkript zu einer bestimmten Szene mit genau dieser Szene zu verbinden. Um dies in MAXQDA zu bewerkstelligen, markiert man zuerst die Stelle im Transkript und wählt nach rechtem Mausklick auf die Markierung den Eintrag **Dokument-Link einfügen** aus. Damit hat man MAXQDA den Start des Links mitgeteilt und markiert in einem zweiten Schritt im „Multimedia-Browser" den Videoclip, der mit dem Transkript verbunden werden soll, und wählt dort nach Rechtsklick aus dem Kontextmenü die gleichnamige Funktion aus, um das Linkziel zu setzen. Alternativ kann man auch mit dem Symbol **Linkstart/Linkziel setzen** arbeiten, das sowohl im „Multimedia-Browser" als auch im „Dokument-Browser" vorhanden ist.

7.5 Standbilder weiterverarbeiten und in Publikationen integrieren

Videos können nur bedingt einem Forschungsbericht beigefügt werden, dies verbietet häufig nicht nur der Datenschutz, sondern stehen dem auch ganz praktische Gründe entgegen. Zwar hat man heutzutage die Möglichkeit, das Video oder einen Auszug aus diesem auf einer Webseite bereitzustellen und in einer Publikation auf die Webseite zu verweisen, kann jedoch nur bedingt in der Publikation darauf Bezug nehmen. Aus diesem Grund wird bei der Videoanalyse und der Präsentation ihrer Ergebnisse häufig auf Standbilder zurückgegriffen, an denen sich Analyseergebnisse exemplarisch illustrieren lassen. MAXQDA erlaubt es durch Klick auf das Symbol *Videobild in die Zwischenablage kopieren*, direkt aus dem „Multimedia-Browser" heraus das aktuell sichtbare Bild in der Zwischenablage zu speichern, um es dann anschließend in eine Publikation einzufügen. Darüber hinaus ergänzt die Funktion *Videobild als Bilddokument in „Liste der Dokumente" einfügen* das aktuell sichtbare Bild ganz oben im Dokumentbaum und ermöglicht die weiterführende Analyse des Bildes in MAXQDA, insbesondere durch die Codierung und Kommentierung von Teilbereichen. Welche Möglichkeiten MAXQDA für die Codierung von Bildern bereithält, ist im übernächsten Abschnitt dieses Kapitels im Detail beschrieben.

7.6 Audiodaten direkt im „Multimedia-Browser" codieren

Das Codieren von Audiodaten erfolgt analog zur Codierung von Videodaten: Die Audiodatei wird im „Multimedia-Browser" geöffnet und hier stehen alle Funktionen zum Codieren, Annotieren mit Memos und zum Verlinken von Audiostellen miteinander oder anderen Stellen im Datenmaterial zur Verfügung. Der einzige Unterschied zur Analyse von Videodaten besteht darin, dass man selbstredend kein Bild und keine Vorschaubilder zur Verfügung hat. Dementsprechend verfolgt das Codieren und die Analyse von Audiodaten eine gänzlich andere Zielsetzung als die Analyse von Videodaten. Bei der Analyse von Audiodaten spielen meistens das Transkript bzw. die Transkripte von Teilpassagen eine größere Rolle. Die Analyse der Audiospur ist vor allem dann sinnvoll, wenn man über die Analyse des Inhalts hinausgeht und sich beispielsweise fragt, wie gesprochen oder, ob der Befragte angespannt ist. Die hierfür notwendige Verbindung von Textparts und Audioparts lässt sich beispielsweise durch Dokument-Links realisieren.

7.7 Bilder codieren und analysieren

Mit MAXQDA lassen sich nicht nur Standbilder von Videos analysieren, sondern wie in Kap. 3 beschrieben, können zahlreiche Bildformate importiert werden, die bei sehr großen Datenmengen auch außerhalb von MAXQDA-Projekten gespeichert werden können, um die Projektgröße klein zu halten. Die Bilder, die einer qualitativen Analyse unterzogen werden sollen, können aus ganz unterschiedlichen Quellen stammen, beispielsweise einer Fotodokumentation für eine Evaluation. Mithilfe des MAXQDA Web Collectors, eine Erweiterung für den Browser „Chrome", können Webseiten gesammelt und dann anschließend in MAXQDA als Bilder importiert werden (vgl. Kap. 3). Hierbei wird die ganze Webseite als ein langes Bild dargestellt, sodass man auf Gestaltung ausgerichtete Usability-Analysen durchführen kann. Auch Fotos, die während einer Feldstudie aufge-

7.7 Bilder codieren und analysieren

nommen wurden (z. B. mit MAXApp, einer kostenfreien App für die Datenerhebung), lassen sich in MAXQDA als Bild-Dokumente importieren.

Sobald ein Bild im „Dokument-Browser" angezeigt wird, erscheinen in dessen Symbolleiste mehrere Symbole zur Steuerung der Ansicht (Abb. 7.4): Die Anzeige lässt sich vergrößern oder verkleinern und kann im Uhrzeigersinn gedreht werden. Zum Codieren können in Bildern mit der Maus Rahmen aufgezogen werden, die sich dann wie Textsegmente, z. B. durch Ziehen des Segments auf einen Code, codieren lassen. In gleicher Weise verfährt man auch beim Codieren von Grafiken und in Bildern in PDF-Daten.

Nach Rechtsklick in den grauen Bereich der Codierstreifen links neben dem Bild erscheint wie im „Dokument-Browser" üblich ein Dialog zur Wahl der angezeigten Codierstreifen. Durch die Wahl der Option **Codierungen im Bild anzeigen** werden die codierten Bereiche wie in Abb. 7.4 zu sehen in der Farbe ihrer Codes umrahmt und leicht eingefärbt. Wie bei Texten können sich Codierungen mit unterschiedlichen Codes überlappen. Bezüglich der Überlappung von Codierungen des gleichen Codes ist die MAXQDA-Logik zu berücksichtigen, dass an einem codierten Segment der gleiche Code nur einmal vergeben werden kann. Diese Regel gestaltet sich bei Bildern so, dass sich mit dem gleichen Code codierte Bereiche zwar überschneiden dürfen, aber eine Codierung mit dem Code A niemals eine andere Codierung mit Code A vollständig umgeben kann. Angenommen auf einem Bild seien drei Personen direkt nebeneinander zu sehen, dann ist es kein Problem, wenn man für die Personen drei einzelne Codierungen vornimmt, deren Bereiche sich leicht überlappen. Sobald man aber eine Markierung aufziehen würde, die alle drei Personen und die darin enthaltenen Codierungen umfasst, und den gleichen Code zuordnet, dann würde MAXQDA die drei Einzelcodierungen durch die eine umfassende Codierung ersetzen.

Bei der Suche nach codierten Segmenten (Details hierzu im Kap. 9) werden Bilder genau wie andere Dokumente behandelt, wobei die codierten Bildteile in der „Liste der Codings" dargestellt werden und ein Klick auf die Herkunftsangabe das zugehörige Seg-

Abb. 7.4 Codiertes Bild im „Dokument-Browser"

ment im „Dokument-Browser" markiert. Im „Dokument-Browser" können auch Memos an Bildsegmente angeheftet werden. Sie werden wie ein Memo am Text links neben dem Bild angezeigt (Abb. 7.4). Wer eine Detailanalyse eines Bildausschnitts durchführen möchte, markiert zuerst den gewünschten Ausschnitt und wählt dann nach Rechtsklick auf die Markierung den Eintrag ***Als neues Dokument einfügen***. Daraufhin wird der Ausschnitt als neues Bild-Dokument ganz oben in der „Liste der Dokumente" ergänzt und kann als eigenständiger „Fall" analysiert werden.

Das Kategoriensystem gestalten 8

Je länger und intensiver mit den Daten gearbeitet wird, desto mehr Codes können entstehen und desto mehr Codierungen werden im Material vorgenommen. In diesem Kapitel geht es um verschiedene Arten von Kategoriensystemen und unterschiedliche Wege, wie man zu einem für die Analyse optimal geeigneten Kategoriensystem gelangt. Die beiden gegensätzlichen Pole der Kategorienbildung werden meist als deduktive und induktive Kategorienbildung bezeichnet. Bei ersterem werden die Kategorien konzeptbasiert gebildet, d. h. vor der eigentlichen Analyse der empirischen Daten festgelegt. Im zweiten Fall werden die Kategorien direkt an den empirischen Daten entwickelt. Induktive, datenbasierte Kategorienbildung wird in MAXQDA sehr wirksam durch die Funktion „Creative Coding" unterstützt. Beim Arbeiten mit Kategorien spielen die Code-Definitionen eine sehr wichtige Rolle; mit diesen wird festgehalten, was ein Code bedeutet und wann genau er zugeordnet wird. Weil die Kategorien bei vielen methodischen Ansätzen eine so zentrale Rolle spielen, sollte man sich für die Konstruktion des Kategoriensystems ausreichend Zeit nehmen.

In diesem Kapitel

✓ Etwas über verschiedene Arten von Kategoriensystemen erfahren
✓ Hierarchische Kategoriensysteme organisieren
✓ Das Vorgehen bei deduktiver Kategorienbildung kennenlernen
✓ Kategorien am Material entwickeln, induktiv Kategorien bilden
✓ Code-Definitionen formulieren und einen Codierleitfaden erstellen
✓ Mit der Funktion „Creative Coding" arbeiten
✓ Das Kategoriensystem überdenken und strukturieren

8.1 Verschiedene Arten von Kategoriensystemen

Codes können, wie im Kap. 6 beschrieben, sehr unterschiedliche Formen aufweisen, manchmal bestehen sie nur aus einem einzigen Wort oder einem Kürzel, manchmal aber auch aus mehreren Wörtern oder sogar einem vollständigen Aussagesatz. Inhaltlich kann es sich bei Codes um einfache Labels, aber auch um Namen für komplexe Konstrukte handeln. Codes können sehr konkret oder sehr allgemein sein und einen unterschiedlichen Abstraktionsgrad aufweisen. Dem Charakter der Codes und ihren unterschiedlichen Funktionen entsprechend gestaltet sich auch das Arbeiten mit Codes sehr verschieden. Beim Codieren, insbesondere dann, wenn mit der Technik des offenen Codierens gearbeitet wird, kann die Zahl der Codes sehr schnell unübersichtlich werden und es stellt sich die Frage der Organisation der Codes. Die Gesamtheit aller Codes wird auch als Codesystem oder Kategoriensystem bezeichnet, im Englischen als „coding frame" oder „code system". Das Kategoriensystem kann auf drei verschiedene Arten gestaltet werden: als eine *lineare Liste*, als *hierarchische Struktur* oder als *Netzwerk*.

Eine lineare Liste stellt die einfachste Struktur dar; hier befinden sich alle Codes auf einer Ebene und sind in einer Liste hintereinander aufgereiht, etwa so:

- Einstellungen
- Wissen
- Umweltverhalten
- Betroffenheit
- Persönliche CO_2-Bilanz
- Mitgliedschaft im BUND
- Greenpeace Mitglied
- Recycling
- Autofahren
- Energiesparen
- Einkaufsverhalten
- Verpackungsverzicht
- Naturwissen

Solche *linearen Listen* werden schnell unüberschaubar und bieten nur wenig Möglichkeiten zur Ordnung. Um hier überhaupt eine Ordnung jenseits von alphabetischer Sortierung zu schaffen, behilft man sich häufig, indem für untergeordnete Codes entsprechende Wortverbindungen definiert werden, wie beispielsweise „Umweltverhalten-Energiesparen", „Umweltverhalten-Autofahren" oder indem mit Kürzeln für den Obercode gearbeitet wird, z. B. „UmV_Energiesparen", „UmV_Autofahren" etc. Ein Codesystem so zu gestalten, ist zwar schon besser als eine einfache lineare Liste, aber eine solche Struktur ist in ihren Möglichkeiten doch sehr limitiert.

Wesentlich flexibler ist ein *hierarchisches Codesystem*, wie es von MAXQDA unterstützt wird. Dieses besteht aus Oberkategorien und mehreren Ebenen von Subkategorien.

Prinzipiell lässt sich bei solchen Codesystemen eine (fast) beliebig große Staffelung von Ebenen vorsehen, allerdings wird man in der Forschungspraxis meist mit zwei bis vier Ebenen auskommen. In Abb. 8.1 ist ein solches hierarchisches Codesystem in der typischen MAXQDA-Darstellung wiedergegeben. In diesem Codesystem sind zwei Oberkategorien (Obercodes) definiert, und zwar „Größte Weltprobleme" und „Gesellschaftliche Einflussnahme". Beide Obercodes besitzen Subcodes, die erste Hauptkategorie „Größte Weltprobleme" besitzt die Subcodes „Klima", „Ressourcenknappheit, -verteilung, Armut" sowie fünf weitere. Rechts neben jedem Code ist ein Memo-Symbol erkennbar. Ein Doppelklick auf dieses Symbol öffnet die Code-Definition, das heißt, die Beschreibung der Kategorie, von der weiter unten noch die Rede sein wird.

Mit solchen hierarchischen Kategoriensystemen lässt sich eine wesentlich bessere Übersichtlichkeit erreichen, beispielsweise indem die Unterebenen ausgeblendet werden. Besonders wichtig ist aber, dass die hierarchische Struktur auch in Suchprozessen und komplexen Abfragen sehr nützlich ist. So kann MAXQDA beispielsweise all die Textpassagen zusammenstellen, in denen es Überschneidungen bestimmter Oberkategorien gibt. Hierbei werden dann alle denkbaren Überschneidungen von Subkategorien geprüft, hier etwa nach dem gleichzeitigen Vorkommen von „Größe Weltprobleme > Klima" und „Gesellschaftliche Einflussnahme > durch Wirtschaft". Bei einer linearen Liste ist eine solche Suche nach Überschneidungen von Subcodes mit den Subcodes einer anderen Hauptkategorie mit einem immensen Aufwand verbunden.

Der Aufbau als *Code-Netzwerk* ist die dritte mögliche Variante der Strukturierung eines Codesystems. Allgemein besteht eine Netzwerkstruktur aus einer Menge von Elementen (Knoten), die mittels Verbindungen (Kanten) miteinander verbunden sind. Der Unterschied zu einer hierarchischen Struktur besteht darin, dass es keine Einschränkungen der

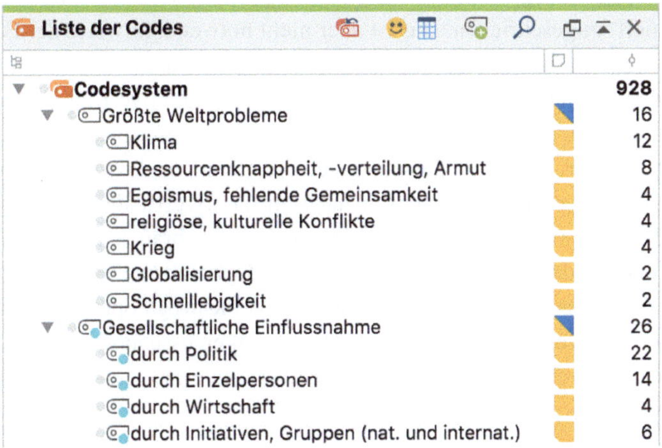

Liste der Codes	
Codesystem	928
▼ Größte Weltprobleme	16
Klima	12
Ressourcenknappheit, -verteilung, Armut	8
Egoismus, fehlende Gemeinsamkeit	4
religiöse, kulturelle Konflikte	4
Krieg	4
Globalisierung	2
Schnelllebigkeit	2
▼ Gesellschaftliche Einflussnahme	26
durch Politik	22
durch Einzelpersonen	14
durch Wirtschaft	4
durch Initiativen, Gruppen (nat. und internat.)	6

Abb. 8.1 Hierarchisches Kategoriensystem mit zwei Ebenen in MAXQDA

Verbindungen gibt, während bei einer hierarchischen Struktur ein Subcode nicht gleichzeitig auch Subcode mehrerer Obercodes sein kann.

Mit MAXQDA lassen sich auch Kategoriensysteme mit Netzwerkstruktur aufbauen, allerdings nicht im Fenster „Liste der Codes", in dem sich nur lineare Listen und hierarchische Codesysteme verwalten lassen. Netzwerkstrukturen werden mit Hilfe des Visualisierungstools MAXMaps erzeugt. In der Codierphase kann dann direkt in diese Netzwerk-Map hinein codiert werden (siehe Kap. 17).

8.2 Wege zu einem strukturierten Kategoriensystem

Bei der Arbeit mit MAXQDA stellt sich unweigerlich die Gretchenfrage „Nun sag, wie hast du's mit den Kategorien?" Konkret stellen sich z. B. folgende Fragen: „Wie komme ich überhaupt zu meinen Kategorien?", „Wie viele Kategorien benötige ich für meine Analyse?" oder „Auf welche Weise muss ich bei der Bildung von Kategorien vorgehen?".

Wie ganz konkret bei der Kategorienbildung vorzugehen ist, hängt zuallererst von der Forschungsfrage, der Zielsetzung der Forschung und dem Vorwissen ab, das man über den Gegenstandsbereich der Forschung besitzt. Je stärker die Theorieorientierung, je umfangreicher das Vorwissen, je gezielter die Fragen und je genauer die eventuell bereits vorhandenen Hypothesen, desto eher lassen sich bereits vor der Auswertung der erhobenen Daten Kategorien bilden. Eine solche Art der Kategorienbildung wird auch als *konzeptgesteuerte Kategorienbildung* oder *deduktive Kategorienbildung* bezeichnet. Entscheidend ist hier, dass bereits vor dem Codieren des Materials eine sinnvolle inhaltliche Systematisierung existiert. Dabei kann es sich um eine Theorie bzw. eine Hypothese handeln, aber auch um einen Interviewleitfaden oder eine bereits vorhandene inhaltliche Strukturierung. Gelegentlich wird der deduktiven Kategorienbildung das Merkmal „theorieorientiert" zugeschrieben. Das ist aber nicht notwendigerweise der Fall: Konzeptgesteuerte Kategorienbildung kann theorieorientiert sein, muss es aber nicht.

Das Gegenstück hierzu ist die datengesteuerte oder induktive Kategorienbildung, bei der die Kategorien direkt am Material gebildet werden. Das Kategoriensystem entsteht hierbei meist als hierarchisches System in einem iterativen Prozess, der mehrere Zyklen durchläuft. In der Methodenliteratur hat sich das Begriffsdual induktive/deduktive Kategorienbildung mittlerweile im allgemeinen Sprachgebrauch verfestigt, obwohl die Verwendung der aus der Philosophie stammenden Begriffe zur Beschreibung der praktischen Vorgehensweise bei der Kategorienbildung keineswegs optimal ist. Wie Schreier (2012, S. 84–87) bevorzugen wir stattdessen die angemesseneren Begriffe konzeptgesteuert („concept-driven") für deduktive und datengesteuert („data-driven") für induktive Strategien der Kategorienbildung.

8.3 Deduktive Kategorienbildung: Kategorien konzeptgesteuert bilden

Wie läuft sie nun ab, die deduktive konzeptgesteuerte Kategorienbildung? Ausgangspunkt ist wie oben beschrieben eine schon vor der Codierphase vorhandene inhaltliche Systematisierung. Häufig hat eine solche bereits Eingang in den Interviewleitfaden gefunden, mit dem die Erhebung der Daten durchgeführt wurde. Ein einfaches Beispiel: Vor MAXQDA-Workshops senden wir den Teilnehmer_innen immer eine Mail und bitten sie, vorab einige Fragen zu beantworten wie etwa die folgenden:

1. Warum nehmen Sie am Workshop teil? Welche Ziele haben Sie, was möchten Sie lernen?
2. Haben Sie schon Erfahrungen im Umgang mit MAXQDA (ggf. auch mit einer anderen QDA-Software) gesammelt? Bitte beschreiben Sie kurz Ihre Erfahrungen.
3. Welche qualitativen Daten wollen Sie auswerten?
4. Hier können Sie noch bis zu fünf Fragen formulieren, die Sie gerne im Rahmen des Workshops behandeln möchten:

Aus diesen vier Fragen lassen sich unschwer folgende Kategorien ableiten:

- Ziel der Teilnahme
- Erfahrungen mit MAXQDA
- Art der analysierten Daten
- Fragen für den Workshop

Der erste Schritt der Auswertung besteht nun darin, die entsprechenden Textpassagen der Antworten der Teilnehmer_innen mit diesen vier Codes zu codieren. Auf diesen ersten deduktiven Schritt folgt ein zweiter Schritt, in dem induktiv vorgegangen wird. Beispielsweise werden die von Teilnehmenden genannten „Fragen für den Workshop" gruppiert und mit Blick auf die Gestaltung des geplanten Workshops zu Fragekomplexen zusammengefasst. Diese werden in der „Liste der Codes" von MAXQDA dann als Subcodes des Obercodes „Fragen für den Workshop" erzeugt.

Bei einem umfangreichen Leitfaden gestaltet sich die Bestimmung von Kategorien unter Umständen komplizierter, aber das Prinzip ist das gleiche, nämlich aus den Fragen des Leitfadens, die ja auch bereits die Struktur der erhobenen Daten bestimmt haben, Kategorien für die Auswertung abzuleiten. Hierbei ist es sehr hilfreich, sich immer wieder die eigenen Forschungsfragen vor Augen zu halten und die Kategorien so zu konstruieren, dass sich daraus später eine geeignete Struktur für den zu schreibenden Forschungsbericht entwickeln lässt. Natürlich soll die Analyse der Daten bei qualitativer Forschung einen offenen Charakter haben, allerdings ist eine planende Vorausschau immer von Nutzen.

Eine andere Möglichkeit zur konzeptgesteuerten Kategorienbildung – alternativ zur Ableitung der Kategorien aus dem Interviewleitfaden – ist eine Kategorienbildung, die sich an einer bestimmten Theorie oder am derzeitigen Forschungsstand orientiert. Ersteres ist in der Forschungspraxis zwar eher selten, aber es gibt hierfür sowohl gute Beispiele (Hopf und Schmidt 1993; Schmidt 2010) als auch gute Argumente (Hopf 2016). Wenn das Ziel der Forschung die Überprüfung einer Theorie ist oder wie im Fall von Hopf die Frage, ob eine bestimmte Theorie (hier die Bindungstheorie) Phänomene (hier rechtsradikales Denken) erklären kann, dann ist es nur konsequent, die Analysekategorien aus dieser Theorie abzuleiten.

Auch kann es Sinn machen, den derzeitigen Forschungsstand bei der Kategorienbildung zur Grundlage zu machen. Kuckartz (2016, S. 67–72) berichtet über eine Kategorienbildung zum Thema Lebensqualität, bei der in einem recht aufwändigen Gruppenverfahren folgende Kategorien deduktiv aufgrund der Aufarbeitung des Forschungsstandes gebildet wurden:

- Arbeit und Beruf (umfasst auch Arbeitsmarkt und Berufschancen)
- Bildung (umfasst auch Bildungsangebot und Bildungschancen)
- Politische Freiheit im Sinne von Partizipation und politischer Teilhabe
- Gesundheit
- Individuelle Freiheit im Sinne von Selbstbestimmung, Selbstverwirklichung und freier Wahl des Lebensstils
- Kultur (umfasst auch Kulturangebote und Freizeitangebote)
- Lebensstandard und Wohlstand
- Sicherheit (vor Krieg, Bürgerkrieg, Kriminalität, persönliche Übergriffen, aber auch vor persönlicher Armut)
- Soziale Einbindung
- Umwelt, Natur, Nachhaltigkeit
- Work-Life-Balance, Zeitwohlstand

Diese elf Kategorien erfassen all jene Bereiche, die nach dem aktuellen Forschungsstand Relevanz für die Lebensqualität besitzen. Der konkrete Prozess der Entwicklung dieses Kategoriensystems führte deutlich vor Augen, dass bei der Konstruktion eines Kategoriensystems nicht der Anspruch von Übereinstimmung und Reliabilität gestellt werden kann (Kuckartz 2016). Auch eine solche deduktive Kategorienbildung ist – anders als der Begriff das vielleicht suggeriert – ein konstruktiver Prozess, bei dem die Forschenden aufgrund ihres Vorwissens und ihrer je spezifischen Sichtweisen agieren. Der Anspruch, hier Übereinstimmung zu erzielen, wäre ebenso verfehlt wie der Anspruch, dass verschiedene Arbeitsgruppen im Rahmen quantitativer Forschung denselben Fragebogen mit denselben Fragen konstruieren würden. Das Kategoriensystem muss allerdings so gebildet werden, dass die Kategorien trennscharf sind und dass die *Anwendung* der Kategorien durch die Codierenden in reliabler Weise möglich ist. Hierbei spielen die Kategoriendefinitionen eine zentrale Rolle. Mit diesen wird möglichst genau festgelegt, wann eine bestimmte Kategorie codiert wird.

8.3 Deduktive Kategorienbildung: Kategorien konzeptgesteuert bilden

Kategoriendefinitionen, Code-Memos

Die Arbeit mit Kategorien steht bei vielen Projekten im Mittelpunkt, sie erfordert viel Gehirnschmalz, viel Zeit und sorgfältiges Arbeiten. Dies gilt für unterschiedliche Methoden und Forschungsstile, ganz besonders jedoch für Projekte, die nach der Grounded Theory oder mit der Methode der qualitativen Inhaltsanalyse arbeiten. In beiden Fällen gilt, dass es wichtig ist, die Bedeutung einer Kategorie möglichst genau festzuhalten, indem beispielsweise ein entsprechendes Memo geschrieben wird. Die Grounded Theory spricht hier von Code-Memos (Glaser und Strauss 1998, S. 113; Charmaz 2006, S. 72–85), während in der qualitativen Inhaltsanalyse eher von Kategoriendefinition die Rede ist. Zu Beginn einer Grounded Theory-Analyse wird ein Memo vielleicht nur ein paar Worte oder Stichworte und Ideen enthalten. Mit fortschreitender Analyse werden Code-Memos komplexer und sie nehmen manchmal auch die Form von sehr ausdifferenzierten theoretischen Gedanken zu einem bestimmten inhaltlichen Schlüsselbereich ein.

Das Vorgehen bei der Grounded Theory unterscheidet sich deutlich von dem bei der qualitativen Inhaltsanalyse. Letztere ist ein stärker regelgeleitetes Verfahren, in dem es besonders wichtig ist, im Prozess der Konstruktion des Kategoriensystems auch möglichst präzise Kategoriendefinitionen zu formulieren. Gleichgültig, auf welche Weise die Kategorien entwickelt wurden, ob induktiv am Material oder vorab ohne empirische Daten, bei einer qualitativen Inhaltsanalyse sollte jede Kategorie präzise definiert werden. Für eine Kategoriendefinition empfiehlt sich der in Abb. 8.2 dargestellte Aufbau (Kuckartz 2016, S. 70).

Kategoriendefinitionen haben eine doppelte Funktion, sie dokumentieren erstens das Gerüst der Analyse für die Scientific Community (und ggf. für die Gutachter_innen einer Forschungsarbeit) und zweitens bilden sie die Basis des Codierleitfadens, der von den Codierenden benutzt wird. Das heißt, je besser die Definitionen sind, je klarer die Beispiele,

Name der Kategorie:	Möglichst prägnante Bezeichnung
Inhaltliche Beschreibung:	Beschreibung der Kategorie, u.U. mit theoretischer Anbindung
Anwendung der Kategorie:	„Kategorie xy" wird codiert, wenn folgende Aspekte genannt werden …
Beispiele für Anwendungen:	Zitate mit Quellenangabe (Dokument, Absatz)
Weitere Anwendungen (optional):	Die Kategorie wird auch codiert, wenn … Zitate mit Quellenangabe (Dokument, Absatz)
Abgrenzung zu anderen Kategorien (optional):	Die Kategorie wird nicht codiert, wenn …: …. sondern in diesem Fall wird Kategorie z verwendet Zitate mit Quellenangabe (Dokument, Absatz)

Abb. 8.2 Allgemeines Schema für Kategoriendefinitionen

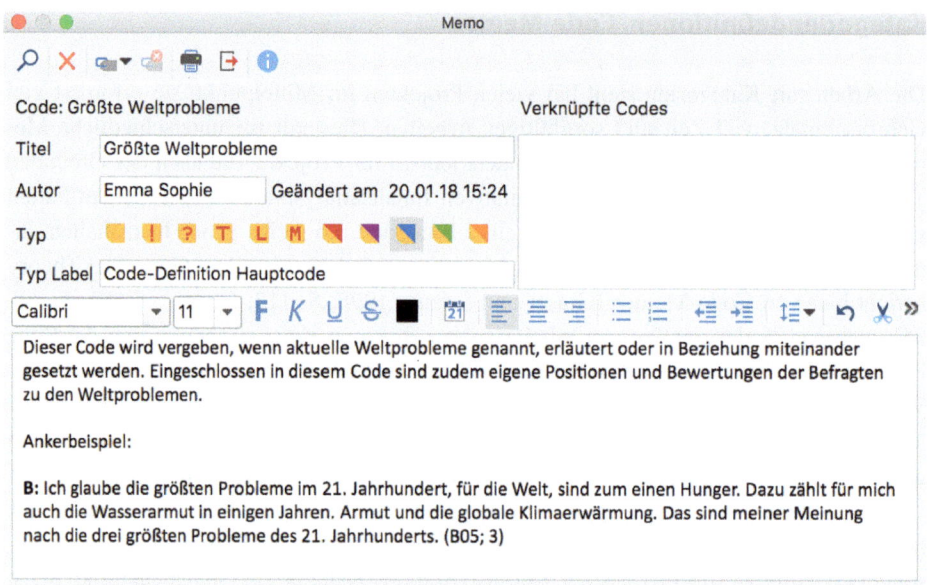

Abb. 8.3 Codedefinition in einem Code-Memo

desto besser gestaltet sich das Codieren und desto höher ist die Wahrscheinlichkeit, eine gute Übereinstimmung der Codierenden zu erreichen.

MAXQDA bietet über die Funktion **Reports > Codebuch** auch die Möglichkeit alle Kategorien und ihre Definitionen in einem Kategorienhandbuch, einem sogenannten Codebuch, zusammenzustellen. Dies ist vor allem für Masterarbeiten und Dissertationen von nicht zu unterschätzender Bedeutung, denn so lässt sich die Sorgfalt und Genauigkeit, mit der gearbeitet wurde, hervorragend dokumentieren. Abb. 8.3 zeigt ein in MAXQDA angefertigtes Code-Memo, das den Namen des Codes, Autor und Erstellungsdatum, die Codedefinition und ein Ankerbeispiel enthält. Als Ankerbeispiele werden beispielhafte Textstellen für die Vergabe des betreffenden Codes bezeichnet.

8.4 Induktive Kategorienbildung: Kategorien datengesteuert bilden

Typisch für die qualitative Forschung ist die Bildung von Kategorien direkt am Material (datenbasierte oder induktive Kategorienbildung). Induktiv bedeutet nun aber nicht, dass einem die Kategorien quasi aus dem Material entgegen strömen, sondern es handelt sich um einen aktiven Prozess, der ohne das aktive Zutun und ohne das Vorwissen und die Sprachkompetenz derjenigen, die mit der Kategorienbildung befasst sind, nicht denkbar ist (Kuckartz 2016, S. 72–94). Weil die Kategorienbildung aber nun von der individuellen Kategorienbildungskompetenz und dem aktiven Tun abhängig ist, lässt sich für den Akt der Konstruktion eines Kategoriensystems schwerlich intersubjektive Übereinstimmung

8.4 Induktive Kategorienbildung: Kategorien datengesteuert bilden

postulieren. Wenn mehrere Personen, sei es allein oder in Gruppen, am gleichen Material Kategorien bilden, werden sich die Kategorien teilweise ähneln, teilweise sogar dieselben sein, aber teilweise auch unterscheiden. Der möglicherweise bestehende Anspruch, dass sich beim induktiven Codieren durch mehrere Personen oder Mitglieder eines Teams möglichst die gleichen Kategorien ergeben sollten, lässt sich nicht erfüllen. Deshalb ist es auch nicht sinnvoll, für die Kategorien*bildung* Koeffizienten der Übereinstimmung oder generell die Intercoder-Reliabilität zu berechnen. Das heißt jedoch nicht, dass man darauf verzichten sollte, mehrere Personen in den Kategorienbildungsprozess einzubeziehen. Ganz im Gegenteil ist es sehr empfehlenswert an der Kategorienentwicklung mehrere Personen zu beteiligen, die zunächst unabhängig voneinander Kategorienvorschläge erarbeiten und sich dann später austauschen, um so das Kreativitätspotenzial einer Gruppe voll ausschöpfen zu können (Kuckartz et al. 2008, S. 36–39).

Ablauf induktiver Kategorienbildung

Es existiert eine Reihe von Ansätzen zur Kategorienbildung am Material (z. B. Charmaz 2006; Kuckartz 2016; Mayring 2015; Schreier 2012; Strauss und Corbin 1996). Eine Guideline, wie konkret im Forschungsprozess vorzugehen ist, findet sich bei Kuckartz (2016, S. 83–86); dort werden sechs Phasen induktiver Kategorienbildung bei Textdaten beschrieben:

1. Das Ziel der Kategorienbildung auf der Grundlage der Forschungsfrage bestimmen.
2. Kategorienart und Abstraktionsniveau bestimmen.
3. Sich mit den Daten vertraut machen und die Art der Codiereinheit, d. h. den Umfang des jeweils zu codierenden Materials, festlegen.
4. Die Texte sequenziell bearbeiten und direkt am Text Kategorien bilden, entweder neue Kategorien oder existierende Kategorien zuordnen.
5. Systematisieren und Organisieren des Kategoriensystems.
6. Festlegen (fixieren) des Kategoriensystems.

Zu Beginn der induktiven Kategorienbildung ist die „Liste der Codes" noch leer, d. h. zuerst werden lauter neue Codes erzeugt. Im Prozess der Kategorienbildung wird man dann häufig Codes zu allgemeineren zusammenfassen oder auch einen neuen Obercode definieren und diesem bereits erzeugte Codes zuordnen.

Einen neuen Code direkt am Text erzeugen

Wenn beim direkten Codieren am Material neue Codes erzeugt werden sollen, geschieht dies nach der Selektion des betreffenden Textsegments am schnellsten mittels der Tastenkombination *Alt+W* (Windows) oder ⌥+⌘+*W* (Mac). Neue Codes lassen sich nicht nur mit dieser Tastenkombination, sondern auch mit allen in Kap. 6 beschriebenen alternativen Möglichkeiten erzeugen.

Eine Textstelle einem bereits erzeugten Code zuordnen

Wenn Codes zugeordnet werden sollen, die bereits in der „Liste der Codes" definiert sind, geht dies besonders bequem, indem der markierte Text auf den betreffenden Code oder auch umgekehrt, der Code auf das markierte Segment gezogen wird.

Codes fusionieren

Haben zwei Codes sehr ähnliche Bedeutungen, was beim offenen Codieren nach dem Muster der Grounded Theory nicht selten vorkommt, ist es sinnvoll, die Codes zu fusionieren. In der Regel wird man dann auch die Codebezeichnung, d. h. den Codenamen, entsprechend anpassen und allgemeiner formulieren. Beim Codieren am Material ist implizit vorausgesetzt, dass zu jedem Code auch mindestens eine hiermit codierte Textstelle gehört; „leere Codes" ohne zugeordnete Codings kann es hier eigentlich nicht geben. Das Fusionieren von Codes läuft immer in folgenden drei Schritten ab:

1. Den Code, der fusioniert werden soll („Code A"), mit der rechten Maustaste anklicken und die Option *Codings verschieben* auswählen.
2. Den Code anklicken, mit dem fusioniert werden soll und aus dem Kontextmenü die Option *Codings von „Code A" verschieben* auswählen. Nun werden die Codings zu diesem Code verschoben, hinter dem erstgewählten Code („Code A") wird folglich die Zahl 0 angezeigt, d. h. es sind für diesen Code jetzt keine Codierungen mehr vorhanden.
3. Nun kann der Code A gelöscht werden und der Codename des Zielcodes ggf. verändert werden.

Eine neue Oberkategorie einführen und bereits existierende Codes als Subcodes zuordnen

Neue Codes werden in der „Liste der Codes" immer an der Stelle erzeugt, wo sich der blaue Fokusbalken befindet. Wenn ein neuer Code auf der obersten Ebene erzeugt werden soll, muss zunächst die Wurzel der „Liste der Codes", das heißt die Zeile „Codesystem", angeklickt werden. Als nächstes klickt man auf das Symbol *Neuer Code* oder wählt diese Option aus dem Kontextmenü. Anschließend wird der Name des neuen Codes eingegeben und ggf. eine Farbe zugeordnet. Andere existierende Codes können nun zu Subcodes des neuen Codes gemacht werden, indem man sie mit der Maus auf den neuen Code zieht und dort fallen lässt.

Das Codesystem ordnen

Die „Liste der Codes" lässt sich automatisch oder manuell sortieren. Die automatische Sortierung kann alphabetisch (aufsteigend oder absteigend) oder nach Häufigkeit der Codes (aufsteigend oder absteigend) erfolgen. Bei manueller Sortierung lässt sich die Reihenfolge völlig frei bestimmen: Es empfiehlt sich mit der Sortierung der Codes auf der obersten Ebene zu beginnen. Bei vielen Codes ist es ratsam, alle Subcodes zunächst auszublenden. Die Codes lassen sich dann beliebig mit der Maus hin und her schieben und in die gewünschte Reihenfolge bringen. Dazu wird der Code mit gedrückter Maustaste an die gewünschte Position gezogen und dort fallen gelassen. Achtung: Wenn ein Code direkt über einem anderen Code fallen gelassen wird, wird er zum Subcode dieses Codes.

8.5 Visuelle Entwicklung eines Kategoriensystems mit Creative Coding

Creative Coding ist ein innovatives visuelles Tool zum Aufbau eines strukturierten Kategoriensystems. Beim offenen Codieren entstehen unter Umständen sehr viele Codes, die kaum mehr überschaubar sind und sich in der „Liste der Codes" nur schwer ordnen lassen. Creative Coding unterstützt den Aufbau einer sinnvollen Struktur: Man kann Codes sortieren und organisieren, Beziehungen zwischen ihnen definieren, Obercodes einfügen und eine hierarchische Struktur von Codes bilden.

Auf einer Arbeitsfläche mit viel Platz – jedenfalls dann, wenn man MAXQDA auf einem Desktop-Computer nutzt – lassen sich die Codes hin und her bewegen und sinnvoll gruppieren. Codes, die inhaltlich zusammengehören, werden nah beieinander platziert, Obercodes lassen sich einfügen, Codes umbenennen und mit einer Farbe versehen. So lässt sich Schritt für Schritt eine sinnvolle Struktur erzeugen.

Mit Creative Coding werden drei Phasen durchlaufen:

1. Als erstes werden alle Codes, die gruppiert werden sollen, aus dem Codesystem auf die Arbeitsfläche gezogen. Hierbei kann schon eine erste vorläufige Ordnung geschaffen werden, indem Codes nach dem Kriterium der Ähnlichkeit nah beieinander platziert werden.
2. In der zweiten Phase werden die Codes geordnet und gruppiert; ggf. werden neue Obercodes oder auch Subcodes erzeugt. Codes werden fusioniert und unter Umständen zu Subcodes von anderen Codes. Schließlich ordnet man den Codes oder Gruppen von Codes Farben zu.

3. Im dritten Schritt werden die vorgenommenen Änderungen in das bestehende Codesystem transferiert. Die gesamte Struktur kann als Bilddatei exportiert werden, was später für Zwecke der Präsentation (z. B. auf einem Poster) und Dokumentation genutzt werden kann.

Im folgenden Beispiel wird mit Creative Coding ein Kategoriensystem zum Thema „Was ist einem persönlich wichtig im Leben?" aufgebaut.

Creative Coding aufrufen und Codes auswählen

- Nachdem Sie Creative Coding über das Menüband gestartet haben (*Codes > Creative Coding*), wird im linken Fenster die „Liste der Codes" angezeigt. In der Abb. 8.4 ist dies eine lange Liste von Codes zur Frage „Was ist einem persönlich wichtig ...".
- Alle Codes, die Sie ordnen wollen, werden mit der Maus in die Arbeitsfläche gezogen, ggf. können diese durch Klick auf das entsprechende Symbol wieder von der Map entfernt werden.
- Sobald Sie alle Codes ausgewählt haben, wird die Organisationsphase durch Klicken auf das Icon *Code-Organisation starten* in der linken oberen Fensterecke eingeleitet. Die normale MAXQDA-Anwendung ist nun blockiert, bis Creative Coding wieder beendet wird.

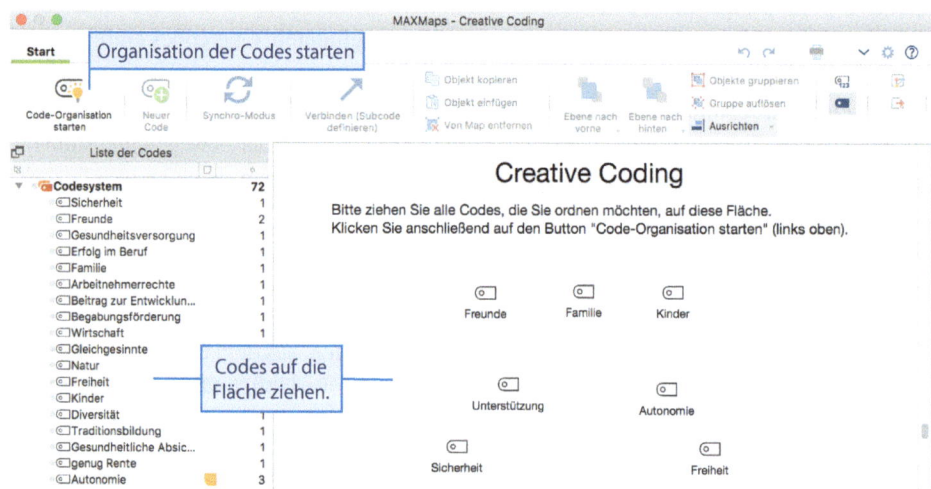

Abb. 8.4 Codes für Creative Coding auswählen

8.5 Visuelle Entwicklung eines Kategoriensystems mit Creative Coding

Codes gruppieren und organisieren

- Nach Starten der Organisationsphase, wird das Codesystem im linken Fenster ausgeblendet, um die Arbeitsfläche zu vergrößern. Gleichzeitig erscheint am rechten Rand ein Farbpanel mit allen derzeit in MAXQA verwendeten Farben.
- Alle Codes können Sie jetzt mit der Maus auf der gesamten Arbeitsfläche frei anordnen und miteinander in Beziehung setzen. Mehrere Codes lassen sich auf einmal auswählen und verschieben, indem mit der Maus ein Rahmen um die Codes gezogen wird und dann die gesamte Gruppe neu positioniert wird.
- Beziehungen zwischen Codes werden durch Pfeile dargestellt: Zeigt ein Pfeil auf einen Code, bedeutet dies, dass dieser Code ein Subcode des anderen ist. Ein Code A lässt sich folgendermaßen zu einem Subcode von Code B machen: Durch Klicken auf das Symbol **Verbinden (Subcode definieren)** wechselt man in den Verbindungsmodus (Abb. 8.5), klickt den zukünftigen Obercode an und zieht bei gedrückter Maustaste einen Pfeil auf den zukünftigen Subcode. Um Zirkelbezüge zu vermeiden, werden ggf. vorhandene Zuordnungen des Subcodes zu anderen Codes automatisch aufgehoben.
- Durch erneutes Anklicken des Symbols **Verbinden (Subcode definieren)** oder durch **einfachen Klick auf die Arbeitsfläche** kann jederzeit in den Selektionsmodus zurückgekehrt werden.
- Häufig besteht der Wunsch mehrere Codes unter einem abstrakteren Begriff zusammenzufassen. Für diesen Zweck lassen sich durch Klicken auf das gleichnamige Symbol neue Codes erstellen.
- Um Codes zu fusionieren, wird zunächst der Modus „Verbinden" ausgeschaltet. Nun wird mit gedrückter Maustaste ein Code auf einen anderen Code gezogen, bis am Mauszeiger „Codes zusammenführen" angezeigt wird. Sobald die Maustaste losgelassen wird, erscheint eine Nachfrage, ob die Codes zusammengeführt werden sollen. Nach der Bestätigung verschwindet der verschobene Code von der Map und hiermit codierten Segmente werden nach dem Beenden von Creative Coding dem Zielcode zugeordnet.
- Farben und Erscheinungsbild von Codes lassen sich im Selektionsmodus verändern. Zur Farbänderung wird der entsprechende Code ausgewählt – mehrere Codes lassen sich auswählen, indem mit der Maus ein Rahmen um die Codes gezogen wird. Anschließend wird im Farbpanel auf der rechten Seite entweder eine bereits verwendete Farbe ausgewählt oder eine neue Farbe definiert. Das Erscheinungsbild einzelner Codes lässt sich durch einen Doppelklick auf das jeweilige Codesymbol anpassen.

Abb. 8.5 Wichtige Symbole im Tab „Start" bei Creative Coding

Es erscheint ein Dialog, in dem Schriftgrößen, Symbolgrößen etc. festgelegt werden. Änderungen können mithilfe eines Klicks auf das Symbol ↻ am oberen rechten Fensterrand schrittweise rückgängig gemacht werden.

Neue Struktur der Codes ins Codesystem übertragen

Alle Aktionen und Änderungen, die im Creative Coding Modus vorgenommen werden, bleiben solange ohne Rückwirkung auf die „Liste der Codes" bis **Creative Coding beenden** angeklickt wird. Nach Anklicken von **Creative Coding beenden** ist zu entscheiden, ob die neue Struktur in das Codesystem übernommen werden soll oder nicht. Falls ja, werden alle Codes der Creative-Coding-Fläche entsprechend ihrer Hierarchieposition in die „Liste der Codes" eingefügt und alphabetisch sortiert, die geänderten Farben der Codes werden übernommen und zusammengeführte Codes werden fusioniert. Gleichzeitig wird die Creative-Coding-Fläche als neue Map in MAXMaps eingefügt (siehe Kap. 17) und in

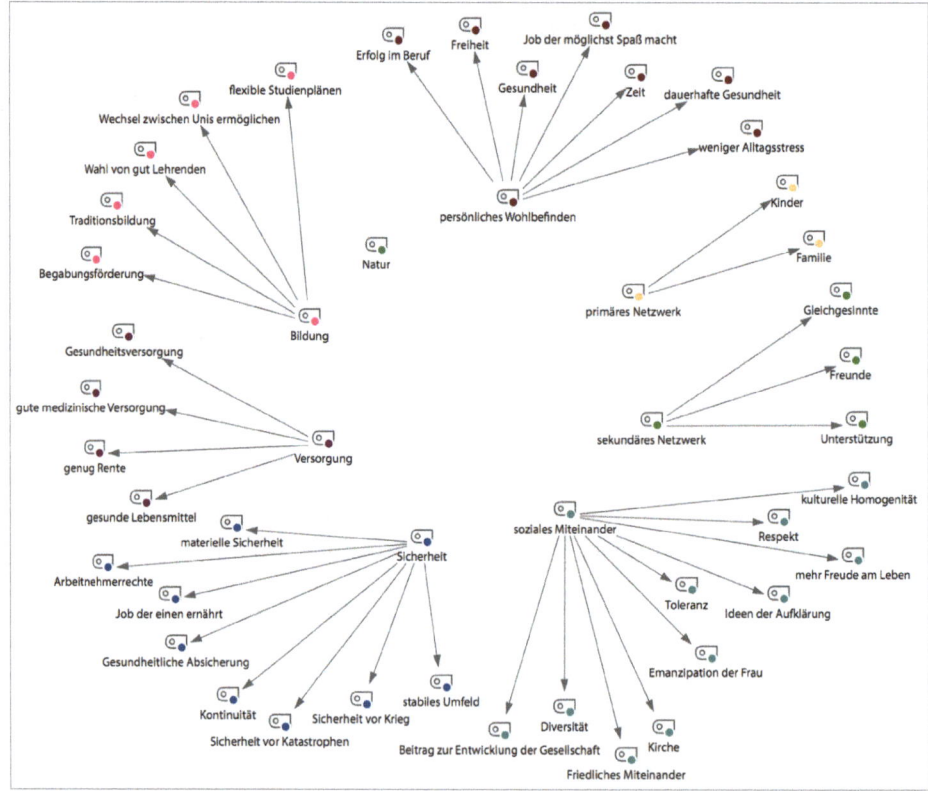

Abb. 8.6 Creative Coding am Ende des Gruppierungsprozesses

die Liste der Maps dieses Projekts aufgenommen; dies ist sehr nützlich, um den Entwicklungsprozess des Kategoriensystems zu dokumentieren.

Abb. 8.6 zeigt das Resultat des Gruppierungsprozesses: Es wurden acht Oberkategorien zum Thema „Was ist einem persönlich wichtig im Leben?" definiert, und zwar „persönliches Wohlbefinden", „primäres Netzwerk", „sekundäres Netzwerk", „soziales Miteinander", „Sicherheit", „Versorgung" sowie „Bildung" und „Natur". Die in der Phase des offenen Codierens entstandenen Codes, auf denen die Oberkategorien fußen, sind jeweils mit ihnen durch Pfeile verbunden. Dies sind nicht notwendigerweise auch Subkategorien, sondern in den meisten Fällen, werden – falls überhaupt – erst im nächsten Schritt in systematischer Weise Subkategorien für die acht Oberkategorien gebildet. Zuvor kann es aber sinnvoll sein, weitere Texte zu codieren, um zu testen, ob sich tatsächlich mit diesen acht Kategorien all das erfassen lässt, was den Forschungsteilnehmenden persönlich wichtig im Leben ist. Selbstverständlich können im weiteren Analyseverlauf auch noch neue Codes erzeugt und in einem erneuten Creative-Coding-Durchlauf geordnet werden.

8.6 Die Entwicklung des Kategoriensystems dokumentieren

Während des Analyseprozesses entwickelt sich bei induktiver Kategorienbildung das Kategoriensystem Schritt für Schritt. Es macht Sinn, den Entwicklungsprozess zu dokumentieren und beispielsweise festzuhalten, aus welchen Gründen Kategorien fusioniert wurden oder warum verschiedene Kategorien hinsichtlich des Abstraktionslevels angeglichen wurden. Eine solche Dokumentation hilft dabei, den Überblick zu behalten und später bei Bedarf die Entwicklung nachvollziehbar berichten zu können. Dies ist auch ein wichtiger Schritt für einen Audit Trail, in dem die Sequenz aller Aktivitäten der Analysephase festgehalten wird. Ein solcher Audit Trail ist ein wichtiges Gütekriterium (nicht nur) für qualitative Forschung, macht er doch den Prozess der Erkenntnisgewinnung und der Entscheidungen im Laufe des Analyseprozesses transparent.

MAXQDA bietet verschiedene Möglichkeiten für solche Dokumentationen: Erstens kann im Logbuch (zu finden unter **Start > Logbuch**) ein kontinuierliches Forschungstagebuch geführt werden. Zweitens lassen sich alle relevanten Entscheidungen in Form freier Memos festhalten und drittens lässt sich der Stand des Kategoriensystems, so wie es sich zu bestimmten Zeitpunkten in Creative Coding präsentiert, als „normale Map" in MAXMaps speichern.

8.7 Tipps für das Kategoriensystem

Abschließend noch ein paar allgemeine Hinweise und Tipps für die Gestaltung von Kategoriensystemen:

- Definieren Sie nicht zu viele Codes und halten Sie die Zahl der Ebenen überschaubar. Codes sind Hilfsmittel bei der Analyse, in einem Werkzeugkasten mit hunderten von Werkzeugen würde man auch nichts mehr wiederfinden, wenn man es braucht.
- Die Zahl der Kategorien sollte in der Regel 20 Oberkategorien nicht überschreiten und die Zahl der Subkategorien pro Oberkategorie normalerweise nicht größer als 10 sein.
- In der Regel sollten Codes im Codesystem nur einmal vorhanden sein, denn MAXQDA bietet viele Möglichkeiten, nach dem gemeinsamen Vorkommen zu suchen. Doppelt vorkommende Codes führen deshalb zu nicht intendierten Ergebnissen. Nur in Ausnahmefällen sollten die gleichen Subcodes unter verschiedenen Oberkategorien vorkommen, beispielsweise in der Einstellungs- und Verhaltensforschung, wenn Einstellungen und Verhalten in verschiedenen Bereichen codiert werden. Dort ist es sinnvoll, die Verhaltensbereiche jeweils als Subcodes der Oberkategorien „Einstellungen" und „Verhalten" zu definieren, also etwa „Einstellungen>Mobilität" und „Verhalten>Mobilität".
- Denken Sie immer daran, dass das Kategoriensystem die Aufgabe hat, die Daten zu ordnen und hinsichtlich der Forschungsfrage zu systematisieren. Es ist kein starres Korsett, sondern Sie sollten offen für Änderungen sein und vermeiden, dass das Codesystem den Charakter eines Gesetzbuches hat.

Mit codierten Segmenten und Memos arbeiten

9

Wie kann ich Segmente zusammenstellen, die mit der gleichen Kategorie codiert wurden? Wie behalte ich einen Überblick über meine Codierungen? MAXQDA zeigt nicht nur direkt am Text, Bild oder Video an, welche Codes wo zugeordnet sind, sondern stellt auf Wunsch auch alle Stellen zusammen, die mit dem gleichen Code codiert wurden. Anders als bei früheren handwerklichen Techniken lässt sich auch der umgebende Kontext jeder codierten Stelle sofort einsehen. Die Codes entwickeln sich während des Analyseprozesses, sie können verändert werden, ausdifferenziert werden oder auch zu abstrakteren Codes integriert werden. MAXQDA erlaubt es, codierte Segmente nach verschiedenen Kriterien (z. B. Überlappungen, Nähe etc.) zusammenzustellen und auf unterschiedliche Weise auszugeben. Mit dem Smart Publisher steht ein Tool zur Verfügung, dass thematisch strukturierte Veröffentlichungen in fertigem Layout erstellt. Parallel zu den Codierungen arbeiten viele Forschende mit Memos, in denen sie Auffälliges, Hypothesen, Gedanken, Codebeschreibungen und vieles mehr notieren. Wie aber behält man den Überblick über zahlreiche Memos und ihre wertvollen Inhalte?

In diesem Kapitel

- ✓ Das Prinzip der Aktivierung von Dokumenten und Codes kennenlernen
- ✓ Ausgewählte codierte Segmente in der „Liste der Codings" anzeigen lassen
- ✓ Den Kontext codierter Segmente ansehen
- ✓ Techniken zur Ausdifferenzierung und Aggregation von Codes verstehen
- ✓ Codierte Segmente exportieren und weiterverarbeiten
- ✓ Die Ergebnisse der Codierarbeit mit dem Smart Publisher präsentieren
- ✓ Die Übersicht über die Memos behalten

9.1 Codierte Segmente zusammenstellen

Welche Textstellen befinden sich in einer Kategorie? Welche Segmente wurden in einem Dokument codiert? Solch wichtige Fragen drängen sich schon bald auf, nachdem man erste Stellen des Datenmaterials codiert hat und die Übersicht über die vorgenommenen Codierungen und Zuordnungen behalten möchte. Um Kategorieninhalte und codierte Segmente inspizieren zu können, erlaubt MAXQDA jederzeit, eine Auswahl der codierten Segmente in der „Liste der Codings" zusammenzustellen. Zur Erinnerung: Die „Liste der Codings" ist das vierte Hauptfenster von MAXQDA und lässt sich über das Menüband *Start* ein- und ausblenden. Das Fenster trägt diesen Namen, weil die codierten Segmente auch „Codings" genannt werden. Der Vorgang des Widerfindens und Zusammenstellens von Codings wird in der Methodenliteratur unter dem Begriff „Retrieval" diskutiert und heißt in MAXQDA „Coding-Suche". Die Suche nach Codings erfolgt nach einem einfachen Prinzip:

1. In der „Liste der Dokumente" wählt man alle Dokumente aus, die man bei der Coding-Suche berücksichtigen möchte.
2. In der „Liste der Codes" wählt man alle Codes aus, die man in die Coding-Suche einbeziehen möchte.

MAXQDA listet daraufhin in der „Liste der Codings" alle Segmente aus den ausgewählten Dokumenten, bei denen die ausgewählten Codes vergeben wurden.

Dokumente und Codes auswählen durch Aktivierung

Die Auswahl von Dokumenten und Codes erfolgt in MAXQDA mit der sogenannten „Aktivierung", das heißt, um ein Dokument oder einen Code auszuwählen, muss man diese aktivieren. Für die Aktivierung eines Dokuments stehen verschiedene Möglichkeiten zur Auswahl:

- Man klickt mit der rechten Maustaste auf einen Dokumentnamen und wählt den Eintrag *Aktivieren*,
- man hält die *Strg-* bzw. ⌘-*Taste* gedrückt und klickt mit der Maus auf ein Dokument
- oder man klickt direkt auf den Kreis vor einem Dokumentsymbol.

Das Ergebnis der Aktivierung ist sofort in der „Liste der Dokumente" zu erkennen. Aktivierte Dokumente werden rot eingefärbt und der Kreis vor dem Dokumentsymbol verwandelt sich in einen roten Pfeil (Abb. 9.1). Es lassen sich auch alle Dokumente einer Dokumentgruppe aktivieren. Hierzu führt man eine der genannten Varianten zur Aktivierung auf Ebene der Dokumentgruppe aus. Um alle Dokumente eines Projekts zu aktivieren, kann man den obersten Eintrag „Dokumente" im Dokumentsystem aktivieren.

Die Aktivierung eines Codes erfolgt in der „Liste der Codes" auf die gleiche Art und Weise wie bei den Dokumenten:

9.1 Codierte Segmente zusammenstellen

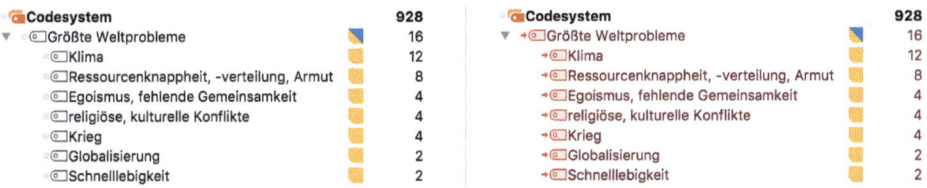

Abb. 9.1 *Links*: nicht aktivierte, *rechts*: aktivierte Dokumente in der „Liste der Dokumente"

Abb. 9.2 *Links*: nicht aktivierte, *rechts*: aktivierte Codes in der „Liste der Codes"

- Man klickt mit der rechten Maustaste auf einen Code und wählt den Eintrag *Aktivieren*,
- man hält die *Strg-* bzw. ⌘-*Taste* gedrückt und klickt mit der Maus auf einen Code
- oder man klickt direkt auf den Kreis vor einem Codesymbol.

Abb. 9.2 zeigt, dass auch im Codesystem die Aktivierung sofort sichtbar ist, denn ein aktivierter Code wird ebenfalls rot eingefärbt. Im gezeigten Beispiel reicht es, den Obercode „Größte Weltprobleme" zu aktivieren, um zugleich auch alle seine Subcodes auszuwählen.

▶ **Tipp** Um lediglich einen Obercode ohne seine Subcodes zu aktivieren, hält man die Tasten Strg/cmd und Shift ⇧ gedrückt und klickt dann auf den Obercode.

Sobald mindestens ein Dokument und mindestens ein Code aktiviert sind, stellt MAXQDA die zugehörigen codierten Segmente im Fenster „Liste der Codings" zusammen. Welche Codings angezeigt werden, hängt davon ab, wie man die Aktivierungen von Dokumenten und Codes miteinander kombiniert:

Aktivierte Dokumente	Aktivierte Codes	Resultat in der „Liste der Codings"
Alle Dokumente	Ein Code	Alle Codings des aktivierten Codes
Ein Dokument	Alle Codes	Alle Codings des aktivierten Dokuments
Ein Dokument	Ein Code	Alle Codings des aktivierten Codes im aktivierten Dokument
Alle Dokumente	Mehrere Codes	Alle Codings der aktivierten Codes

In der „Liste der Codings" werden alle codierten Segmente untereinander gelistet, wobei links neben jedem Segment eine Infobox darüber informiert, aus welchem Dokument

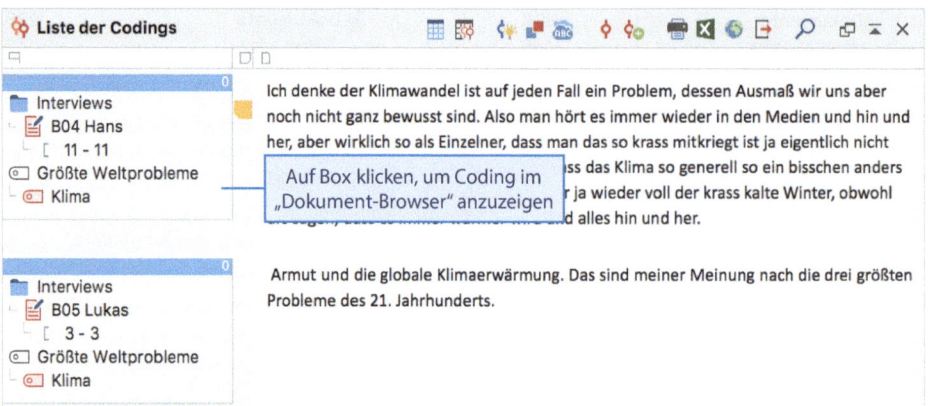

Abb. 9.3 Zusammenstellung codierter Segmente im Fenster „Liste der Codings"

das Segment stammt. Abb. 9.3 zeigt die ersten Codings in der „Liste der Codings" für den Code „Klima" aus allen aktivierten Interviews. Die Infobox neben dem Text verrät, dass das erste Coding aus Absatz 11 aus dem Interview mit Hans stammt.

Einer der großen Vorteile an der Arbeit mit MAXQDA besteht darin, dass ein einfacher Klick auf die Infobox eines Codings dafür sorgt, dass das Herkunftsdokument im „Dokument-Browser" geöffnet und die codierte Stelle im Dokument markiert wird. So ist es möglich, jederzeit von der codierten Stelle zu ihrer Herkunft zu springen und den umgebenden Kontext einzusehen. Die Infobox zeigt nicht nur die Herkunft des Codings an, sondern die Zahl oben rechts informiert auch über das Gewicht, das für die Codierung vergeben wurde. Beide in Abb. 9.3 sichtbaren Codierungen haben ein Gewicht von 0, was dem Standardgewicht von MAXQDA entspricht. Weitere Informationen über die Arbeit mit Gewichten bei Codierungen finden sich in Kap. 6.

Am unteren Fensterrand findet sich eine Statusleiste, deren Symbole auf der linken Seite jederzeit über den aktuellen Stand der Aktivierung und die Anzahl der zusammengestellten Codings informieren (Abb. 9.4).

Hat man in einem Dokument ein Memo an einer Dokumentstelle erzeugt, wird dieses Memo auch in der „Liste der Codings" angezeigt, sobald die Dokumentstelle dort erscheint. In Abb. 9.3 ist zu sehen, dass am Absatz 11 des Interviews mit Hans offensicht-

Abb. 9.4 Statusleiste zeigt 5 aktivierte Dokumente, 1 aktivierten Code und 12 Codings

lich ein Memo vergeben wurde, dessen Position im Bereich der Codierung mit dem Code „Klima" liegt. Das Memo bleibt auch in der „Liste der Codings" interaktiv: Hält man den Mauszeiger auf das Memosymbol, wird eine Vorschau des Memotextes angezeigt und ein Doppelklick auf das Memosymbol öffnet dieses zum Einsehen und Bearbeiten.

Aktivierung von Dokumenten und Codes aufheben
Hat man die codierten Stellen eines Codes inspiziert und will zum nächsten Code weiterschreiten, kann man nicht einfach den nächsten Code aktiveren, denn dann würden die Inhalte beider Codes in der „Liste der Codings" aufgelistet. Deshalb ist es notwendig, zuerst die Aktivierung des ersten Codes aufzuheben. Die Deaktivierung von Codes – und auch die von Dokumenten – erfolgt auf die gleiche Weise wie die Aktivierung:

- Man klickt einen Code oder ein Dokument mit der rechten Maustaste an und wählt *Deaktivieren*. Das ist auf allen Ebenen im Codesystem und Dokumentsystem möglich und bezieht die Unterebenen immer mit ein.
- Alternativ klickt man auf einen Code oder ein Dokument bei gedrückter **Strg-** bzw. **⌘-Taste** oder klickt direkt, ohne zusätzlich gedrückte Taste, auf den Pfeil vor einem Code- oder Dokumentsymbol.

Zusätzlich gibt es sowohl in der Kopfzeile des Fensters „Liste der Dokumente" als auch in der Kopfzeile des Codesystems ganz links ein Symbol, um alle Aktivierungen im jeweiligen Fenster auf einmal zurückzusetzen (Abb. 9.5). Im Tab *Analyse* findet sich zudem auch ein großes Symbol für das Zurücksetzen aller Aktivierungen in beiden Fenstern.

In tabellarischen Ansichten durch die Codings blättern
In Kap. 6 haben wir bereits die „Übersicht Codings" vorgestellt: Durch Doppelklick auf einen Code erhält man eine tabellarische Auflistung aller mit diesem Code codierten Stellen. Ein Klick auf eine Zeile der Auflistung wirkt genauso wie ein Klick auf eine Infobox in der „Liste der Codings" und präsentiert das codierte Segment im „Dokument-Browser". Mit den Pfeiltasten der Tastatur kann man dann Coding für Coding durchblättern

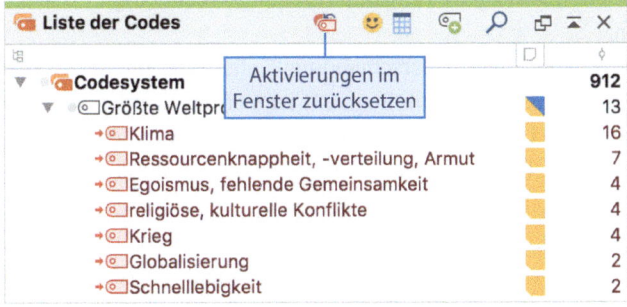

Abb. 9.5 Aktivierungen zurücksetzen mithilfe des Icons in der „Liste der Codes"

und beispielsweise die codierten Textstellen in den Interviews inspizieren. Eine solche tabellarische Ansicht steht auch für die „Liste der Codings" zur Verfügung: Durch Klick auf das Symbol **In tabellarische Ansicht umschalten** ▦ im Fenstertitel werden die einzelnen Codings tabellenförmig gelistet. Im Unterschied zur „Übersicht Codings" gibt es allerdings keinen zusätzlichen Fensterbereich, in dem das ausgewählte Coding angezeigt wird. Dies ist auch unnötig, schließlich kann man die codierten Segmente nach Anklicken einer Zeile direkt im „Dokument-Browser" betrachten.

Komplexe Coding-Suche: das Zusammenspiel von Codes analysieren
Das bisher geschilderte Verfahren zur Zusammenstellung von codierten Segmenten in der „Liste der Codings" bezieht sich ausschließlich auf die einfache Coding-Suche, bei der mehrere aktivierte Codes mit einem logischen ODER verknüpft werden. Das bedeutet, dass die Codings aller aktivierten Codes gezeigt werden. Aktiviert man beispielsweise alle Dokumente und dann die Codes „Klima" und „Ressourcenknappheit" werden alle codierten Segmente aus beiden Kategorien in der „Liste der Codings" angezeigt. Einige Segmente können dabei auch doppelt gelistet werden und zwar immer dann, wenn ihnen beide Codes zugewiesen worden sind.

MAXQDA erlaubt es neben der einfachen Coding-Suche, auch komplexe Suchen durchzuführen, bei denen sich mehrere Codes miteinander verknüpfen lassen. Die komplexe Coding-Suche wird über **Analyse > Coding-Suche** aufgerufen, woraufhin ein Dialog erscheint, der insgesamt neun verschiedene Kombinationsmöglichkeiten bereithält:

- *Überschneidung:* sucht nach Segmenten, an denen mehrere ausgewählte Codes vergeben wurden. Dies ist insbesondere dann hilfreich, wenn man Segmente zu mehreren Kategorien zugeordnet hat, die auf verschiedenen Ebenen oder Dimensionen liegen. Angenommen, in einem Projekt sollen die Auswirkungen der zunehmenden Digitalisierung auf verschiedene Berufsgruppen untersucht werden. In leitfadengestützten Interviews wurden hierfür Textstellen mit Kategorien zu verschiedenen Tätigkeitsbereichen, Technologien und benötigten Kompetenzen codiert. Mithilfe der komplexen Coding-Suche „Überschneidung" kann nun nach Textstellen gesucht werden, bei denen bestimmte Kombinationen an Tätigkeitsbereichen, Technologien und Kompetenzen codiert werden.
- *Überschneidung (Set):* wie „Überschneidung", allerdings müssen nicht alle ausgewählten Codes zugleich am codierten Segment zugeordnet worden sein, sondern es reicht aus, wenn sich eine frei definierbare Anzahl der Codes am Segment überschneiden.
- *Überlappung:* wie „Überschneidung", nur wird hier nicht der innere, sondern der äußere Bereich der Codiergrenzen ausgegeben.
- *Nur ein Code allein; Nur dieser Code allein:* erlaubt die Suche nach Stellen, bei denen ein Code vergeben wurde, andere Codes jedoch nicht. Diese Funktionen können zum Beispiel zur Kontrollierung der Güte von Codierungen eingesetzt werden, etwa um

Abb. 9.6 Die Statusleiste zeigt die ausgewählte Funktion für die Coding-Suche an

zu überprüfen, ob für jeden Tätigkeitsbereich auch mindestens eine neue Technologie vergeben wurde.

- *Wenn innerhalb; Wenn außerhalb:* im Prinzip wie „Überschneidung", nur dass die gesuchten Stellen vollständig innerhalb bzw. außerhalb einer definierbaren Codierung liegen müssen. Zur Verdeutlichung: Eine Codierung liegt innerhalb einer anderen Codierung, wenn ihre Segmentgrenzen nicht größer sind als die der umgebenden Codierung.
- *Gefolgt von; Nähe:* ermöglicht die Suche nach Codierungen, die in der Nähe einer anderen Codierung liegen bzw. auf eine Codierung folgen. Als Distanzen kann man für Texte *Absätze*, für Tabellen *Zeilen* und für Videos *Sekunden* angeben.

Die miteinander zu kombinierenden Codes werden je nach gewählter Funktion in die Dialogbereiche „A" und „B" eingegeben, während sich im Bereich „C" Optionen wie die Distanz einstellen lassen (Kap. 13 enthält weitere Hinweise zur Bedienung der komplexen Coding-Suche). MAXQDA zeigt jederzeit im Dialog an, wie viele Segmente die eingestellten Bedingungen erfüllen. Nach Start der Suche erscheinen die gefundenen Dokumentstellen in der „Liste der Codings", wobei in der Statuszeile am unteren Bildschirmrand die ausgewählte Funktion angezeigt wird (Abb. 9.6). Dies ist wichtig zu beachten, denn nur wenn MAXQDA auf „Einfache Coding-Suche (Oder-Kombination von Codes)" steht, führt die Aktivierung von Dokumenten und Codes zu den weiter oben beschriebenen Ergebnissen in der „Liste der Codings". Um in die einfache Coding-Suche umzuschalten, wählt man *Analyse > Coding-Suche zurücksetzen*.

9.2 Codierte Videoclips zusammenstellen

Die Zusammenstellung von codierten Videoclips in der „Liste der Codings" geschieht genauso wie bei Textstellen: Alle gewünschten Dokumente mit Videodateien und alle gewünschten Codes werden aktiviert, woraufhin MAXQDA in der „Liste der Codings" die gefundenen Videoclips auflistet. Hat man im „Multimedia-Browser" Vorschaubilder für ein Video erzeugt, dann wird das dem Beginn des Videoclips am nächsten liegende Vorschaubild in der „Liste der Codings" dargestellt, damit man den Inhalt des Videoclips vor Augen hat (Abb. 9.7). Wurden keine Vorschaubilder erzeugt, erscheint nur ein entsprechendes Symbol.

Die Infobox mit der Herkunftsangabe informiert bei Videoclips über dessen Start- und Endzeit und ein Klick auf die Infobox spielt den Videoclip direkt im „Multimedia-Browser" ab.

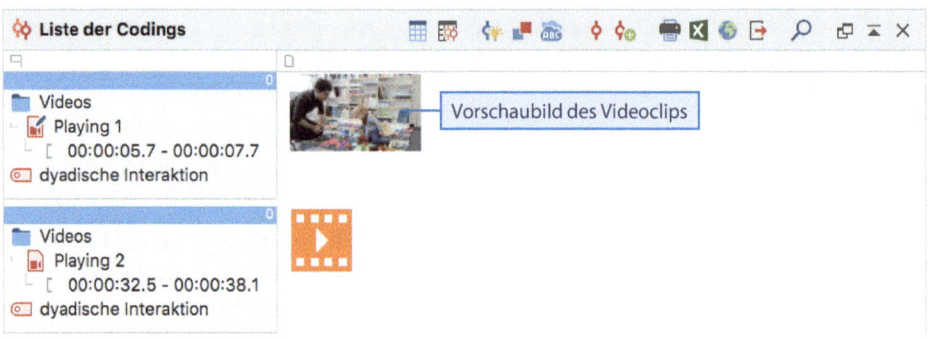

Abb. 9.7 Codierte Videoclips in der „Liste der Codings" (einmal mit und einmal ohne Vorschaubild)

▶ **Hinweis** Es lassen sich immer nur das Transkript und das Video gemeinsam in der „Liste der Dokumente" aktivieren, das heißt, es werden in der „Liste der Codings" sowohl codierte Segmente aus dem Transkript als auch dem Video für die aktivierten Codes zusammengestellt.

9.3 Codes ausdifferenzieren: codierte Segmente auf verschiedene Codes verteilen

Eine der häufigsten Tätigkeiten bei der Arbeit mit codierten Segmenten besteht darin, die codierten Segmente eines thematisch weiter gefassten Codes auf dessen konkreteren Subcodes zu verteilen; man spricht hier häufig auch davon, dass ein Code „ausdifferenziert" wird. Angenommen, man habe in mehreren Interviews zunächst eine Grobcodierung für den Code „Weltprobleme" vorgenommen, bei der alle Textstellen mit wichtigen globalen Problemen erfasst wurden. Mit einer Feincodierung sollen dann in einem zweiten Schritt die Codierungen auf mehrere Subkategorien verteilt werden. Wie kann man diese Tätigkeit in MAXQDA bewerkstelligen? Der Ablauf umfasst drei Schritte und ist im Kasten 9.1 für Textsegmente beschrieben (siehe auch Abb. 9.8), wobei der Fokus auf dem techni-

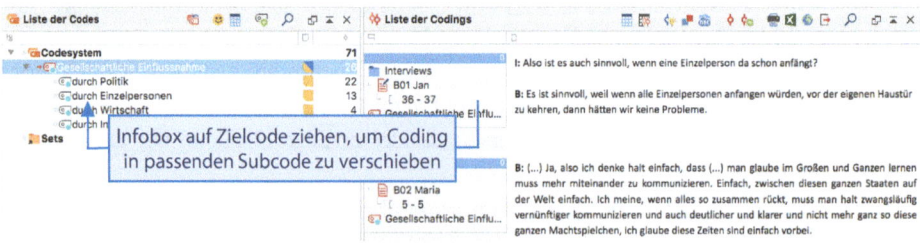

Abb. 9.8 Coding aus einem Code in anderen Code verschieben

9.3 Codes ausdifferenzieren: codierte Segmente auf verschiedene Codes verteilen

schen Vorgehen und nicht auf der Bildung geeigneter Kategorien liegt, die wir bereits ausführlich im Kap. 8 besprochen haben. Eine weitere, sehr komfortable Möglichkeit zur Ausdifferenzierung von Codes ist weiter unten im Abschnitt „Mit Codings arbeiten im Smart-Coding-Tool" beschrieben.

Kasten 9.1: Obercode in Subcodes ausdifferenzieren

Vorbereitung Sofern alle oder einige Subcodes bereits a priori feststehen, sollten Sie diese zuallererst in der „Liste der Codes" definieren.

Schritt 1: Codings zusammenstellen

- Aktivieren Sie alle relevanten Dokumente und den Obercode, der ausdifferenziert werden soll. Achtung: Falls der Obercode bereits Subcodes besitzt, sollte nur der Obercode aktiviert werden, damit keine bereits zugeordneten Codings aus den Subcodes einbezogen werden. MAXQDA stellt die mit dem Obercode codierten Segmente in der „Liste der Codings" zusammen.
- Alternativ können Sie auf den Obercode in der „Liste der Codes" doppelt klicken, um die betreffenden Codings in der tabellarischen „Übersicht Codings" anzuzeigen. Achtung: Falls der Obercode bereits Subcodes hat, müssen diese ausgeklappt und sichtbar sein, damit nur die Codings des Obercodes gelistet werden.

Schritt 2: Coding lesen und ggf. Subcodes bilden

- Lesen Sie den Text des ersten bzw. des nächsten Codings.
- Sofern noch kein inhaltlich geeigneter Subcode vorhanden ist, erzeugen Sie einen neuen Subcode für den Obercode.

Schritt 3: Coding oder Teile des Codings in Subcode verschieben oder kopieren

- Wenn Sie das vollständige Coding in einen Subcode verschieben möchten, ziehen Sie dessen Infobox bei gedrückter Maustaste aus der „Liste der Codings" auf den Zielcode und lassen die Maustaste dort los. Halten Sie dabei die **Strg-Taste** (Windows) bzw. die ⌥-*Taste* (Mac) gedrückt, wenn das Coding nicht verschoben, sondern kopiert werden soll (z. B. um das Coding gleich mehreren Subcodes zuzuordnen).
- Wenn nur Teilen des Codings ein Subcode zugeordnet werden soll, klicken Sie zuerst die Infobox an, um die Textstelle im „Dokument-Browser" anzuzeigen. Markieren Sie dann die gewünschten Parts der Textstelle und codieren Sie diese mit dem gewünschten Subcode.

- Wenn Sie mit der „Übersicht Codings" arbeiten, können Sie eine (oder mehrere) Coding-Zeilen mit der Maus auf einen Zielcode ziehen, um die Codings zu verschieben. Außerdem können Sie im Vorschaufenster der „Übersicht Codings" Textteile markieren und auf einen Code ziehen.
- Die Schritte 2 und 3 werden dann für jedes Coding wiederholt.

Viele MAXQDA-User stellen sich die Frage, ob nach dem Ausdifferenzieren die Codings weiterhin im Obercode verbleiben sollten. Hierfür spricht, dass man jederzeit nachvollziehen kann, welche und wie viele Segmente im Rahmen der Grobcodierung entstanden sind. Da das Vorhandensein von Codierungen im Obercode jedoch für weitere Auswertungen häufig unpraktisch ist, etwa weil die Anzahl der Codierungen bei Visualisierungen berücksichtigt werden und man diese ggf. mühselig herausrechnen oder irgendwie ignorieren muss, empfiehlt es sich in der Regel, nach Abschluss der Ausdifferenzierung die Codierungen im Obercode zu löschen. Es sollten auch keine codierten Segmente im Obercode verbleiben, die man keinem Subcode sinnvoll zuordnen konnte oder deren Inhalte nur selten vorkamen. Solche Codings sind deutlich besser in einer Subkategorie „Sonstiges" aufgehoben. Zur Sicherung von Transparenz und Nachvollziehbarkeit der Analyse kann man vor der Ausdifferenzierung eine Projektkopie mit einem aussagekräftigen Dateinamen speichern, um diesen Status zu dokumentieren und jederzeit einsehen zu können. Alternativ kann man natürlich auch die Codings des Obercodes in einen weiteren „Archiv-Code" transferieren und diesen im Projekt belassen.

9.4 Codes aggregieren: codierte Segmente aus mehreren Codes in einem Code vereinen

Der gegenläufige Vorgang zum Ausdifferenzieren eines Codes besteht darin, Codes zusammenzuführen, insbesondere dann, wenn man feststellt, dass zwei Kategorien inhaltlich ähnlich sind oder unter einem abstrakteren Codenamen aggregiert werden können. In Kap. 8 haben wir bereits vorgestellt, wie sich mithilfe der Funktion **Codes > Creative Coding** zwei Codes auf einer Fläche ähnlich wie eine Pinnwand aggregieren lassen: Man zieht eins der beiden Codesymbole mit der Maus auf ein zweites Codesymbol, woraufhin alle Codings aus dem bewegten Code in den Zielcode verschoben werden und anschließend der nun leere Code gelöscht wird. Dieser Vorgang lässt sich – mit etwas mehr Handarbeit – auch in der „Liste der Codes" durchzuführen, wie in Kasten 9.2 beschrieben ist.

> **Kasten 9.2: Zwei Codes in der „Liste der Codes" zusammenführen**
>
> - Klicken Sie mit der rechten Maustaste auf einen der beiden Codes, deren Segmente zusammengeführt werden sollen.
> - Wählen Sie im Kontextmenü den Eintrag *Codings verschieben*. MAXQDA merkt sich daraufhin, dass Sie alle Codings aus diesem Code verschieben möchten, weiter passiert aber noch nichts.
> - Klicken Sie mit der rechten Maustaste auf den zweiten Code, also den Zielcode.
> - Wählen Sie im Kontextmenü den Eintrag *Codings von „Quellcode" verschieben* und bestätigen Sie die Nachfrage von MAXQDA.
> - Löschen Sie den Quellcode, der jetzt keine codierten Segmente mehr beinhaltet.
> - Passen Sie ggf. den Namen des übrig gebliebenen Codes an.

▶ **Hinweis** In MAXQDA gilt die Regel, dass eine Dokumentstelle nur einmal mit dem gleichen Code codiert werden darf. Wenn man die Codings aus einem Code in einen anderen transferiert, kann es daher sein, dass die resultierende Anzahl an Codings kleiner ist als die Summe der Codings beider Codes – nämlich genau dann, wenn eine oder mehrere Dokumentstellen bereits mit dem Zielcode codiert waren.

9.5 Das Smart-Coding-Tool: effektiv mit Codes und Codings arbeiten

Mithilfe des Smart-Coding-Tools lassen sich vorhandene Codierungen bearbeiten, anpassen und ergänzen. Das Tool eignet sich sowohl für die Phase der Kategorienbildung, in der Obercodes ausdifferenziert, vorhandene Codes aggregiert und Coding-Kommentare für die Entwicklung neuer Kategorien herangezogen werden, als auch für die Phase der Verschriftlichung von Ergebnissen, bei der es darauf ankommt, die Inhalte und Interdependenzen von Kategorien schnell erfassen zu können. Der Vorteil der Arbeit mit dem Smart-Coding-Tool besteht darin, dass mehrere codierrelevante Informationen (Codings, zugeordnete Codes und Coding-Kommentare) in einer Ansicht vereint dargestellt werden und sich gleichzeitig die Darstellung des Codebaums auf aktuell relevante Kategorien reduzieren lässt.

Das Tool lässt sich nur für Zusammenstellungen von Codings aufrufen, das heißt, um es nutzen zu können, muss man zuerst die zu bearbeitenden codierten Segmente entweder in der „Liste der Codings" oder in der „Übersicht Codings" zusammenstellen. Ein Klick auf das Symbol *Smart-Coding-Tool* in der jeweiligen Symbolleiste des Fensters (Abb. 9.10) öffnet dann eine mehrspaltige Ansicht, wie sie in Abb. 9.9 dargestellt ist.

Beim Starten des Tools werden automatisch alle Codes aktiviert, die in der „Übersicht Codings" bzw. der „Liste der Codings" angezeigt wurden. Im linken Fensterbereich

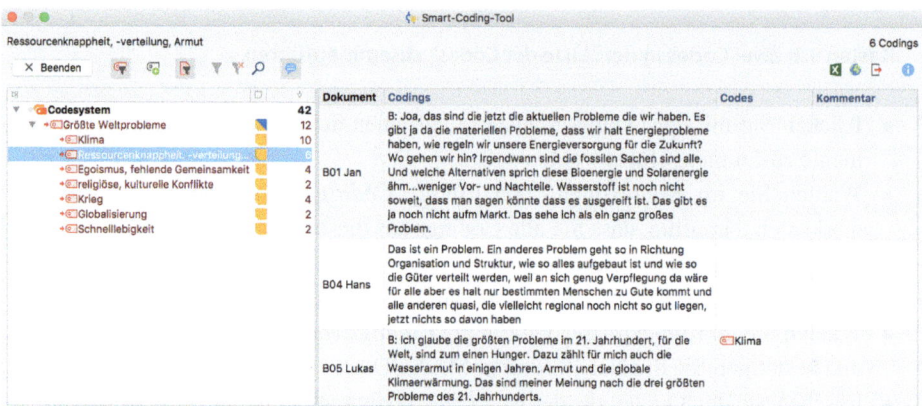

Abb. 9.9 Smart-Coding-Tool – bereits codierte Segmente bearbeiten

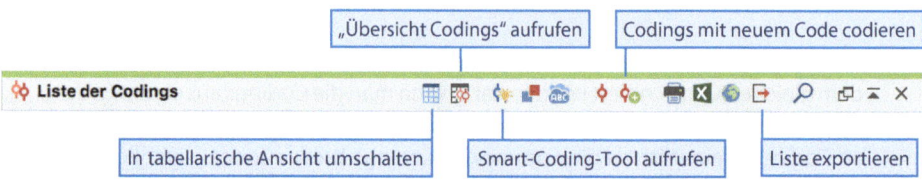

Abb. 9.10 Die Symbolleiste in der „Liste der Codings"

werden dann nur diese aktivierten Codes und ggf. ihre nicht-aktivierten Elterncodes dargestellt, um die Baumstruktur aufrecht zu erhalten. Auf der rechten Seite werden immer alle codierten Segmente des derzeit ausgewählten Codes angezeigt, in Abb. 9.9 die Segmente des Codes „Ressourcenknappheit ...". Bei jedem Segment ist zu erkennen, aus welchem Dokument es stammt und welche Codes diesem Segment bereits zugeordnet wurden. Damit in der Spalte „Codes" nur die wirklich relevanten Codes zu sehen sind, werden hier weder der gerade ausgewählte Code (das wäre ja immer derselbe) noch sein Obercode gezeigt (der ggf. zusätzlich codiert ist).

Um ein Coding zu codieren, etwa um die Inhalte eines Obercodes auszudifferenzieren, zieht man einfach eine Zeile mit einem Coding aus dem rechten Fensterbereich auf einen Code im angezeigten Codebaum. MAXQDA nimmt die Codierung sofort vor und zeigt den ergänzten Code direkt in der Spalte „Codes". Nach Doppelklick auf den Codingtext lässt sich auch nur ein Ausschnitt des Textes markieren und mit der Maus auf einen Code ziehen, um nur den jeweiligen Ausschnitt zu codieren. Um einen zugeordneten Code zu entfernen, fährt man mit der Maus über einen Codenamen in der Spalte „Codes" und klickt auf das erscheinende Kreuz. MAXQDA löscht dann alle Codierungen mit diesem Code innerhalb des Codings.

In der Spalte „Kommentar" kann man jederzeit einen Kommentar zum Coding eingeben und bearbeiten, etwa für die Zusammenfassung des codierten Textes als erste Stufe einer Kategorienbildung am Material. Die gesamte Coding-Liste kann wie die meisten tabellarischen Darstellungen in MAXQDA per Klick auf eine Spaltenüberschrift sortiert, durch Rechtsklick auf eine Spalte gefiltert und durch Klick auf das Suchen-Symbol in der Symbolleiste durchsucht werden.

Während der Arbeit mit dem Smart-Coding-Tool sind zwar alle anderen Funktionen von MAXQDA gesperrt, aber das Tool ist weiterhin interaktiv mit den Daten des Projekts verbunden. Wählt man durch Klick auf eine Zeile ein Coding aus, wird dieses im „Dokument-Browser" einschließlich des umgebenden Kontextes angezeigt.

9.6 Zusammenstellung von Segmenten weiterverarbeiten und drucken

Um einzelne codierte Segmente als Zitat in einen Forschungsbericht zu übertragen, mehrere Segmente ausgedruckt auf Papier bequem auf einer Zugfahrt durchzuarbeiten oder gemeinsam im Team zu besprechen, können codierte Segmente in die Zwischenablage kopiert, exportiert und gedruckt werden. Sowohl die in der „Liste der Codings" als auch in der „Übersicht Codings" zusammengestellten codierten Segmente lassen sich ausdrucken und exportieren, teilweise auch mit zusätzlichen Informationen wie den Variablenwerten der Herkunftsdokumente. Das Exportieren kann über die Symbolleisten der beiden Fenster gestartet werden, das Drucken ist allerdings nur in der „Liste der Codings" verfügbar. Für den Export gibt es gleich mehrere Symbole, die allerdings Unterschiedliches bewirken.

Klickt man auf das Excel- oder Webseiten-Symbol, werden die codierten Segmente direkt in Excel oder dem Internetbrowser geöffnet – um die erzeugte Datei dauerhaft zu speichern, muss man diese unter einem anderen Dateinamen abspeichern. In der tabellarischen Ansicht berücksichtigt MAXQDA eine ggf. vorhandene Selektion: Hat man eine oder mehrere Zeilen markiert, werden nur diese exportiert; ist keine Zeile markiert, werden alle aktuell in der „Liste der Codings" angezeigten Codings exportiert. Wer Kontrolle über die exportierten Zusatzinformationen haben möchte, sollte am besten das Symbol **Exportieren** wählen. In diesem Fall erscheint nämlich ein Dialog, in dem man festlegen kann, ob Memos, Coding-Kommentare, Zeitumfang (bei Transkripten mit Zeitmarken), Informationen über weitere am Segment vergebene Codes und die Werte ausgewählter Variablen des Herkunftsdokuments ausgegeben werden sollen. Zudem lassen sich die zu exportierenden Quellangaben, einschließlich der Codefarben und Coding-Gewichte, auswählen und direkt ein Dateiname und Speicherort festlegen.

Wer Codings ausdrucken möchte, um diese auf einer Zugfahrt durchzuarbeiten oder im Team zu besprechen, kann das Drucken durch Klick auf das Druckersymbol anstoßen und im erscheinenden Druckdialog den Inhalt von Kopf- und Fußzeile anpassen. Da nicht alle der exportierten Zusatzinformationen direkt in MAXQDA mit ausgedruckt werden können, ist es unter Umständen ratsam, zuerst die Codings mit den gewünschten Zusatzinformationen in einen Text für Word zu exportieren und den Text dort auszudrucken.

Beim Verfassen eines Forschungsberichts besteht oft der Bedarf, Zitate aus dem analysierten Material zu integrieren, haben diese doch eine illustrierende Wirkung, solange ihre

Verwendung nicht überhandnimmt (Kuckartz et al. 2008, S. 45). Für diesen Zweck lassen sich einzelne Codings aus MAXQDA heraus in die Zwischenablage kopieren, um sie in den Bericht einfügen zu können. Hierzu klickt man eine Infobox in der „Liste der Codings", eine Zeile in der „Übersicht Codings" oder einen Codierstreifen im „Dokument-Browser" mit der rechten Maustaste an und wählt aus dem Kontextmenü den Eintrag *Kopieren mit Quellenangabe in die Zwischenablage*. Fügt man das Segment dann in einen Bericht ein, werden automatisch der Dokumentname und die Position im Dokument ergänzt, denn Zitate aus dem Datenmaterial sollten mit Blick auf Transparenz immer mit Quellenangaben versehen sein.

9.7 Der Smart Publisher: Codings in einem layouteten Bericht präsentieren

Eine besondere Form des Exports von Codings stellt die Verwendung des Smart Publishers dar, der die automatische Erstellung eines layouteten Berichts erlaubt und besonders für die Präsentation thematisch codierter Segmente geeignet ist. Die Struktur des Berichts folgt der Anordnung der Codes im Codesystem:

- Jeder Code der ersten Ebene erhält ein eigenes Kapitel.
- Alle Subcodes eines Codes werden zu Unterkapiteln.
- Inhalt jedes (Unter-)Kapitels sind die mit diesem Code codierten Segmente. Die codierten Segmente werden pro Code durchnummeriert (Abb. 9.11).

Der Smart Publisher lässt sich über *Reports > Smart Publisher* aufrufen. In einem ersten Dialog kann man Codes der obersten Ebene im Codesystem auswählen, die in den Bericht aufgenommen werden sollen, zudem lässt sich der Bericht auf die Codings aktivierter Dokumente beschränken. In einem zweiten Dialog vergibt man Titel und Untertitel, wählt bei Bedarf ein oder zwei Bilddateien aus, die auf der Titelseite platziert werden, und definiert Kopf- und Fußzeilen. Zudem lässt sich die Anzeige und Reihenfolge der Codings einstellen und die Ausgabe auf Codings eines bestimmten Gewichts

Klima

1.
"Dann natürlich auch Klimaveränderungen, wobei da auch viel Hysterie drin ist, wir brauchen jetzt innerhalb von einem Jahr nicht alles rumdrehen, was in den letzten 60 Jahren in die Atmosphäre geblasen worden ist, also das sollte man nicht so hektisch betrachten."
[Interviews\B01 Jan; Position: 3 - 3; Autor: Emma Sophie; 15.01.18 12:32; Gewicht: 0]

Abb. 9.11 Auszug aus einem „Smart Publisher" Report: Erstes Segment der Kategorie „Klima"

beschränken. Anstelle des Codenamens kann man auch den sogenannten Code-Aliasnamen ausgeben, was immer dann praktisch ist, wenn man nur mit sehr kurzen Codenamen gearbeitet hat, im Bericht aber ausführlichere Codebezeichnungen wünscht. Über die Funktion **Codes > Code Alias Tabelle** listet man alle Codes eines Projekts tabellarisch auf, und kann in der Spalte „Code Alias" anstelle des auf 63 Zeichen beschränkten Codenamens einen viermal so langen Aliasnamen mit bis zu 255 Zeichen vergeben.

Unter Mac speichert MAXQDA den Bericht im RTF-Format und öffnet ihn nach beendetem Export direkt in Word. Unter Windows wird ein DOCX-Dokument erzeugt und mit dem zugehörigen Programm geöffnet. Auf Windows-Rechnern besteht zudem die Möglichkeit, mit Dokumentvorlagen im DOTX-Format das Layout des fertigen Berichts zu bestimmen, etwa um die Gestaltung des Berichts an das Corporate-Design der eigenen Forschungseinrichtung anzupassen.

9.8 Übersicht über die Memos und ihre Inhalte behalten

Memos können im Forschungsprozess und in MAXQDA verschiedene Aufgaben übernehmen. In der „Liste der Dokumente" eignen sich Memos optimal, um ein Postskriptum mit den Auffälligkeiten und Rahmenbedingungen eines Interviews festzuhalten oder um Fallzusammenfassungen zu notieren. Memos im Codesystem beherbergen üblicherweise Kategoriendefinitionen und in Memos in Dokumenten oder Videos lassen sich Auffälligkeiten, Hypothesen, Theorien und vieles mehr festhalten. Ferner gibt es noch die freien Memos, die sich über den Tab **Analyse** erstellen lassen. Sie sind keinem festen Ort in MAXQDA zugewiesen und werden häufig für allgemeine, übergeordnete Informationen, Ideen, Auffälligkeiten und Interpretationen eingesetzt.

Alle Memos lassen sich öffnen, indem man einen Doppelklick auf das gelbe Memosymbol an Ort und Stelle ausführt. Doch ist es kaum leistbar, stets die Übersicht über die Inhalte aller Memos zu behalten und zu wissen, welches Memo welche Informationen vorhält. Schon, wenn man mehr als 20 längere Memos innerhalb eines Dokuments oder Videos verfasst hat, gestaltet sich der Zugriff alleine über die Memosymbole, die sich auch über mehrere Dokumente hinweg verteilen können, als schwierig. Es sind daher andere Zugänge zu Memos in MAXQDA enthalten, um die Memos zu verwalten und mit ihren Inhalten zu arbeiten.

Über **Reports > Übersicht Memos** ruft man eine tabellarische Liste aller Memos im Projekt auf (Abb. 9.12). Die Übersicht ist genauso aufgebaut wie die „Übersicht Codings", enthält für jedes Memo genaue eine Zeile und stellt den Inhalt der aktuelle ausgewählten Memo-Zeile im oberen Bereich dar. Ein Doppelklick auf ein Memo öffnet dieses zur Bearbeitung.

Die Übersicht lässt sich wie alle tabellarischen Übersichten durch Linksklick auf die Spaltenüberschriften sortieren und durch Rechtsklick auf eine Überschrift filtern. Neben den frei definierbaren Filtern für eine Spalte, steht auch ein Aufklappmenü mit vordefinierten Filtern zur Auswahl. So lässt sich die Ansicht unter anderem auf die Code-Memos oder

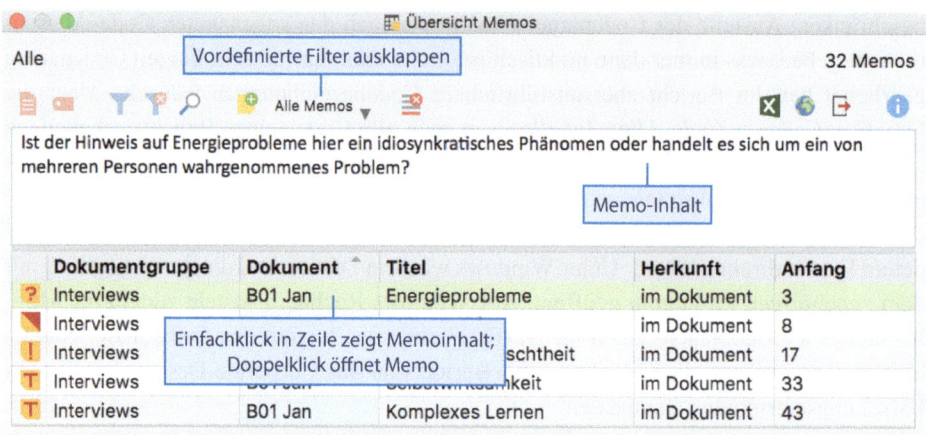

Abb. 9.12 Die „Übersicht Memos" enthält für jedes Memo eine Zeile

die Dokument-Memos, auf die Memos in Dokumenten (einschließlich Audiodateien und Videodateien) sowie auf Memos ausgewählter User reduzieren. Für den Fall, dass einzelne Memos mit einem Code verknüpft wurden (was im übertragenen Sinn einer Codierung des Memos entspricht), ist der vordefinierte Filter **Mit einem aktivierten Code verknüpfte Memos** gedacht. Ähnlich wie die Aktivierung von Codes dafür sorgt, dass in der „Liste der Codings" nur die Codings dieses Codes erscheinen, führt die Nutzung dieses Filters dazu, dass in der „Übersicht Memos" nur Memos angezeigt werden, denen einer der aktivierten Codes zugeordnet wurde. Neben den vordefinierten Filtern kann die Anzeige der Memos in der „Übersicht Memos" auch durch die Verwendung der beiden Symbole **Nur aktivierte Dokumente** und **Nur aktivierte Codes** ganz links in der Symbolleiste reduziert werden.

MAXQDA offeriert für unterschiedliche Typen von Memos insgesamt elf verschiedene Memosymbole. Hat man dem Symbol mit dem Ausrufezeichen das Label „unklare Zuordnung" oder „später nochmal überprüfen" zugeordnet und für entsprechende Textstellen und Codierungen verwendet, kann man die Übersicht nach der ersten Spalte mit den Symbolen sortieren, um die entsprechenden Memos schnell ausfindig zu machen.

Für die Exploration der Memos eines Dokuments, einer Dokumentgruppe oder eines Dokumentsets ist die „Übersicht Memos" auch auf allen Ebenen der „Liste der Dokumente" aufrufbar. Startet man sie aus dem Kontextmenü eines Dokuments, werden nur die Memos in diesem Dokument zusammen mit dem Memo am Dokumentnamen angezeigt, um einen fallbezogenen Zugang zu ermöglichen.

Memos lassen sich jederzeit durchsuchen, etwa um wichtige Notizen wiederzufinden, die man vor längerer Zeit verfasst hat. Über **Analyse > Lexikalische Suche** startet man die Suchfunktion und gibt im oberen Bereich als Suchbereich **In Memos** an. Als Ergebnis werden alle Memos in einer „Übersicht Memos" gelistet, welche den Suchkriterien entsprechen. Ein Doppelklick öffnet das Memo und springt innerhalb des Memos die erste Fundstelle an.

9.9 Memos weiterverarbeiten und drucken

Memos enthalten häufig wichtige analytische Gedanken und Ideen und so liegt der Wunsch nahe, diese Inhalte zu exportieren, auszudrucken oder direkt in einen Forschungsbericht zu übertragen. Letzteres lässt sich am einfachsten über die Zwischenablage realisieren: Der gewünschte Abschnitt wird im Memo markiert, in die Zwischenablage kopiert und in den Forschungsbericht eingefügt. Der Zwischenablage kann man sich auch bedienen, um mehrere Memos in eins zu integrieren.

Geöffnete Memos lassen sich durch die üblichen Export- und Drucken-Symbole am oberen rechten Rand als Text-Dokument abspeichern oder drucken. Um mehrere Memos auf einmal in eine einzige Datei zu exportieren, ruft man den Exportvorgang in der „Übersicht Memos" auf.

Wer die Inhalte eines Memos mit den weiterführenden Techniken, wie sie für Text-Dokumente verfügbar sind, auswerten möchte, kann das Memo jederzeit in ein Dokument umwandeln (durch Rechtsklick auf ein Memosymbol oder eine Zeile in der „Übersicht Memos" und Wahl der Funktion ***In Dokument umwandeln***). Das neue Text-Dokument wird ganz oben in der „Liste der Dokumente" eingefügt und kann anschließend codiert werden.

Variablen hinzuziehen und Codes quantifizieren 10

Auch bei strikt qualitativer Forschung werden meist eine Reihe von standardisierten (quantitativen) Daten erhoben, z. B. zur Erfassung sozio-demographischer Merkmale wie Alter, Geschlecht, Bildung, Anzahl der Kinder, Religionszugehörigkeit und vielem anderen. Diese Daten können sehr gut herangezogen werden, um Gruppen zu bilden und miteinander zu vergleichen. Was sagen beispielsweise Frauen zu einem bestimmten Thema und was sagen die Männer? Quantitative Daten, in MAXQDA heißen sie „Variablen", fallen natürlich auch in Mixed-Methods-Projekten an, schließlich geht es dort immer darum, qualitative und quantitative Methoden, Daten und Analysen miteinander zu verknüpfen. Ein dritter Bereich, in dem man es mit Zahlen zu tun hat, betrifft unmittelbar die qualitative Analyse. Jede Codierung bedeutet im Grunde eine Klassifikation vorzunehmen und so entstehen – quasi nebenbei – Informationen über die Häufigkeit der Codierungen pro Code und pro Fall. Diese Informationen lassen sich auch für die Analyse nutzen, etwa zur Beantwortung der Frage, wer wie häufig etwas zu welchen Themen gesagt hat.

In diesem Kapitel

✓ Den Sinn und Zweck quantitativer Daten (Variablen) verstehen
✓ Die Variablenfunktionen kennenlernen: Variablenliste und Dateneditor
✓ Variablenwerte eingeben und editieren
✓ Codehäufigkeiten in Variablen transformieren
✓ Quantitative Daten statistisch auswerten und graphisch darstellen

10.1 Welchen Nutzen bieten quantitative Daten in Form von Variablen?

Für die Einbindung standardisierter, quantitativer Informationen in qualitative Forschung gibt es viele Beispiele, auch jenseits von Mixed-Methods-Strategien: Wer eine Interviewstudie durchführt, wird immer auch Angaben zu den interviewten Personen vorliegen haben, und sei es nur der Ort des Interviews. Häufig werden auch parallel zu einem Interview begleitende Fragebögen eingesetzt, um das Interview von standardisierbaren Informationen zu entlasten und mehr Zeit für die interaktive Befragung vorzuhalten (Witzel 2000; Kuckartz et al. 2008). Befragt man in einer qualitativen Studie die Erzieher_innen, Leiter_innen und Finanziers eines Kindergartens in sozialen Brennpunkten, erzeugt man automatisch auch Informationen zu Gruppierungsmerkmalen, in diesem Fall die Berufsposition der Befragten. Offensichtlich werden wie in diesem Beispiel in qualitativen Studien häufig bereits bei der Zusammenstellung des qualitativen Samples standardisierbare Merkmale herangezogen, sei es durch eine bewusste oder durch eine Quotenauswahl (Diekmann 2007) oder durch eine an das Theoretical Sampling angelegte Strategie (Corbin und Strauss 2015). Bei der Durchführung einer Fokusgruppenstudie wird teilweise auf homogene, teilweise auf heterogene Zusammensetzungen der Diskussionsgruppe gesetzt, das heißt auch in diesem Fall müssen irgendwelche ergänzenden Informationen über die einzelnen Teilnehmenden existieren. Beim Import von Twitter-Feeds in MAXQDA liegen neben den 280 Zeichen umfassenden qualitativen Texten automatisch auch standardisierte Informationen über die Autor_innen der Tweets und die Tweets selbst vor. Diese standardisierten Daten, wie die Anzahl der Follower, die Sprache des Tweets oder die Tatsache, ob es sich um einen Retweet handelt, eröffnen umfangreiche Filtermöglichkeiten und Kontrastierungen für das qualitative Datenmaterial. Genauso bei Online-Surveys mit geschlossenen und offenen Fragen: Hier liegen für jeden Fall mit seinen Antworten auf die offenen Fragen auch jeweils ein Set mit standardisierten Informationen vor.

MAXQDA verwendet für standardisierte, quantitative Daten den Begriff „Variable", man könnte auch von „Attributen" oder „Merkmalen" sprechen, welche zu den qualitativen Einzelfällen als ergänzende und beschreibende Informationen vorliegen. Denn anders als in der quantitativen Forschung, wo das primäre Ziel die Aggregation und Kondensierung von Daten mithilfe von Mittelwerten und anderen Kennzahlen ist, stehen bei der qualitativen Datenanalyse die Einzelfälle stärker im Vordergrund. Mit Blick auf die genannten Beispiele bieten quantitative Daten in Form von Variablen in MAXQDA einen vielfältigen Nutzen für die Datenanalyse:

- Sie lassen sich sowohl bei der Einzelfallanalyse als ergänzende Informationen zur Einordnung, Erklärung und Deutung von Denkweisen und Lesarten heranziehen als auch bei der Erstellung von Fallzusammenfassungen als beschreibende Merkmale integrieren.
- Sie dienen der Gruppenbildung und ermöglichen die Kontrastierung von Fällen.

- Sie können neben der Gruppenbildung auch zur Gruppenbeschreibung herangezogen werden, insbesondere dann, wenn man Gruppen aus dem qualitativen Material heraus gebildet hat. Dies wäre beispielsweise der Fall, wenn man die Befragten einer Interviewstudie anhand ihrer qualitativ ausgewerteten Antworten in drei Gruppen bezüglich ihres Selbstwertgefühls einteilt, nämlich in die Personen mit hohem, mittlerem und niedrigen Selbstwertgefühl, und für diese Gruppen dann im Nachgang beschreibende Variablen vergleicht, wie den Altersdurchschnitt oder den Anteil an Männern.
- Sie können die Bildung von Hypothesen über den jeweiligen Fall unterstützen, die es zu überprüfen gilt.
- Sie lassen sich für die Selektion und Filterung, insbesondere bei umfangreichem Material, heranziehen.
- Sie dienen als zentrales Bindeglied zwischen qualitativen und quantitativen Daten bei Mixed-Methods-Analysen. Bei der Arbeit mit MAXQDA Stats, dem Zusatzmodul für die Anwendung von Verfahren der Deskriptiv- und Inferenzstatistik, stellen die Dokumentvariablen die zentrale Verbindung zwischen den qualitativen und quantitativen Daten dar und ermöglichen weiterführende Mixed-Methods-Analysen.
- Sie können verwendet werden, um quantitative Informationen eines Falls zu speichern, z. B. wie häufig ein Thema bei einem Fall codiert wurde.

MAXQDA erlaubt es nicht nur, Variablen für die Dokumente zu definieren, sondern auch für die Codes im Codesystem. Die Codevariablen wurden ursprünglich in MAXQDA 10 eigeführt, um für die Teilnehmenden eines Gruppeninterviews standardisierte Informationen speichern zu können. Seit MAXQDA 12 gibt es zu diesem Zweck die eigens ergänzten und deutlich komfortableren Fokusgruppenvariablen, welche wir im Kap. 15 im Detail beschreiben. Die Codevariablen sind in neueren MAXQDA-Versionen weiterhin verfügbar und können beispielsweise dafür verwendet werden, den Ursprung von Codes (konzeptgesteuert vs. datengesteuert) oder ihr Erstehungsdatum zu verwalten und für die Analyse zu verwenden. Das Prinzip für den Umgang mit den Variablen ist bei allen Variablenarten das gleiche, sodass wir uns in diesem Kapitel auf die Beschreibung der am häufigsten verwendeten Dokumentvariablen beschränken.

10.2 Variablen in der „Liste der Variablen" managen

Über den Eintrag *Variablen > Liste der Dokumentvariablen* öffnet man eine Auflistung aller vorhandenen Dokumentvariablen in MAXQDA, wie sie in Abb. 10.1 dargestellt ist. Hier lassen sich neue Variablen anlegen sowie vorhandene bearbeiten und löschen.

Öffnet man die Variablenliste das erste Mal, so enthält sie bereits sechs Variablen, die MAXQDA in jedem Projekt automatisch anlegt und die sich nicht löschen lassen. Sie sind an dem roten Quadrat in der ersten Spalte zu erkennen und in ihnen speichert MAXQDA wichtige Informationen zu den importierten Dokumenten: Dokumentgruppe, Dokumentname, Importdatum, aktuelle Anzahl an codierten Segmenten und Memos innerhalb des

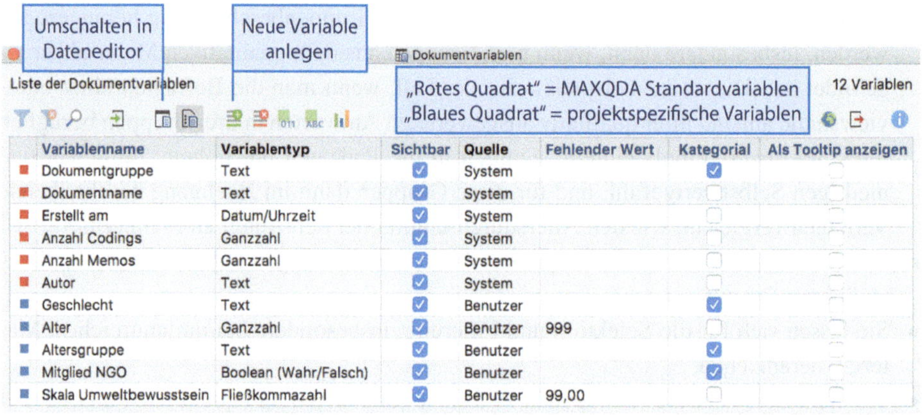

Variablenname	Variablentyp	Sichtbar	Quelle	Fehlender Wert	Kategorial	Als Tooltip anzeigen
Dokumentgruppe	Text	✓	System		✓	
Dokumentname	Text	✓	System			
Erstellt am	Datum/Uhrzeit	✓	System			
Anzahl Codings	Ganzzahl	✓	System			
Anzahl Memos	Ganzzahl	✓	System			
Autor	Text	✓	System			
Geschlecht	Text	✓	Benutzer		✓	
Alter	Ganzzahl	✓	Benutzer	999		
Altersgruppe	Text	✓	Benutzer		✓	
Mitglied NGO	Boolean (Wahr/Falsch)	✓	Benutzer		✓	
Skala Umweltbewusstsein	Fließkommazahl	✓	Benutzer	99,00		

Abb. 10.1 Die „Liste der Variablen"

Dokuments (das Memo in der „Liste der Dokumente" wird hier mitgezählt) sowie Name des „Autors", also der Person, die das jeweilige Dokument importiert hat. In Abb. 10.1 sind neben den sogenannten Systemvariablen bereits fünf weitere projektspezifische Variablen definiert worden, deren Werte sich verändern lassen und daher in der Variablenliste mit einem blauen Quadrat als „User-Variablen" gekennzeichnet sind.

Eine neue Variable fügt man einem Projekt mithilfe des gleichnamigen Symbols am oberen Fensterrand hinzu. Daraufhin erscheint ein Dialog, in dem man einen aussagekräftigen, nur einmal vorkommenden Variablennamen mit bis zu 63 Zeichen vergeben sowie den Variablentyp festlegen kann. Während der Name später beliebig geändert werden kann, ist der Variablentyp nur eingeschränkt veränderbar, weshalb es wichtig ist, bereits beim Anlegen einer Variable auf die Wahl eines geeigneten Typs zu achten. Folgende Typen stehen zur Auswahl:

- Text – Dieser Variablentyp erlaubt es, bei jedem Dokument einen beliebigen Text von bis zu 63 Zeichen als Wert einzutragen. Während in einem Statistikprogramm standardisierte Informationen in der Regel mit Zahlen repräsentiert werden (z. B. 1 = weiblich, 2 = männlich), kann diese Darstellung für MAXQDA sehr unpraktisch sein, weil man dann stets eine Zuordnungstabelle zur Hand bräuchte, um die Daten zu lesen. Stattdessen ist es in MAXQDA meist hilfreicher, mit den Variablenwerten im Klartext zu arbeiten, weshalb im Beispiel in Abb. 10.1 das Geschlecht als Textvariable definiert wurde, sodass man „weiblich" und „männlich" oder „w" und „m" als direkt erkennbaren Text eintragen kann.
- Ganzzahl – Dieser Variablentyp erlaubt es (positive und negative) ganzzahlige Werte zu speichern. Klassisches Beispiel für den Typ „Ganzzahl" ist das Alter. Negative Werte sind zwar seltener als positive, kommen aber unter anderem bei standardisierten Fragen zu Sachverhalten ohne absolutem Nullpunkt vor, wie etwa bei der Einschätzung des Niveaus eines Methodenseminars, das auf einer Skala von zu niedrig (−3) bis zu hoch (+3) eingeschätzt wurde.

10.2 Variablen in der „Liste der Variablen" managen

- Fließkommazahl – Wann immer man Dezimalzahlen mit Nachkommastellen als ergänzende Informationen eingeben möchte, benötigt man diesen Variablentyp. Beispielsweise kommt er bei Abiturnoten oder Mittelwerten von Einstellungsskalen zum Einsatz. MAXQDA erlaubt die Eingabe von zwei Nachkommastellen und stellt alle eingetragenen Werte immer mit zwei Stellen nach dem Komma dar.
- Datum/Uhrzeit – Dieser Typ ist für alle Situationen geeignet, in denen man Datum und Uhrzeit für einen Fall festhalten möchte. Es lässt sich zu jedem Fall sowohl ein Datum mit Uhrzeit als auch nur ein Datum ohne Uhrzeit eintragen. Nur eine Uhrzeit einzugeben, ist nicht möglich. MAXQDA erkennt die meisten Eingabeformate automatisch und stellt die eingegebenen Werte entsprechend der aktuellen Einstellungen des Betriebssystems dar. Es macht deshalb keinen Unterschied, ob man das Jahr mit zwei oder vier Stellen eingibt, MAXQDA speichert das Datum in einem Universalformat und gibt es einheitlich aus.
- Boolean (Wahr/Falsch) – Dieser Variablentyp kennt nur zwei Werte, und zwar die Logikwerte „wahr" und „falsch", was im konkreten Fall auch „ja" vs. „nein" oder „trifft zu" vs. „trifft nicht zu" bedeuten kann. Der Variablentyp kommt nicht so häufig zum Einsatz, weil er auch einige Einschränkungen mit sich bringt, z. B. können keine fehlenden Werte definiert werden. Meist ist man mit dem Typ „Ganzzahl" oder „Text" flexibler, bei denen man mit „0 vs. 1" oder mit „ja vs. nein" arbeiten und die gleichen Resultate erzielen kann.

Was sind „Fehlende Werte"?

Nach dem Anlegen einer neuen Variable lassen sich in der Variablenliste weitere Einstellungen vornehmen. In der Spalte „Fehlender Wert" kann ein Variablenwert eingetragen werden, der bei späteren Fallauswahlen und anderen Auswertungen auf Basis von Variablenwerten *nicht* berücksichtigt wird. Angenommen, bei einer Interviewstudie liegen für zwei Fälle keine Altersangaben vor. Dann kann man diesen Fällen z. B. den Wert „999" (oder auch „–99") zuweisen und diesen in die Spalte „fehlender Wert" eintragen. Führt man mit MAXQDA dann eine Fallselektion von Personen über 40 Jahren durch, werden die Fälle mit den Werten 999 automatisch ignoriert. Zusätzlich zu den als fehlend definierten Werten gelten für MAXQDA auch leere Zellen grundsätzlich als fehlend. Leere Zellen können jedoch nur bei Text- und bei Datumsvariablen vorkommen. Für Boolean-Variablen hat es keinen Sinn, fehlende Werte festzulegen, denn hier gibt es in MAXQDA nur die Möglichkeit bei jedem Fall ein Häkchen im Sinne von „ja" oder „trifft zu" zu setzen oder nicht; andere Werte können gar nicht eingetragen werden.

▶ **Hinweis** Bei den Variablentypen „Ganzzahl" und „Fließkommazahl" kann es in MAXQDA keine leeren Zellen geben. Beim Anlegen einer neuen Variable wird daher in alle Zellen der Wert 0 als Initialwert eingetragen. Dies gilt es immer dann zu beachten, wenn der Wert „0" auch als realer Wert vorkommen kann und man bei einer vorhandenen 0 dann nicht weiß, ob sie dezidiert für den Fall eingetragen wurde oder ob sie als Initialwert bereits vorhanden war. Wenn man z. B. die Anzahl der Kinder als Variable definiert, sollte man deshalb als fehlenden Wert die „−99" definieren, um Personen mit 0 Kindern von denen zu unterscheiden, für die keine Angabe vorliegt.

Was bedeutet die Variableneigenschaft „kategorial"?

Üblicherweise unterscheidet man bei quantitativen Variablen verschiedene Messniveaus (Kuckartz et al. 2013, S. 16–20):

- Bei *nominalskalierten Variablen* lassen sich die einzelnen Variablenwerte nicht ordnen, jeder Wert ist gleichrangig, beispielsweise „Geschlecht: weiblich, männlich".
- Bei *ordinalskalierten Variablen* lassen sich die einzelnen Werte in eine Rangreihenfolge bringen, beispielsweise: „Bildungsstufen: niedrig, mittel, hoch".
- Bei *intervallskalierten Variablen* lassen sich die einzelnen Werte nicht nur in eine Rangreihenfolge bringen, sondern die Abstände zwischen den Werten sind obendrein auch immer identisch, beispielsweise: „Alter: 10, 11, 12, 13 Jahre". (Eigentlich ist das Alter in Jahren sogar ratioskaliert, weil es hier sogar einen absoluten Nullpunkt gibt, doch werden ratioskalierte Merkmale in den Sozialwissenschaften häufig nur als intervallskaliert behandelt.)

Nominal- und ordinalskalierte Variablen bezeichnet man auch als „kategorial"; bei ihnen stehen die Kategorien, also die einzelnen Variablenwerte im Zentrum, und es lassen sich keine Mittelwerte und andere Kennzahlen wie bei intervallskalierten Variablen berechnen. Wenn man bei einer Variable die Eigenschaft „kategorial" setzt, weist man damit MAXQDA an, die Variablenwerte nicht als intervallskaliert zu interpretieren. Dies ist zum Beispiel notwendig, wenn man die Variable „Bildungsstufe" mit den Werten 1 = niedrig, 2 = mittel und 3 = hoch eingeben will. Diese Werte sind ordinalskaliert und es hat keinen Sinn, hier Durchschnittswerte zu berechnen. Durch Setzen der Eigenschaft „kategorial" werden in MAXQDA anstelle der Mittelwerte bei einigen Funktionen die Anteile an Fällen ausgegeben, etwa der Prozentanteil der Personen mit hoher Bildung.

Die Wahl der Eigenschaft „kategorial" ist nur für Variablen des Typs „Ganzzahl" oder „Fließkomma" interessant, denn die anderen Variablen werden von MAXQDA ohnehin als kategorial eingestellt. Das heißt, nur bei Zahlenvariablen stellt sich überhaupt die Frage, ob diese nicht als intervallskaliert, sondern als kategorial zu interpretieren sind.

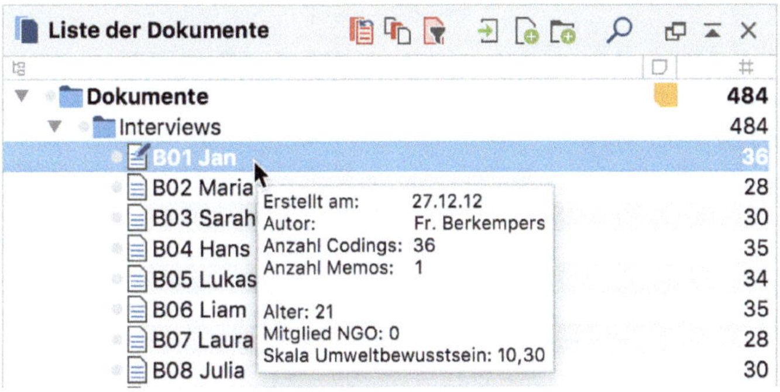

Abb. 10.2 Tooltip mit Variableninformationen in der „Liste der Dokumente"

Welchen Nutzen bringt es, die Option „Tooltip" für eine Variable zu setzen?

Als „Tooltip" bezeichnet man bei Computerprogrammen die aufscheinende Information, wenn der Mauszeiger auf einem Objekt verweilt. In MAXQDA gibt es an vielen Stellen Tooltips: Auf einem Memo erscheint eine Vorschau des Memos, auf einem Dokumentlink eine Vorschau des Linkziels und auf einem Dokument in der „Liste der Dokumente" Informationen darüber, wer die Daten wann importiert hat. Wählt man in der Variablenliste bei einer Variablen die Option „Als Tooltip anzeigen" aus (Abb. 10.1), so erscheint im Tooltip auf einem Dokument zusätzlich der gewählte Variablenname und der Variablenwert, der für dieses Dokument eingetragen wurde (Abb. 10.2). Dies ist besonders praktisch für die schnelle Exploration von Fällen, denn statt umständlich die Variableninformation aus einer Tabelle abzulesen, reicht es beim Verfassen einer Fallzusammenfassung aus, den Mauszeiger auf dem Dokumentnamen zu platzieren, um relevante Kontextinformationen zum Fall anzuzeigen. Die Einstellung „Tooltip-Variable" kommt auch an anderen Stellen in MAXQDA zum Tragen, beispielsweise lassen sich codierte Segmente aus der „Liste der Codings" oder der „Übersicht Codings" zusammen mit den Tooltip-Variablen als Zusatzinformationen exportieren. So kann man bei Interviews zu jeder exportierten codierten Textstelle auch gleich wichtige Fallinformationen wie das Alter der befragten Person mitausgeben.

10.3 Variablenwerte im „Dateneditor" eingeben, ändern und betrachten

In der Variablenliste von MAXQDA verwaltet man die Variablen, im „Dateneditor" bearbeitet und betrachtet man die Daten für alle oder ausgewählte Fälle. Der „Dateneditor" wird entweder über den Tab *Variablen* oder per Klick auf das gleichnamige Symbol im oberen Bereich der Variablenliste geöffnet. Mit dem Symbol schaltet man übrigens

Dokumentgruppe	Dokumentname	Geschlecht	Alter	Altersgruppe	Mitglied NGO	Skala Umweltb...
Interviews	B01 Jan	männlich	21	20 bis 24 Jahre		10,30
Interviews	B02 Maria	weiblich	25	25 bis 29 Jahre	☑	23,50
Interviews	B03 Sarah	weiblich	26	25 bis 29 Jahre		28,00
Interviews	B04 Hans	männlich	22	20 bis 24 Jahre	☑	22,00
Interviews	B05 Lukas		20	20 bis 24 Jahre		22,50
Interviews	B06 Li Text wird automatisch ergänzt			20 bis 24 Jahre		15,30
Interviews	B07 Laura		27	25 bis 29 Jahre		18,00
Interviews	B08 Julia		999			19,00
Interviews	B09 Milan		23	20 bis 24 Jahre		26,50
Interviews	B10 Jonas		26	25 bis 29 Jahre	☑	27,00

Abb. 10.3 Der Dateneditor zur Bearbeitung der Variablenwerte pro Fall, hier: Dokumente

zurück in die Variablenliste, sodass man jederzeit zwischen Variablen- und Datenansicht hin- und herschalten kann. Der Aufbau des Dateneditors entspricht einer typischen Datenmatrix, denn die Fälle bilden als Dokumente die Zeilen und die Variablen die Spalten (Abb. 10.3). Wie in allen Übersichtstabellen von MAXQDA sind vom User veränderbare Spalten blau betitelt, während die nicht veränderbaren und von MAXQDA verwalteten Spalten eine schwarze Überschrift tragen.

Hat man nur wenige Variablen und Fälle vorliegen, kann man die Daten meist bequem und schnell per Hand eingeben, nachdem man die entsprechenden Variablen angelegt hat. Hierzu klickt man mit der Maus in eine Zelle, ob einfach oder doppelt spielt keine Rolle, und gibt einen Wert ein. Am besten bestätigt man die Eingabe mit der Entertaste (↵), wenn man die Eingabe spaltenweise vornimmt, denn dann fokussiert MAXQDA automatisch die nächste Zeile. Wer die Daten fallweise, also Zeile für Zeile eingibt, sollte hingegen nach der Eingabe die Tabulatortaste (→) drücken, dann springt MAXQDA in die nächste Spalte.

Standardmäßig ist für alle Variablen mit Ausnahme des Typs „Boolean" die Funktion „Autovervollständigen" eingeschaltet. Wenn man beginnt einen Wert einzutragen, werden genauso wie bei Excel die eingegebenen Buchstaben um passende, in der Spalte bereits existierende Variablenwerte ergänzt. Dies ist beispielsweise in der Spalte „Geschlecht" in Abb. 10.3 zu sehen. Hier reicht es aus, ein „m" zu tippen und MAXQDA vervollständigt diesen Wert automatisch auf „männlich", sodass man nur noch die Enter- oder Tabulatortaste drücken muss, um den Wert zu übernehmen.

Variablen für einzelne Dokumente, Dokumentgruppen oder Sets explorieren
Die Ansicht des Dateneditors lässt sich leicht beschränken. Um nur die Variablenwerte der Dokumente einer Dokumentgruppe zu explorieren, klickt man in der „Liste der Dokumente" mit der rechten Maustaste eine Dokumentgruppe an und wählt dann *Übersicht Variablen* aus. Es wird daraufhin ein Dateneditor angezeigt, der nur die Dokumente aus

der gewählten Dokumentgruppe enthält. Genauso kann man die Ansicht auf ein einzelnes Dokument oder die Dokumente eines Sets beschränken.

Wichtig zu wissen ist auch, dass der Dateneditor und die „Liste der Dokumente" interaktiv miteinander verbunden sind. Fokussiert man ein Dokument im Dokumentbaum, so wird die zugehörige Zeile im geöffneten Dateneditor markiert – und umgekehrt. Dieses Verhalten kann man sich gut für die Exploration von Dokumenten zu Nutze machen, wenn man nicht mit Tooltip-Variablen arbeiten möchte.

Existierende Datenmatrix aus Excel oder SPSS importieren
Oftmals liegen die standardisierten Daten bei einer Studie schon in einer Datenmatrix „Fälle × Variablen" vor und es ist nicht notwendig, Daten mit der Hand einzutragen. MAXQDA erlaubt den Import solcher Daten, sofern sie im Excel- oder im für Statistiksoftware gebräuchlichen SPSS-Format vorliegen. Um beim Import die Daten den richtigen Fällen zuzuordnen, fordert MAXQDA für die zu importierende Datenmatrix, dass diese zwei Spalten für die Zuordnung der Fälle enthält, eine für die Dokumentgruppe und eine für den Dokumentnamen. Beim Excel-Import müssen die Spalten auch genauso betitelt sein, beim SPSS-Import kann man die Spalten beliebig auswählen.

Der Aufruf der Importfunktion geschieht entweder über den Eintrag *Dokumentvariablen importieren* im Tab *Variablen* oder über das entsprechende Symbol im Dateneditor oder der Variablenliste. Daraufhin erscheint ein Dateidialog, in dem man eine Excel- oder SPSS-Datei auswählen kann. MAXQDA öffnet die Datei, listet alle darin enthalten Variablen auf und ermöglicht für jede neue Variable anzugeben, welcher Variablentyp verwendet werden soll.

Beim Import werden alle noch nicht vorhandenen Variablen neu angelegt. Sollten Variablennamen als gleicher Variablentyp bereits existieren, werden die Werte aktualisiert – dabei überschreiben leere Werte auch bereits vorhandene! Beim Import von SPSS-Dateien lässt sich bequem auswählen, welche Variablenspalten die Dokumentgruppe und welche den Dokumentnamen enthalten. Außerdem kann man festlegen, dass die Variablenlabel anstelle der häufig verkürzten Variablennamen und die Wertelabel anstelle der Zahlencodes importiert werden sollen, was im Regelfall beides zu empfehlen ist.

▶ **Hinweis** Dokumentvariablen werden immer global für das gesamte Projekt definiert, d. h. es ist nicht möglich, unterschiedliche Variablen für die unterschiedlichen Dokumentgruppen zu definieren. Dies ist auch selten notwendig, denn man kann ja beliebig viele Variablen anlegen und jeweils nur den betreffenden Dokumenten die Variablenwerte zuweisen, während bei den anderen Dokumenten die Zellen leer bleiben oder der als fehlend definierte Wert eingetragen wird.

10.4 Codehäufigkeiten in Dokumentvariablen transformieren

Zu jedem Dokument entstehen bei der analytischen Codierarbeit in MAXQDA nebenbei auch quantitative Informationen darüber, wie häufig ein Code bei einem Fall vergeben wurde. MAXQDA ermöglicht es, Dokumentvariablen zu erzeugen, welche die Verteilung der Häufigkeiten eines Codes auf die einzelnen Dokumente widerspiegeln. Diese Variablen sind dynamisch und passen sich immer automatisch dem aktuellen Zustand des Projekts an.

Angenommen, man habe mit einer Kategorie „persönliches Verhalten" alle Textpassagen codiert, in denen die Interviewpersonen über ihr umweltgerechtes Verhalten berichten. Dann lässt sich mithilfe eines Rechtsklicks auf diesen Code im Codesystem und Auswahl der Funktion ***In Dokumentvariable transformieren*** eine neue Dokumentvariable anlegen, deren Werte wiedergeben, wie häufig der jeweilige Code in den einzelnen Dokumenten vergeben wurde (Abb. 10.4). Der Codename wird dabei als Variablenname übernommen, der sich in der „Liste der Dokumentvariablen" jederzeit anpassen lässt. Auch wenn der Name der Funktion etwas anderes vermuten lassen mag: Der Code bleibt durch diese Aktion vollständig erhalten und wird in keiner Weise geändert.

▶ **Hinweis** Die Werte eines transformierten Codes werden von MAXQDA dynamisch im Hintergrund aktualisiert und geben immer den aktuellen Stand im Projekt wieder.

Die Variable kann als Indikator dienen, wie ausgeprägt das umweltgerechte Verhalten der Personen sein mag, doch wird sofort deutlich, dass die rein quantitativen Aussagen mit einer gewissen Vorsicht zu interpretieren sind, da die Häufigkeit mit der etwas gesagt wird, nicht allein durch ihre Wichtigkeit bestimmt ist. Auch die Interviewsituation, die Extrovertiertheit einer interviewten Person und vor allem auch die Codierregeln, wie mit

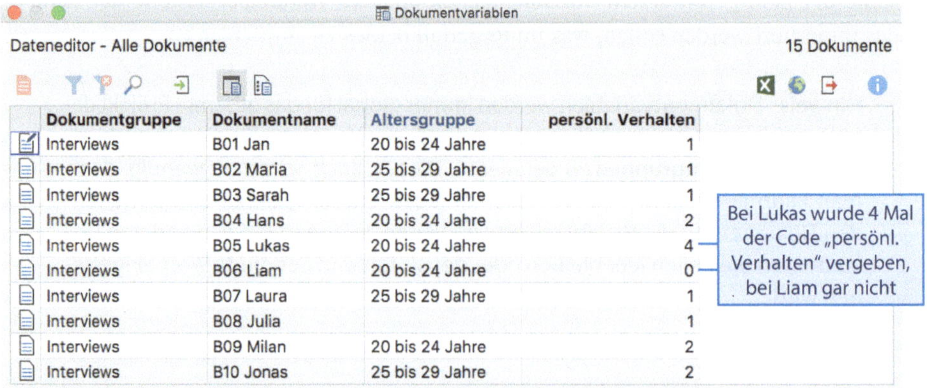

Dokumentgruppe	Dokumentname	Altersgruppe	persönl. Verhalten
Interviews	B01 Jan	20 bis 24 Jahre	1
Interviews	B02 Maria	25 bis 29 Jahre	1
Interviews	B03 Sarah	25 bis 29 Jahre	1
Interviews	B04 Hans	20 bis 24 Jahre	2
Interviews	B05 Lukas	20 bis 24 Jahre	4
Interviews	B06 Liam	20 bis 24 Jahre	0
Interviews	B07 Laura	25 bis 29 Jahre	1
Interviews	B08 Julia		1
Interviews	B09 Milan	20 bis 24 Jahre	2
Interviews	B10 Jonas	25 bis 29 Jahre	2

Bei Lukas wurde 4 Mal der Code „persönl. Verhalten" vergeben, bei Liam gar nicht

Abb. 10.4 In Dokumentvariable umgewandelter Code im Dateneditor

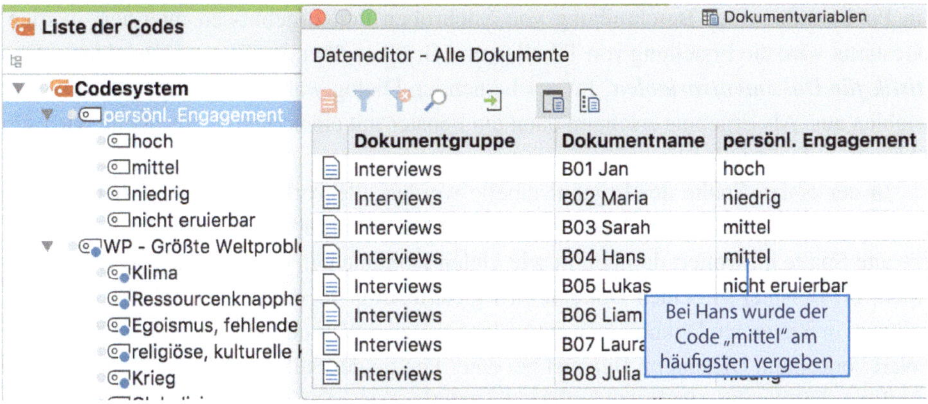

Abb. 10.5 In kategoriale Dokumentvariable umgewandelter Code (*links*) im Dateneditor (*rechts*)

wiederholtem Auftreten identischer Aussagen umgegangen wird, üben Einfluss auf die Anzahl an Codierungen aus.

Die Transformation von qualitativer Codierarbeit in Zahlen wird in der Mixed-Methods-Literatur auch als „Quantitizing" beschrieben (Kuckartz 2017). Dementsprechend findet sich auf dem Tab *Mixed Methods* auch ein gleichnamiges Symbol, mit dem mehrere Codes auf einmal in Dokumentvariablen transformiert werden können.

Transformation in kategoriale Dokumentvariablen

Hat man das persönliche Engagement mithilfe skalierender Subkategorien wie etwa „niedrig", „mittel", „hoch" und „nicht eruierbar" codiert, dann offeriert MAXQDA die Möglichkeit, den Obercode „persönliches Engagement" in eine Dokumentvariable umzuwandeln. Diese Variable enthält als Wert jeweils die Subkategorie, welche am häufigsten in dem Dokument vergeben wurde (Abb. 10.5). Um eine solche Variable zu erzeugen, klickt man auf den Obercode und wählt die Funktion *In kategoriale Dokumentvariable transformieren*. Durch die Transformation erhält man für eine evaluative, skalierende inhaltsanalytische Auswertung (Kuckartz 2016; Mayring 2015; Schreier 2012) auf einfache Art und Weise eine Übersicht über das persönliche Engagement pro Dokument und kann diese Information wiederum verwenden, um Dokumente zu Gruppen zusammenzufassen und diese zu kontrastieren, beispielsweise die wenig Engagierten und die hoch Engagierten.

10.5 Häufigkeitstabellen und Diagramme für Dokumentvariablen erstellen

Für die Inspektion und Darstellung der Variablen bieten sich Häufigkeitstabellen und Diagramme an, in denen die einzelnen Variablenwerte aufgeführt werden. Sie erlauben es, sich ein Bild über die vorhandenen Werte und ihre Verteilung zu machen und können in Publikationen zur Beschreibung von Stichroben und Ergebnissen integriert werden. Gestartet wird die Erstellung von Tabellen und Grafiken über den Eintrag **Variablen > Statistik für Dokumentvariablen**. Im erscheinenden Dialog wählt man einige oder alle Variablen aus. Als Ergebnis erscheint dann ein Fenster mit einer Häufigkeitstabelle wie es in Abb. 10.6 dargestellt ist.

In der ersten Spalte der Ergebnistabelle werden alle vorkommenden Variablenwerte aufgeführt, hier die beiden Altersgruppen „20 bis 24 Jahre" und „25 bis 29 Jahre". Die zweite Spalte informiert darüber, in wie vielen Dokumenten die Variablenwerte vorkommen, im Beispiel in beiden Dokumenten gleichhäufig sieben Mal. Die Zeile „Fehlend" gibt an, in wie vielen Dokumenten entweder ein leerer Wert oder ein als fehlend definierter Wert vorkommt. Dies ist im Beispiel bei einer Person der Fall, für die keine Altersangabe vorliegt. Die Spalte „Prozent" enthält die relativen Häufigkeiten für die Variablenwerte bezogen auf alle Werte, auch die fehlenden. Meist wird man aber die fehlenden Werte bei der Auswertung ignorieren und deshalb den Wert aus der Spalte „Prozent (Gültig)" berichten, bei dessen Berechnung nur die Anzahl an Dokumenten mit gültigen Werten berücksichtigt werden.

Stehen in der ersten Spalte nur Zahlen, was bei der Variable „Alter" der Fall wäre, wenn man sie als Ganzzahl definiert hat, dann kann man über das Symbol **Deskriptive Statistik** ⌀ zusätzlich zur Häufigkeitstabelle auch Mittelwert, Standardabweichung sowie Quartilswerte und andere Kennzahlen zur Beschreibung der Werteverteilung anfordern.

Mithilfe des Symbols **Diagrammansicht** ⅰⅼ schaltet man von der Häufigkeitstabelle in die Darstellung der Tabellendaten als Diagramm um (Abb. 10.7). Nach dem Umschalten stehen Säulen-, Balken- und Kreisdiagramme zur Auswahl. Die Darstellung lässt sich mithilfe der Symbole am oberen Fensterrand anpassen, beispielsweise kann zwischen der Anzeige absoluter und relativer Häufigkeiten gewechselt werden und es lassen sich die fehlenden Werte ein- und ausblenden. Die Anordnung der Säulen, Balken und Kreissegmente richtet sich immer nach der Reihenfolge der Zeilen in der Häufigkeitstabelle – dort kann man die Variablenwerte nach Häufigkeit oder nach Alphabet durch Klick auf die Spaltenüberschriften sortieren. Mithilfe des für MAXQDA üblichen Symbols am rechten

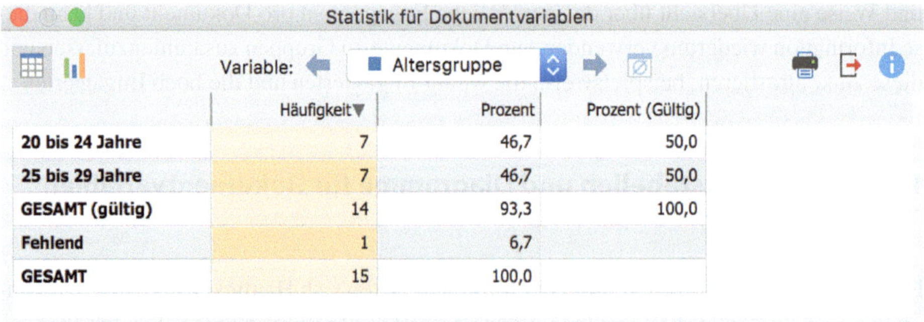

	Häufigkeit ▼	Prozent	Prozent (Gültig)
20 bis 24 Jahre	7	46,7	50,0
25 bis 29 Jahre	7	46,7	50,0
GESAMT (gültig)	14	93,3	100,0
Fehlend	1	6,7	
GESAMT	15	100,0	

Abb. 10.6 Häufigkeitstabelle für eine Dokumentvariable

10.5 Häufigkeitstabellen und Diagramme für Dokumentvariablen erstellen

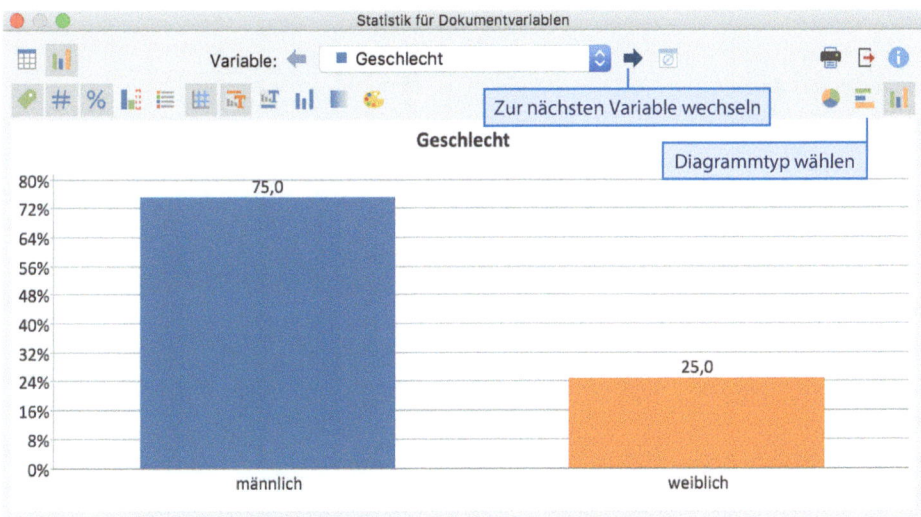

Abb. 10.7 Säulendiagramm für die Dokumentvariable „Geschlecht"

oberen Fensterrand lassen sich sowohl die Diagramme als auch die Häufigkeitstabellen in zahlreichen Formaten exportieren.

▶ **Tipp** Die Erstellung einer Häufigkeitstabelle oder eines Diagramms lässt sich auch direkt aus der Variablenliste durch Klick auf das Symbol **Statistik** starten, nachdem man eine oder auch mehrere Variablen mit der Maus ausgewählt hat.

Mit Paraphrasen arbeiten, thematische Zusammenfassungen und Fallübersichten erstellen

11

Ein häufig angestrebtes Ziel der Datenauswertung ist die Zusammenfassung und Verdichtung des Materials. Zwei Strategien hierfür werden in diesem Kapitel behandelt: Die Paraphrasierung mit sukzessiver Weiterentwicklung der Paraphrasen zu Kategorien und die Erstellung thematischer Zusammenfassungen basierend auf den vorherigen Codierungen. Ersteres dient primär der Kategorienbildung, letzteres der deskriptiven Analyse bereits kategorisierter Daten. Mit dem Codieren und dem Arbeiten am Kategoriensystem werden die empirischen Daten erschlossen und es wird eine begriffliche Systematik mit einem Geflecht von Zusammenhängen erzeugt. Ordnungssysteme und Taxonomien besitzen an sich einen Wert – man denke an das Periodensystem der Elemente in der Chemie – sie enthalten hoch konzentrierte Informationen und ermöglichen es, Elemente und Phänomene einzuordnen. Ähnliches leisten Kategoriensysteme in der empirischen Sozialforschung. Stellt man sich diese Systeme wie ein Gitternetz vor, dessen Knoten jeweils eine Sammlung aller Informationen zu einem bestimmten Thema enthalten, so kann ein Problem darin bestehen, dass die Menge der Informationen geradezu erdrückend ist. Um diese gewaltige Lücke zwischen einer Kategorie und dem mit ihr codierten Material zu überbrücken, ist es häufig sinnvoll, mit Zusammenfassungen zu arbeiten, also quasi ein zweites Gitternetz zu erstellen, dass Informationen komprimiert und aus dem Blickwinkel der Forschungsfrage(n) zusammenfasst. Dieses Kapitel fokussiert die Grundidee eines solchen „Summary-Grids" und die Präsentation von Zusammenfassungen in „Summary-Tabellen".

In diesem Kapitel

✓ Paraphrasen zusammenstellen, bearbeiten und kategorisieren
✓ Thematische Zusammenfassungen schreiben
✓ Die Möglichkeiten des Summary-Grids entdecken

> ✓ Fallübersichten mit Hilfe der Summary-Tabellen erstellen
> ✓ Aus Summary-Tabellen Dokumentvariablen erzeugen
> ✓ Summary-Tabellen für Publikationen und Poster aufbereiten

11.1 Mit Paraphrasen arbeiten und Paraphrasen kategorisieren

Die beiden in diesem Kapitel behandelten Strategien zur Zusammenfassung – das Arbeiten mit Paraphrasen und das Erstellen thematischer Summarys – besitzen unterschiedliche Voraussetzung: Die erste Strategie ist relativ voraussetzungslos und erfordert keine Codierung des Materials, während die mit dem Summary-Grid arbeitende Strategie der thematischen Zusammenfassung auf eine vorhergehende Codierung des Materials aufbaut. Wann ist welches Verfahren angemessen? Eine allgemeingültige Antwort lässt sich schwerlich geben. In all den Fällen, wo nur wenig Zeit zur Verfügung steht und die Bildung eines Kategoriensystems mit der Codierung des Materials deshalb nicht in Frage kommt, empfiehlt sich der Weg der Zusammenfassung über Paraphrasen. Umgekehrt lässt sich allerdings nicht behaupten, dass in all den Fällen, wo Kategorien gebildet und die Daten codiert werden, das Summary-Grid das bestmögliche Verfahren ist. Häufig wird dies der Fall sein, aber der Weg über das Paraphrasieren kann auch ein Weg zur induktiven Kategorienbildung sein. Ausführliche Beschreibungen, wie dies in der Praxis geschieht, finden sich bei Mayring (2015), Kuckartz (2016) und Schreier (2012).

Texte zu paraphrasieren stellt eine gute Möglichkeit zur Zusammenfassung von Textinhalten dar, vor allem dann, wenn die Zeit für die Codierung des Materials fehlt bzw. wenn es darum geht, kurzfristig eine kondensierte Fassung eines Textes zu erstellen, wie dies prototypisch etwa im Journalismus der Fall ist. Wie Texte in MAXQDA paraphrasiert werden, haben wir in Kap. 5 „Daten explorieren" beschrieben, hier geht es um Möglichkeiten der weiteren Arbeit mit den Paraphrasen.

Alle Paraphrasen eines Dokuments zusammenstellen
Unterstellt, dass alles unter einer bestimmten Perspektive Wichtige paraphrasiert wurde, enthalten die Paraphrasen die Essenz eines Textes. Es gibt verschiedene Möglichkeiten diese Essenz anzuschauen, das heißt, die Paraphrasen zusammenzustellen. Als erstes lässt sich hierzu die „Übersicht Codings" nutzen. In der „Liste der Dokumente" wird der betreffende Text mit der rechten Maustaste angeklickt und die Option *Übersicht Codings* gewählt. Falls in diesem Text bereits Textstellen codiert wurden, muss zusätzlich der Code „Paraphrasen" aktiviert und im Übersichtsfenster das Symbol für die Option *Nur aktivierte Codes* angeklickt werden. Von der Vielzahl der Informationen, die in der „Übersicht Codings" in den Spalten angezeigt werden können, benötigt man jetzt eigentlich nur drei Spalten: Erstens die Spalte „Anfang" (um die Reihenfolge der Paraphrasen nach der Reihenfolge des Vorkommens im Text zu sortieren) und ggf. auch die Spal-

11.1 Mit Paraphrasen arbeiten und Paraphrasen kategorisieren

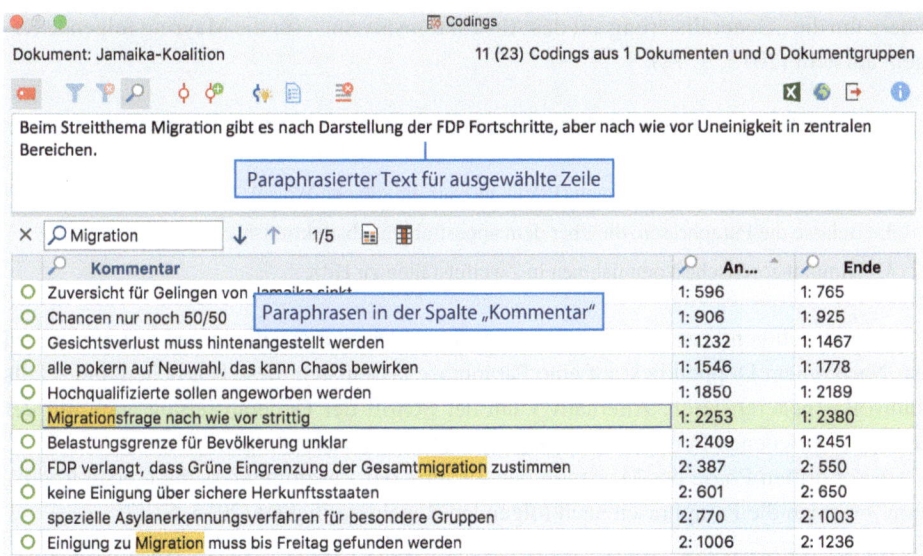

Abb. 11.1 Paraphrasen eines Textes via „Übersicht Codings" zusammenstellen

te „Ende". Zweitens die Spalte „Kommentar", denn in dieser werden in MAXQDA die Paraphrasen gespeichert. Drittens, sofern gewünscht, die Spalte „Vorschau", in welcher der Text gelistet wird, der paraphrasiert wurde. Über die Spaltenauswahl (Rechtsklick auf die Überschriftszeile, d. h. die Zeile, in der sich die Spaltennamen befinden) sollten die nicht benötigten Spalten ausgeblendet werden. Abb. 11.1 zeigt das entsprechende Ergebnis für einen Zeitungsartikel. Die Paraphrasen werden im unteren Fenster in der Spalte „Kommentare" gelistet. Im oberen Fenster wird für die aktuell fokussierte Paraphrase der Originaltext, der paraphrasiert wurde, ausgegeben. Nun lassen sich alle Möglichkeiten von MAXQDAs Übersichtstabellen nutzen, beispielsweise um in den Paraphrasen nach bestimmten Wörtern zu suchen und die Paraphrasen thematisch zu filtern. In Abb. 11.1 wird beispielsweise nach „Migration" gesucht; dieses wird in drei Paraphrasen gefunden.

Die Paraphrasen auswerten und zusammenfassen
Aufbauend auf solchen Zusammenstellungen von Paraphrasen kann ein weiterer Durchgang durch die Paraphrasen erfolgen. Es lassen sich redundante oder auch widersprüchliche Paraphrasen finden, indem die vielseitigen Möglichkeiten zum Filter der Übersichtstabellen genutzt werden. Um Paraphrasen thematisch zu filtern, wird die Spaltenüberschrift „Kommentare" mit der rechten Maustaste angeklickt und der gewünschte Filter formuliert, etwa alle Paraphrasen, in denen das Wort „Migration" vorkommt. Nun sind nur noch diese Paraphrasen sichtbar und können bearbeitet werden. Folgt man dem Ablaufprozess der von Mayring (2015, S. 69–85) beschriebenen Technik der Zusammenfassung, so geht es in dieser, an die Paraphrasierung des Materials anschließenden zweiten

Phase um die „Generalisierung auf das Abstraktionsniveau", für die Mayring folgende Regeln aufstellt (2015, S. 72):

1. Generalisiere die Gegenstände der Paraphrasen auf die definierte Abstraktionsebene, sodass die alten Gegenstände in den neu formulierten explizit sind!
2. Generalisiere die Satzaussagen (Prädikate) auf die gleiche Weise!
3. Belasse die Paraphrasen, die über dem angestrebten Abstraktionsniveau liegen!
4. Nimm theoretische Vorannahmen in Zweifelsfällen zu Hilfe!

Bewerkstelligen lässt sich dies in der „Übersicht Codings", die in Abb. 11.1 zu sehen ist: Nach einem Doppelklick auf eine Paraphrase lassen sich diese bearbeiten und – falls sinnvoll – generalisieren. Alternativ kann der Schritt der Generalisierung auch mit der unten beschriebenen Funktion *Paraphrasen kategorisieren* erfolgen.

In der dritten Phase der Mayringschen Technik der Zusammenfassung („erste Reduktion") werden die Paraphrasen nach folgenden Regeln verdichtet (2015, S. 72):

1. Streiche bedeutungsgleiche Paraphrasen innerhalb der Auswertungseinheiten!
2. Streiche Paraphrasen, die auf dem neuen Abstraktionsniveau nicht als wesentlich inhaltstragend erachtet werden!
3. Übernehme die Paraphrasen, die weiterhin als zentral inhaltstragend erachtet werden!
4. Nimm theoretische Vorannahmen in Zweifelsfällen zu Hilfe!

Dieser Schritt lässt sich ebenfalls sowohl mit der „Übersicht Codings" als auch mit der Funktion *Paraphrasen kategorisieren* realisieren. Wird diese Technik der Zusammenfassung zur induktiven Bildung von Kategorien benutzt, so ist das Löschen von Paraphrasen nicht zwingend notwendig, denn Ziel ist ja ein konsistentes Kategoriensystem und nicht die Codierung der Daten. Ansonsten sollte man sich dessen bewusst sein, dass mit dem Löschen der Paraphrase natürlich der Bezug zum Originalmaterial gelöscht werden, das heißt, es ist nicht mehr ersichtlich, dass die durch die generalisierte Paraphrase erfasste Aussage mehrmals im Material vorkommt.

Auf die gleiche Art und Weise lässt sich auch die vierte Phase der Zusammenfassung nach Mayring umsetzen, die sogenannte „zweite Reduktion". In dieser Phase besteht die Aufgabe darin, nun nicht mehr nur fallbezogen, sondern fallübergreifend die Paraphrasen zu bündeln, zu integrieren und gegebenenfalls redundante Paraphrasen zu streichen. Für diesen Arbeitsschritt sind in MAXQDA zunächst all die Dokumente zu aktivieren, deren Paraphrasen entsprechend bearbeitet werden sollen. Sodann doppelklickt man auf den Code „Paraphrasen" und filtert die Anzeige durch Klick auf das Symbol *Nur aktivierte Dokumente*. Alles Weitere geschieht wie bei dem Schritt der „ersten Reduktion", also entweder via „Übersicht Codings" oder mit der Funktion „Paraphrasen kategorisieren". Wiederum ist der Schritt des Löschens von Paraphrasen zu überdenken, insbesondere dann, wenn es um Zusammenfassung der Inhalte geht, ist das Löschen von Paraphrasen eher kritisch zu sehen.

Um die Zusammenfassungen wie auch die gebildeten Kategorien festzuhalten und zu kommentieren, wird man am besten ein neues freies Memo erzeugen, in dem die inhaltlichen Ergebnisse, im obigen Beispiel zum Thema „Migration", zusammengefasst werden. Alle bearbeiteten Paraphrasen sind in der „Übersicht Codings" zugänglich, sodass prägnante Paraphrasen via Zwischenablage in das freie Memo als Zitate übertragen werden können.

Von Paraphrasen zu Kategorien

Die Systematisierung und Gruppierung von Paraphrasen ist ein bewährtes Verfahren um zu Kategorien zu gelangen. Eine solche induktive Kategorienbildung am Material mittels Paraphrasierung ist zwar relativ aufwendig, aber vor allem für Neulinge im Bereich der qualitativen Inhaltsanalyse ist dies ein Weg, der ohne große Probleme beschritten werden kann, weil sich hier sehr eng an die Texte gehalten wird. Die MAXQDA-Funktion „Paraphrasen kategorisieren" unterstützt aber nicht nur die Kategorienbildung am Material, sondern kann ganz allgemein dazu genutzt werden, um Paraphrasen im Rahmen einer qualitativen Inhaltsanalyse zu kategorisieren. Die Funktion wird aus dem Tab *Analyse* mit *Paraphrasen > Paraphrasen kategorisieren* gestartet. Wenn nur ein oder mehrere ausgewählte Dokumente bearbeitet werden sollen, sind diese zuvor zu aktivieren. Abb. 11.2 zeigt, wie die Arbeitsumgebung zum Kategorisieren von Paraphrasen aussieht.

Die Arbeitsumgebung ist zweigeteilt: Im linken Fenster wird das Kategoriensystem dargestellt; zu Beginn der Kategorienbildung ist es natürlich noch leer, vorausgesetzt die einbezogenen Dokumente weisen noch keine Codierungen auf. Es können nun neue Kategorien eingefügt und einzelnen Paraphrasen zugeordnet werden. Die Zahl am Ende jeder Codezeile informiert darüber, wie häufig die Kategorie bislang in den ausgewählten Dokumenten vergeben wurde. Anders als die Angabe der Codehäufigkeit in der „Liste der

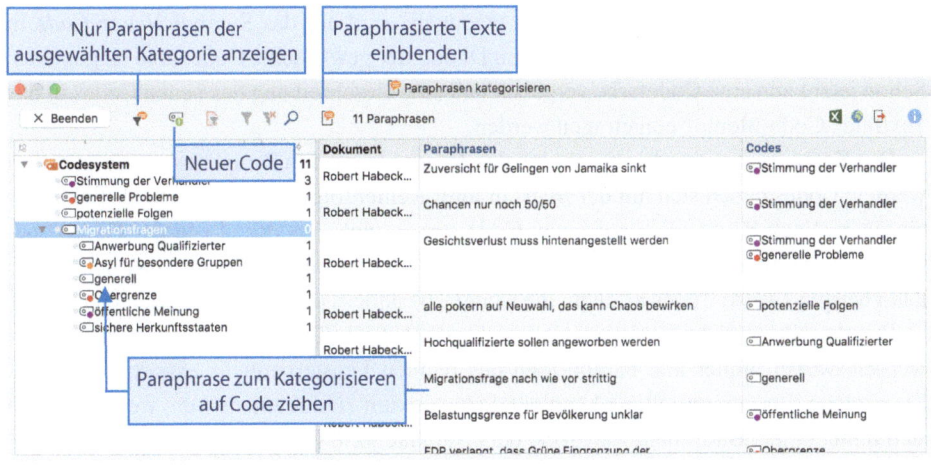

Abb. 11.2 Arbeitsumgebung zur Kategorienbildung mittels Paraphrasen

Codes", gibt diese Zahl also nicht die Gesamtzahl aller Codings dieses Codes in allen Dokumenten an, sondern nur die Zahl der Codierungen in den für das Kategorisieren der Paraphrasen ausgewählten Dokumenten. Im rechten Fensterbereich werden die Paraphrasen aller bzw. nur der aktivierten Dokumente gelistet – jede in einer eigenen Zeile. Standardmäßig werden im rechten Fenster drei Spalten angezeigt: Die erste Spalte enthält den Dokumentnamen, die zweite die Paraphrasen und die dritte Spalte die zugeordneten Codes. Eine vierte Spalte „Paraphrasierter Text" lässt sich über ein entsprechendes Symbol in der Symbolleiste hinzuschalten, diese enthält dann den Text, der paraphrasiert wurde.

Die Tabelle kann wie alle MAXQDA-Tabellen angepasst werden: Die Spalten lassen sich mit der Maus in ihrer Breite und Position ändern sowie durch rechten Mausklick auf eine Spalte ausblenden. Ein Klick auf die Überschrift sortiert die Spalte aufsteigend, ein weiterer Klick absteigend.

▶ **Hinweis** Während das Fenster für das Kategorisieren von Paraphrasen geöffnet ist, sind die anderen Funktionen von MAXQDA gesperrt. Alle Änderungen am Codesystem, also auch das Einfügen neuer Codes, werden direkt in der „Liste der Codes" von MAXQDA übernommen.

Kategorien zuordnen

Um einer Paraphrase eine neue Kategorie zuzuordnen, wird diese mit der rechten Maustaste angeklickt und im Kontextmenü die Option *Neuen Code erstellen und zuordnen* gewählt. Um einer Paraphrase einen bereits existierenden Code zuzuweisen, wird einfach die Zeile mit der Paraphrase auf diesen Code im Codesystem gezogen. Die Kategorisierung wird sofort durch Anzeige des Codes in der Spalte „Codes" deutlich gemacht. Um eine zugeordnete Kategorie bei einer Paraphrase wieder zu entfernen, führt man die Maus über einen Code in der Spalte „Codes" und klickt auf das erscheinende „x". Um einen neuen Code für die Kategorisierung zu erzeugen, wird auf das Symbol *Neuer Code* in der Symbolleiste geklickt und im üblichen Dialog der gewünschte Codename eingegeben. Schon jetzt kann eine Codefarbe vergeben und eine Beschreibung des neuen Codes in das Textfeld „Code-Memo" eingetragen werden.

Das Kategoriensystem kann während des Arbeitens mit den Paraphrasen umorganisiert werden: Codes lassen sich mit der Maus in ihrer Reihenfolge verändern und als Subcodes einfügen. Nach Rechtsklick auf einen Code stehen viele aus der „Liste der Codes" bekannte Funktionen für die Anpassung des Codesystems zur Verfügung, das heißt, man kann beispielsweise Codes löschen, die Codefarbe ändern oder ein Code-Memo erstellen.

Die aktuelle Ansicht kann auch als Excel- oder HTML-Tabelle geöffnet oder exportiert werden, wobei immer alle Paraphrasen des rechten Fensterbereichs exportiert werden. Eine solche Zusammenstellung kann nützlich sein, um zu dokumentieren, welche Inhalte sich hinter einer bestimmten Kategorie oder Subkategorie verbergen.

11.2 Thematische Zusammenfassungen im Summary-Grid schreiben

Wer Inhalte analysiert, kommt regelmäßig auf die Idee, Wichtiges von Unwichtigem zu unterscheiden und das, was aus der Perspektive der Forschungsfrage wichtig ist, zusammenzufassen. Solche Zusammenfassungen halten also etwas fest, was aus einem bestimmten Blickwinkel bedeutsam ist. Dies bedeutet andererseits, dass es keine allgemeingültige Art und Weise gibt, um Zusammenfassungen anzufertigen, sondern wie Zusammenfassungen aussehen, hängt immer von der Situation und der Funktion ab. Zusammenfassungen können aus diesem Grund auch sehr unterschiedlich hinsichtlich ihrer Länge sein. Maximale Kürze haben die Keywords, die einem bei einer Literaturrecherche helfen, einschlägige Texte zu finden. Diese Keywords komprimieren die Informationen, die ein Text enthält, auf wenige Begriffe. Ausführlicher sind da schon Abstracts, die den zentralen Inhalt und die Argumentation, beispielsweise eines Artikels in einer wissenschaftlichen Zeitschrift, in wenigen Sätzen auf den Punkt bringen. Sowohl Keywords als auch Abstracts beziehen sich auf den gesamten Text, in der Sprache der Sozialforschung auf die gesamte *Analyseeinheit*. In MAXQDA lassen sich Keywords in Form von Codes einer Analyseeinheit (=Dokument) zuordnen. Abstracts, die einen gesamten Text zusammenfassen, werden am besten in Form eines Dokument-Memos in der „Liste der Dokumente" dem jeweiligen Dokument zugeordnet. Eine sehr kleinteilige Technik der Zusammenfassung ist die zuvor beschriebene Technik des Paraphrasierens, die dazu dient, einzelne Aussagen oder Abschnitte eines Textes in eigenen Worten wiederzugeben. Auf diese Weise entstehen – je nach Fragestellung – unter Umständen sehr viele Paraphrasen, die dann geordnet und in der Regel auf einem höheren Abstraktionsniveau aggregiert werden.

Paraphrasieren ist eine voraussetzungslose Technik, eine vorausgehende thematische Codierung des Materials ist nicht erforderlich, sondern es werden uncodierte Textabschnitte in eigenen Worten in komprimierter Form wiedergegeben. Ein anderes Verfahren der Zusammenfassung im Rahmen inhaltsanalytischer Auswertung arbeitet mit bereits codierten Textstellen. Hierfür bietet MAXQDA eine spezielle Funktionalität, und zwar das Summary-Grid. Die Grundidee des Summary-Grids ist, dass thematische Zusammenfassungen geschrieben werden, und zwar aufbauend auf einer bereits vorgenommenen thematischen Codierung der Daten. Das Prinzip thematischer Summarys ist in Abb. 11.3 dargestellt. Pro Fall wird ein bestimmtes Thema, sprich die mit einer bestimmten Kategorie codierten Segmente, fokussiert. Zum Beispiel: Was hat die Person „Peter Berkemper" im Verlaufe des Interviews alles zum Thema „Beeinflussbarkeit globaler Probleme" gesagt? Es mag sein, dass zehn verschiedene Stellen über das gesamte Interview verteilt existieren, die entsprechende Äußerungen enthalten. Alle diese Stellen werden mit Hilfe des Summary-Grids zunächst zusammengestellt und für eben diese Stellen wird dann von den Analysten ein thematisches Summary erstellt.

Diese thematischen Summarys können selbst wiederum für weiterführende Analysen genutzt werden, insbesondere für systematische Fallvergleiche, Fallkontrastierungen und Fallübersichten. Solche fallorientierten Vorgehensweisen sind typische Techniken der qualitativen Sozialforschung. Mittels der „Summary-Tabellen" lassen sich in MAXQDA

	Fall 1	Fall 2	...
Thema A	*Codierte Textstellen* von Fall 1 zu Thema A	*Codierte Textstellen* von Fall 2 zu Thema A	
Thema B	*Codierte Textstellen* von Fall 1 zu Thema B	*Codierte Textstellen* von Fall 2 zu Thema B	
...	...	...	...

⇓ ⇓

	Fall 1	Fall 2	...
Thema A	*Zusammenfassung* der Textstellen von Fall 1 zu Thema A	*Zusammenfassung* der Textstellen von Fall 2 zu Thema A	
Thema B	*Zusammenfassung* der Textstellen von Fall 1 zu Thema B	*Zusammenfassung* der Textstellen von Fall 2 zu Thema B	
...	...	...	...

Abb. 11.3 Das Prinzip des Summary-Grids (Summarys für Fälle × Themen) als weitere Analyseebene

solche Auswertungen realisieren; diese basieren auf den Codierungen und entsprechenden Zusammenfassungen aus der Perspektive der Forschenden.

Summarys zu schreiben ist mit beträchtlichem Zeitaufwand verbunden. Insofern sollte gut überlegt werden, für welche Themen (Codes) die Erstellung von Zusammenfassungen sinnvoll ist. Es müssen also keinesfalls für alle Themen auch Zusammenfassungen erstellt werden.

Zur Erstellung und Bearbeitung von Summarys wählt man ***Analyse > Summary-Grid***. Das erscheinende Summary-Grid-Fenster (Abb. 11.4) besitzt drei Bereiche:

- In der linken Spalte wird das thematische Gitter angezeigt, und zwar in einer dem Code-Matrix-Browser ähnelnden Darstellung. Ein rotes Rechteck zeigt an, für welches Dokument und welchen Code des thematischen Gitters aktuell die codierten Segmente gelistet werden.
- Die mittlere Spalte enthält genau diese codierten Segmente.
- Die rechte Spalte, die anfangs noch leer ist, dient der Eingabe der Zusammenfassung.

Die Spalten und Zeilen des in der linken Spalte dargestellten thematischen Gitters können mittels zweier Symbole reduziert werden: Das Icon ***Nur aktivierte Dokumente*** bewirkt, dass in den Spalten nur die Dokumente angezeigt werden, die in der „Liste der Dokumente" aktiviert sind. Ähnliches bewirkt das Symbol ***Nur aktivierte Codes*** – als Zeilen werden nur die Codes angezeigt, die in der „Liste der Codes" aktiviert sind.

Mit Hilfe des Symbols ***Summary-Tabellen*** wird das unten beschriebene Fenster „Summary-Tabellen" geöffnet.

11.3 Fallübersichten mithilfe der Summary-Tabellen erstellen

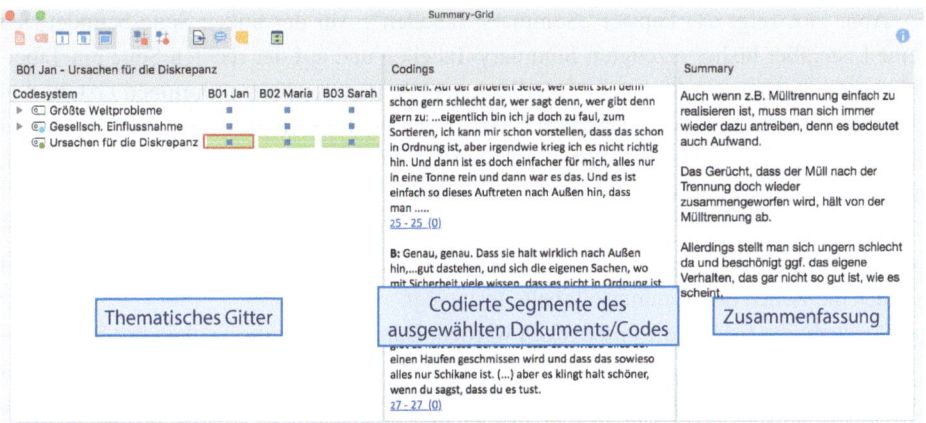

Abb. 11.4 Die drei Spalten des „Summary-Grids"

Wie wird nun ein Summary geschrieben bzw. ein schon vorhandenes bearbeitet? Wird die Maus über die Knoten des Summary Grids im linken Fenster geführt, erscheint jeweils ein Tooltip mit Informationen zum Dokument und zu den für diesen Code vorhandenen Segmenten. Durch einfaches Klicken wird eine Zelle der Matrix zur Bearbeitung ausgewählt. Dies ähnelt dem Öffnen einer Schublade, nun wird der Inhalt sichtbar; das sind in diesem Fall die codierten Segmente, die im mittleren Fenster dargestellt werden. Am Ende jedes Segments befindet sich eine Quellenangabe (in blau farblich hervorgehobene Absatznummer). Ein Klick auf diese Angabe bewirkt, dass im Dokument-Browser die entsprechende Textstelle im Dokument angezeigt wird, so dass auch der Kontext dieses Codings bei Bedarf für die Interpretation hinzugezogen werden kann.

Im rechten Fenster kann nun die Zusammenfassung eingegeben werden. Summarys werden automatisch gespeichert, wenn im linken Fenster ein anderer Knoten angeklickt oder das Fenster Summary-Grid geschlossen wird.

▶ **Tipp** Markierte Textstellen lassen sich bei gedrückter linker Maustaste aus dem mittleren Fenster in das Summary-Fenster ziehen. Dies ermöglicht es, auf einfache Weise Originalzitate in das Summary einzufügen.

11.3 Fallübersichten mithilfe der Summary-Tabellen erstellen

Zur Kontrastierung von Fällen und zur Erstellung von Fall-Übersichten dient die Funktion „Summary-Tabellen". Sie wird entweder über den Tab *Analyse > Summary-Tabellen* oder durch Klicken auf das gleichnamige Symbol im Fenster Summary-Grid aufgerufen. In einer Summary-Tabelle werden für ausgewählte Dokumente und Codes die zugehörigen Summarys zusammen mit Dokumentvariablen angezeigt. Summary-Tabellen eignen sich hervorragend für Präsentationen und Publikationen.

Abb. 11.6 zeigt das Fenster „Summary-Tabellen": Auf der linken Seite befindet sich eine Liste aller bisher erzeugten Summary-Tabellen und auf der rechten Seite ein Tabellenfenster, in dem die Summary-Tabelle gemäß den ausgewählten Optionen erstellt und angezeigt wird. Die Liste ist natürlich leer, wenn noch keine Summary-Tabelle erzeugt wurde. Durch Klicken auf das gleichnamige Symbol ▣ wird eine neue Tabelle erzeugt; zunächst sind verschiedene Optionen auszuwählen (Abb. 11.5):

- Auswahl, ob alle oder nur die aktivierten Dokumente einbezogen werden. Damit werden die Zeilen der Summary-Tabelle festgelegt.
- Auswahl der Codes, die einbezogen werden. Damit werden die Spalten der Summary-Tabelle festgelegt.
- Auswahl, welche Dokumentvariablen als Zusatzinformationen mit ausgegeben werden. Die für den Fensterbereich „Variable für erste Spalte" ausgewählten Variablen werden in der ersten Spalte zusammen mit dem Dokumentnamen ausgegeben. Alle im Fensterbereich „Variablen in eigener Spalte" gewählten Variablen werden als eigene Spalte hinter den Codes ergänzt.

Nach Einstellung dieser Optionen erscheint die fertige Tabelle, die die Summarys für die ausgewählten Codes listet. Die erste Spalte enthält die Dokumentgruppe und den Dokumentnamen sowie die Variablenwerte der ausgewählten Variablen. Auf diese Weise können in der Summary-Tabelle immer zusätzliche Informationen über einen dargestellten Fall ausgegeben werden. Die Tabelle wird im Nur-Text-Format erstellt, sie wird einheitlich mit der gleichen Schriftart formatiert.

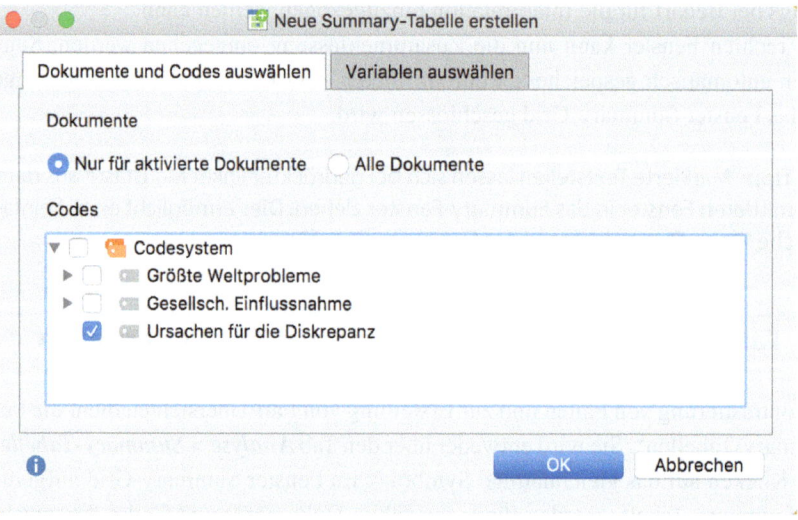

Abb. 11.5 Optionen bei der Erstellung einer neuen „Summary-Tabelle"

11.4 Aus Summary-Tabellen Dokumentvariablen erzeugen

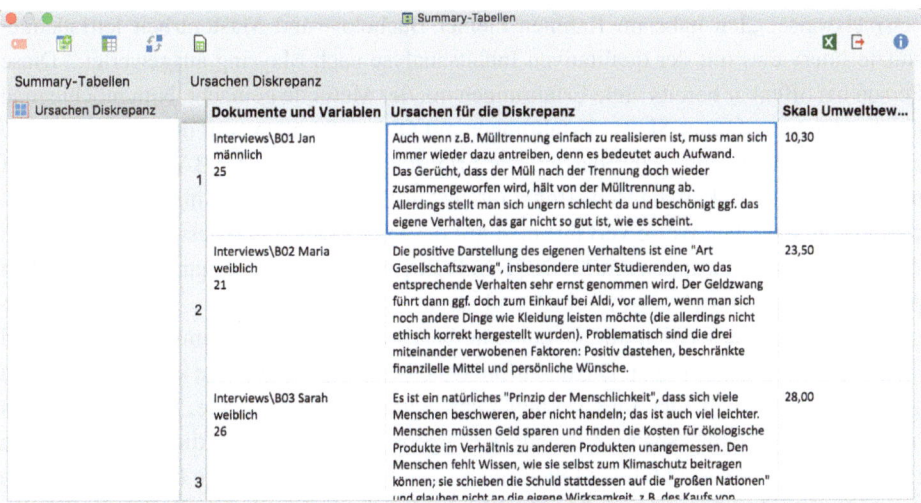

Abb. 11.6 Eine Summary-Tabelle

▶ **Hinweis** Die einzelnen Zellen der Summary-Tabelle sind editierbar, das heißt, die dort dargestellten Summarys können verändert werden und alle Änderungen der Inhalte einer Summary-Tabelle wirken zurück auf die Summarys im Grid; auch dort ändert sich der Inhalt der entsprechenden Zelle. Auch die Variablenwerte der Variablen, die in eigenen Spalten dargestellt werden, lassen sich ändern, aber dies hat keine Rückwirkungen auf die Dokumentvariablen selbst.

Jede Zelle der Summary-Tabelle ist mit den dahinterliegenden codierten Segmenten verbunden. Ein Mausklick in eine Zelle bewirkt, dass die Codings, die zu dieser Zelle der Tabelle gehören, im Summary-Grid angezeigt werden. Ferner erscheint bei rechtem Mausklick in eine Zelle ein Kontextmenü, das u. a. die Option „Zugehörige Codings anzeigen enthält"; diese werden dann in der „Liste der Codings" zur Anzeige gebracht.

Wie bei allen Tabellen in MAXQDA können Sie die Ansicht der Summary-Tabellen beeinflussen: Sie können beispielsweise die Reihenfolge der Spalten verändern, indem Sie bei gedrückter Maustaste die Spalte zur gewünschten Position ziehen. Ferner lassen sich Spalten ausblenden und aufsteigende oder absteigende Sortierungen der gesamten Tabelle nach den Werten einer Spalte vornehmen.

11.4 Aus Summary-Tabellen Dokumentvariablen erzeugen

Aus den bereits sehr stark verdichteten Summarys lassen sich automatisch Dokumentvariablen erzeugen. Dazu folgendes Beispiel: In Vorbereitung eines Workshops wurden die Teilnehmenden vorab in einer Online-Befragung danach gefragt, ob sie bereits Erfahrungen mit der Methode „qualitative Inhaltsanalyse" besäßen. Eine Antwort lautete beispielsweise: „Ich habe im Rahmen meiner Bachelor- und Masterarbeit leitfadengestützte Interviews mit der qualitativen Inhaltsanalyse nach Mayring ausgewertet." Diese Person hat offenbar bereits viele Erfahrungen mit der Methode gemacht. Nun möchte man die Antworten auf einer Skala „Erfahrungen mit QIA vorhanden" mit den Ausprägungen „ja", „wenig" und „nein" einschätzen. Die Erfahrungen während der BA- und MA-Arbeit bewirken in diesem Fall die Bewertung mit „ja", welche man als Summary für die Person einträgt. In ähnlicher Weise verfährt man mit der in der Befragung gestellten Frage nach den bisherigen Erfahrungen mit MAXQDA. Praktischerweise wählt man hier die gleichen Ausprägungen, nämlich „ja", „wenig" und „nein".

Auf diese Weise werden alle Dokumente bearbeitet und in der Summary-Spalte wird jeweils der Wert eingetragen. Die daraufhin erstellte Summary-Tabelle ist in Abb. 11.7 zu sehen. Die erste Spalte der Tabelle enthält den Namen der Dokumente, Variablen wurden hier nicht ausgewählt; Spalte 2 enthält die zugeordneten Werte für die Frage nach den Erfahrungen mit der qualitativen Inhaltsanalyse und Spalte 3 die Werte für die Frage nach den bisherigen Erfahrungen mit MAXQDA.

Auf den ersten Blick lassen sich bereits Zusammenhänge erkennen: Bis auf eine Ausnahme besitzen all diejenigen, die bereits Erfahrungen mit der qualitativen Inhaltsanalyse gemacht haben, auch Erfahrungen in der Arbeit mit MAXQDA. Sehr häufig findet sich eine Koinzidenz von zwei Nein-Antworten, d. h. in beiden Bereichen wurden bislang keine Erfahrung gemacht. Ein Klick auf die Kopfzeile einer Spalte bewirkt, dass die Tabelle nach dieser Spalte sortiert wird. So lässt sich dann auch ohne Statistik-Software leicht herausfinden, dass fünf Personen Erfahrungen mit der qualitativen Inhaltsanalyse besitzen, ebenfalls fünf haben bisher keine Erfahrungen und zwei Personen nur wenig Er-

Dokumente und Variablen	QIA-Erfahrungen	MAXQDA-Erfahrungen
1 01	ja	ja
2 02	wenig	ja
3 03	nein	wenig
4 04		
5 05		
6 06	nein	nein
7 07	ja	ja
8 08	nein	nein
9 09	nein	nein
10 10	ja	ja

Abb. 11.7 Summary-Tabelle mit Bewertungen für die Codes „QIA-Erfahrungen" und „MAXQDA-Erfahrungen"

fahrungen gesammelt. Wenn man mit der rechten Maustaste auf den Spaltenkopf „QIA-Erfahrungen" klickt, findet man im Kontextmenü die Option *In Dokumentvariable transformieren*. Diese bewirkt, dass eine neue Variable mit dem Namen „QIA-Erfahrungen" erzeugt wird und die entsprechenden Werte („ja", „wenig" und „nein") bei den Dokumenten eingetragen werden. Von nun ab lässt sich diese Variable als Selektionskriterium verwenden, etwa zur Beantwortung der Frage „Was wollen diejenigen Teilnehmer lernen, die bisher keine Erfahrungen mit der qualitativen Inhaltsanalyse haben?" Auch können die so gebildeten Variablen natürlich statistisch ausgewertet werden, beispielsweise in Form einer Häufigkeitstabelle oder eines Balkendiagramms.

▶ **Hinweis** Zu beachten ist, dass die Variablenwerte in den Summary-Tabellen statisch sind, d. h., Änderungen, die man an dieser Stelle vornimmt, werden nicht dauerhaft in der Datenbank gespeichert. Solche Änderungen werden mit dem Dateneditor für Dokumentvariablen vorgenommen (vgl. Kap. 10).

11.5 Alternative Darstellung für die Fallübersichten

Für manche Fragestellungen und Vergleiche, insbesondere für die Kontrastierung ausgewählter Fälle, ist es sinnvoll, die Anordnung von Zeilen und Spalten zu vertauschen, so dass die Fälle (Dokumente) in den Spalten und die Themen (Codes) in den Zeilen erscheinen. Dies kann durch Klicken auf das gleichnamige Symbol in der Symbolleiste oben im Fenster geschehen. Die Auswahl zu kontrastierender Fälle geschieht am besten über die „Spaltenauswahl", die über einen Rechtsklick in eine beliebige Spaltenüberschrift zugänglich ist. In Abb. 11.8 sind vier Fälle kontrastiert, jeweils zwei mit „QIA-Erfahrungen" zwei ohne Erfahrung; Erfahrung in der Arbeit mit der qualitativen Inhaltsanalyse haben die Personen „01" und „04", keine Erfahrung haben „08" und „09". Zusätzlich zu den Codes, die die Erfahrungen umfassen, sind die Summarys zum Thema „Was will man im Workshop lernen" in der Tabelle gelistet: Die beiden Personen ohne Erfahrungen interessiert vor allem das Thema „Kategorienbildung", die beiden Personen mit Erfahrungen haben spezifischere Lernwünsche und wünschen sich sogar, mit eigenen Daten zu arbeiten.

		01	04	08	09
1	Dokumente und Variablen	01	04	08	09
2	QIA-Erfahrungen	ja	ja	nein	nein
3	MAXQDA-Erfahrungen	ja	nein	nein	nein
4	Was lernen?	Wie genau kann ich unter MAXQDA Exzerpte anlegen und bearbeiten?	Ich würde gerne das Vorgehen der qualitativen Inhaltsanalyse weiter vertiefen. Es wäre schön, wenn wir dieses an eigenem Datenmaterial üben könnten.	Wie gehe ich beim Bilden von Kategorien vor?	Insbesondere interessiert mich die Kategorienbildung (Kategorienarten, Kategoriensystem) und die inhaltlich strukturierende Inhaltsanalyse (zunächst der Ablauf)

Abb. 11.8 Summary-Tabelle für vier Personen in den Spalten

11.6 Integrative Zusammenfassungen erzeugen

Häufig kommt es vor, dass die Zusammenfassungen zu mehreren Themen integriert, d. h. zu einer Gesamteinschätzung zusammengefasst, werden sollen. Dies ist beispielsweise der Fall, wenn eine Typenbildung basierend auf mehreren Codes bzw. deren Summarys angestrebt wird. Als einfaches Beispiel nehme man die oben dargestellten Summarys für die „Erfahrungen mit der QIA" und die „Erfahrungen mit MAXQDA". Es wird angestrebt, diese beiden Themen (= Spalten in der Abb. 11.9) zu einem „Vorerfahrungstyp" zu integrieren. Wie lässt sich dies bewerkstelligen? Eigentlich wünscht man sich eine weitere Spalte in die Summary-Tabelle einzufügen und dort die integrative Bewertung hineinzuschreiben: Die Kombination „ja" + „ja" würde beispielsweise einem Typ „Die Erfahrenen" und die Kombination „nein" + „nein" einem Typ „Die Novizen" zugeordnet. Nun lässt sich aber in eine MAXQDA Summary-Tabelle keine weitere neue Spalte einfügen. Selbst dann, wenn dies ginge, würde sich die Frage stellen, wo denn die neu erzeugten Werte gespeichert werden. Wenn sie nur in dieser Summary-Tabelle existieren würden, wären Sie ja für alle folgenden Auswertungen verloren. Also gilt es, sich der Werkzeuge zu bedienen, die in MAXQDA für solche Analysen vorgesehen sind – und das sind die Codes und die Variablen. Da die Änderungen von Variablenwerten in den Summary-Tabellen nicht dauerhaft in den zugehörigen Dokumentvariablen dauerhaft gespeichert werden, bleibt nur der Weg über die Codes, d. h. wir definieren einen neuen Code „Vorerfahrungstyp", erstellen die Summary-Tabelle neu und tragen dann in die Spalte „Vorerfahrungstyp" ein, welchem Typ die jeweilige Person zugeordnet wird. Abb. 11.9 zeigt das Resultat: Es wurden drei Gruppen gebildet, nämlich „Erfahrene" und „Novizen" sowie eine Mischgruppe aus solchen Personen, die bereits über etwas Vorwissen verfügen; bei diesen wurde der

Vorerfahrungstyp

	Dokumente und Variablen	QIA-Erfahrungen	MAXQDA-Erfahrungen	Vorerfahrungstyp
1	01	ja	ja	Erfahrene
2	02	wenig	ja	Vorwissen
3	03	nein	wenig	Vorwissen
4	04	ja	nein	Vorwissen
5	05	nein	nein	Novizen
6	06	nein	nein	Novizen
7	07	ja	ja	Erfahrene
8	08	nein	nein	Novizen
9	09	nein	nein	Novizen
10	10	ja	ja	Erfahrene

Abb. 11.9 Erstellen eines integrativen Summarys in zusätzlicher Spalte

Vorerfahrungstyp „Vorwissen" eingetragen. Auf diese Weise bleibt der Vorerfahrungstyp dauerhaft gespeichert, steht als Selektionskriterium für weitere Analysen zur Verfügung und lässt sich statistisch auswerten – und ist – last but not least – auch in den Übersichten über die Summarys verfügbar.

11.7 Die „Übersicht Summarys"

In der „Liste der Dokumente" ist es möglich, mit Hilfe der „Übersicht Summarys" einen fallbezogenen Überblick über die geschriebenen Zusammenfassungen zu erhalten. Fallbezogen bedeutet, auf die Summarys ausgewählter Dokumente, Dokumentgruppen oder Dokumentsets zugreifen zu können. Diese Übersicht ist auf allen Ebenen der „Liste der Dokumente" im Kontextmenü verfügbar. Dort findet man den Eintrag *Übersicht Summarys* in der untersten Reihe im Bereich der verfügbaren Übersichten. Die gleiche Aufgabe erfüllt die *Übersicht Summarys* im Tab *Reports*.

Es wird eine für MAXQDA typische tabellarische Auflistung produziert, welche alle existierenden Summarys des betreffenden Dokuments enthält und im oberen Fensterbereich das im unteren Bereich ausgewählte Summary vollständig anzeigt.

Die Spalten „Dokument" und „Code" informieren über die Herkunft der Summarys, die „Vorschau" enthält die ersten 63 Zeichen der Zusammenfassung und die Spalte „Positionen" listet hintereinander alle Positionen, aus denen die zugrundeliegenden codierten Segmente stammen. In Abb. 11.10 stammt das erste Summary aus dem Dokument „B01 Jan"; hier werden alle mit dem Code „Ursachen für die Diskrepanz" codierten Textpassagen dieses Dokuments zusammengefasst. Im Dokument wurden zwei Textstellen mit diesem Code codiert, nämlich die Absätze 25 und 27.

Am Ende eines Kapitels über Zusammenfassungen wollen wir noch die Frage nach Standards und Gütekriterien stellen: Gibt es Regeln für das Schreiben einer Zusammenfassung? Lässt sich postulieren, dass mehrere Personen bei der Anfertigung eines Summarys übereinstimmen?

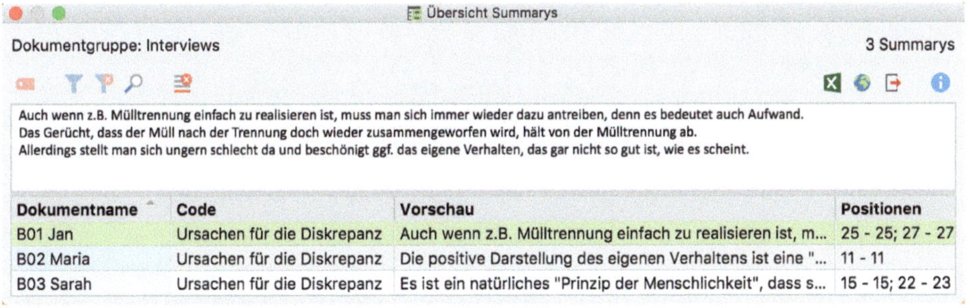

Abb. 11.10 Die „Übersicht Summarys"

Zunächst zur Frage nach den Regeln: Allgemeine Regeln für das Anfertigen eines Summarys sind schwerlich zu formulieren, aber in Projekten kann das Forschungsteam durchaus gemeinsam festlegen, wie beim Schreiben eines Summarys vorzugehen ist, welche Informationen es enthalten soll und wie umfangreich es sein soll. Gemessen an diesen Kriterien, die schriftlich festgehalten werden sollten, lässt sich dann auch beurteilen, was ein gutes Summary ist.

Was die Übereinstimmung von zwei Summary-Schreibenden betrifft, so ist zunächst zu fragen, was unter „Übereinstimmung" denn genau zu verstehen ist. Eine wortwörtliche Übereinstimmung kann unmöglich angestrebt werden. Es kann aber erwartet werden, dass die aus der Perspektive der Forschungsfrage(n) wichtigen Informationen im Summary enthalten sind. Dies sollte in einer Forschungsgruppe soweit eingeübt werden, bis – getreu dem Prinzip der Intersubjektivität – eine hinreichende Übereinstimmung mit diesem Ziel erreicht ist.

Fälle und Gruppen vergleichen, Zusammenhänge entdecken, Visualisierungen nutzen

12

Kategorienbildung, Codieren der Daten, Definieren von Variablen und Ermitteln von Codehäufigkeiten stellen wichtige Schritte im Auswertungsprozess dar. Es wäre nicht korrekt, diese Schritte lediglich als „Vorarbeiten" für die eigentliche Analyse zu begreifen. Das trifft gewiss nicht zu, insbesondere, wenn man an die Konstruktion des Kategoriensystems denkt, denn es ist normalerweise sehr viel Arbeit und sehr viel Nachdenken gefordert, um zu einem wirklich guten und für die Forschungsfrage ergiebigen Kategoriensystem zu gelangen. Dieses selbst und insbesondere die Vermutungen und Hypothesen über Zusammenhänge zwischen den Codes stellen bereits eine eigenständige, für die Beantwortung der Forschungsfrage sehr wichtiges Ergebnis des Auswertungsprozesses dar. Dennoch stellt sich natürlich die Frage „Was kommt danach?", insbesondere „Was kommt nach dem Codieren?" Mit dieser Frage befasst sich dieses Kapitel, dabei spielen fallorientierte und fallübergreifende Darstellungen und Visualisierungen eine wichtige Rolle.

In diesem Kapitel

✓ Fälle und Gruppen miteinander vergleichen
✓ Sets zur Bildung von Gruppen für die Analyse verwenden
✓ Quantitative Daten für qualitative und quantitative Gruppenvergleiche nutzen
✓ Die Zusammenhänge von Fällen (Dokumenten) und Codes visuell darstellen
✓ Häufigkeiten inhaltlicher Aussagen von Gruppen vergleichen
✓ Überschneidungen und Zusammenhänge von Codes untersuchen
✓ Komplexe Fragen an die Daten stellen
✓ Weitere Arten von Visualisierung kennenlernen

12.1 Generelles zu Fallkontrastierung und Gruppenvergleichen

Der konstante Vergleich von Fällen und Gruppen gehört zu den Kerntechniken qualitativer Datenanalyse und spielt in vielen Analysemethoden eine große Rolle, insbesondere in der Grounded Theory in Form der „constant comparison method" (Glaser und Strauss 1998, S. 107–121). Solche Vergleiche können in MAXQDA sowohl als qualitative wie als quantitative Vergleiche durchgeführt werden:

Bei *qualitativen Vergleichen* werden die codierten Segmente einer oder mehrerer ausgewählter Kategorien von Fällen oder Gruppen miteinander kontrastiert, also beispielsweise „Was sagen Maria, Isabel und Anna zum Thema umweltbewusste Ernährung?" oder „Was sagen Studentinnen und Studenten zu diesem Thema?". Qualitative Vergleiche arbeiten mit den codierten Originaltexten oder mit den im Summary Grid erstellten Zusammenfassungen und kommen ohne Zahlen aus.

Bei *quantitativen Vergleichen* wird die Anzahl (oder auch der Umfang) codierter Segmente miteinander verglichen. Die Fragen lauten dann entsprechend „Wie häufig sprechen Maria, Isabel und Anna über das Thema umweltbewusste Ernährung?" bzw. „Welchen Umfang nimmt das Thema in den betreffenden Interviews ein?"

Im einfachsten Fall entsprechen die Gruppen, die verglichen werden sollen, den Dokumentgruppen, also den Gruppen, die in der „Liste der Dokumente" angezeigt werden. Wurde eine Studie zum Beispiel in zwei Städten durchgeführt und die Interviews zwei verschiedenen Dokumentgruppen, nennen wir sie „Frankfurt" und „Berlin", zugeordnet, dann lassen sich die Codierungen dieser beiden Gruppen miteinander vergleichen.

Eine weitere Möglichkeit Gruppen zu bilden, stellen die sogenannten *Dokumentsets* dar. In MAXQDA sind dies Gruppen, die speziell für die Auswertung zusammengestellt werden. Dies kann so geschehen, indem ein neues Set gebildet wird (Rechtsklick auf das Wort „Set" in der „Liste der Dokumente" und Auswahl der Option **Neues Set**) und Dokumente einfach in dieses Set hineingezogen werden. In den meisten Fällen werden Sets aufgrund bestimmter Merkmale gebildet. Es können beispielsweise Dokumente sein, bei denen ein bestimmter Code oder eine Kombination bestimmter Codes vorhanden ist. Häufiger ist allerdings der Fall, dass bestimmte standardisierte Daten, die als Dokumentvariable im MAXQDA-Projekt gespeichert sind, für die Bildung eines Dokumentsets herangezogen werden, es werden also beispielsweise die Sets „Frauen der Altersgruppe 30–40", „Personen mit einem Testergebnis außerhalb der einfachen Standardabweichung" oder „Studierende mit einer Mathenote von 12 und mehr Punkte im Abitur" gebildet.

12.2 Gruppen anhand von Variablenwerten bilden

Wie beschrieben lassen sich Dokumentsets nicht nur „per Hand" zusammenstellen, sondern auch in Abhängigkeit von den Variablenwerten der Dokumente. Auch bei rein qualitativen Studien ist es sinnvoll, die sozio-demographischen Merkmale der Forschungsteil-

12.2 Gruppen anhand von Variablenwerten bilden

nehmenden und weitere andere standardisierte Informationen in Form von Dokumentvariablen zu speichern. Bei Mixed-Methods-Studien verfügt man in der Regel über einen eigenen Datensatz, der die erhobenen quantitativen Daten beinhaltet. Diese Dokumentvariablen werden nun herangezogen, um Gruppen für den Vergleich zu bilden.

In MAXQDA geschieht diese Gruppenbildung mittels *Aktivieren via Dokumentvariablen*, verfügbar über das Kontextmenü oben in der „Liste der Dokumente" oder über das entsprechende Icon in der Symbolleiste dieses Fensters. Nach dem Aufruf erscheint das in Abb. 12.1 dargestellte Dialogfeld, in welchem nun logische Bedingungen für die Auswahl formuliert werden können.

Alle logischen Bedingungen müssen nach dem Schema

„Variablenname Operator Wert"

formuliert werden. Wurde das Alter erfasst und darauf basierend Altersgruppen gebildet, beispielsweise „25 bis 29 Jahre" und die entsprechende Variable „Altersgruppe" genannt, dann ist also zur Auswahl von Personen dieser Altersspanne die Bedingung folgendermaßen zu formulieren:

„Altersgruppe = 25 bis 29 Jahre"

Die Auswahlbedingungen können durch Wahl der UND-Kombination auch miteinander verknüpft werden, sodass Personen der „Altersgruppe 25–29" selektiert werden können, die einen bestimmte Mindestwert der Variable „Skala Umweltbewusstsein" aufweisen. In Abb. 12.1 muss zur Auswahl ein Skalenwert von 20 überschritten werden.

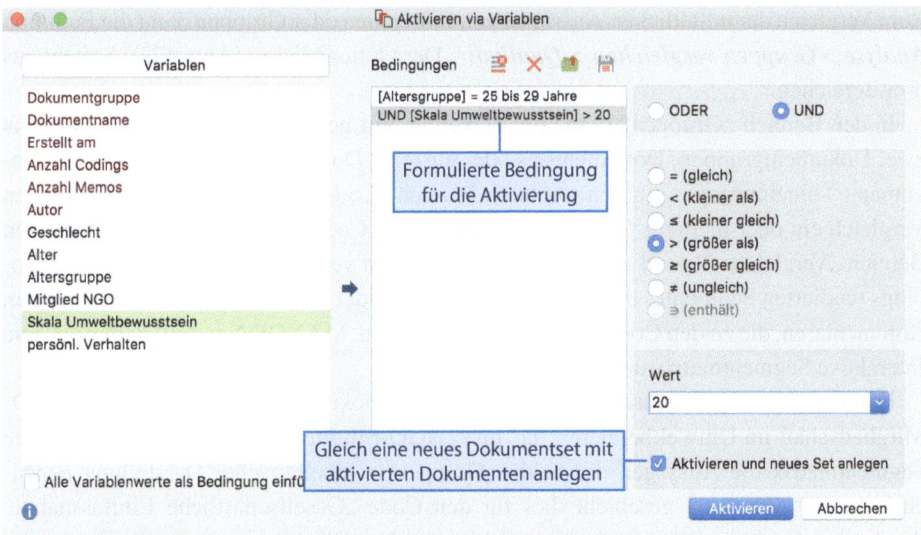

Abb. 12.1 Bedingungen erstellen für die automatische Aktivierung von Dokumenten

Durch Wahl der Option **Aktivieren und neues Set anlegen** werden die betreffenden Dokumente nicht nur aktuell aktiviert, sondern es wird in der „Liste der Dokumente" auch ein neues Set angelegt, das alle Dokumente enthält, welche den formulierten Variablenbedingungen entsprechen und das für weitere Analysen zur Verfügung steht. Als Set-Name wird automatisch die Selektionsbedingung eingefügt, natürlich lässt sich dieser automatisch generierte Set-Name durch einen selbst gewählten Namen ersetzen.

Im Vergleich zur Set-Bildung per Hand ist diese automatische Generierung von Sets natürlich wesentlich schneller und bequemer. Vor allem dann, wenn viele Dokumente analysiert werden, wie dies beispielsweise bei einem Mixed-Methods-Online-Survey der Fall ist, leistet diese Analysefunktion unschätzbare Dienste.

Eine interessante Analysemöglichkeit ergibt sich in Kombination mit der Option, die Codehäufigkeiten von Codes in Dokumentvariablen zu transformieren; die Option ist im Kontextmenü von Codes verfügbar (vgl. Kap. 10). Nun können im folgenden Schritt Gruppen gebildet werden, bei denen ein bestimmter Code zugeordnet wurde oder bei denen die Häufigkeit eines zugeordneten Codes einen bestimmten Schwellenwert überschreitet.

Dokumentsets unterscheiden sich in einem Punkt wesentlich von Dokumentgruppen: Während jedes Dokument nur einer einzigen Dokumentgruppe angehören kann und gelöscht wird, wenn die Gruppe gelöscht wird, kann ein Dokument beliebig vielen Dokumentsets angehören. Sets können auch wieder entfernt werden, ohne dass dies zur Folge hätte, dass auch die zugehörigen Dokumente gelöscht würden.

12.3 Qualitative Kontrastierung: Inhaltliche Aussagen von Fällen und Gruppen vergleichen

Zum Vergleich der inhaltlichen Aussagen von Individuen oder Gruppen dient die Funktion **Analyse > Gruppen vergleichen > Qualitativ**. Der Optionsdialog (Abb. 12.2) besteht aus drei Bereichen.

In den Bereich „Gruppen" (ganz oben) werden mit gedrückter Maustaste mindestens zwei Dokumentgruppen, Dokumentsets oder einzelne Dokumente aus der „Liste der Dokumente" hineingezogen. In den mittleren Bereich „Codes" werden für den inhaltlichen Vergleich ein oder mehrere Codes aus der „Liste der Codes" hineingezogen. Im unteren Bereich „Vergleichen" wird ausgewählt, welche Daten verglichen werden sollen: die Codings (codierten Segmente) der ausgewählten Codes oder die Codings zusammen mit den Kommentaren, die zu den Codierungen verfasst wurden. MAXQDA erstellt daraufhin eine Interaktive Segmentmatrix und zeigt sie direkt an.

Hat man wie oben beschrieben zwei Gruppen als Dokumentsets gebildet, z. B. „NGO-Mitgliedschaft im Umweltbereich = ja" und „NGO-Mitgliedschaft = nein", so stellt die Segmentmatrix die Aussagen der beiden Gruppen in tabellarischer Darstellung nebeneinander. In Abb. 12.3 geschieht dies für den Code „Gesellschaftliche Einflussnahme durch Einzelpersonen", in der zweiten Spalte werden die entsprechenden Aussagen der Nicht-Mitglieder, in der dritten Spalte der Mitglieder gelistet. Sind mehrere Codes ausge-

12.3 Qualitative Kontrastierung

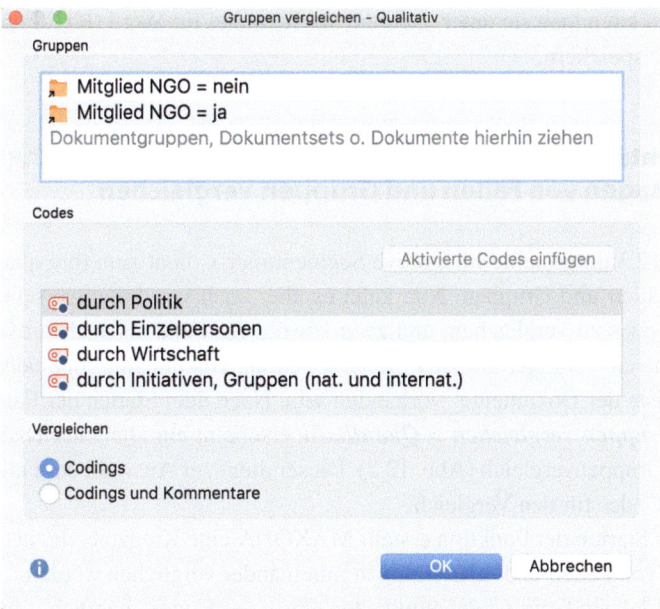

Abb. 12.2 Optionsdialog für den Vergleich von Fällen und Gruppen

wählt, so werden sie in der Spalte ganz links gelistet und man kann zwischen den Codes wechseln. Es kann ferner gewählt werden, ob die Herkunftsangaben und die Memos eingeblendet werden und die Coding-Kommentare unterhalb des Codings ausgegeben werden.

Die Interaktive Segmentmatrix ist mit den Originaldaten verbunden: Ein Klick auf die Herkunftsangabe unterhalb eines Segments zeigt dieses in seinem Kontext im „Dokument-Browser" an. Will man diesen Vergleich für eine Publikation verwenden oder in ein Poster

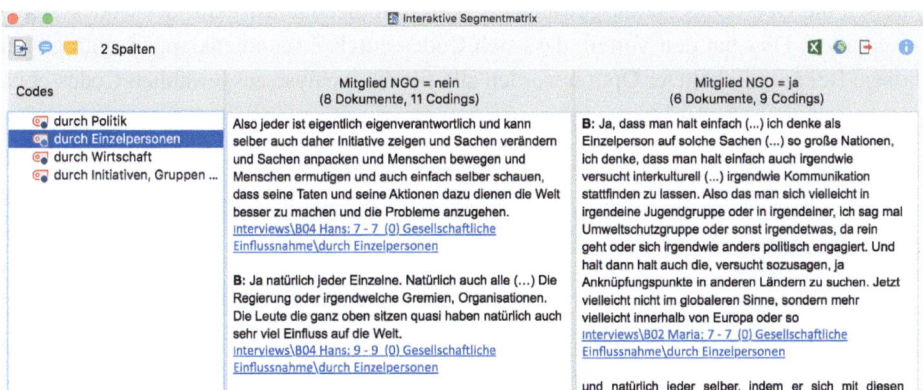

Abb. 12.3 Aussagen von Gruppen vergleichen mit der interaktiven Segmentmatrix

integrieren, so kann man sie unter anderem als Textdatei für Word (RTF-Format) oder als Excel-Tabelle speichern.

12.4 Quantitative Kontrastierung: Häufigkeiten inhaltlicher Aussagen von Fällen und Gruppen vergleichen

Die in Abb. 12.3 dargestellte Interaktive Segmentmatrix dient zum rein qualitativen Vergleich von Fällen und Gruppen. Nun kann es aber auch von Interesse sein, die Häufigkeiten von Codes zu vergleichen, und zwar sowohl für Fälle als auch für Gruppen. Wie beim qualitativen Vergleich müssen die Gruppen als Dokumentgruppe oder Dokumentset in der „Liste der Dokumente" vorhanden sein. Nach dem Starten der Funktion mittels *Analyse > Gruppen vergleichen > Quantitativ* erscheint ein ähnlicher Dialog wie beim qualitativen Gruppenvergleich (Abb. 12.2). Dieser dient zur Auswahl der Fälle bzw. Gruppen und der Codes für den Vergleich.

Nach dem Starten der Funktion erstellt MAXQDA eine Kreuztabelle, in der die Codehäufigkeiten von Fällen und/oder Gruppen miteinander verglichen werden.

In Abb. 12.4 sind die Codehäufigkeiten von vier Codes, nämlich „durch Politik", „durch Einzelpersonen", „durch Wirtschaft" und „durch Initiativen, Gruppen", für Mitglieder und Nicht-Mitglieder einer Umweltorganisation gegenübergestellt. In der rechten Randspalte wird die Gesamtzahl der pro Code vorhandenen Codierungen gelistet; die Zeile „Σ SUMME" enthält die Anzahl der Codierungen für die jeweilige Gruppe (d. h. hier 50 codierte Segmente bei den Mitgliedern) und die unterste Zeile „# N (Dokumente)" gibt an, wie viele Dokumente dieser Gruppe in die Analyse einbezogen sind.

Die oben im Fenster verfügbare Symbolleiste eröffnet folgende Optionen der Darstellung, die verschiedene analytische Aussagen erlauben:

≡ *Codes mit Hierarchie darstellen* – Ist die Option gewählt, ergänzt MAXQDA automatisch die Obercodes der ausgewählten Codes, um die Baumstruktur des Codesystems zu erhalten. Dies hat den Vorteil, dass sich Codes durch Zusammenklappen aggregieren lassen. Bei ausgeschalteter Option werden alle für die Analyse ausgewählten Codes ohne

	Mitglied NGO = nein	Mitglied NGO = ja	Total
durch Politik	30	25	55
durch Einzelpersonen	22	15	37
durch Wirtschaft	10		10
durch Initiativen, Gruppen (nat. ur	6	10	16
Σ SUMME	68	50	118
# N (Dokumente)	16 (61%)	10 (38%)	26 (100%)

Abb. 12.4 Codehäufigkeiten für Gruppen vergleichen mit der Kreuztabelle

Hierarchie untereinander dargestellt. Hierdurch erhält man die Möglichkeit ungewünschte, nicht aktivierte Obercodes aus der Darstellung zu entfernen.

- *Anzahl der codierten Segmente* – Zeigt absolute Häufigkeiten, d. h. die Anzahl der Segmente des jeweiligen Codes für die jeweilige Gruppe.
- *Zeilenprozente* – Das ist der prozentuale Anteil der Zelle berechnet auf die Zeile, d. h. wie sich die Anzahl der Codings prozentual auf die Gruppen verteilt.
- *Spaltenprozente bezogen auf die Summe der codierten Segmente (Zeile „SUMME")* – Das ist der prozentuale Anteil der Zelle berechnet auf die Spalte, d. h. wie sich bei den einzelnen Gruppen die Anzahl der Codings prozentual auf die Codes verteilt.
- *Spaltenprozente bezogen auf die Anzahl der Dokumente „N (Dokumente)"* – Gibt wieder, in wieviel Prozent der Dokumente der jeweiligen Gruppe der Code enthalten ist (führt dazu, dass die Option *Treffer pro Dokument nur einmal zählen* automatisch gewählt wird).
- *Treffer pro Dokument nur einmal zählen* – Als Einheit der Analyse werden die Dokumente herangezogen. Pro Dokument wird nur ausgewertet, ob der entsprechende Code vergeben wurde oder nicht, es spielt also keine Rolle mehr, wie häufig ein Code innerhalb eines Dokuments vorkommt.

12.5 Weit mehr als Spielerei: Visualisierungen als Mittel der Analyse und der Präsentation nutzen

Balkendiagramme und Kreisdiagramme sind als Mittel der Präsentation in wissenschaftlichen und nichtwissenschaftlichen Publikationen allgegenwärtig. Die Daten von tausenden von Befragten werden in einer Grafik zusammengefasst und erlauben so beispielsweise bei Eurobarometer-Studien die Daten von 27 EU-Ländern „auf einen Blick" zu präsentieren und miteinander zu vergleichen. Kaum zu glauben, dass es schon mehr als 200 Jahre her ist, seit William Playfair, ein schottischer Ingenieur, diese Formen der Darstellung erfunden hat (Tufte 2001, S. 3). Noch heute werden Balken- und Kreisdiagramme in der quantitativ orientierten Forschung angewandt, natürlich in wesentlich schönerem Design und in komplexerer Form als ursprünglich konzipiert. Solche Diagramme spielen auch bei der Auswertung von qualitativen und Mixed-Methods-Daten eine Rolle, allerdings bei qualitativen Daten nur dann, wenn diese zuvor in quantitative Daten transformiert wurden, beispielsweise als Häufigkeiten des Vorkommens einer bestimmten Kategorie. Überlegungen zur Visualisierung im Rahmen der Analyse qualitativer Daten sind bislang noch relativ selten (Kuckartz 2016; Miles et al. 2013), in MAXQDA sind allerdings einige sehr nützliche Visualisierungstools enthalten und um diese geht es im Folgenden. Ausführliche Überlegungen zur Frage der Visualisierung und zur Handhabung des visuellen Tools MAXMaps finden sich in Kap. 17.

12.6 Der Code-Matrix-Browser: Verteilung von Codes pro Fall oder Gruppe darstellen

Häufig stellt sich bei der Auswertung die Frage: Welche Codes sind bei welchen Dokumenten zugeordnet und wie häufig sind diese gegebenenfalls zugeordnet? Gefragt ist hier eine Darstellung „Dokumente mal Codes" möglichst in übersichtlicher tabellarischer Form. In MAXQDA lässt sich diese Fragestellung mit dem Visualisierungstool Code-Matrix-Browser (aufrufbar mit **Visual Tools > Code-Matrix-Browser**) bearbeiten. Abb. 12.5 zeigt eine beispielhafte Darstellung für sieben Dokumente und die Kategorie „Größte Weltprobleme" mit Subcodes. Die Dokumente sind in den Spalten der Grafik angeordnet und der Code „Größte Weltprobleme" mit seinen Subcodes in den Zeilen. Die oberste Zeile enthält die Namen der sieben Dokumente in den Spalten (hier B01 bis B07). Die Symbole auf den einzelnen Knotenpunkten geben an, wie viele Codierungen in dem jeweiligen Dokument mit dem betreffenden Code vorhanden sind. Je größer das Symbol ist, desto mehr Codierungen existieren. In Abb. 12.5 wurde eine binarisierte Darstellung gewählt, das heißt, es wird angezeigt, ob der betreffende Code im Dokument vorhanden ist oder nicht, jedoch nicht, wie häufig er jeweils vorhanden ist. Deshalb haben die dargestellten Symbole alle die gleiche Größe. Im Interview B05 werden nur zwei globale Probleme genannt, und zwar „Klima" und „Ressourcenknappheit". Die unterste Zeile ist eine Summenzeile; sie gibt an, wie viele der in der Grafik enthaltenen Codes pro Dokument vorhanden sind. Es lässt sich erkennen, dass die interviewten Personen Nr. 1 und Nr. 6 besonders viele Probleme, nämlich sechs und vier, nennen.

Vor dem Start des Code-Matrix-Browsers muss entschieden werden, was in den Spalten und Zeilen darzustellen ist. Die Auswahl von Dokumenten und Codes geschieht wie üblich durch Aktivierung.

Mittels des Code-Matrix-Browsers lassen sich nicht nur Diagramme „Dokumente mal Codes" für individuelle Dokumente erzeugen, sondern es können auch Gruppen von Dokumenten miteinander verglichen werden. Im Dialogfeld, das beim Starten des Code-

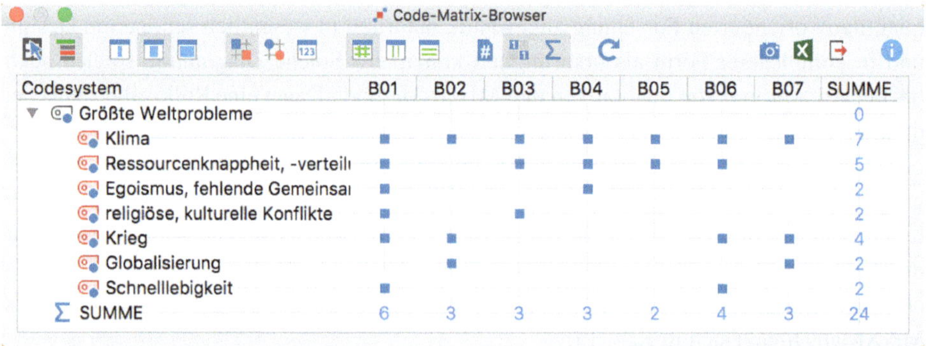

Codesystem	B01	B02	B03	B04	B05	B06	B07	SUMME
▼ Größte Weltprobleme								0
Klima	■	■	■	■	■	■	■	7
Ressourcenknappheit, -verteilu	■		■	■	■	■		5
Egoismus, fehlende Gemeinsa	■			■				2
religiöse, kulturelle Konflikte	■		■					2
Krieg		■	■			■	■	4
Globalisierung		■					■	2
Schnelllebigkeit	■					■		2
Σ SUMME	6	3	3	3	2	4	3	24

Abb. 12.5 Der Code-Matrix-Browser in binarisierter Darstellung

12.6 Der Code-Matrix-Browser

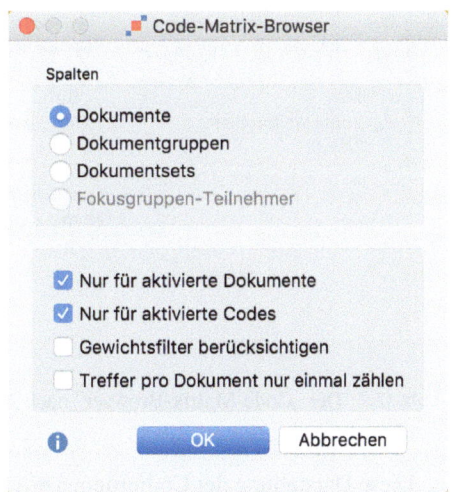

Abb. 12.6 Auswahlmöglichkeiten beim „Code-Matrix-Browser"

Matrix-Browser erscheint, muss hierzu entweder die Option „Dokumentgruppen" oder „Dokumentsets" gewählt werden (Abb. 12.6). Am besten werden zunächst alle Aktivierungen im Fenster „Liste der Dokumente" zurückgesetzt (Icon ganz links oben im Fenster) und dann die für den Vergleich gewünschten Dokumentgruppen oder Dokumentsets aktiviert. Um nur die Codierungen auszuwerten, die innerhalb eines bestimmten Bereichs der Gewichtungsvariablen liegen, kann der Gewichtsfilter benutzt werden.

Weitere Darstellungsoptionen sind innerhalb des Code-Matrix-Browsers verfügbar:

- Die Spaltenbreite und die Gestaltung der Symbole (Quadrate oder Kreise) kann bestimmt werden.
- Es kann gewählt werden, ob die Treffer pro Dokument nur einmal gezählt werden, d. h., es wird nicht unterschieden, ob jemand in drei verschiedenen Textsegmenten Natur- und Umweltprobleme als die weltweit größten benannt hat oder nur in einem Segment.

In gleicher Weise wie in der „Liste der Codes" können die untergeordneten Ebenen des Codesystems eingeklappt werden. Wenn dies geschieht, werden die Codehäufigkeiten auf die obere Ebene hin aggregiert. Abb. 12.7 verdeutlicht, was passiert, wenn die Subcodes ausgeblendet werden: Nun erscheinen die Symbole in unterschiedlicher Größe. Je mehr Codierungen an dieser Stelle vorhanden sind, desto größer ist das Symbol. Um dieses Ergebnis zu erhalten, muss die Option **Treffer pro Dokument nur einmal zählen** an- und die Option **Anzeige binarisieren** ausgeschaltet sein. Auf einen Blick lässt sich in Abb. 12.7 erkennen, dass in Interview 1 die meisten Probleme genannt sind, auch im Interview 6 werden relativ viele Probleme benannt; der Summenzeile ist zu entnehmen, dass es sich um sechs und vier handelt.

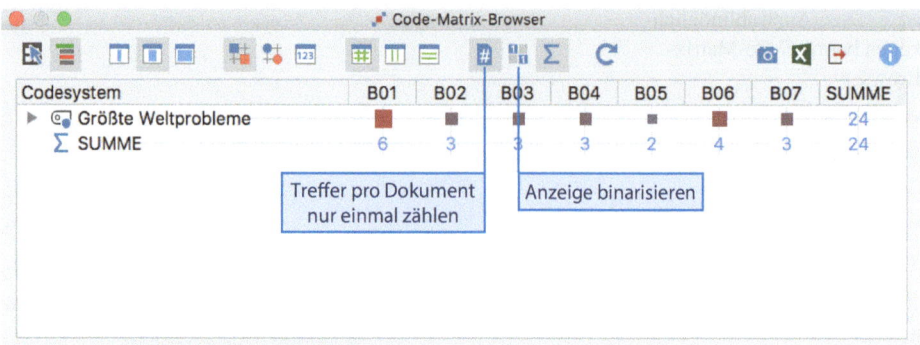

Abb. 12.7 Der „Code-Matrix-Browser" nach Aggregation der Subcodes

Diese Darstellung der Codierungen pro Dokument im Code-Matrix-Browser zeigt, dass Visualisierungen weit mehr als nur eine schöne Spielerei sind. Die bildliche Darstellung wie in Abb. 12.5 erleichtert es den Forschenden, Muster zu erkennen und besondere Fälle (z. B. Extremfälle) zu identifizieren, hier beispielsweise Personen, die einzig und allein „Klima" und „Ressourcenknappheit" zu den größten Weltproblemen erklären. Die Darstellung des Code-Matrix-Browsers lässt sich von Symbolen auf Zahlendarstellung umschalten. Wird zwischen diesen beiden Darstellungsformen hin und her gewechselt, werden die großen Vorteile einer bildlichen Darstellung unmittelbar deutlich: Im Gegensatz zu dem schwer überschaubaren „Zahlenmeer" fällt in der visuellen Darstellung das Erkennen von Zusammenhängen, Mustern und besonderen Fällen wesentlich leichter.

Der Code-Matrix-Browser lässt sich nicht nur zur Analyse, sondern auch zur „Qualitätskontrolle" einsetzen. Wenn etwa in einem Schritt induktiver Codierung eine Hauptkategorie ausdifferenziert werden soll, lässt sich sehr leicht visuell überprüfen, ob flächendeckend codiert wurde oder nicht.

12.7 Der Code-Relations-Browser: gemeinsames Auftreten von Codes darstellen

Nach Zusammenhängen zwischen den Kategorien zu suchen und nicht nur die Kategorien und ihre Subkategorien zu beschreiben, gehört sicherlich zu den interessantesten Aspekten jeder Forschungsarbeit. Die Suche nach existierenden Zusammenhängen von Codes in MAXQDA lässt sich auf verschiedene Weise in Angriff nehmen, eine Möglichkeit ist es, das gemeinsame Vorkommen von Codes zu untersuchen. Nun kann „gemeinsames Vorkommen" sehr Verschiedenes bedeuten, zum Beispiel (Abb. 12.8):

- Zwei Codes sind *beide einem bestimmten Dokument* zugeordnet, beispielsweise spricht jemand über Umweltprobleme als die größten Weltprobleme und im gleichen Interview

12.7 Der Code-Relations-Browser: gemeinsames Auftreten von Codes darstellen

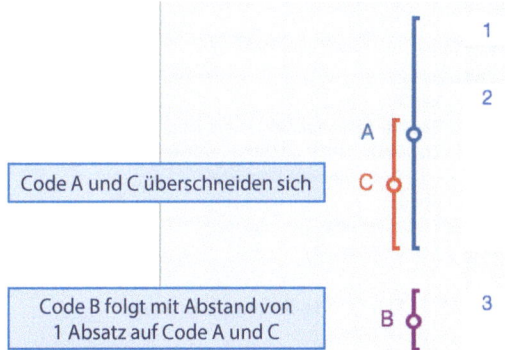

Abb. 12.8 Gemeinsames Auftreten von Codes

findet sich auch ein Textabschnitt zur Notwendigkeit von Bildungsaktivitäten zur nachhaltigen Entwicklung.
- Zwei Codes sind dem gleichen Text-, Bild- oder Videosegment zugeordnet, das heißt die Codierungen *überschneiden* sich.
- Die Codierungen von zwei Codes befinden sich *in der Nähe:* Zunächst spricht jemand über Umweltprobleme als global größtes Problem und im direkt folgenden Abschnitt über Bildungsaktivitäten.

Natürlich sind noch weitere Varianten des gemeinsamen Vorkommens denkbar, diese lassen sich mit der Funktion ***Analyse > Komplexe Coding-Suche*** von MAXQDA umsetzen und werden im folgenden Abschnitt detailliert betrachtet.

Zur Analyse des gemeinsamen Vorkommens von Codes an Text-, Bild- oder Videosegmenten, das heißt der Überschneidung bzw. Überlappung, existieren verschiedene Optionen. Einfach und schnell lassen sich die Überschneidungen eines bestimmten Codes erfahren, wenn der betreffende Code in der „Liste der Codes" angeklickt wird und aus dem Kontextmenü die Option ***Überschneidungen*** gewählt wird. Ergebnis ist eine nach Häufigkeit geordnete Liste der überschneidenden Codes. Wählt man einen Code aus der Liste aus, werden die betreffenden Segmente mit Überschneidung in der „Liste der Codings" angezeigt.

Das wichtigste Instrument zur Darstellungen von Code-Überschneidungen ist der Code-Relations-Browser, der eine Matrix Codes mal Codes erzeugt (Abb. 12.9). Der Aufruf erfolgt mit ***Visual Tools > Code-Relations-Browser***. Anschließend sind die Codes für die Zeilen und die Spalten (alle oder nur aktivierte Codes) zu bestimmen. Für die Spalten besteht die zusätzliche Option ***Obercode auswählen***. In diesem Fall zeigt MAXQDA ein Dialogfenster, in dem beliebig viele Codes der obersten Ebene des Codesystems ausgewählt werden können. Genau wie beim Code-Matrix-Browser lassen sich die Art der Spaltenbeschriftung und der Symbole (Quadrate oder Kreise) wählen. Die einzelnen Knoten der Matrix symbolisieren durch ihre Größe und durch ihre Farbe, wie viele Überschneidungen die jeweiligen Codes aufweisen. Je größer der Knoten in der entsprechenden Zelle ist, desto mehr Überschneidungen sind in allen Dokumenten bzw. den

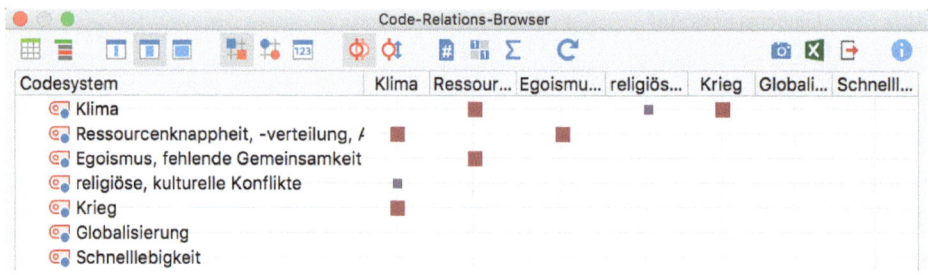

Abb. 12.9 Der „Code-Relations-Browser"

aktivierten Dokumenten vorhanden. Ein Doppelklick auf einen Knoten bewirkt, dass die betreffenden Segmente in der „Liste der Codings" angezeigt werden. Weitere wichtige Optionen für die Darstellung, die über die MAXQDA-typischen Symbole im Kopf des Code-Relations-Browser zur Verfügung stehen, sind:

Nähe von Codes – bewirkt, dass nicht nach der Überschneidung von Codes, sondern nach ihrer Nähe gesucht wird.

Treffer pro Dokument nur einmal zählen – bewirkt, dass die Anzeige nicht auf der jeweiligen Anzahl von codierten Segmenten beruht, sondern auf der Anzahl der Dokumente, bei denen mindestens eine Überschneidung auftritt.

Anzeige binarisieren – zeigt nur an, ob es überhaupt eine Überschneidung der Codes gibt, ganz gleich wie viele überschneidende codierte Segmente existieren, die Symbolgröße wird dabei vereinheitlicht.

12.8 Komplexe Zusammenhänge von Codes entdecken

Während der Code-Relations-Browser die Zusammenhänge zwischen zwei Codes untersucht, erlaubt die **Komplexe Coding-Suche** (Aufruf aus dem Tab **Analyse**) auch die Untersuchung von Zusammenhängen zwischen mehr als zwei Codes; zudem kann hier nicht nur nach Überschneidungen und der Nähe von Codes gesucht werden, sondern es können komplexere Fragen ans Material gestellt werden.

Abb. 12.10 zeigt das Dialogfeld, das nach Aufruf der komplexen Coding-Suche erscheint, standardmäßig ist die erste Analysefunktion, nämlich *Überschneidung,* ausgewählt. Funktionell macht sie das Gleiche wie der Code-Relations-Browser, allerdings nicht nur für zwei, sondern für beliebig viele Codes. Gesucht wird dann nach Stellen in den Dokumenten (oder nur in den aktivierten Dokumenten), wo diese Codes sich überschneiden. Das Bild rechts im Dialogfeld skizziert die Funktionsweise: Nur das gleichzeitige Vorkommen der beiden ausgewählten Codes führt zu einem Treffer und in der „Liste der Codings" wird nur der innere Überschneidungsbereich der Codes gelistet.

12.8 Komplexe Zusammenhänge von Codes entdecken

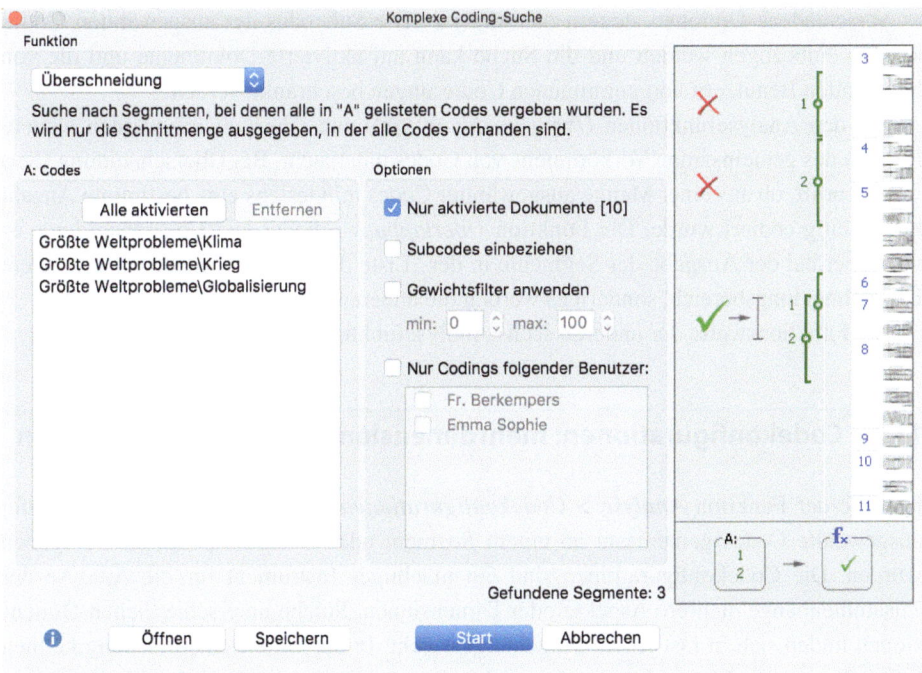

Abb. 12.10 Komplexe Coding-Suche nach Überschneidungen von Codes

Tab. 12.1 Weitere Funktionen der komplexen Coding-Suche

Analysefunktion	Beschreibung
Nur ein Code allein	Suche nach Segmenten, denen einzig und allein ein Code aus einer vorgegebenen Liste von Codes zugeordnet ist.
Nur dieser Code allein	Suche nach Segmenten, denen allein ein bestimmter Code zugeordnet ist, jedoch kein anderer aus einer vorgegebenen Liste.
Wenn innerhalb	Suche nach Segmenten, die mit einem bestimmten Code codiert sind, aber nur solchen, die sich vollständig innerhalb einer Codierung mit einem bestimmten anderen Code befinden.
Wenn außerhalb	Das Gegenstück zu „Wenn innerhalb": Suche nach Segmenten, die mit einem bestimmten Code codiert sind, aber nur solche, die sich vollständig außerhalb einer Codierung mit einem bestimmten anderen Code befinden.
Gefolgt von (ignoriert Codierungen in PDFs und Bildern)	Suche nach Segmenten eines bestimmten Codes, bei denen in einem bestimmbaren Maximalabstand eine Textstelle mit einem bestimmten anderen Code folgt.
Nähe von (ignoriert Codierungen in PDFs und Bildern)	Sehr ähnlich wie „Gefolgt von", allerdings kommt es bei dieser Analysefunktion nicht auf die Abfolge an (B folgt A), sondern nur auf die Nähe der Codierungen von zwei Codes.

Verschiedene Optionen steuern die Analyse: Die Subcodes der ausgewählten Codes können einbezogen werden und die Suche kann auf aktivierte Dokumente und die von bestimmten Benutzern vorgenommenen Codierungen beschränkt werden.

Mit den Analysefunktionen *Überschneidung (Set)* und *Überlappung* werden weitere Formen des gemeinsamen Vorkommens von Codes untersucht. Bei Überschneidung (Set) wird geprüft, ob aus einer Menge ausgewählter Codes mindestens eine bestimmte Anzahl gleichzeitig codiert wurde. Die Funktion *Überlappung* arbeitet wie *Überschneidung*, es wird aber bei der Ausgabe der Segmente in der „Liste der Codings" nicht nur der innere Überschneidungsbereich, sondern es werden die äußeren Segmentgrenzen verwendet.

Die Funktionsweise der anderen sechs Analysefunktionen ist in Tab. 12.1 erläutert.

12.9 Codekonfigurationen: mehrdimensionale Muster identifizieren

Mithilfe der Funktion *Analyse > Codekonfigurationen* lässt sich ermitteln, wie häufig ausgewählte Codes gemeinsam an einem Segment oder in einem Dokument vergeben wurden. Die Codekonfigurationen sind ein mächtiges Instrument für die Analyse der Zusammenhänge mehrerer Aspekte oder Dimensionen. Solche unterschiedlichen Dimensionen finden sich in fast jedem Forschungsprojekt: In der Unterrichtsforschung können beispielsweise die Dimensionen „Unterrichtsphase", „Handeln der Lehrkraft" und „Reaktionen der Schüler_innen" im Studienfokus stehen. Und in einer Forschungsarbeit über die Auswirkungen der voranschreitenden Digitalisierung auf die Ausbildungsberufe lässt sich die Frage stellen „Welche ‚Neuen Technologien' kommen bei welchen ‚Arbeitsschritten' zum Einsatz und welche ‚Kompetenzen' werden dafür benötigt?"

Für die Anwendung der Funktion müssen die Dimensionen als Codes mit ihren Teilaspekten als Subcodes in der „Liste der Codes" angelegt und das Datenmaterial mit diesen Kategorien codiert worden sein. Wir wollen hier ein bewusst einfaches Beispiel zur Verdeutlichung heranziehen: Angenommen, bei der Videoanalyse eines Kinderhorts wurde mithilfe von drei Obercodes codiert, welche (1) Erzieher_innen, (2) welches Spiel mit (3) welchem Kind spielen. Die Funktion *Analyse > Codekonf. > Einfache Codekonfigurationen* gibt dann aus, wie häufig Überschneidungen einzelner Codes vorkommen. Abb. 12.11 zeigt das Ergebnis einer solchen Analyse, in der sich direkt ablesen lässt, wie häufig die einzelnen Kinder miteinander oder einzeln gespielt haben. Jede Zeile enthält eine der im Datenmaterial vorkommenden Kombinationen von Codes, beispielsweise liest man aus der zweiten Zeile ab, dass Anna und Harry bei 5 Beobachtungseinheiten zu zweit gespielt haben. Im Beobachtungszeitraum haben die Kinder niemals alle drei zusammengespielt – keine Zeile enthält bei allen drei Codespalten ein Quadrat. Oben rechts im Ergebnisfenster ist angegeben, wie viele Kombinationen der Codes von den theoretisch möglichen Kombinationen vorkommen.

Im Optionsdialog, der nach Aufruf der Funktion erscheint, kann die Analyse auf die derzeit aktivierten Dokumente beschränkt und eine Aufgliederung nach Dokumenten, Dokumentgruppen oder Dokumentsets angefordert werden. Eine solche Aufgliederung

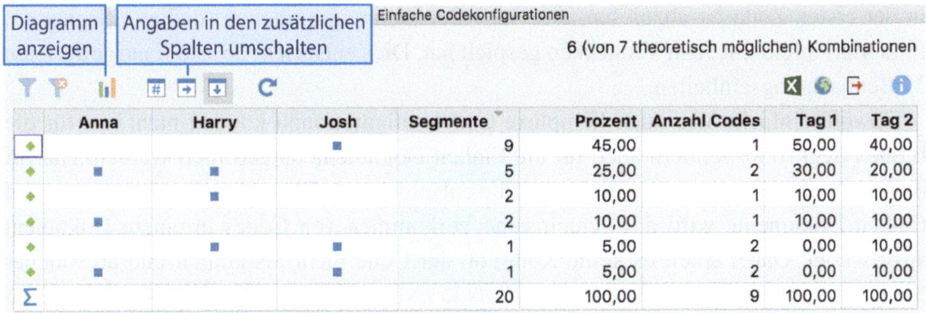

12.9 Codekonfigurationen: mehrdimensionale Muster identifizieren

Anna	Harry	Josh	Segmente	Prozent	Anzahl Codes	Tag 1	Tag 2
		■	9	45,00	1	50,00	40,00
■	■		5	25,00	2	30,00	20,00
	■		2	10,00	1	10,00	10,00
			2	10,00	1	10,00	10,00
	■	■	1	5,00	2	0,00	10,00
■		■	1	5,00	2	0,00	10,00
Σ			20	100,00	9	100,00	100,00

Abb. 12.11 Ergebnistabelle für „Einfache Codekonfigurationen" bei Einheit Segmente

wurde auch im Beispiel gewählt, sodass die beiden Beobachtungstage in zwei zusätzlichen Spalten ausgegeben werden und getrennt analysiert werden können. Mithilfe der oben angezeigten Symbole lässt sich die Anzeige der Werte in den zusätzlichen Spalten für Dokumente, Dokumentgruppen und Dokumentsets zwischen absoluten Werten, Zeilen- und Spaltenprozenten umschalten, sodass systematische Vergleiche erleichtert werden. Wie üblich ist die Ergebnistabelle interaktiv mit den Ursprungsdaten verbunden: Ein Doppelklick auf die zweite Zeile listet alle 5 Segmente in der „Liste der Codings", bei denen Anna und Harry zu zweit gespielt haben.

Nach Aufruf der Funktion *Analyse > Codekonf. > Komplexe Codekonfigurationen* erscheint ein Optionsdialog, in den sich mehrere Obercodes für die Analyse hineinziehen lassen. MAXQDA gibt nach Abschluss der Analyse eine Tabelle aus, welche darüber informiert, wie häufig Kombinationen der jeweiligen Subcodes im Datenmaterial am gleichen Segment vergeben wurden. Abb. 12.12 zeigt das Ergebnis einer solchen Analyse. Jede Zeile gibt eine Kombination der Subcodes wieder, die im Datenmaterial vorkommt.

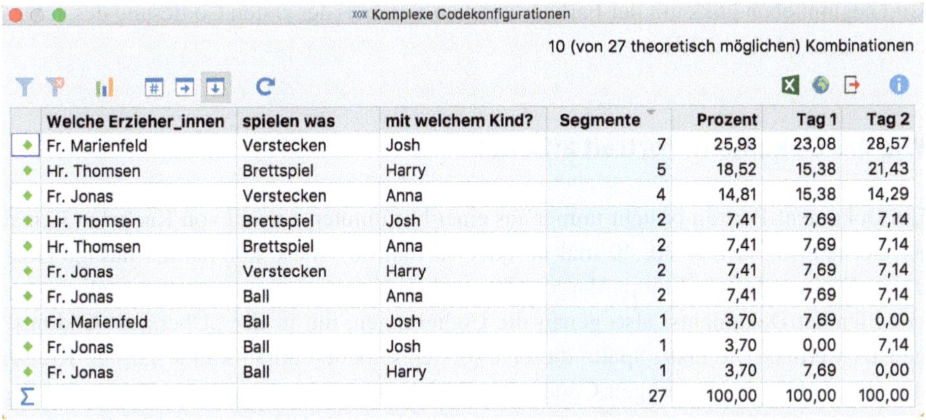

Welche Erzieher_innen	spielen was	mit welchem Kind?	Segmente	Prozent	Tag 1	Tag 2
Fr. Marienfeld	Verstecken	Josh	7	25,93	23,08	28,57
Hr. Thomsen	Brettspiel	Harry	5	18,52	15,38	21,43
Fr. Jonas	Verstecken	Anna	4	14,81	15,38	14,29
Hr. Thomsen	Brettspiel	Josh	2	7,41	7,69	7,14
Hr. Thomsen	Brettspiel	Anna	2	7,41	7,69	7,14
Fr. Jonas	Verstecken	Harry	2	7,41	7,69	7,14
Fr. Jonas	Ball	Anna	2	7,41	7,69	7,14
Fr. Marienfeld	Ball	Josh	1	3,70	7,69	0,00
Fr. Jonas	Ball	Josh	1	3,70	0,00	7,14
Fr. Jonas	Ball	Harry	1	3,70	7,69	0,00
Σ			27	100,00	100,00	100,00

Abb. 12.12 Ergebnistabelle für „Komplexe Codekonfigurationen" bei Einheit Segmente

In der ersten Zeile ist abzulesen, dass in 7 Beobachtungseinheiten (codierte Segmente) Frau Marienfeld mit Josh Verstecken gespielt hat. Dies entspricht 26 % der ausgewerteten 27 Beobachtungseinheiten.

Sowohl einfache wie auch komplexe Codekonfigurationen können nicht nur für die Einheit Segmente, sondern auch für die Einheit Dokumente angefordert werden. Hierfür ist nach Aufruf der Funktion im Dialog die entsprechende Einstellung vorzunehmen. Bei Einheit Dokumente wird das gemeinsame Vorkommen von Codes in einem Dokument ausgewertet. Dabei spielt es keine Rolle, ob der Code mehr als einmal und an welcher Stelle im Dokument er vergeben wurde. Sobald zwei Codes jeweils mindestens einmal im Dokument vorkommen, wird dies als gemeinsames Vorkommen gewertet.

Der Nutzen aller vier Varianten der Codekonfigurationen (einfach/komplex, Segmente/Dokumente) liegt auf der Hand: Sie unterstützten effektiv die Entdeckung von Mustern im Datenmaterial und stellen eine gute Grundlage für Typenbildung dar.

12.10 Das Dokument-Portrait: die Codierungen eines Falls visualisieren

Sofern man den Codes in sinnvoller Weise Farben zugeordnet hat, ist es analytisch sehr interessant, ein Dokument als Bild seiner Codierungen darzustellen. Das Dokument-Portrait (Aufruf mit *Visual Tools > Dokument-Portrait* oder im Kontextmenü eines Dokuments) ist ein für MAXQDA entwickeltes innovatives Visualisierungstool, mit dem sich eine fallorientierte Visualisierung eines ausgewählten Dokumentes erzeugen lässt. Das Dokument-Portrait basiert auf der Idee, dass Codes eine Farbe zugeordnet werden kann oder auch, sofern die Funktion emoticode genutzt wird, ein Symbol im Stile eines Emojis. Damit ist bereits eine Verbindung zwischen einer Kategorie und einem visuellen Element, entweder einer Farbe oder einem Emoji-Symbol, hergestellt. Das Dokument-Portrait stellt nun ein Dokument als Bild seiner Codierungen dar, und zwar in sequenzieller Ordnung, d. h. das Bild beginnt oben links mit der Farbe (oder dem Symbol) der ersten Codierung des Textes oder Videos (Abb. 12.13).

Wie das Dokument-Portrait arbeitet

Ein Dokument-Portrait besteht immer aus einer bestimmten Anzahl von Kacheln (30 mal 30, 30 mal 40, 40 mal 30, 40 mal 40 oder 40 mal 60), diese können als farbige Quadrate, Kreise oder als Emojis dargestellt werden. Visualisiert werden die Codings des betreffenden Dokuments, also genau die Codierungen, die in der „Übersicht Codings" gelistet werden. Die erste Spalte dieser Übersichtstabelle enthält kleine farbige Kreise, die Codefarben des jeweiligen Codes. Die Abfolge der Farben in dieser Tabelle ist der Ausgangspunkt für das Dokument-Portrait, allerdings wird die Länge eines Segmentes als Gewichtungsfaktor für die grafische Darstellung benutzt, während in der „Übersicht

12.10 Das Dokument-Portrait: die Codierungen eines Falls visualisieren

Abb. 12.13 Dokument-Portraits für zwei Leitfadeninterviews

Codings" jede Codierung unabhängig vom Umfang des codierten Dokuments immer in genau einer Zeile der Tabelle resultiert. Im Dokument-Portrait werden die Codierungsfarben nicht untereinander, sondern nebeneinander dargestellt. Das aus je nach Auswahl aus 900, 1200, 1600 oder 2400 Kacheln bestehende Bild kommt ähnlich zustande wie ein klassisches Fernsehbild, das zeilenweise – oben links beginnend – aufgebaut ist. Beim Fernsehbild tastet der Elektronenstrahl den Bildschirm zeilenweise von links nach rechts ab. Genauso startet auch Dokument-Portrait in der linken oberen Ecke und das Portrait wird zeilenweise aufgebaut, d. h. am Ende einer Zeile wird mit einem Rücklauf an den Beginn der nächsten Zeile gesprungen. Da es einen Unterschied macht, ob ein Segment 3 oder 30 Zeilen lang ist, wird die Größe eines Segmentes deshalb als Gewichtungsfaktor bei der Berechnung der auf ein Segment entfallenden Kacheln berücksichtigt.

Abb. 12.13 zeigt zwei beispielhafte Dokument-Portraits für zwei Leitfadeninterviews. Die Darstellungen ermöglichen einen direkten Vergleich der Interviewverläufe und einzelner Schwerpunktthemen. In beiden Bildern ist zudem erkennbar, wie einzelne Themen im Verlauf des Interviews immer wieder erneut zur Sprache kommen. Ausführlichen Gebrauch des Dokument-Portraits hat d'Andrea et al. (2016) in einer Studie über die Kommunikation von Beratern gemacht, in der der Gebrauch von Skills und der Zeitpunkt des Einsatzes fokussiert werden.

Standardmäßig werden wie in Abb. 12.13 alle vorhandenen Codierungen eines Dokuments direkt hintereinander visualisiert – ohne Zwischenraum zwischen den einzelnen

Codierungen. Mittels der Option *Gesamtes Dokument* (ganz links in der Symbolleiste) können auch die Teile des Dokuments in der Darstellung berücksichtigt werden, die nicht codiert worden sind. In diesem Fall wird das gesamte Dokument auf die Kacheln der Darstellung projiziert und entsprechend ihrer Länge erscheinen nicht codierte Dokumentteile als weiße Kacheln.

Das Aussehen des Dokument-Portraits lässt sich mit folgenden weiteren Optionen beeinflussen:

- Farbmischung bei sich überlappenden Codierungen ja/nein: Hiermit bestimmt man, wie in dem Fall vorgegangen wird, wenn einem Segment nicht nur ein, sondern mehrere Codes zugeordnet sind. Ist die Option Farbmischung ausgeschaltet, werden die Codierungen (d. h. die Farben) sequenziell hintereinander dargestellt. Bei angeschalteter Option werden hingegen die Farben der beteiligten Codes zu einer neuen Farbe gemischt und diese wird dann auf die Kacheln projiziert.
- Wahl von Kreisen statt Quadraten als Symbole.
- Sortierung nach Dokument: Die Anordnung der Codierungen im Dokument-Portrait wird durch die Reihenfolge der Codierungen im Dokument bestimmt (Standardeinstellung).
- Sortierung nach Farbe: Die Anordnung der Codierungen im Dokument-Portrait wird nach Farben sortiert, das heißt, gleiche Farben werden gruppiert.
- Sortierung nach Häufigkeit der Farben: Bei dieser Darstellungsart (Abb. 12.14) wird das Dokument-Portrait „aufgeräumt": Zuerst werden die gleichfarbigen Symbole als einzelne Säulen gestapelt. Die Säule mit den meisten farbigen Quadraten, also mit dem größten Codieranteil am Dokument, wird ganz links, die Säule mit dem niedrigsten Codieranteil ganz rechts in der Grafik platziert. Es werden nur die häufigsten 20 Farben dargestellt.

Auch das Dokument-Portrait ist interaktiv mit den Projektdaten verbunden: Ein Klick mit der linken Maustaste auf eine der Kacheln markiert das zugehörige codierte Segment im „Dokument-Browser". Per rechtem Mausklick und Wahl der Option *Codings dieser Farbe in der Liste der Codings anzeigen* stellt MAXQDA alle Codings aus dem dargestellten Dokument mit Codes der angeklickten Farbe zusammen.

In der Symbolleiste des Dokument-Portraits findet man auf der rechten Seite zwei weitere Symbole zum Export bzw. zur Speicherung der Grafik. Durch Klicken auf das Symbol „Kamera" wird die aktuelle Ansicht in die Zwischenablage kopiert und kann über diesen Weg beispielsweise in eine PowerPoint-Präsentation eingefügt werden. Durch Klick auf das Icon „Exportieren" lässt sich die aktuelle Darstellung des Dokument-Portraits als Datei unter anderem in den Formaten PNG oder SVG exportieren.

Abb. 12.14 Dokument-Portrait nach Häufigkeit der Farben sortiert

12.11 Die Codeline: zeitliche Verläufe und Abfolgen von Codierungen darstellen

Während das Dokument-Portrait ein gesamtes Dokument wie beispielsweise ein Interview in ein Bild umwandelt, zielt das Visualisierungstool Codeline (Aufruf über *Visual Tools > Codeline* oder über das Kontextmenü des betreffenden Dokuments) stärker auf die Darstellung des Verlaufs von Interviews und Fokusgruppen. Das resultierende Diagramm ist aufgebaut wie eine Partitur, in der die Einzelstimmen untereinander angeordnet sind, sodass man stets das musikalische Geschehen überschauen kann. Bei einer solchen Darstellung werden Texte in Abschnitte (Paragraphen), Tabellen in Zeilen und Videos in Minuten bzw. Sekunden eingeteilt.

Abb. 12.15 zeigt eine Codeline aus einer Forschungsarbeit von Hatani (2015), in der die ersten 14 Abschnitte einer Panel-Diskussion zum Thema „Globale Gesundheit" analysiert werden. Zuoberst sind sechs Sprecher angeordnet, nämlich der Moderator und fünf Teilnehmende der Fokusgruppe. Darunter werden die codierten Themen der Panel-Diskussion visualisiert. Wie beim Dokument-Portrait haben die Codefarben hier sowohl eine ästhetische als auch eine analytische Funktion. Mit Hilfe zweier Symbole und eines Schiebereglers in der Symbolleiste der Codeline kann die Darstellung auf der x-Achse gesteuert werden. Möglich ist es beispielsweise die Breite der Grafik an das Fenster anzupassen. Die Codeline wird dann horizontal so stark „zusammengedrückt", dass sie vollständig ins Fenster passt.

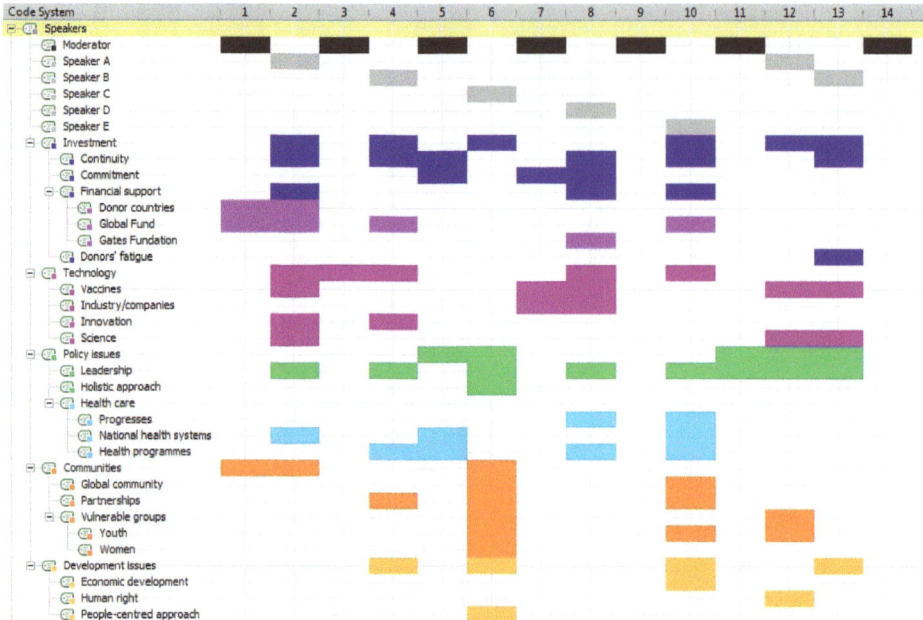

Abb. 12.15 Verlauf der Sprechbeiträge in einer Gruppendiskussion. (Quelle: Hatani, 2015, http://www.qualitative-research.net/index.php/fqs/article/view/2208, Creative Commons Attribution 4.0 Lizenz)

Was lässt sich aus der Darstellung erkennen? Als erstes fällt auf, dass der Moderator – jedenfalls zu Beginn der Fokusgruppe – sich bemüht, alle Teilnehmer nacheinander zu Wort kommen zu lassen, denn es findet stets ein Wechselspiel Moderator-Sprecher_innen statt. Nachdem einmal die Runde gemacht wurde (Absatz 10), spricht der Moderator erneut „Speaker A" an und anschließend kommt es in Absatz 13 erstmals zu einer direkten Kommunikation zwischen zwei Sprecher_innen: „Speaker B" reagiert auf „Speaker A", ohne vom Moderator angesprochen zu werden. Schauen wir auf die Themen der Fokusgruppe: Begonnen wird mit den Themen „Financial Support" und „Communities". Speaker A weitet die Themen aus und spricht – wie im Übrigen auch die nachfolgenden Sprecher – sogleich das Thema „Leadership" an. Diese Darstellung erlaubt eine sehr detaillierte Analyse der Sprecherabfolge und des thematischen Verlaufs. Zu welchen Zwecken kann die Codeline eingesetzt werden?

- Erstens kann Codeline wie oben bei der Auswertung von Fokusgruppen die Abfolge der Sprecher_innen sehr übersichtlich darstellen und zudem auf einen Blick die Assoziation von Sprecher_innen und Themen deutlich machen.
- Zweitens kann die Grafik analytisch benutzt werden, um bestimmte Codes im Verlauf eines Textes zu verfolgen. Durch die Möglichkeit nur aktivierte Codes einzublenden, lassen sich gezielt Vergleiche zwischen verschiedenen Codes anstellen.

12.11 Die Codeline: zeitliche Verläufe und Abfolgen von Codierungen darstellen

- Drittens kann die Codeline-Darstellung in der Phase der Exploration dazu beitragen, das gleichzeitige Auftauchen von Codes zu entdecken.
- Viertens gibt die Funktion generell einen Überblick über die Codierungen und ist deshalb universell verwendbar, insbesondere ermöglicht sie einen systematischen Vergleich der zeitlichen Verläufe mehrerer Fälle.

Die visuelle Darstellung der Codeline ist ebenfalls interaktiv: Wird die Maus über eines der farbigen Symbole bewegt, erscheint ein Tooltip; ein Doppelklick bewirkt, dass zu der entsprechenden Textstelle hingesprungen wird und diese im „Dokument-Browser" sichtbar ist. Wie alle Grafiken von MAXQDA lässt sich die aktuelle Darstellung der Codeline als Datei exportieren oder durch Klick auf das Kamera-Symbol in die Zwischenablage kopieren und dann in Word, PowerPoint und andere Programme einfügen.

Mixed-Methods-Datenanalyse 13

Mixed-Methods-Ansätze erfreuen sich in der praktischen empirischen Forschung zunehmender Beliebtheit. Schon anfangs der 2000er Jahre hat sich eine globale und interdisziplinäre Mixed-Methods-Community gebildet, die auf vielen internationalen Konferenzen Mixed-Methods-Ansätze und damit arbeitende Forschungsprojekte präsentiert. Eine große Anzahl von Publikationen und Lehrbüchern wurden verfasst und eine spezielle Zeitschrift, das Journal of Mixed Methods Research (JMMR), wurde 2007 gegründet. Wie lassen sich Mixed-Methods-Datenanalysen mit MAXQDA umsetzen? Seit den ersten Programmversionen hat MAXQDA der Methodenkombination immer sehr große Aufmerksamkeit gewidmet, so bestand bereits in den Anfängen des Programms die Möglichkeit, parallel zu den qualitativen Daten einen damit verbundenen Datensatz quantitativer Daten zu verwalten und qualitative und quantitative Daten bei der Analyse miteinander zu verknüpfen. Spezielle Funktionen für die Mixed-Methods-Forschung sind in einem eigenen Tab „Mixed Methods" zusammengefasst, diese Funktionen sind Gegenstand dieses Kapitels.

In diesem Kapitel

✓ Integration in der Analysephase als Herausforderung für Mixed-Methods-Ansätze
✓ Die Verbindung von qualitativen und quantitativen Daten in MAXQDA
✓ Möglichkeiten und Strategien der Integration beider Datenstränge
✓ Joint Displays in der Mixed-Methods-Datenanalyse
✓ Resultatbasierte Integrationsstrategien
✓ Datenbasierte Integrationsstrategien
✓ Weitere Möglichkeiten zur Integration
✓ Ähnlichkeitsanalyse für Dokumente

© Springer Fachmedien Wiesbaden GmbH, ein Teil von Springer Nature 2019
S. Rädiker und U. Kuckartz, *Analyse qualitativer Daten mit MAXQDA*,
https://doi.org/10.1007/978-3-658-22095-2_13

13.1 Integration als Herausforderung der Mixed-Methods-Forschung

Lange Zeit hat sich die Literatur zu Mixed Methods vornehmlich mit Fragen des Forschungsdesigns und mit der Entwicklung von Design-Typologien befasst (Creswell und Plano Clark 2011; Morgan 2014; Teddlie und Tashakkori 2009). Auch wurde immer wieder die Frage der prinzipiellen Vereinbarkeit von qualitativem und quantitativem Paradigma diskutiert und in diesem Kontext die Frage, was überhaupt unter einem Paradigma zu verstehen ist (Creswell 2016b; Morgan 2007). Dem Themenbereich *Analyse von Mixed-Methods-Daten* wurde im Vergleich hierzu nur relativ wenig Aufmerksamkeit gewidmet. Eine Reihe von Wissenschaftler_innen beschäftigen sich allerdings schon seit geraumer Zeit mit Fragen der Datenanalyse in der Mixed-Methods-Forschung. Dazu gehören an vorderster Stelle Pat Bazeley (Bazeley 2009, 2013, 2017) und Tony Onwuegbuzie (Onwuegbuzie und Teddlie 2003; Onwuegbuzie und Dickinson 2008; Onwuegbuzie et al. 2009b). Auch bei Kuckartz (2014, 2017) findet eine ausführliche Auseinandersetzung mit dem Thema Datenanalyse in der Mixed-Methods-Forschung statt und es werden zahlreiche Beispiele angeführt. An dieser Stelle wollen wir uns mit einem Hinweis auf diese Methodentexte, insbesondere auf das Sonderheft „Mixed Methods" der Kölner Zeitschrift für Soziologie und Sozialpsychologie (Baur et al. 2017), begnügen, denn eine ausführliche Behandlung dieses Themas würde den Rahmen dieses Buches sprengen.

Dass die Mixed-Methods-Literatur nun vermehrt die Phase der Datenanalyse fokussiert, lässt sich durchaus als ein Zeichen der wachsenden Reife dieses Ansatzes deuten. Der entscheidende Punkt in der Analysephase ist nämlich die *Integration* der beiden Forschungsstränge; Creswell (2015, S. 75) formulierte hierfür folgende Definition:

> Integration refers to how one brings together the qualitative and quantitative results in a mixed methods study. The way the researcher combines the data needs to relate to the type of Mixed-Methods-Design used.

Tashakkori und Teddlie (2002) prägten in diesem Kontext den Begriff „Meta-Inferenzen", mit deren Hilfe die Schlussfolgerungen beider Teil-Studien – oder „Strands", wie es in der englischsprachigen Literatur häufig heißt – zu einem kohärenten Ganzen integriert werden sollen. Einige Autoren haben schon frühzeitig Integration als einen Schlüsselaspekt von Mixed-Methods-Forschung bezeichnet, so spricht Bryman schon 2006 von der „Herausforderung der Integration" („integration challenge") (Bryman 2006), eine Formulierung, die 2014 auch von Fetters und Freshwater (2015) im Editorial des JMMR wieder aufgegriffen wurde. Dort verlangten sie explizit, dass alle zukünftig für das JMMR eingereichten Beiträge sich dieser Herausforderung der Integration stellen müssen und klar formulieren sollen, welche analytischen Gewinne gegenüber „Monostrand-Forschung" erreicht werden.

Im Folgenden werden die für die Integration in der Phase der Datenanalyse relevanten Schnittstellen („points of integration") betrachtet, mögliche Integrationsstrategien aufgezeigt und die Umsetzung mit MAXQDA thematisiert. Eine besondere Rolle spielen dabei spezielle Formen der integrativen Darstellung, die „Joint Displays" (Creswell und Plano Clark 2011, S. 212–243; Guetterman et al. 2015). Diese dienen der Darstellung, Integration und Analyse von qualitativen und quantitativen Daten und Ergebnissen. In einem Übersichtsartikel von Guetterman et al. (2015) werden 11 verschiedene Joint Displays und ihre Anwendung in verschiedenen Mixed-Methods-Designs vorgestellt; die meisten dieser Joint Displays sind mittlerweile in MAXQDA umgesetzt.

13.2 Verbindung von qualitativen und quantitativen Daten in MAXQDA

Bevor es konkret um die Verbindung von qualitativen und quantitativen Daten in MAXQDA geht, ist es sinnvoll, sich noch einmal die verschiedenen Motivationen für die Wahl eines Mixed-Methods-Ansatzes vor Augen zu führen. Greene et al. (2008, S. 127) identifizierten in einem viel zitierten Aufsatz fünf verschiedene Aufgaben von Mixed-Methods-Forschung („mixed methods purposes"):

- *Triangulation* zielt auf Konvergenz, die Übereinstimmung der Resultate beider Forschungsstränge; dies ist die klassische Perspektive der Validierung von Forschungsergebnissen durch Einbeziehung einer zweiten Perspektive.
- *Komplementarität* zielt auf Ergänzung, Illustration und das bessere Verständnis der Ergebnisse der einen Methode durch die Resultate einer zweiten Studie mit anderer Methodik. Hier geht es also um ein vollständigeres Bild, um ein besseres Verständnis und damit eine umfassendere Beantwortung der Forschungsfrage. Andere Autoren sprechen hier auch von dem *Motiv der zusätzlichen Abdeckung* („additional coverage").
- *Entwicklung* bedeutet, dass die Resultate einer Methode benutzt werden, um eine daran anschließende Studie zu entwickeln bzw. zu verbessern. Das Ziel der Entwicklung kann sich sowohl auf die Sampling-Strategie als auch direkt auf die Instrumentenentwicklung (z. B. eines Fragebogens) beziehen.
- *Initiation* zielt auf die Entdeckung von Widersprüchen und paradoxen Resultaten. Die Forschungsresultate werden neu betrachtet und aus der Perspektive einer anderen Methode „neu gelesen", was möglicherweise zu neuen Schlussfolgerungen führt.
- *Expansion* zielt auf die Ausweitung der inhaltlichen Breite und der Reichweite der Forschung, indem für die Komponenten der Forschung die am besten geeigneten Methoden verwendet werden.

Mit der Methodenkombination verbindet sich jeweils der Anspruch (oder die Hoffnung), dass sich hierdurch mehr als die Summe der einzelnen Teile, QUAL + QUAN[1], erreichen lässt (Bazeley 2010, S. 432; Bryman 2007; Woolley 2009). Um die Schnittstellen zwischen QUAL und QUAN, die „points of integration", zu identifizieren, werfen

---

[1] In der englischsprachigen Literatur zur Mixed-Methods-Forschung haben sich QUAL und QUAN als Abkürzung für den qualitativen und den quantitativen Forschungsstrang etabliert.

Abb. 13.1 „Points of integration" beim parallelen Design (mit *Kreisen* hervorgehoben)

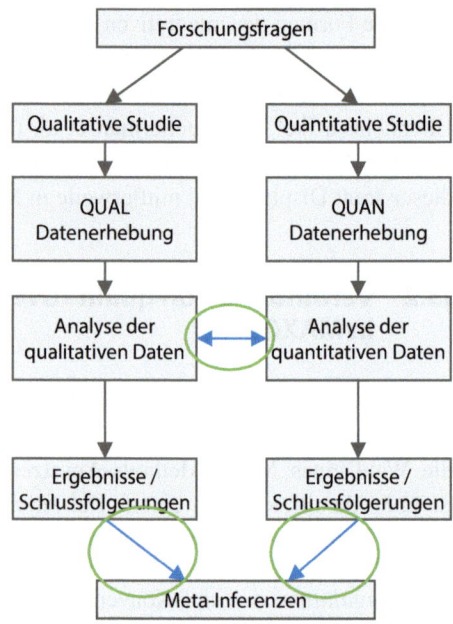

wir zunächst einen Blick auf ein klassisches Parallel-Design, häufig auch als „convergent design" bezeichnet (Abb. 13.1). Dieses wird typischerweise bei der ersten der obigen Motivationen (Triangulation) gewählt. Bei einem solchen Design kann die Integration auf der *Basis der Daten* oder auf der *Basis der Resultate* erfolgen, ersteres setzt voraus, dass beide Datensorten für die Forschungsteilnehmenden vorhanden sind: Personen nahmen beispielsweise an narrativen Interviews teil und haben außerdem einen standardisierten Fragebogen ausgefüllt.

Wie werden nun im Falle, dass für jede Person Daten beiden Typs vorhanden sind, diese miteinander verknüpft? In MAXQDA geschieht die Identifikation mittels der Variablen „Dokumentname" und „Dokumentgruppe". Wann immer ein neues Dokument (etwa ein narratives Interview) in MAXQDA importiert wird, erfolgt gleichzeitig die Definition von sogenannten System-Variablen: Für das importierte Dokument wird der Name der Dokumentgruppe, in welche es importiert wurde, sowie der Dokumentname eingetragen. Im korrespondierenden Datensatz der quantitativen Daten müssen nun ebenfalls zwei Variablen namens „Dokumentname" und „Dokumentgruppe" vorhanden sein. Bei identischen Namen von Dokument und Dokumentgruppe in beiden Datenquellen verknüpft MAXQDA die qualitativen mit den quantitativen Daten.

13.3 Möglichkeiten und Strategien der Integration in MAXQDA

MAXQDAs spezielle Analysefunktionen für Mixed-Methods-Ansätze sind im Tab *Mixed Methods* zusammengefasst (Abb. 13.2).

13.4 Resultatbasierte Integrationsstrategien

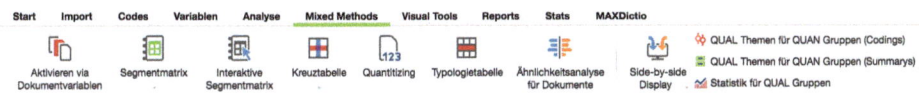

Abb. 13.2 Die verschiedenen Funktionen des Tabs „Mixed Methods"

Eine einfache Möglichkeit der Integration von quantitativen und qualitativen Daten wird bereits durch die Option **Aktivieren via Dokumentvariablen** geschaffen. Hierdurch werden die Variablen des quantitativen Datensatzes für den gezielten Zugriff auf die qualitativen Daten genutzt. Dies geschieht, indem eine oder mehrere logische Bedingungen nach dem Muster „Variable Operator Wert" formuliert werden. Wie dies zu geschehen hat, ist im Kap. 12 beschrieben. Die logischen Bedingungen können einfach sein, zum Beispiel, wenn nur eine bestimmte Ausprägung einer Variable als Selektionskriterium dient („Mitgliedschaft in der SPD = ja"), sie können aber auch zwei und mehr Variablen miteinander verknüpfen („Geschlecht = weiblich" *und* „Mitgliedschaft in der SPD = ja") oder Resultat einer vorausgehenden statistischen Berechnung sein („Wert auf dem Faktor Konservativismus > 1,96"). Für die integrative Datenanalyse ist es besonders interessant, dass die mit Hilfe von **Aktivieren via Dokumentvariablen** gebildete Auswahl von Dokumenten in MAXQDA als „Dokumentsets" gespeichert werden können und so für spätere Analysen zur Verfügung stehen, ohne dass die Gruppen bei jeder Analyse erneut durch Formulierung der Selektionsbedingungen gebildet werden müssen.

Neben dieser einfachen Möglichkeit zur Kombination von quantitativen und qualitativen Daten existiert eine Vielzahl von Integrationsstrategien. MAXQDA stellt eine stetig wachsende Reihe von Werkzeugen zur Verfügung, mit denen sich diese Strategien realisieren lassen.

Zahlreiche Autoren_innen haben sich mit theoretischen Fragen der Integration und praktischen Integrationsstrategien befasst (Bazeley 2012; Creswell und Plano Clark 2011; Creswell 2015; Erzberger und Kelle 2003; Guetterman et al. 2015; Kelle 2007; Onwuegbuzie und Teddlie 2003; Plano Clark und Ivankova 2016). Im Folgenden werden drei Typen von Integrationsstrategien unterschieden: resultatbasierte, datenbasierte und sequenzorientierte Strategien (Kuckartz 2017).

13.4 Resultatbasierte Integrationsstrategien

Eine Möglichkeit der Integration von qualitativer und quantitativer Studie besteht darin, die *Resultate* der beiden Studien miteinander zu verknüpfen. Wenn Daten aus Studien mit zwei unabhängigen Samples im Rahmen eines Triangulationsdesigns analysiert werden, ist dies die adäquate Variante der Integration, denn der Vergleich der Befunde soll ja wegen der Zielsetzung „Validitätszuwachs" erst post-faktum stattfinden. Zwei Integrationsstrategien können praktiziert und entsprechende Joint Displays erstellt werden: Erstens können die Resultate beider Teilstudien mit Hilfe von Hyperlinks miteinander verbunden werden und zweitens kann eine tabellarische Gegenüberstellung von Resultaten in einer Tabelle erfolgen.

Verbindung von Resultaten durch Hyperlinks
Die Integrationsstrategie des Verbindens von Textstellen beider Forschungsstränge via Hyperlinks ist vor allem dann erste Wahl, wenn für die Analysephase wenig Zeit zur Verfügung steht. Für beide Studienteile müssen schriftliche Berichte, ggf. auch nur in Form von Materialsammlungen wie etwa Häufigkeitsauszählungen oder statistischen Tabellen, vorliegen.

Die Aufgabe besteht nun darin, zu den für die Auswertung interessantesten Themen die jeweiligen Ergebnisse beider Studien miteinander zu verlinken. In MAXQDA geschieht dies folgendermaßen:

1. Der Bericht mit den Ergebnissen der qualitativen Studie wird im „Dokument-Browser" geöffnet.
2. Der Bericht mit den Ergebnissen der quantitativen Studie wird im zweiten „Dokument-Browser" geöffnet (durch Rechtsklick auf den Dokumentnamen und Auswahl der gleichnamigen Funktion aus dem Kontextmenü).
3. Beide „Dokument-Browser" werden nebeneinander platziert.
4. Die lokale Suchfunktion des „Dokument-Browsers" wird genutzt, um mit geeigneten Suchbegriffen interessierende Themen (z. B. „Persönlicher Beitrag zum Klimaschutz") zu finden.
5. Die lokale Suchfunktion im zweiten „Dokument-Browser" wird genutzt, um korrespondierende Inhalte zu finden.
6. Die einschlägigen Textstellen des qualitativen und des quantitativen Ergebnisberichts werden mittels „Dokument-Links" verbunden; hierzu werden die Textstellen markiert und aus dem Kontextmenü ***Dokument-Link einfügen*** gewählt.

Die Links in MAXQDA haben die gleiche Funktion wie Hyperlinks im Internetbrowser. Wenn später ein Link angeklickt wird, springt MAXQDA zur entsprechenden Zielposition, in diesem Fall dann zu den inhaltlich korrespondierenden Aussagen der Studie des anderen Methodenzweigs. Durch die eingefügten Links wird eine netzartige Struktur über die beiden Forschungsberichte gelegt, die für die Abfassung des integrativen Endberichts sehr nützlich ist. Für die gemeinsame Darstellung beider Ergebnisse können bedeutsame Textpassagen kopiert und im Ergebnisbericht kontrastiert werden.

Side-by-Side-Display der Resultate (Codings)
Während die Technik des Verlinkens der Resultate quasi voraussetzungslos ist, erfordert die Technik der tabellarischen Kontrastierung der Resultate beider Studien einiges an Vorarbeit; beide Forschungsberichte bzw. Ergebnismaterialien müssen nämlich zuvor thematisch codiert werden (Creswell und Plano Clark 2011, S. 223–226; Kuckartz 2016,

13.4 Resultatbasierte Integrationsstrategien

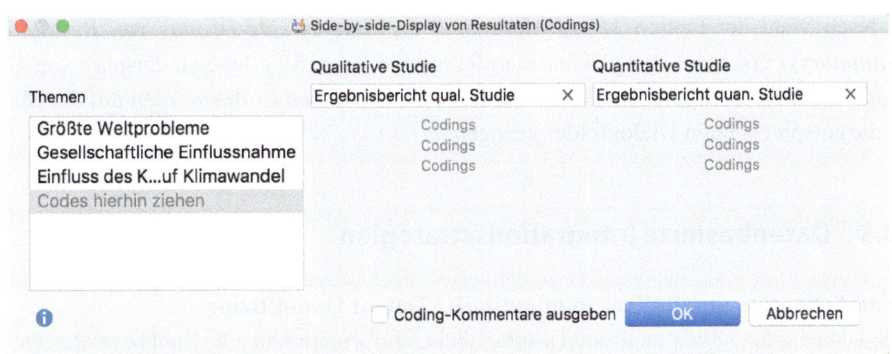

Abb. 13.3 Der Optionsdialog um Erstellen eines Side-by-Side-Displays der Resultate

S. 100–108), wobei die Forschungsfrage(n) die Bestimmung der thematischen Codes vorgeben. Dies bedeutet, dass nicht nur die Ergebnisse der qualitativen Studie, sondern auch der Ergebnisbericht der quantitativen Studie in Bezug auf das Vorkommen der interessierenden Themen durchgesehen werden; die entsprechenden Textpassagen werden markiert und mit dem entsprechenden *thematischen Code* codiert. Auch bei diesem Vorgehen lassen sich die Suchfunktionen von MAXQDA nutzen, um gezielt nach dem Vorkommen bestimmter Begriffe zu suchen. Eventuell ist auch eine automatische Codierung der Fundstellen möglich.

Wenn noch keine ausformulierten Ergebnisberichte für die beiden Teilstudien vorliegen, können stattdessen auch die bereits vorhandenen Vorarbeiten genutzt werden. Bei den quantitativen Resultaten können beispielsweise lediglich die statistischen Tabellen codiert werden. Im Startdialog, der nach Aufruf der Funktion **Mixed Methods > Side-by-side-Display > ... von Resultaten (Codings)** erscheint, werden die beiden Ergebnisberichte per Klicken-und-Ziehen mit der Maus aus der „Liste der Dokumente" in die entsprechenden Felder des Dialogs hineingezogen (Abb. 13.3). Gleiches geschieht mit den interessierenden Codes: Diese werden aus der „Liste der Codes" in das linke Feld „Themen" gezogen.

Side-by-Side-Display der Resultate (Summarys)
Wenn die Ergebnisberichte viele Seiten umfassen, wie dies etwa bei größeren Studien wie den Eurobarometerstudien der Fall ist, wird die tabellarische Gegenüberstellung der codierten Segmente zu den interessierenden Themen möglicherweise sehr umfangreich. Auch kann es bei sehr wichtigen Themen passieren, dass verstreut über den gesamten Bericht viele Textstellen codiert werden und diese aber recht redundant sind. In diesem Fall kann es sehr nützlich sein, wenn zunächst mit der Funktion **Analyse > Summary Grid** (vgl. Kap. 11) thematische Summarys geschrieben werden und die Side-by-Side-Displays nicht mit den Originaltextstellen arbeiten, sondern mit den thematischen Zusammenfassungen. Ein Vorteil dieser Arbeitsweise ist zudem, dass die so erstellten Tabellen bereits einen sehr hohen Komprimierungsgrad besitzen, sodass sie ohne große Änderungen gut in den integrativen Endbericht übernommen werden können.

Nach Wahl der Option **Mixed Methods > ... Side-by-side-Display von Resultaten (Summarys)** erscheint der gleiche Startdialog wie beim Side-by-Side-Display von Codings: Die beiden Ergebnisberichte und die interessierenden Codes werden mit der Maus in die entsprechenden Dialogfelder gezogen.

13.5 Datenbasierte Integrationsstrategien

Transformation qualitativer in quantitative Daten: Quantitizing

Die Umwandlung einer qualitativen sprachlichen Information in eine Zahl bezeichnet man auch als „Quantitizing" (Quantifizierung). Dies ist ein Vorgang, den eine befragte Person bereits dann (unbewusst) praktiziert, wenn sie bei einer standardisierten Befragung ihre Antwort auf ein bestimmtes inhaltliches Statement in einen Zahlenwert verwandelt und beispielsweise auf einer Skala von „(0) völlige Ablehnung" bis „(10) völlige Zustimmung" den Wert „7" ankreuzt.

Ein gutes Beispiel für die Strategie des Quantitizing stellt die Mixed-Methods-Studie von Fölling-Albers und Meidenbauer (2010) dar, in der untersucht wird, an welche Aspekte des Unterrichts sich Schüler am Abend noch erinnern. Auch in der Studie von Mayring et al. (2000) zur Lehrerarbeitslosigkeit in den neuen Bundesländern werden qualitative Informationen in Zahlen transformiert. Wie geschieht nun die Quantifizierung in der Praxis mit MAXQDA? Bei jeder Codierung wird in MAXQDA registriert, wie häufig der betreffende Code beim betreffenden Dokument zugeordnet ist. Die Gesamtzahl aller Codierungen ist jeweils hinter dem Code und hinter dem Dokument in der „Liste der Dokumente" und in der „Liste der Codes" sichtbar. Dadurch entsteht im Hintergrund, ohne dass die Benutzer_innen es bemerken, eine Matrix „Dokumente mal Codes"; diese bzw. Teile derselben lassen sich mit dem „Code-Matrix-Browser" (Aufruf im Tab **Visual Tools**) ansehen. Soll nun ein Code in eine quantitative Variable transformiert werden, reicht es ihn anzuklicken und aus dem Kontextmenü **In Dokumentvariable transformieren** zu wählen (vgl. Kap. 10). Daraufhin wird eine neue Variable erzeugt, wobei der Codename als Variablenname gewählt wird. Die Häufigkeiten der Codierungen mit diesem Code werden für jedes Dokument als Variablenwert übertragen und lassen sich anschließend statistisch auswerten. Bei Mixed-Methods-Analysen kann das in diesem Buch nicht beschriebene MAXQDA-Modul Stats besonders gute Unterstützung leisten. Stats ist nur in der Version „MAXQDA Analytics Pro" enthalten; mit ihm kann direkt, d. h. ohne dass Transformationen von Codehäufigkeiten in Variablenwerte erforderlich wären, mit den Codehäufigkeiten gearbeitet werden. Stats erlaubt es, die quantitativen Daten mit den quantifizierten qualitativen Daten zusammenzubringen und offeriert eine Vielzahl von Methoden der Deskriptiv- und Inferenzstatistik.[2]

---

[2] Weitere Informationen zu Funktionsumfang und Funktionsweise des Stats-Moduls finden sich beispielsweise im Online-Handbuch: www.maxqda.de/hilfe-max18-stats/was-leistet-maxqda-stats.

13.5 Datenbasierte Integrationsstrategien

Die Quantifizierung qualitativer Daten stellt eine häufig praktizierte Integrationsstrategie dar. Sehr ausführlich befassen sich Kuckartz (2014), Sandelowski et al. (2009) und Vogl (2017) mit den unterschiedlichen Möglichkeiten der Quantifizierung.

Qualitative Exploration von Extremfällen der quantitativen Studie

Bei dieser Integrationsstrategie von QUAL und QUAN werden üblicherweise auf der Basis der quantitativen Daten Extremfälle identifiziert und anschließend werden die qualitativen Daten, fokussiert auf bestimmte Themen, für diese Extremfälle im Detail analysiert (Creswell und Plano Clark 2011, S. 234–236; Bazeley 2012, S. 821); ein Beispiel findet sich auch in Knappertsbusch (2017). In MAXQDA lassen sich Extremfälle auch bei größeren Stichproben leicht identifizieren: In der „Übersicht Variablen" wird der Spaltenkopf der interessierenden Variable (z. B. der Faktorwert für „Neurotizismus") angeklickt. Daraufhin werden alle Zeilen (sprich Dokumente) aufsteigend bzw. absteigend sortiert. In den ersten und in den letzten Zeilen befinden sich die Personen mit besonders hohen bzw. besonders niedrigen Werten auf dem Faktor „Neurotizismus". Klickt man die Zeilen an, werden die Dokumente auch in der „Liste der Dokumente" fokussiert (blauer Balken), nun können sie miteinander kontrastiert werden und mit der Funktion *Gruppen vergleichen* im Tab *Analyse* können ihre Aussagen zu bestimmten Themen verglichen werden.

Die oben beschriebene Möglichkeit, Codes in Dokumentvariablen zu transformieren eröffnet die Möglichkeit, auch die Codehäufigkeiten zur Identifikation von Extremfällen zu benutzen. Nach der Transformation und der Sortierung der Tabelle lassen sich unschwer solche Personen finden, die im Verlauf des Interviews extrem häufig über ein bestimmtes Thema gesprochen haben.

Aussagen zu qualitativen Themen nach quantitativen Gruppen aufgliedern

Diese Integrationsstrategie setzt ebenfalls voraus, dass qualitative und quantitative Daten für die gleichen Untersuchungseinheiten erhoben wurden. In vielen Fällen sind es sozio-demographische Variablen, die als kategoriale Variablen in die Darstellung eingehen, es können aber ebenso Skalen- oder Indexwerte sein, bei denen zuvor eine Kategorisierung vorgenommen wird; entsprechende Beispiele finden sich in Guetterman et al. (2015, S. 162–163), Kuckartz (2014, S. 142–144) und Mayring et al. (2000, S. 48–53). Die quantitativen Daten dienen bei dieser Strategie und den entsprechenden Joint Displays dazu, die qualitativen Daten zu gruppieren, z. B. werden thematische Aussagen aus qualitativen Interviews getrennt nach einer durch einen gleichzeitig eingesetzten Fragebogen erfassten Bildungsvariable (Uni-Abschluss, Abitur, Mittlere Reife, Hauptschulabschluss) aufgegliedert. Im Prinzip lassen sich alle Variablen der quantitativen Studie als Gruppierungsvariable benutzen; bei metrischen Variablen muss zuvor eine sinnvolle Reduktion auf eine überschaubare Anzahl von Kategorien vorgenommen werden. Dieser Typ von Joint Displays lässt sich mit den Funktionen *Mixed Methods > Segmentmatrix > Segmentmatrix mit Codings* oder *Mixed Methods > QUAL Themen für QUAN Gruppen* erzeugen; eine schematische Darstellung des Resultats zeigt Abb. 13.4.

	Variable: Klimabewusstsein		
Code	Hoch (N=5)	Mittel (N=12)	Niedrig (N=4)
„Pers. Handeln"	Mit dem Code „Pers. Handeln" codierte Segmente dieser Gruppe	Mit dem Code „Pers. Handeln" codierte Segmente dieser Gruppe	Mit dem Code „Pers. Handeln" codierte Segmente dieser Gruppe
„Pers. Verantwortungs-übernahme"	Mit dem Code „Pers. Verantwortungsbewusstsein" codierte Segmente dieser Gruppe	Mit dem Code „Pers. Verantwortungsbewusstsein" codierte Segmente dieser Gruppe	Mit dem Code „Pers. Verantwortungsbewusstsein" codierte Segmente dieser Gruppe

Abb. 13.4 Schematischer Aufbau des Displays „Qualitative Themen nach quantitativen Gruppen"

Quantitative Analyse von Codehäufigkeiten aufgegliedert nach Gruppen: Kreuztabelle

Diese Integrationsstrategie bzw. das diese Strategie umsetzende Joint Display hat formal betrachtet den gleichen Aufbau wie das zuvor beschriebene Display, aber nun enthalten die Zellen der Matrix nicht die Textstellen selbst, sondern nur die Angaben über die jeweilige Anzahl der Codierungen. Wie viele Personen mit einem bestimmten Variablenwert (etwa Bildungsabschluss) sprechen über ein bestimmtes Thema (qualitative Daten) und wie viele Textstellen sind jeweils codiert? Sprechen mehr Personen mit hoher Bildung über die Beeinflussbarkeit von globalen Problemen als Personen mit niedriger Bildung und tun sie dies häufiger im Verlauf des Interviews? Diese aggregierte zahlenmäßige Darstellung entspricht der Logik einer statistischen Kreuztabelle. Mit Hilfe von Zeilen- und Spaltenprozenten lassen sich die jeweiligen Vergleichszahlen ermitteln und mit Hilfe eines Chi-Quadrat-Tests lässt sich überprüfen, mit welcher Wahrscheinlichkeit die Verteilung auf die verschiedenen Kategorien auch zufällig auftreten könnte. Ein Beispiel aus der sozialwissenschaftlichen Umweltforschung findet sich in Kuckartz (2014, S. 140–142). Erstellt wird eine Kreuztabelle mit der Option **Mixed Methods > Kreuztabelle**. Bereits vor dem Aufruf müssen die Codes aktiviert werden, die man in den Gruppenvergleich einbeziehen möchte. Nach dem Start der Funktion **Kreuztabelle** werden aufgrund von Variablenwerten die Gruppen definiert, die in der Kreuztabelle die Spalten bilden sollen, z. B. Klimabewusstsein = Hoch, Klimabewusstsein = Mittel und Klimabewusstsein = Niedrig.

In den Zellen dieses Displays werden die gruppenbezogenen Codehäufigkeiten dargestellt (Abb. 13.5). Dabei kann gewählt werden, ob die absoluten oder die prozentualen Häufigkeiten (bezogen auf Spalten oder Zeilen) ausgegeben werden. Um zu vermeiden, dass Personen, bei denen ein Code sehr häufig codiert wurde, das Ergebnis verzerren, lässt sich bestimmen, dass Codierungen pro Dokument nur einmal gezählt werden; nun kann die Häufigkeit eines Codes in einer bestimmten Gruppe nicht mehr größer sein als ihre Gruppenstärke. Vor allem bei umfangreichen Tabellen ist die Option, die Zellen der Tabelle in Abhängigkeit von den Codehäufigkeiten farblich zu hinterlegen, sehr hilfreich. Hierdurch lassen sich die gruppenbezogenen Differenzen gewissermaßen „auf den ersten Blick" erkennen.

13.5 Datenbasierte Integrationsstrategien

Code	Variable: Klimabewusstsein		
	Hoch (N=5)	Mittel (N=12)	Niedrig (N=4)
„Pers. Handeln"	Anzahl der mit dem Code „Pers. Handeln" codierten Segmente dieser Gruppe	Anzahl der mit dem Code „Pers. Handeln" codierten Segmente dieser Gruppe	Anzahl der mit dem Code „Pers. Handeln" codierten Segmente dieser Gruppe
„Pers. Verantwortungsübernahme"	Anzahl der mit dem Code „Pers. Verantwortungsbewusstsein" codierten Segmente dieser Gruppe	Anzahl der mit dem Code „Pers. Verantwortungsbewusstsein" codierten Segmente dieser Gruppe	Anzahl der mit dem Code „Pers. Verantwortungsbewusstsein" codierten Segmente dieser Gruppe
Dokumente	N (%)	N (%)	N (%)

Abb. 13.5 Schematischer Aufbau der Kreuztabelle

Statistische Analyse quantitativer Daten differenziert nach einer Typologie: die Typologietabelle

Diese ebenfalls datenbasierte Integrationsstrategie eignet sich dann besonders gut, wenn zunächst aus den qualitativen Daten eine Typologie gebildet wurde oder wenn Codes in Dokumentvariablen transformiert wurden. Ein weithin bekanntes historisches Beispiel für ein solches Vorgehen findet sich in der Studie „Die Arbeitslosen von Marienthal" (Jahoda et al. 1975). Dort wurden auf der Basis vielfältiger qualitativer Daten Haltungstypen gebildet, welche die Verarbeitung von Arbeitslosigkeit zum Gegenstand hatten. Ein aktuelles Beispiel für eine solche Analyse findet sich in Creswell und Plano Clark (2011, S. 292).

In der Typologietabelle wird eine Verbindung zwischen quantitativen Daten im Sinne von abhängigen Variablen (diese bilden die Zeilen der Tabelle) und transformierten Codes bzw. kategorialen Variablen hergestellt. Den Namen „Typologietabelle" hat diese Funktion aufgrund ihrer Fähigkeit bekommen, verschiedene Variablen und ihre Prozentanteile bzw. Kennwerte (Mittelwert und Standardabweichung) aufgegliedert für bestimmte Typen (die als Wert einer kategorialen Variablen gespeichert sind) darzustellen. Abb. 13.6 zeigt den Aufbau der Tabelle mit unabhängigen Variable in den Spalten und den abhängigen Variablen in den Zeilen.

In der Tabelle werden in den Spalten drei Gruppen mit unterschiedlichem Zeitnutzungsverhalten („Zeitnutzungstypen") miteinander verglichen, und zwar „Optimierer"

	Zeittyp = Optimierer (N=12)	Zeittyp = Aufschieber (N=16)	Zeittyp = Hedonist (N=16)
Alter, Mittelwert (Stdabw.)	44.4 (8.4)	32.5 (6.2)	27.2 (3.7)
Geschwister, Mittelwert (Stdabw.)	1.3 (0.5)	0.8 (0.8)	2.3 (0.4)
Formaler Bildungsgrad: Universitätsabsc	8 (66.7)	5 (31.3)	8 (50.0)
berufstätig?: ja, Anzahl (%)	12 (100.0)	11 (68.8)	9 (56.3)
N (Dokumente)	12 (27.3%)	16 (36.4%)	16 (36.4%)

Abb. 13.6 Vergleich verschiedener Typen hinsichtlich statistischer Werte in der Typologietabelle

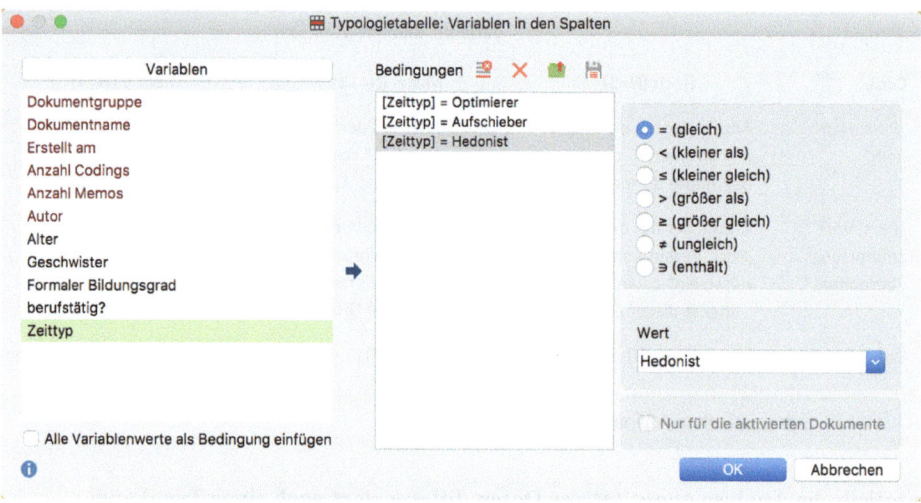

Abb. 13.7 Auswahldialog für die Spalten der Typologietabelle

(12 Personen), „Aufschieber" und „Hedonisten" (je 16 Personen). In der ersten Zeile wird das Durchschnittsalter für die Gruppen berechnet (44, 33 und 27 Jahre), dahinter wird in Klammern die Standardabweichung angegeben. Die folgende Zeile „Geschwister" enthält die mittlere Anzahl der Geschwister pro Typ; die vierte Zeile den Prozentanteil der berufstätigen Personen in der jeweiligen Gruppe, alle Optimierer sind beispielsweise berufstätig. Grün hervorgehoben ist zur leichteren Interpretation jeweils der höchste Wert der Zeile.

Die Zeilen bestehen also aus Variablen, und zwar entweder aus metrischen Variablen oder aus ausgewählten Werten kategorialer Variablen. Die Spalten folgen dem Muster der Kreuztabellen, hier können nicht nur Typzugehörigkeiten, sondern die Werte beliebiger kategorialer Variablen ausgewählt werden. Gestartet wird die Funktion aus dem Tab **Mixed Methods > *Typologietabelle***; es erscheinen nacheinander zwei Dialoge, in denen die Auswahl der Zeilen und Spalten gesteuert wird. Abb. 13.7 zeigt den Auswahlprozess für die drei Spalten der in Abb. 13.6 dargestellten Tabelle.

Die Typologietabelle ist interaktiv mit den Daten von MAXQDA verknüpft: Ein Doppelklick auf eine Ergebniszelle aktiviert bei kategorialen Variablen eben diese Dokumente, z. B. in Abb. 13.6 bei entsprechendem Klick die neun Berufstätigen des Typs „Hedonist". Ein Doppelklick in der ersten Spalte aktiviert bei einer kategorialen Variable alle Dokumente, welche den angeklickten Variablenwert besitzen.

Statistik für qualitative Gruppen
Dieses Joint Display integriert qualitativ gebildete Gruppen (Subcodes) mit quantitativen Daten: Die Gruppen werden ähnlich wie bei der Typologietabelle hinsichtlich statistischer

13.5 Datenbasierte Integrationsstrategien

	Code mit …		
	Subcode A	**Subcode B**	**Subcode C**
Variable 1 (metrisch)	Mittelwert (Standardabw.)	Mittelwert (Standardabw.)	Mittelwert (Standardabw.)
Variable 2 (kategorial)	Absolut (%)	Absolut (%)	Absolut (%)
Variable 3 (kategorial o. metrisch)	..	..	..
Dokumente	N (%)	N (%)	N (%)

Abb. 13.8 Schematischer Aufbau von „Statistik für qualitative Gruppen"

Kennwerte wie Mittelwert, Standardabweichung und ihrer relativen Anteile verglichen. Abb. 13.8 zeigt den schematischen Aufbau dieses Joint Displays.

In jeder Spalte werden die Dokumente ausgewertet, bei denen dieser Subcode vergeben wurde. Es ist also wichtig darauf zu achten, pro Dokument nur einen einzigen Subcode zuzuordnen, um die eindeutige Zugehörigkeit der Dokumente zu den Gruppen zu gewährleisten. Angenommen man habe eine evaluative, skalierende Inhaltsanalyse durchgeführt und dabei einen Code „Verantwortungsbewusstsein" mit den Ausprägungen „niedrig", „mittel" und „hoch" als Subcodes gebildet und in jedem Dokument entsprechende Codierungen vorgenommen. Dann kann diese Codierung als Grundlage für die Bildung der Gruppen verwendet werden.

Nach dem Start von ***Statistik für QUAL Gruppen*** (im Tab ***Mixed Methods***) erfolgt die Auswahl der Variablen für die Zeilen der Tabelle; sodann des gruppierenden Codes und der gewünschten Subcodes für die Spalten der Tabelle (Abb. 13.9).

Das Joint Display „Statistik für qualitative Gruppen" ist anwendbar für parallele sowie explanative und explorative Mixed-Methods-Designs. Im Prinzip entspricht das Ergebnis

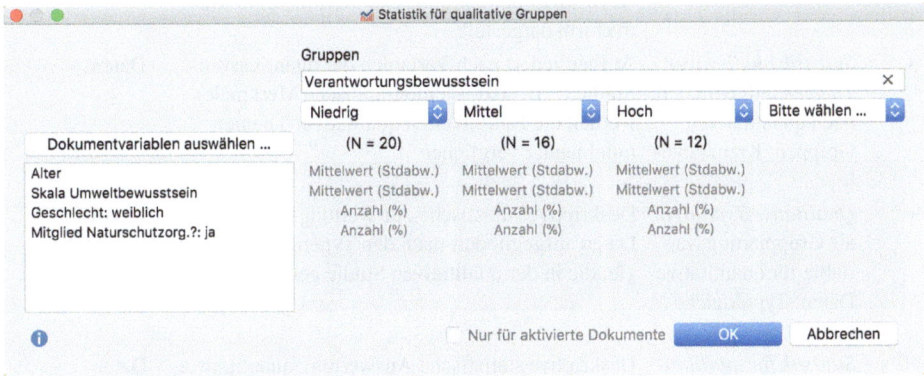

Abb. 13.9 Auswahldialog für „Statistik für qualitative Gruppen"

dieses Displays dem Ergebnis der Typologietabelle, allerdings werden hier die Spalten durch die Subcodes gebildet und nicht durch die Werte einer Variablen.

Überblick über Integrationsstrategien und Joint Displays

Tab. 13.1 gibt einen Überblick über die oben beschriebenen Integrationsstrategien. Mit den dargestellten Joint Displays ist das Spektrum möglicher Integrationsstrategien aber noch keineswegs ausgeschöpft, sondern es existieren noch viele weitere Möglichkeiten der Integration; so sind in Guetterman et al. (2015) weitere Vorschläge zu finden, beispielsweise

Tab. 13.1 Integrationsstrategien QUAL-QUAN in MAXQDA

	Integrationsstrategie	Beschreibung	Basierend auf
1	Aktivieren via Dokumentvariablen	Selektion von qualitativen Daten via Variablenwerte	Daten
2	Verlinken der Resultate von *QUAL und QUAN*	Die Ergebnisse von qualitativer und quantitativer Studie werden mit Hilfe von Hyperlinks (Dokument-Links) verbunden	Resultaten
3	Side-by-Side Display (*Codings*)	Tabellarische Gegenüberstellung der Resultate der qualitativen und quantitativen Studie (Basis: codierte Segmente)	Resultaten
4	Side-by-Side Display (*Summarys*)	Tabellarische Gegenüberstellung der Resultate der qualitativen und quantitativen Studie (Basis: thematische Summarys)	Resultaten
5	*Quantitizing:* Datentransformation QUAL → QUAN	Qualitative Daten werden in quantitative transformiert, z. B. Vorhandensein eines Codes oder Häufigkeit eines Codes pro Fall	Daten
6	*Qualitative Exploration* von Extremfällen der quantitativen Studie	Aufgrund der statistischen Analyse quantitativer Daten werden Extremfälle identifiziert und deren qualitative Daten detailliert analysiert	Daten
7	*Gruppiertes Themen-Display*	Aussagen zu qualitativen Themen werden aufgegliedert nach Variablen der quantitativen Studie (z. B. sozio-demographische Merkmale) in Matrixform dargestellt	Daten
8	*Statistik qualitativer Themen* aufgegliedert nach quantitativen Gruppen: Kreuztabelle	Aufgegliedert nach Variablen der quantitativen Studie (z. B. sozio-demographische Merkmale) werden die Häufigkeiten qualitativer Themen miteinander verglichen	Daten
9	*Qualitative Typologie* als Gruppierungsvariable für quantitative Daten: Typologietabelle	Deskriptive statistische Auswertung quantitativer Daten aufgegliedert nach den Typen einer Typologie, die in der qualitativen Studie gebildet wurde	Daten
10	*Statistik für qualitative Gruppen*	Deskriptive statistische Auswertung quantitativer Daten aufgegliedert für die Subcodes eines Codes	Daten

13.5 Datenbasierte Integrationsstrategien

solche Joint Displays, die es ermöglichen, aus den Resultaten einer qualitativen Studie den Fragebogen einer quantitativen Studie zu konstruieren. Ebenfalls lassen sich viele Vorschläge für Mixed-Methods-Datenanalyse in der alten und neuen Edition des umfangreichen Buches von Miles et al. finden (Miles et al. 2013).

MAXQDA stellt eine Reihe von Tools bereit, mit denen auch neue Formen solcher Strategien der Integration entworfen werden können, so wie dies bei der oben beschrie-

Tab. 13.2 Übersicht über Joint Displays im Tab „Mixed Methods"

	Spalten	Zeilen	Resultate in den Zellen der Tabelle	Max. Anzahl der zu vergleichenden Gruppen
Kreuztabelle	Gruppen gebildet durch Variablenwerte	Codes	Codehäufigkeiten pro Gruppe, verschiedene Varianten der Berechnung und Prozentuierung	Keine Beschränkung
Typologietabelle	Gruppen gebildet durch Variablenwerte. Häufig wurde zuvor auf der Basis der qualitativen Daten eine Typologie gebildet, wobei die Zugehörigkeit zu einem Typ als Variablenwert gespeichert wurde	Metrische und kategoriale Variablen	Für metrische Variablen Mittelwerte und Standardabweichungen; für kategoriale Variablen Prozentanteile der gewünschten Variablenausprägung (Typzugehörigkeit)	Keine Beschränkung
Statistik für qualitative Gruppen	Gruppen gebildet durch die Subcodes eines ausgewählten Codes	Metrische und kategoriale Variablen	Für metrische Variablen Mittelwerte und Standardabweichungen; für kategoriale Variablen Prozentanteile der gewünschten Variablenausprägung (Typzugehörigkeit)	4
Qualitative Themen für quantitative Gruppen (Codings)	Gruppen gebildet durch Variablenwerte	Codes	Codings des betreffenden Codes für die Dokumente der jeweiligen Gruppe	4
Qualitative Themen für quantitative Gruppen (Summarys)	Gruppen gebildet durch Variablenwerte	Codes	Thematische Summarys des betreffenden Codes für die Dokumente der jeweiligen Gruppe	4

benen Strategie Nr. 6 „Qualitative Exploration von Extremfällen der quantitativen Studie" der Fall ist. Dort wird die Basis-Funktionalität von MAXQDA eingesetzt – in diesem Fall die Tabellensortierung quantitativer Daten mit direktem Zugriff auf die zugehörigen qualitativen Daten. Im Menütab **Mixed Methods** sind einige häufig benötigte Joint Displays mit den notwendigen Einstellungsmöglichkeiten fest vorgegeben. Einen Überblick über diese Funktionen gibt Tab. 13.2. Dort ist erläutert, in welcher Form qualitative mit quantitativen Daten mit Hilfe dieser Funktionen verknüpft werden und wie die Resultate aussehen. Dies sollte dabei helfen, bei der Konzeption von Joint Displays unter den angebotenen MAXQDA-Optionen die adäquate Auswahl treffen zu können.

13.6 Ähnlichkeitsanalyse für Dokumente

Die Ähnlichkeitsanalyse für die Dokumente stellt keine Integrationsstrategie im eigentlichen Sinne dar. Methodiker mit einem engen Begriff von Mixed Methods wie etwa Creswell würden die Ähnlichkeitsanalyse nicht als Mixed-Methods-Verfahren, sondern als Multi-Method-Verfahren bezeichnen. Hier wird nämlich nicht, der gängigen Mixed-Methods-Definition entsprechend, mit einer qualitativen Studie und einer quantitativen Studie gearbeitet, sondern aus qualitativen Daten werden auf der Basis der vorgenommenen Codierungen Ähnlichkeiten zwischen den Dokumenten berechnet. Das heißt, hier werden auf die *gleichen* Daten sowohl qualitative wie quantitative Verfahren angewandt. Nun besteht bei der Ähnlichkeitsanalyse von MAXQDA nicht nur die Möglichkeit, Ähnlichkeiten auf der Basis von Codierungen zu berechnen, sondern man kann gleichzeitig auch Dokumentvariablen in die Analyse einbeziehen. Da dies aber in der Regel das Vorhandensein einer quantitativen Teilstudie voraussetzt, wurde die Ähnlichkeitsanalyse in der Menüstruktur von MAXQDA schließlich doch den Mixed-Methods-Analysen zugeordnet.

Der Aufruf erfolgt über **Mixed Methods > Ähnlichkeitsanalyse für Dokumente**. Im erscheinenden Fenster muss auf das Symbol **Neue Ähnlichkeits-/Distanzmatrix** geklickt werden, um die Analyse zu starten (Abb. 13.10).

In dem sehr umfangreichen Dialog werden zunächst die Codes festgelegt, auf denen die Analyse der Ähnlichkeit von Dokumenten basieren soll. Die Codes werden entweder in das Auswahlfenster hineingezogen oder zuvor aktiviert. Es kann zwischen zwei Arten der Analyse ausgewählt werden:

- **Vorkommen des Codes** – Es wird eine Ähnlichkeitsmatrix erzeugt, bei deren Berechnung nur berücksichtigt wird, ob die ausgewählten Codes im Dokument vorkommen oder nicht.
- **Häufigkeit des Codes** – Es wird eine Distanzmatrix erzeugt, bei deren Erstellung die Häufigkeit der einzelnen Codes berücksichtigt wird.

13.6 Ähnlichkeitsanalyse für Dokumente

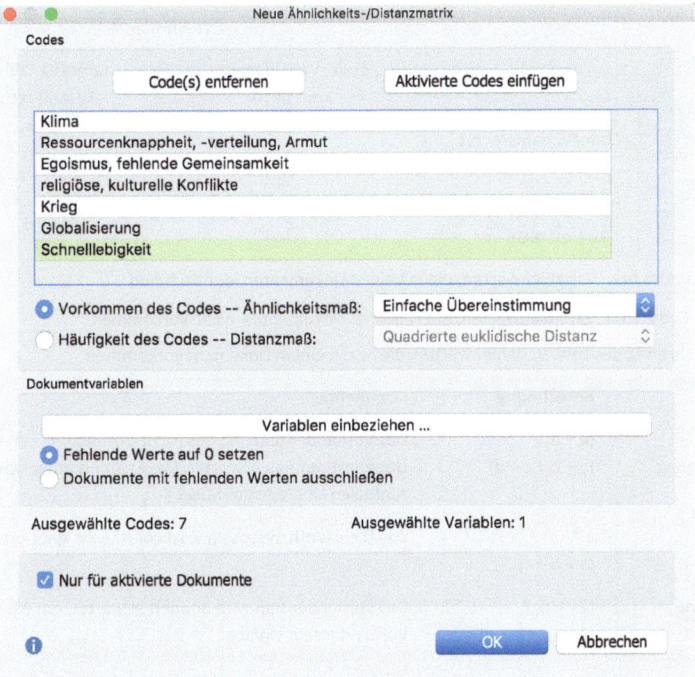

Abb. 13.10 Dialog der Ähnlichkeitsanalyse für Dokumente

Von entscheidender Bedeutung ist, welches Maß zur Bestimmung der Ähnlichkeit gewählt wird. Für die Berechnung der Ähnlichkeit kann zwischen vier Varianten gewählt werden; alle Berechnungen bauen auf einer Vierfeldertafel auf, die für jede paarweise Kombination von Dokumenten erzeugt wird (Abb. 13.11).

Welches der Ähnlichkeitsmaße angemessen ist, hängt von den spezifischen Konstellationen von Codes und Daten ab (Bacher et al. 2010, S. 195–232). Wenn es viele Codes gibt und diese in sehr vielen Dokumenten nicht vorkommen, dann sind die Koeffizienten von Jaccard und Russel/Rao zu bevorzugen, denn sie bewerten das Nicht-Vorhandensein von Codes bei zwei Dokumenten (Feld d im oberen Teil der Abb. 13.11) nicht als Übereinstimmung. Beispiel: Wenn man 10 Codes auswertet und im Durchschnitt nur 2 bis 3 der Codes pro Dokument vergeben wurden, erzeugt man mit den anderen Koeffizienten sonst sehr viel Übereinstimmungen des NICHTS, d. h. die Ähnlichkeit von Dokumenten hinsichtlich ihrer Codierungen wird stark überschätzt. Das entscheidende Kriterium für die Wahl des Koeffizienten ist also, wie man mit der Übereinstimmung im Nicht-Vorhandensein von Codes umgeht, ignoriert man diese, wie bei Jaccard, oder berücksichtigt man sie bei der Ähnlichkeitsberechnung, wie bei Kuckartz/Rädikers zeta, Russel/Rao oder dem Maß der einfachen Übereinstimmung.

Wenn die Codehäufigkeiten Grundlage der Ähnlichkeitsberechnung sein sollen und nicht nur der Tatbestand, ob ein Code einem Dokument zugeordnet ist oder nicht, wird ei-

		Dokument A	
		Code/Variablenwert kommt vor	Code/Variablenwert kommt nicht vor
Dokument B	Code/Variablenwert kommt vor	a	b
	Code/Variablenwert kommt nicht vor	c	d

a = Anzahl an Codes bzw. Variablenwerten, die in beiden Dokumenten identisch sind

d = Anzahl an Codes bzw. Variablenwerten, die in beiden Dokumenten *nicht* vorkommen

b und c = Anzahl an Codes bzw. Variablenwerten, die nur in einem Dokument vorkommen

Maß	Berechnung	Kommentar
Einfache Übereinstimmung	$(a + d) / (a + b + c + d)$	Das Vorhandensein und das Nicht-Vorhandensein werden als Übereinstimmung gewertet. Das Ergebnis entspricht der prozentualen Übereinstimmung.
Jaccard	$a / (a + b + c)$	Das Nicht-Vorhandensein wird vollständig ignoriert.
Kuckartz & Rädikers zeta	$(2a + d) / (2a + b + c + d)$	Das Vorhandensein wird doppelt gewertet, das Nicht-Vorhandensein einfach.
Russel und Rao	$a / (a + b + c + d)$	Nur das Vorhandensein wird als Übereinstimmung gewertet, das Nicht-Vorhandensein reduziert aber die Ähnlichkeit.

Abb. 13.11 Ähnlichkeitskoeffizienten und ihre Berechnung

ne Distanzmatrix der Dokumente berechnet, wobei zwischen zwei Maßen gewählt werden kann: der Blockdistanz und der quadrierten euklidischen Distanz (Abb. 13.12).

Auch Variablenwerte können in die Berechnung der Ähnlichkeit einbezogen werden. Wenn die Variante „Vorkommen des Codes" ausgewählt wurde, muss angegeben werden, welche Variablenwerte MAXQDA auswerten soll. Wenn der ausgewählte Variablenwert bei beiden Dokumenten vorhanden ist, wird dies als Übereinstimmung gewertet. Bei Wahl der Variante der „Häufigkeit des Codes" stehen nur Variablen des Typs „Ganzzahl" oder „Fließkomma" zur Auswahl.

Maß	Berechnung	Kommentar
Blockdistanz	Summe aller absoluten Abweichungen der Codehäufigkeiten.	
Quadrierte euklidische Distanz	Summe aller quadrierten Abweichungen der Codehäufigkeiten.	Durch das Quadrieren werden größere Abweichungen stärker gewichtet.

Abb. 13.12 Koeffizienten zur Berechnung einer Distanzmatrix

13.6 Ähnlichkeitsanalyse für Dokumente

Dokumentname	B01 Jan	B02 Maria	B03 Sarah	B04 Hans	B05 Lukas
Interviews\B01 Jan	1,00	0,63	0,50	0,63	0,75
Interviews\B02 Maria	0,63	1,00	0,38	0,50	0,63
Interviews\B03 Sarah	0,50	0,38	1,00	0,63	0,75
Interviews\B04 Hans	0,63	0,50	0,63	1,00	0,88
Interviews\B05 Lukas	0,75	0,63	0,75	0,88	1,00

Abb. 13.13 Ähnlichkeitsmatrix für Dokumente

In Abb. 13.13 ist eine Ähnlichkeitsmatrix für fünf Interviews zu sehen. Zeilen und Spalten werden durch die für die Analyse ausgewählten Dokumente gebildet, ein Ähnlichkeitskoeffizient von 1,0 bedeutet maximale Ähnlichkeit, ein Koeffizient von 0 maximale Unähnlichkeit; Auf der Hauptdiagonalen erscheint deshalb immer der Wert 1,00 (die Ähnlichkeit des Dokuments mit sich selbst). In Abb. 13.13 ist in der ersten Zeile oder Spalte zu erkennen, dass „B01 Jan" die größte Ähnlichkeit zu „B05 Lukas" (0,75) und die geringste zu „B03 Sarah" (0,50) aufweist.

Standardmäßig sind die Tabellenzellen farblich grün unterlegt: Je dunkler der Grünton, desto ähnlicher sind sich die beiden Dokumente. Die Bezugsgröße der Farbschattierung kann gewählt werden: entweder die gesamte Matrix, die Zeilen oder die Spalten. Die Matrix ist sortierbar: Ein Klick auf eine Spaltenüberschrift bewirkt, dass die Dokumente in den Zeilen nach ihrer Ähnlichkeit mit dem angeklickten Dokument sortiert werden.

Mit bibliographischen Informationen arbeiten und Literaturreviews anfertigen 14

Mit Fachliteratur zu arbeiten gehört in vielen wissenschaftlichen Disziplinen zum Kerngeschäft. Man kann sich schwerlich ein Exposé für ein Projekt, eine Masterarbeit oder eine Dissertation vorstellen, in der nicht der bisherige Forschungsstand systematisch aufgearbeitet und dargestellt wird (Creswell 2016a, S. 58–66). Immer mehr Verlage machen ihre Fachzeitschriften und Publikationen online zugänglich, sodass sich Literaturreviews heute wesentlich einfacher und effektiver durchführen lassen als noch vor einigen Jahren. MAXQDA eignet sich sowohl für die tagtägliche Arbeit mit Literatur als auch für die Durchführung von Literaturreviews (z. B. für die Vorbereitung eines Theoriekapitels und eines Berichts über den Forschungsstand) sowie auch für systematische Reviews, d. h. für die Aufbereitung von Forschungsergebnissen für eine Meta-Analyse. Insbesondere kann MAXQDA für die Verwaltung von Exzerpten und die Erstellung von Summarys eingesetzt werden, was sehr effektiv den Schreibprozess unterstützt. Bei der Literaturarbeit ist die Ebene bibliographischer Informationen (Autor, Erscheinungsjahr etc.) von der Ebene der Inhalte dieser Literatur zu unterscheiden. MAXQDA fokussiert vorrangig die Ebene der Inhalte und ist keine Spezialsoftware für die Literaturverwaltung; doch lassen sich die Daten solcher Programme importieren und weiterbearbeiten.

In diesem Kapitel

✓ Arbeiten mit bibliographischen Daten
✓ Import von Daten aus Literaturverwaltungsprogrammen
✓ Alltägliches Arbeiten mit Literatur und Exzerpten
✓ Erstellen von Literaturreviews
✓ Möglichkeiten zur Erstellung systematischer Reviews

14.1 Arbeiten mit bibliographischen Daten aus Literaturverwaltungsprogrammen

MAXQDA bietet die Möglichkeit, bibliographische Daten aus Software zur Literaturverwaltung (z. B. Mendeley, Endnote, Citavi und Zotero) zu importieren. Ähnlich wie MAXQDA arbeiten diese sogenannten *Reference Manager* mit Projektdateien, d. h. Datenbanken, die alle gesammelten bibliographischen Informationen enthalten. Die kleinste Einheit von Projekten ist eine Literaturangabe (Autor/in, Titel etc.), die teilweise auch Links auf Webseiten, Schlagwörter, Abstracts, den Volltext und weiterführende Informationen enthalten können.

MAXQDA kann mit allen Programmen zur Literaturverwaltung kooperieren, die ihre Literaturdatenbanken im RIS-Datenformat, einem Standardformat für bibliographische Angaben, exportieren. Bei Citavi lässt sich dies über das Menü „Datei" mit „Exportieren > Exportieren" bewerkstelligen und beim kostenfreien Programm Zotero über „Datei > Bibliothek exportieren...". Eine detaillierte Beschreibung des RIS-Formats findet sich im Online-Lexikon Wikipedia unter http://de.wikipedia.org/wiki/RIS_(Dateiformat). RIS-Dateien enthalten sogenannte „Tags", die jeweils aus zwei Buchstaben bestehen und an die sich jeweils die zugehörigen Informationen anschließen. Wichtige Tags sind zum Beispiel:

TY Typ der Literaturangabe, leitet immer einen neuen Eintrag ein
ID eine eindeutige Identifikationsnummer des Eintrags
AU Autor/in
TI Titel
PY Veröffentlichungsdatum
ER muss am Ende stehen und schließt einen Eintrag ab

Eine Quellenangabe im RIS-Format sieht beispielsweise so aus:

```
TY  - BOOK
AU  - McLuhan, Marshall
AU  - Fiore, Quentin
TI  - The medium is the message
PY  - 1967
CY  - New York
PB  - Bantam Books
ER  -
```

Eine detaillierte Beschreibung aller Tags des RIS-Formates findet sich ebenfalls bei Wikipedia.

Import und automatische Vorab-Codierung
RIS-Dateien lassen sich über *Import > Bibliographische Daten* importieren. Daraufhin erscheint ein Auswahldialog, in dem die betreffende Datei mit der Endung RIS oder TXT gewählt wird. Beim Importieren geschieht folgendes (siehe auch Abb. 14.1):

14.1 Arbeiten mit bibliographischen Daten aus Literaturverwaltungsprogrammen

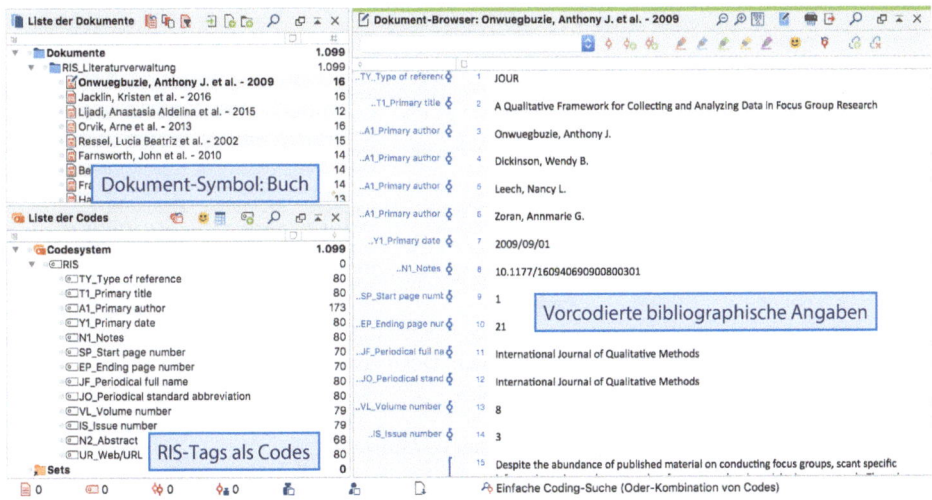

Abb. 14.1 Importierte RIS-Daten in MAXQDA

- Es wird in MAXQDA eine neue Dokumentgruppe angelegt, deren Name mit „RIS_" beginnt und um den Namen der importierten Datei ergänzt wird.
- Alle Literatureinträge der RIS-Datei werden als jeweils einzelnes Dokument zu der neu erstellten Dokumentgruppe hinzugefügt; die Reihenfolge der Einträge bleibt dabei erhalten. Die importierten Dokumente werden in der „Liste der Dokumente" mit einem Buch symbolisiert.
- Der Dokumentname wird nach folgendem Schema zusammengesetzt: <Autor/in> – <Jahr> – <ID>. Leere Felder sind ggf. durch ein „?" gekennzeichnet. Bei mehreren Autoren_innen werden nur Name und Vorname der/s Erstautors_in verwendet, gefolgt von dem Kürzel „et al.".
- Die neu erstellten Dokumente enthalten die Informationen, die rechts neben den Tags aufgelistet sind. Die Tags selbst werden nicht importiert.
- In der „Liste der Codes" wird ein neuer Top-Level-Code „RIS" erstellt, der als Untercodes alle RIS-Tags enthält, die in der Importdatei verwendet werden, z. B. „TY – Type of reference".
- Beim Import werden alle Dokumente automatisch vorab codiert, indem jeder Textabschnitt mit dem zugehörigen Tag-Code codiert wird.

Fünf ausgewählte Informationen, die für spätere Selektionen wichtig sein können, werden zudem als Dokumentvariablen gespeichert, und zwar:

- RIS_Type (Art der Referenz) – Text
- RIS_Author (Erste/r Autor/in) – Text
- RIS_Title (Titel) – Text

Dokumentname	RIS_Type	RIS_Author	RIS_Title
Onwuegbuzie, Anthony J. et al. - 2009	JOUR	Onwuegbuzie, Anthony J. et al.	A Qualitative Framework for Collecting and Analyzing Data in Fo
Jacklin, Kristen et al. - 2016	JOUR	Jacklin, Kristen et al.	An Innovative Sequential Focus Group Method for Investigating D
Lijadi, Anastasia Aldelina et al. - 2015	JOUR	Lijadi, Anastasia Aldelina et al.	Online Facebook Focus Group Research of Hard-to-Reach Particip
Orvik, Arne et al. - 2013	JOUR	Orvik, Arne et al.	Situational Factors in Focus Group Studies: A Systematic Review
Ressel, Lucia Beatriz et al. - 2002	JOUR	Ressel, Lucia Beatriz et al.	Focus Group as a Method of Data Collection in Nursing Research:
Farnsworth, John et al. - 2010	JOUR	Farnsworth, John et al.	Analysing group dynamics within the focus group
Belzile, Jacqueline A et al. - 2012	JOUR	Belzile, Jacqueline A et al.	Where to begin? Grappling with how to use participant interacti
Franklin, Kathy K. et al. - 2001	JOUR	Franklin, Kathy K. et al.	Computer-mediated focus group sessions: naturalistic inquiry in
Halkier, Bente - 2010	JOUR	Halkier, Bente	Focus groups as social enactments: integrating interaction and
Wibeck, Victoria et al. - 2007	JOUR	Wibeck, Victoria et al.	Learning in focus groups: an analytical dimension for enhancing
Oringderff, Jennifer - 2004	JOUR	Oringderff, Jennifer	"My Way": Piloting an Online Focus Group

Abb. 14.2 Übernommene Variablenwerte zu jedem Dokument

- RIS_Reference-ID (Identifikationsnummer) – Ganzzahl
- RIS_Year (Veröffentlichungsjahr) – Ganzzahl

Die Variablen werden als Systemvariablen angelegt und lassen sich nicht ändern (Abb. 14.2).

Arbeit mit bibliographischen Daten und Export

Nach dem Import und der automatischen Vorabcodierung stehen die bibliographischen Daten in MAXQDA wie normale Texte zur Verfügung. Das bedeutet, sie lassen sich durchsuchen, codieren, verlinken, editieren und mit Memos versehen und stehen für weitere qualitative und quantitative Inhaltsanalysen (Kuckartz 2016) zur Verfügung. Nun lassen sich Fragen beantworten wie beispielsweise:

- Welcher Autor wird wie häufig genannt?
- Welche Themen sind vertreten?
- Wie haben sich die Schwerpunkte von Themen verschoben?
- Gibt es zu einem Thema mehr Zeitschriftenbeiträge oder Monographien?
- Inwieweit haben sich Titel von Zeitschriftenbeiträgen im Laufe der Zeit verändert?

Natürlich können auch die *Visual Tools* und alle anderen Funktionen von MAXQDA wie z. B. die Grafik- und Statistik-Funktionen hierauf angewendet werden. Durch die automatische Vorabcodierung können beispielsweise nur Dokumente eines bestimmten Typs ausgewählt und ausgewertet werden, etwa nur Zeitschriftenbeiträge oder nur Sammelbandbeiträge.

Aus einem MAXQDA-Projekt lassen sich bibliographische Angaben im RIS-Format exportieren, um sie beispielsweise in ein Programm zur Literaturverwaltung zu importieren. Die Exportfunktion kann über ***Reports > Export > Bibliographische Daten im RIS-Format*** aufgerufen werden. Alle Dokumente des Projektes, die bibliographische Daten enthalten und daher durch das Symbol „Buch" gekennzeichnet sind, werden in eine RIS-Datei (Codierung: UTF-8) exportiert.

14.2 Literatur und Exzerpte mit MAXQDA organisieren und analysieren

Das Arbeiten mit Literatur – online und offline – gehört zu den wichtigsten Tätigkeiten nicht nur in Forschung und Lehre, sondern auch in NGOs, in Institutionen und Markt- und Meinungsforschungsinstituten. Einschlägige Literatur ausfindig machen, diese lesen, Wichtiges anmerken, Argumentationen nachvollziehen, Textstellen exzerpieren, Texte zusammenfassen und miteinander vergleichen, all dies sind Tätigkeiten, die charakteristisch für die Literaturarbeit sind. MAXQDA lässt sich hervorragend für diese tagtägliche Arbeit mit Literatur einsetzen. So berichten Uta-Kristina Meyer (2014) und Elgen Sauerborn (2014) in ihren Blogbeiträgen beispielsweise darüber, wie sie bei ihrer Dissertation Exzerpte erstellen und diese mit MAXQDA verwalten. Dabei wird folgendermaßen vorgegangen:

- Möglichst alle online verfügbaren Literaturquellen, die während ihrer Arbeit an der Dissertation anfielen, werden in MAXQDA importiert.
- Exzerpte werden als eigene Dokumente in MAXQDA erstellt, wobei als Dokumentname z. B. die Literaturangabe (Autor, Jahr, Kurztitel) gewählt werden kann. Mittels dieser Dokumentnamen lässt sich unter Zuhilfenahme der Suche in der „Liste der Dokumente" leicht nach Autoren suchen.
- In Dokument-Memos lassen sich weitere Informationen zu den Quellen verwalten, z. B. welche Argumentationen Fragen aufwerfen, welche Kritik es hierzu gibt oder ob die Quelle für die eigene Arbeit wichtig ist.
- Das Codesystem wird anhand der Gliederung der Arbeit erstellt, wobei die Codes genau die gleiche Reihenfolge wie in der späteren Arbeit haben. Die Exzerpte oder auch Stellen der Originaldokumente, die sich zum Zitieren eignen, werden mit diesen Codes codiert.
- Beim Schreiben der Dissertation werden dann die entsprechenden Codes aktiviert, sodass alles Gelesene und Codierte in der „Liste der Codings" zusammengestellt wird.
- Auf dieser Grundlage fällt das Schreiben leicht. Man läuft nicht Gefahr, etwas zu übersehen und kann die Arbeit „runterschreiben".
- Auch nach Fertigstellung der Arbeit bzw. eines Zeitschriftenartikels sind die Quellen, Exzerpte und Codierungen weiter verfügbar. Wenn später an ähnlichen Themen gearbeitet wird, lässt sich all das, was hierfür benötigt wird, zusammenstellen. So verfügt man bereits über ein Fundament, auf das man aufbauen und weitere Literatur und Exzerpte hinzufügen kann.

14.3 Literaturreviews mit MAXQDA erstellen

In der englischsprachigen wissenschaftlichen Literatur wird im Kontext systematischer Literaturarbeit häufig der Begriff „literature review" verwendet. Dies ist ein gängiger Terminus mit einer allseits bekannten Bedeutung, ähnlich wie dies bei den Begriffen „Essay," „Report" oder „Paper" der Fall ist. Als alternative Bezeichnungen werden auch „focused scientific review" oder „systematic review" benutzt. In angelsächsischen Bachelor- und Masterstudiengängen ist ein „literature review" auch als Prüfungsform üblich; ganz ähnlich wie etwa eine Hausarbeit, ein Portfolio oder ein Referat typische Formen von Studien- bzw. Prüfungsleistungen sind. Im Deutschen wird der Begriff „Literaturreview" bislang noch relativ selten verwendet. Stattdessen existieren viele Bezeichnungen wie beispielsweise „systematische Literaturanalyse", „Aufarbeitung der Fachliteratur", „Literaturrecherche", „Literaturanalyse" oder „Literaturstudium", die im Kern aber Ähnliches wie der Begriff „literature review" bezeichnen. Im Folgenden wird immer einheitlich von Literaturreview gesprochen, wobei gleichzeitig auch die anderen genannten Bezeichnungen gemeint sind.

Was ist nun eigentlich unter einem Literaturreview zu verstehen? Arlene Fink gibt folgende Definition: „A research literature review is a systematic, explicit, and reproducible method for identifying, evaluating, and synthesizing the existing body of completed and recorded work produced by researchers, scholars, and practitioners." (Fink 2010, S. 3)

Ein solches Literaturreview wird zu einem bestimmten inhaltlichen Gegenstand oder zu einer gezielten Forschungsfrage erstellt. Ziel ist es, den gegenwärtigen Stand der Forschung und/oder der wissenschaftlichen Diskussion in Bezug auf ein bestimmtes inhaltliches Feld zu ermitteln. Dabei können unterschiedliche, vorab festgelegte Aspekte fokussiert werden, beispielsweise theoretische wie auch methodische Aspekte. Ein Literaturreview stellt eine spezifische Form der Sekundäranalyse dar, das heißt es handelt sich nicht um eigenständige, neue Forschung, sondern um die Aufarbeitung des bereits Erforschten. Sehr häufig wird ein Literaturreview, ähnlich wie ein Essay, von einer einzigen Person geschrieben. Diese stellt in systematischer Form die substantiellen Forschungsresultate dar, identifiziert Kontroversen und resümiert den Stand des wissenschaftlichen Diskurses in dem speziellen Feld. Ein Literaturreview ist immer ein ausformulierter Text und nicht etwa lediglich eine Liste oder Literaturliste.

Literaturreviews können sowohl als eingebettete Reviews (z. B. eingebettet in eine Dissertation einen Forschungsbericht etc.) als auch als Stand-alone Review erstellt werden. Letztere werden häufig als „systematic reviews" bezeichnet. Bei diesen geht es in der Regel darum, dass Forschungsergebnisse zu einer speziellen Frage aufbereitet werden und Forschungslücken identifiziert werden. Dies ist bei allgemeinen eingebetteten Literaturreviews meist nicht so zugespitzt der Fall, was nicht bedeutet, dass diese unsystematisch oder eklektisch wären. Traditionell schließen aber Stand-alone-Reviews in stärkerem Maße quantitative Aspekte ein.

Die Arbeitsphasen beim Erstellen eines Literaturreviews
Basierend auf den Arbeiten von Fink (2010, S. 4–7), Hart (2017), Gough et al. (2017) und Heyvaert et al. (2016, S. 6–8) lassen sich sechs Arbeitsphasen bei der Erstellung eines Literaturreviews unterscheiden:

1. Formulierung der Fragestellungen und der Ziele des Reviews. Die Forschungsfrage sollte präzise formuliert werden und leitet das Review an.
2. Auswahl der bibliographischen Datenbanken, bei denen es sich heute normalerweise um Online-Datenbanken handelt.
3. Bestimmung der Suchbegriffe für die Recherche in diesen Datenbanken.
4. Anwendung praktischer und methodologischer Kriterien zur Auswahl von Literatur mit hoher wissenschaftlicher Qualität.
5. Durchführung des Reviews. Diese Phase beinhaltet u. a. den Import der bibliographischen Daten ggf. auch des vollen Textes, die Definition von Variablen wie Autor, Erscheinungsjahr etc., das thematisches Codieren signifikanter Textstellen, Schreiben von Exzerpten und Summarys.
6. Synthese der Resultate und Schreiben des Reviews, entweder in Form einer qualitativen Beschreibung der Resultate oder bei einer quantitativen Meta-Analyse als Berechnung statistischer Kennwerte und Maßzahlen.

MAXQDA kann in allen Phasen wertvolle Unterstützung leisten. Das gilt insbesondere für die inhaltliche Arbeit und das thematische Erschließen der Primärquellen in den Phasen 5 und 6. Bevor wir die hierzu vorhandenen Möglichkeiten von MAXQDA beschreiben, erscheint es sinnvoll, auf den Unterschied zwischen MAXQDA und Literaturverwaltungssoftware (z. B. Endnote, Citavi, Mendeley, Zotero etc.) einzugehen. Diese Programme erlauben das Sammeln, Verwalten und Zitieren von Primärquellen, sowohl von Online- als auch von Offline-Quellen. Der Schwerpunkt dieses Softwaretyps liegt dabei auf der Verwaltung bibliographischer Angaben und der Erstellung von Literaturlisten, die den unterschiedlichen Vorschriften einer großen Zahl von wissenschaftlichen Fachzeitschriften entsprechen. Das weit verbreitete Programm Zotero (www.zotero.org) sucht in Online-Bibliothekskatalogen und bei Buchversandhändlern wie Amazon nach bibliographischen Informationen und erlaubt es, diese in einer lokalen Datenbank zu speichern und mit Schlagwörtern und Metadaten zu versehen. Literaturlisten können später in verschiedenen Zitationsstilen (z. B. im weit verbreiteten APA-Style) ausgegeben werden. Während bei Literaturverwaltungsprogrammen die *bibliographischen Angaben* im Zentrum stehen, sind es bei MAXQDA die *Inhalte*, welche über thematische Codes erschlossen und systematisch miteinander quantitativ und qualitativ analysiert und verglichen werden können. MAXQDA dient also nicht primär zum Erfassen bibliographischer Angaben (wenngleich auch dieses möglich ist) und auch nicht zur Erstellung von Literaturlisten für Publikationen. MAXQDA ermöglicht allerdings, wie oben beschrieben, den Import bibliographischer Informationen von Literaturverwaltungssoftware.

Nun aber zurück zur Beschreibung der Phasen der Erstellung von Literaturreviews mit MAXQDA: Das Literaturreview ist nicht nur wichtig, um sich einen Überblick über den Wissensstand zu verschaffen, es hat auch die Aufgaben, die eigene Forschung in einen weiteren Kontext und die Diskussionen in der Scientific Community einzubetten. Im Folgenden werden die verschiedenen Phasen der Review-Erstellung genauer beschrieben.

Phase 1: Formulierung der Fragestellungen und der Ziele des Reviews

Ähnlich wie es zu Beginn eines Forschungsprojektes gilt, den Forschungsbereich und die Forschungsfrage zu formulieren, steht auch die Formulierung von Zielen und Fragestellung(en) am Beginn eines Literaturreviews. Allerdings wird zu Beginn der Arbeit die Fragestellung etwas weiter formuliert als dies üblicherweise bei einem Forschungsprojekt der Fall ist. Eine zu enge Fokussierung könnte zur Folge haben, dass Quellen übersehen werden, die durchaus von Relevanz sind, aber zunächst nicht als zentral für den darzustellenden Forschungsstand erscheinen. Die Forschungsfrage(n) und die Ziele des Reviews werden in MAXQDA am besten in Form eines freien Memos (Aufruf aus dem Hauptmenü: *Analyse > Neues freies Memo*) festgehalten, z. B. folgendermaßen:

Titel des Memos
Literaturrecherche zu Datenanalyse und Integration in der Mixed-Methods-Forschung

„Die Literaturrecherche soll den aktuellen Stand der Diskussion zum Thema Datenanalyse/Integration in der Mixed-Methods-Forschung zum Gegenstand haben. Bekannte Autor_innen der Mixed-Methods-Community sehen Integration von Qual und Quan als die eigentliche Herausforderung von Mixed-Methods-Forschung an, das Review soll die wichtigsten Positionen zusammentragen. Da der Mixed-Methods-Diskurs in englischer Sprache geführt wird, soll nur englischsprachige Literatur berücksichtigt werden. Die Recherche soll sich auf die drei Jahre 2014–16 erstrecken und sich auf die führende Zeitschrift, das Journal of Mixed Methods Research, beschränken."

Phase 2: Auswahl der bibliographischen Datenbanken

Der nächste Schritt besteht in einer gezielten Suche nach solchen Quellen, die über das fokussierte Thema (potenziell) etwas aussagen können. In einer klassischen Bibliothek mag man sich das so vorstellen, dass man aufgrund von Schlagwort- und Stichwortkatalog Literatur identifiziert, sie aus den Regalen holt, zum Arbeitsplatz mitnimmt und auf den Schreibtisch legt. Bei der Arbeit mit Computern und der Recherche in einschlägigen Datenbanken verhält es sich im Prinzip ähnlich. Man recherchiert zunächst in explorativer Weise in Datenbanken oder wissenschaftlichen Zeitschriften, sichtet die Treffer und wählt solche Quellen aus, von denen man annimmt, dass sie etwas zum Review beitragen können.

Zunächst ist zu entscheiden, wo überhaupt gesucht wird und wonach genau gesucht wird, d. h. es geht um die Auswahl der *bibliographischen Datenbanken* und die Bestimmung von *Suchbegriffen*. Bei den Datenbanken handelt es sich normalerweise um Online-Datenbanken, von denen hunderte öffentliche und private Datenbanken existieren. Die bekanntesten internationalen Datenbanken sind PubMed (Medizin), MEDLINE (Medizin), ERIC (Erziehungswissenschaft), JSTOR (divers), LexisNexis (u. a. Wirtschaft und Recht), PsycINFO (Psychologie), Social Science Citation Index und Sociological Abstracts (beide Sozialwissenschaften) (Fink 2010, S. 17–21). Zu beachten sind auch private Datenbanken wie etwa Springerlink, das Portal der Verlagsgruppe Springer Science+Business Media, und Zeitschriftendatenbanken wie die von Sage Publications, die vor allem für Recherchen im Bereich von Methoden und Methodologie unverzichtbar ist.

Eine weitere wichtige Entscheidung ist, ob nur deutschsprachige oder auch anderssprachige (oder auch nur englischsprachige) Quellen in die Recherche einbezogen werden.

Phase 3: Bestimmung der Suchbegriffe für die Recherche

Nach diesen Festlegungen besteht der nächste Schritt darin, *Suchbegriffe* für die Recherche zu definieren; bei diesen kann es sich um einzelne Wörter oder auch Mehrwortkombinationen handeln. Fast alle Datenbanken bieten die Möglichkeit zur erweiterten Suche, bei der komplexere Bedingungen formuliert werden können und sich beispielsweise Suchwörter mit logischem UND bzw. ODER miteinander verknüpfen lassen.

Beispiel
Es sollen aus dem *Journal for Mixed Methods Research* (JMMR) alle Beiträge gesucht werden, die sich mit dem Thema „data analysis" befassen. Die Suche soll auf die Jahrgänge 2014 bis 2016 beschränkt werden. Weitere denkbare Suchbegriffe wären „triangulation" und „integration"; im folgenden Beispiel beschränken wir uns auf „data analysis".Die Suche auf der Webseite der Zeitschrift JMMR http://mmr.sagepub.com/search erbringt 57 Resultate. Nun kann man entweder in der Zusammenstellung auf der Webseite überprüfen, ob die Treffer wirklich einschlägig sind und solche Treffer markieren oder man exportiert gleich alle Rechercheresultate und importiert sie in MAXQDA, um sie dort auf Relevanz zu prüfen. In unserem Beispiel ist es effizienter, die Resultate gleich alle zu MAXQDA zu transferieren. Beim Export von der Webseite von Sage Publications ist darauf zu achten, dass nicht nur die Zitation, sondern auch das Abstract exportiert wird. Als Dateiformat sollte aus den zahlreichen angebotenen Formaten ein RIS-Format gewählt werden. Mittels der Option **Import > Bibliographische Daten** wird die von der Sage Datenbank erstellte RIS-Datei nach MAXQDA importiert.

Phase 4: Anwendung praktischer und methodologischer Kriterien zur Auswahl von Literatur mit hoher wissenschaftlicher Qualität

In dieser Phase geht es um die Auswahl der relevanten Literatur, d. h. die bei der Datenbank-Recherche gefundene Literatur wird nun daraufhin untersucht, ob sie in den engeren Bereich der Forschungsfrage fällt und im Sinne der Ziele des Reviews erste Wahl ist.

Es sollten sowohl die praktischen Kriterien als auch die methodologischen Kriterien der Auswahl dokumentiert werden. Mit praktischen Kriterien sind solche gemeint, die die praktische Zugänglichkeit, die Sprache und die Art der Publikation betreffen. Bei einer Studie zum *Umweltbewusstsein in Europa* wird man aus praktischen Erwägungen nur solche in den gängigsten Sprachen, möglicherweise nur englischsprachige berücksichtigen. Auch wird man sich auf die wichtigsten sozialwissenschaftlichen Zeitschriften beschränken.

Methodologische Kriterien können im obigen Beispiel des Reviews zum Umweltbewusstsein etwa die Qualität und Art des Sampling oder die „Seriosität" des die Erhebung durchführenden Instituts sein. Möglicherweise werden dann aus methodologischen Gründen alle Quellen ausgeschlossen, die auf Online-Surveys basieren, bei denen das Zustandekommen der Stichprobe willkürlich ist.

Im obigen Beispiel des Literaturreviews zur Datenanalyse in der Mixed-Methods-Forschung wurden alle bibliographischen Treffer in MAXQDA importiert. Die Quellen erscheinen nun in der „Liste der Dokumente", Abb. 14.3 zeigt die Situation in MAXQDA nach dem Importieren.

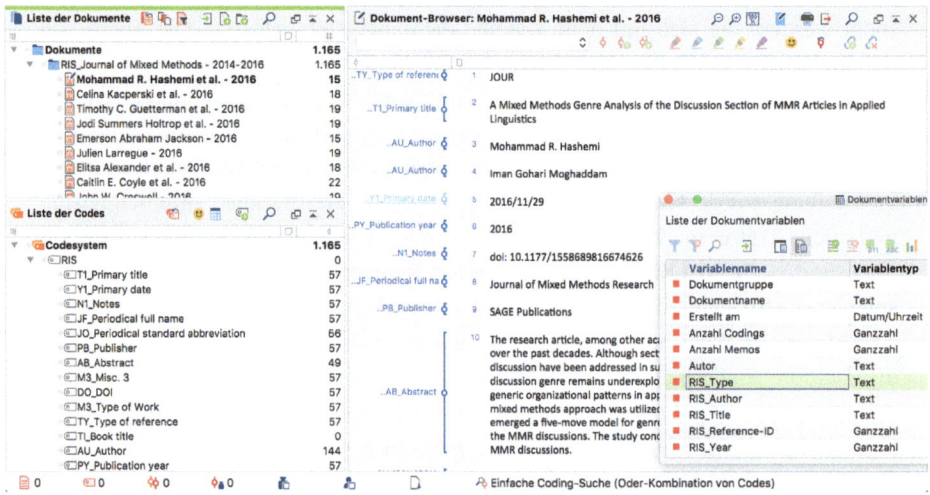

Abb. 14.3 Importierte RIS-Datei mit den Suchergebnissen aus dem „Journal of Mixed Methods Research"

In der „Liste der Codes" finden sich die erwähnten Tags des RIS-Formats wieder; es lässt sich erkennen, dass nicht für alle, sondern nur für 49 der 57 Quellen ein Abstract vorhanden ist. Die auf der rechten Seite abgebildete *Liste der Dokumentvariablen* zeigt, dass fünf Tags auch als Variable für spätere Selektionen zur Verfügung stehen, und zwar Typ der Publikation, Autor, Titel, ID und Publikationsjahr.

Um zu entscheiden, ob die Quelle relevant ist oder nicht, werden nun systematisch alle Abstracts durchgelesen. Es ist ratsam, zuvor zwei (oder auch mehr) neue Dokumentgruppen einzurichten, denen die Treffer je nach Relevanz zugeordnet werden. Die Namen sollten diese Funktion zum Ausdruck bringen, beispielsweise kann man die Dokumentgruppen „Relevante Quellen" und „Weniger relevante Quellen" nennen. Quellen, die nichts zum Literaturreview beitragen, können gleich wieder gelöscht werden. Wenn beim Lesen des Abstracts Zweifel bestehen, wie die Quelle zu klassifizieren ist, lässt sich bei diesen Daten auch der volle Text hinzuziehen, indem man den mit dem Tag „UR_Web/URL" codierten Weblink anklickt. Daraufhin öffnet sich die in der Datenbank von Sage Publications vorhandene Informationsseite. Dort befindet sich ein Link, der zum Volltext führt. Damit besitzt man eine solide Entscheidungsgrundlage, um den Text als relevant oder weniger relevant zu klassifizieren.

In dieser Phase des Literaturreviews können auch weitere Variablen definiert werden, die es in einer späteren Phase des Reviews ermöglichen, Selektionen vorzunehmen, Vergleiche anzustellen oder Trends zu erkennen; zum Beispiel ermöglicht es die Variable Erscheinungsjahr eine Verteilung der Quellen nach Jahr zu erstellen.

Möglicherweise existiert außer den Resultaten der Datenbankrecherche noch weitere Primärliteratur, die beim Review berücksichtigt werden sollte. Prinzipiell können alle Arten von Quellen in MAXQDA importiert werden, auch Audio- und Videoquellen. Häufig kommt es vor, dass Quellen nur kopiert werden können (etwa Bücher, die nicht ausleihbar sind); auch solche gescannten Quellen können in Literaturreviews benutzt werden.

▶ **Hinweis für gescannte Quellen** Liegt von relevanten Quellen keine digitalisierte Fassung vor, kommt man nicht umhin, die entsprechenden Seiten einzuscannen. Dies resultiert in einer entsprechenden Bild- oder PDF-Datei. Mit Software wie Adobe Acrobat ist es möglich eine OCR-Texterkennung durchzuführen (vgl. Kap. 3). Dies ist unbedingt zu empfehlen, weil dann nach Worten gesucht werden kann und alle wortbezogenen Funktionen von MAXQDA bzw. MAXDictio verfügbar sind.

Hat man die Quellen hinsichtlich ihrer Relevanz klassifiziert, kann man die besonders relevante Literatur auch als Volltext importieren. Am besten wird nun eine neue Dokumentgruppe eingerichtet (z. B. mit dem Namen „Primärliteratur"), die Volltexte werden heruntergeladen und in diesen neuen Ordner importiert. Nun werden am besten noch Volltext und bibliographischer Eintrag miteinander verlinkt. Wie dies geschieht, ist in Kasten 14.1 dargestellt; die Link-Funktion von MAXQDA ist ausführlich in Kap. 5 beschrieben.

Kasten 14.1: Verlinken von Volltext und bibliographischem Eintrag

- Öffnen Sie den Volltext.
- Öffnen Sie die bibliographische Angabe im zweiten „Dokument-Browser" (durch Rechtsklick auf den Dokumentnamen und Auswahl der entsprechenden Funktion im Kontextmenü).
- Markieren Sie das erste Wort des Volltextes (oder den ersten Absatz) und wählen Sie im Kontextmenü *Dokument-Link einfügen*.
- Markieren Sie das erste Wort der bibliographischen Angabe (oder den ersten Absatz) und wählen Sie im Kontextmenü *Dokument-Link einfügen*.

Bei vielen Datenbanken, insbesondere privaten, lassen sich Volltexte nur herunterladen, wenn dazu eine Berechtigung besteht. Dies ist bei den meisten Hochschulbibliotheken der Fall, sodass alle Hochschulangehörigen darauf Zugriff haben, ggf. ist es aber erforderlich, sich über VPN in das Uni-Netz einzuloggen.

Phase 5: Durchführung des Reviews

Der Ablauf eines Literaturreviews unterscheidet sich nach der Art der Forschungsfragen und den Zielen des Reviews sowie nach dem Umfang der Quellen; nicht zuletzt ist das Vorgehen abhängig von der Zeit, die für die Erstellung des Reviews zur Verfügung steht. Steht nur wenig Zeit zur Verfügung, muss man das Material einschränken und möglicherweise die praktischen und methodologischen Kriterien (siehe Phase 4) enger formulieren, ferner wird man sich dann beim Review wesentlich auf die Abstracts und nicht auf die weit umfangreicheren Volltexte stützen. Im Folgenden sind einige Möglichkeiten dargestellt, die MAXQDA für die Durchführung eines Literaturreviews bietet.

Arbeiten mit Wortwolken Welches sind die zentralen Themen eines Textes, welches die wichtigsten Begriffe, die benutzt werden? Dies lässt sich leicht erkunden, wenn der Volltext angeklickt und aus den Optionen *Wortwolke* gewählt wird. Nicht-sinntragende Wörter oder solche, die im Rahmen des Reviews uninteressant sind, transferiert man in die Stoppliste.

Volltexte erkunden und mit Memos arbeiten Angesichts der Fülle von Publikationen, die heute zu fast jedem Thema vorhanden ist, wird man häufig nicht das gesamte Buch oder den gesamten Zeitschriftenaufsatz lesen können. Mittels der Kontextsuche im „Dokument-Browser" lässt sich gezielt nach dem Vorkommen von Suchwörtern suchen, wodurch sich der Umfang der intensiv zu lesenden Textpassagen stark einschränken lässt.

Fragen, die sich dann auftun, kann man ebenso wie Ideen und Kernaussagen in Form eines Memos festhalten, welches an die Textstelle geheftet wird. Die Gesamteinschätzung, Bewertung und Kritik eines Textes können in Form eines Dokument-Memos in der „Liste der Dokumente" gespeichert werden.

Wichtige Textstellen unterstreichen Einen Text zu lesen und besonders wichtig erscheinende Stellen unterstreichen – wer hätte eine solche Arbeitstechnik nicht schon einmal praktiziert. Genau so lässt sich auch bei Literaturreviews mit MAXQDA arbeiten; fünf verschiedene Farben stehen für das Farbcodieren von Textpassagen zur Verfügung. Später lassen sich die markierten Stellen leicht wiederfinden, unter Umständen ist es dann sinnvoll, sie statt der farblichen Markierung mit einem thematischen Code zu versehen.

Erkunden der Häufigkeit der in den Quellen benutzten Wörter und Begriffe Mit Hilfe der Funktion Worthäufigkeit (Teil des Moduls MAXDictio) lassen sich die Häufigkeiten der Wörter eines oder mehrere Texte auswerten. Auch kann eine nach Texten, Dokumentgruppen oder Sets differenzierte Auswertung erfolgen. Wie bei der Wortwolke können auch hier nicht-sinntragende Wörter in eine Stoppliste transferiert und damit aus der Analyse ausgeschlossen werden.

Schreiben von Exzerpten Einen Text zu exzerpieren gehört zu den klassischen Arbeitstechniken der Literaturarbeit. In MAXQDA sollte zunächst eine Dokumentgruppe „Exzerpte" definiert werden, in welcher alle Exzerpte gespeichert werden. Aus dem Kontextmenü dieser neuen Dokumentgruppe wird die Option **Neues Text-Dokument** gewählt. Daraufhin wird im „Dokument-Browser" ein neues Dokument im *Edit-Modus* geöffnet und man kann mit dem Schreiben des Exzerptes beginnen. Wenn auch der Volltext importiert wurde, kann dieser im zweiten „Dokument-Browser" geöffnet werden. Es besteht dann die Möglichkeit, den Primärtext zu lesen und parallel das Exzerpt zu schreiben. Gleichzeitig können die Textstelle und das entsprechende Exzerpt mithilfe von Dokument-Links miteinander verknüpft werden.

Der Name des Exzerptes sollte möglichst auch Autor und Jahr beinhalten; ferner sollte das Exzerpt auch mit den bibliographischen Angaben verlinkt werden – das Procedere ist oben beschrieben.

Automatisches Codieren von Textstellen Interessante Schlüsselwörter können in den Texten gesucht und automatisch codiert werden (**Analyse > Lexikalische Suche**). Der Umfang der zu codierenden Textpassagen kann frei gewählt werden (Fundstelle, Satz, mehrere Sätze, Absatz). Im Anschluss an die automatische Codierung können die Fundstellen zusammengestellt und exploriert werden.

Manuelles thematisches Codieren signifikanter Textstellen Wenn man über den Primärtext verfügt, was bei Zeitschriftenbeiträgen meist der Fall ist, kann man die relevanten Textstellen codieren. Hierbei empfiehlt es sich, mit thematischen Codes zu arbeiten, die sich möglichst eng an den Forschungsfragen orientieren, in deren Rahmen das Review erstellt wird. Mittels einer besonderen Kennzeichnung lassen sich auch bereits die Stellen markieren, die sich gut für spätere Zitate eignen. Hierfür kann beispielsweise ein spezieller Code „zitatgeeignet" definiert werden. Als Alternative hierzu kann die Kommentarfunktion oder die Möglichkeit der Gewichtung einer Codierung genutzt werden: Zu jeder Codierung kann in MAXQDA ein kurzer Kommentar eingegeben werden – in diesem Fall würde einfach „Zitat" als Kommentar eingetragen. Später lässt sich in der „Übersicht Codings" nach der Kommentarspalte sortieren, sodass alle potenziellen Zitate hintereinander aufgeführt werden. Ebenfalls besteht die Möglichkeit, Codings mit einem Gewichtungsfaktor zu versehen. Wird dort als Gewicht beispielsweise eine „1" eingetragen, lassen sich später alle entsprechenden Textstellen leicht wiederfinden.

Verschiedene Dimensionen unterscheiden, codieren und statistisch analysieren Für einen bestimmten inhaltlichen Bereich, beispielsweise das Forschungsdesign können Dimensionen identifiziert und als Subcode definiert werden, z. B. „Parallel-Design", „Sequentielles Verallgemeinerungsdesign", „Sequentielles Vertiefungsdesign", „Transferdesign". Mit der Option **Statistik für Subcodes** aus dem Kontextmenü in der „Liste der Codes" lässt sich die Häufigkeit der verschiedenen Designtypen ermitteln und als Tabelle oder Graphik darstellen.

Visuelle Darstellungen von Themen und Quellen Die visuellen Tools von MAXQDA lassen sich hervorragend für Literaturreviews nutzen. Sie setzen voraus, dass eine thematische Codierung einschlägiger Textstellen stattgefunden hat, sei es manuell oder durch automatische Codierung der Fundstellen von Suchbegriffen:

- Der *Code-Matrix-Browser* stellt die behandelten Themen und ihre Häufigkeit pro Text in einem vergleichenden Diagramm dar.
- Der *Code-Relations-Browser* stellt die gleichzeitige Behandlung von Themen in einem Diagramm dar.
- Das *One-Case-Model* (verfügbar in **Visual Tools > MAXMaps**) stellt für eine ausgewählte Quelle die codierten Themen und ihre Häufigkeit dar.
- Das *One-Code-Model*, ebenfalls in **MAXMaps** verfügbar, stellt ein ausgewähltes Thema und die zugehörigen codierten Segmente dar, zudem das Code-Memo und die mit dem Code verknüpften Memos.

Schreiben von thematischen Summarys und Erstellen von Summary-Tabellen Bei dieser Technik wird die Funktion **Analyse > Summary Grid** von MAXQDA benutzt (vgl. Kap. 11). Diese erlaubt es, thematische Zusammenstellungen zu schreiben, zu speichern und die Zusammenfassungen in vergleichenden Tabellen („Summary-Tabellen") darzustellen. Voraussetzung ist auch hier, dass eine thematische Codierung einschlägiger Textstellen vorausgegangen ist.

Quantitative Auswertung von Themen Auch quantitative Aspekte können in einem Literaturreview von Belang sein. So ist es möglich, eine Aufgliederung der Quellen nach Variablen (z. B. nach Erscheinungsjahr) vorzunehmen und damit Fragen zu beantworten wie beispielsweise: Wie verteilen sich die Quellen über die Zeit? Hat die Befassung mit dem Thema „Datenanalyse/Integration" im untersuchten Zeitraum zugenommen oder abgenommen?

Für thematische Codes und Subcodes können statistische Tabellen mit absoluten und relativen Häufigkeiten sowie Balken- und Kreisdiagramme erstellt werden. Auch kompliziertere Zusammenhangsanalysen wie beispielsweise Korrelationsanalysen können durchgeführt werden.

Phase 6: Synthesis der Resultate und Schreiben des Reviews

Der größte Teil der Arbeit ist bereits in den ersten fünf Phasen geleistet worden, nun gilt es die Erkenntnisse zusammenzufassen. Beim Schreiben des Reviews lässt sich gut auf die Vorarbeiten der vorherigen Phasen zurückgreifen, d. h. jetzt wird die Ernte der zuvor geleisteten Arbeit eingefahren und es kommt darauf an, einen gut gegliederten Text zu schreiben. Ein solcher kann sehr gut auf die im Laufe der Analyse geschriebenen Memos aufbauen, auch lassen sich erstellte Tabellen (z. B. Summary-Tabellen) und visuelle Darstellungen in das Review übernehmen.

Zwei Arten von Reviews sind zu unterscheiden:

1. Ein Review in Form einer qualitativen Beschreibung der *Resultate (deskriptives Literaturreview)*, gelegentlich können auch hier quantitative Resultate einfließen, beispielsweise die Anzahl der Quellen, die Verteilung über die Zeit, etwaige Trends, Häufigkeiten bestimmter Subthemen etc.; der Fokus bleibt allerdings ein qualitativer.
2. Ein Review in Form einer quantitativen *Meta-Analyse* mit Berechnungen statistischer Kennwerte und Maßzahlen. Hier steht eindeutig die Darstellung der Resultate statistischer Verfahren im Mittelpunkt, wie dies bei einer Meta-Analyse der Einstellungs-Verhaltens-Forschung der Fall ist, wo die durchschnittlichen Korrelationen in verschiedenen Handlungsbereichen berechnet und mitgeteilt werden.

Beide Arten von Literaturreviews sollten immer folgende vier Abschnitte enthalten (Fink 2010, S. 206–207):

- Aufgabe und Ziele des Reviews
- Methoden und Sampling
- Resultate
- Schlussfolgerungen

Bei einer quantitativen Meta-Analyse ist der Methodenteil zu erweitern, so sollten insbesondere die hierbei angewandten statistischen Verfahren beschrieben und begründet werden.

Beim Schreiben des Reviews können folgende Werkzeuge von MAXQDA wertvolle Hilfe leisten:

- Die Coding-Suche, mit deren Hilfe zuvor als zitationswürdig klassifizierte Textstellen gefunden werden können.
- Die Memos, insbesondere die im Verlaufe der Arbeit am Review geschriebenen freien Memos, aus denen Passagen kopiert und in den finalen Text eingefügt werden können.
- Die Summary-Tabellen, mit deren Hilfe sich sehr gut die komprimierten Zusammenfassungen der Quellen vergleichen und darstellen lassen. Summary-Tabellen können auch in das Review integriert werden.
- Die Worthäufigkeitsfunktion von MAXDictio, mit deren Hilfe sich die Verwendung von spezifischen Begriffen und die semantischen Umfelder darstellen lassen.
- Die graphischen Darstellungsmöglichkeiten von MAXMaps, die insbesondere die Erstellung von Concept Maps erlauben.

Fokusgruppen analysieren

15

Fokusgruppen haben in den letzten Jahren stark an Popularität zugenommen, ermöglichen Sie doch in relativ kurzer Zeit viele Stimmen und Meinungen zu hören und besitzen zudem auch den Vorteil, dass sie eine gewisse Dynamik entwickeln und die Teilnehmer_innen untereinander kommunizieren. Bei der Analyse von Fokusgruppen ist sowohl die Ebene der Gruppe als auch die der einzelnen Individuen von Interesse und häufig gilt es, kontinuierlich zwischen diesen beiden Ebenen zu changieren und die jeweils andere Ebene im Blick zu behalten. Dementsprechend stellt MAXQDA eigens auf die Analyse von Fokusgruppen abgestimmte Funktionen bereit, die sowohl einen einfachen Zugriff auf das Fokusgruppentranskript als Ganzes als auch auf die Sprechbeiträge der einzelnen Teilnehmenden ermöglichen. Verlaufsanalysen des Gesamtgesprächs sind ebenso möglich wie das Nachzeichnen der Meinungs- und Aussagenentwicklung einzelner Individuen. Da die Funktionen für die Fokusgruppenanalyse auch für viele andere Textarten mit zwei oder mehr Sprecher_innen wie etwa Forumsdiskussionen gewinnbringend einsetzbar sind, lohnt sich die Lektüre dieses Kapitels auch für Leser_innen, welche keine Transkripte von Fokusgruppen analysieren.

In diesem Kapitel

✓ Besonderheiten und Charakteristika von Fokusgruppen und deren Analyse kennenlernen
✓ Transkripte von Fokusgruppen vorbereiten und importieren
✓ Fokusgruppentranskripte explorieren und codieren
✓ Einzelne Personen und Gruppen von Teilnehmenden kontrastieren
✓ Hinweise für das Vorgehen bei der Beantwortung typischer Fragestellungen erhalten

15.1 Über Fokusgruppen und Gruppendiskussionen

Als Instrument der Datenerhebung können Fokusgruppen auf eine lange Geschichte zurückblicken, deren Anfänge bis in die Studien zu Effekten der Massenkommunikation in den 1940ern und davor zurückreichen (Stewart und Shamdasani 2015, S. 3). Seither nehmen Fokusgruppen besonders in der Marktforschung einen festen Platz ein und werden in den letzten Jahren in vielen sozialwissenschaftlichen Feldern zunehmend häufiger angewendet. Mit steigender Verbreitung und Entwicklung des Internets haben sich auch Verfahren zur Online-Datenerhebung von Gruppeninterviews entwickelt, in denen sich mehrere Personen synchron oder asynchron zu einem Thema schriftlich und teilweise auch mündlich austauschen (Krueger und Casey 2015, S. 211–213; Liamputtong 2011, S. 149–155).

So breit das Anwendungsfeld von Fokusgruppen ist, so vielfältig sind auch deren Bezeichnungen in der Literatur, in der von „Focused Interview" und „Fokussiertem Interview", aber auch von „Gruppendiskussion" und „Gruppeninterview" die Rede ist. Hinter den jeweiligen Begriffen stehen teilweise unterschiedliche und in verschiedenen Forschungstraditionen stehende Methodologien und Methodiken, von denen manche stärker, manche weniger die möglichen Einsatzgebiete sowie das Vorgehen bei Datenerhebung und Auswertung beeinflussen. Wir konzentrieren uns in diesem Kapitel auf die Darstellung der Funktionen zur computergestützten Auswertung von Fokusgruppen mithilfe von MAXQDA und bedienen uns der Übersichtlichkeit halber vornehmlich der Begriffe, die durchgängig in MAXQDA Verwendung finden: „Fokusgruppe" und „Teilnehmende".

Fokusgruppen werden in der Regel mit ca. fünf bis acht Personen durchgeführt und werden von ein, manchmal auch zwei Moderator_innen geleitet, welche zu Beginn den Fokus auf ein bestimmtes Thema lenken, wobei nicht selten ein Stimulus in Form eines Films, eines Bildes oder einer Produktpräsentation zum Einsatz kommt. Die Moderator_innen stellen Fragen, die sich an einem strukturierten, thematischen Leitfaden orientieren, und sorgen für eine gute Diskussions- und Interviewatmosphäre. Als Ergebnis einer Fokusgruppe liegt zumindest eine Audioaufnahme, seltener auch eine Videoaufnahme vor, die je nach Erkenntnisinteresse teilweise oder vollständig und mit unterschiedlicher Genauigkeit transkribiert werden muss.

Bei der Analyse von Fokusgruppendaten wird zum einen auf die Fülle an Auswertungsmethoden für qualitative Daten zurückgegriffen: Die Transkripte werden inhaltsanalytisch, mit Techniken der Grounded-Theory-Methodologie oder der dokumentarischen Methode oder anderen Analysestilen ausgewertet. Je stärker bei der Auswertung nicht nur die im Verlauf der Fokusgruppe genannten Themen und Aspekte berücksichtigt werden, sondern auch die einzelnen Teilnehmenden und die Gruppeninteraktion im Fokus der Untersuchung stehen, desto wichtiger werden Analysemethoden, welche den Besonderheiten von Fokusgruppen Rechnung tragen. In Lehrbüchern zur Durchführung von Fokusgruppen, aber auch in Zeitschriftenartikeln und Beiträgen zu Sammelbänden finden sich dementsprechend spezielle Hinweise für die Auswertung von Fokusgruppen. Morgan und Hoffman (2018) legen beispielsweise ein Codierschema vor, mit dessen Hilfe sich die

Interaktionen der Teilnehmenden codieren lassen, und Onwuegbuzie et al. (2009a) haben ein „Qualitative Framework for Collecting and Analyzing Data in Focus Group Research" entwickelt, das sowohl Vorschläge für tabellarische Darstellungen von Konsens unter den Teilnehmenden als auch grafische Darstellungen des Antwortverhaltens und der Quantität und Qualität von Wörtern enthält.

Die Beschreibung eines Auswertungsprozesses mit MAXQDA an einem konkreten Fokusgruppenbeispiel zur Wahrnehmung der Fusionsenergie liefern Hilpert et al. (2012). Sie nutzen zwar noch nicht die inzwischen in MAXQDA speziell für Fokusgruppenanalyse entwickelten Funktionen, zeichnen jedoch sehr anschaulich und nachvollziehbar ihren Analyseprozess nach und zeigen dabei, wie durch thematisches Codieren sowie die Erstellung von Fallübersichten und visuellen Darstellungen in MAXMaps eine komplexe Auswertung verlaufen kann.

MAXQDA unterstützt mit zahlreichen Funktionen sowohl die Analyse der Fokusgruppentranskripte mithilfe typischer Auswertungsmethoden für qualitative Interviews als auch mithilfe spezieller Techniken, die für die Fokusgruppenanalyse entwickelt wurden. Im Folgenden stellen wir zunächst das große Set an Möglichkeiten für die Analyse von Fokusgruppendaten innerhalb von MAXQDA vor, wobei ein Schwerpunkt auf den eigens für diese Datenform entwickelten Funktionen liegt. Am Ende des Kapitels greifen wir dann Analysefragen auf, die ebenfalls unabhängig von konkreten Analysestilen sind, und beschreiben, wie diese mit MAXQDA sinnvoll beantwortet werden können.

15.2 Fokusgruppentranskripte vorbereiten und importieren

In MAXQDA besteht sowohl die Möglichkeit ein fertig vorliegendes Transkript einer Fokusgruppe einzulesen als auch ein Transkript selbst anzufertigen. Wie in Kap. 3 zur Vorbereitung von Texten detailliert beschrieben, sollte auch ein Fokusgruppentranskript vor dem Import auf Rechtschreibung geprüft, ggf. anonymisiert und gut lesbar für den Bildschirm aufbereitet werden, denn dies erspart später unter Umständen viel Arbeit.

Damit MAXQDA die Sprechbeiträge der Teilnehmenden beim Import automatisch codieren kann, müssen diese besonders vorbereitet und nach zwei Regeln kenntlich gemacht werden:

1. Jeder Sprechbeitrag beginnt in einem neuen Absatz.
2. Am Anfang jedes Beitrags steht der Name des Teilnehmenden, gefolgt von einem Doppelpunkt. Die Namen dürfen 63 Zeichen Länge nicht überschreiten, können aber Leerzeichen enthalten, sodass auch Bezeichnungen wie „Herr Anders" oder „Fr. Berkempers" möglich sind. Zur besseren Lesbarkeit empfiehlt es sich, die Namen der Teilnehmenden in Fettdruck zu setzen oder anders hervorzuheben. Vorsicht ist bei Doppelpunkten im Transkript geboten: Sobald diese innerhalb von 63 Zeichen zu Beginn eines Absatzes stehen, wird der davor stehende Text von MAXQDA als Name interpretiert.

Auch wenn es für die meisten Analysen in MAXQDA hilfreich ist, dass ein Sprechbeitrag nur einen Absatz umfasst, kann es bei sehr langen Sprechbeiträge für die Analyse hilfreich sein, mehrere Absätze zur Untergliederung einzuführen; die automatische Codierung beim Import des Transkripts erkennt dies problemlos. Wer mehrere Fokusgruppentranskripte in MAXQDA importieren möchte, sollte für dieselben Teilnehmenden auch identische Namen über die Fokusgruppen hinweg vergeben, um später auf einzelne Teilnehmende bezogene Auswertungen durchführen zu können.

Die fertig aufbereiteten Transkripte können für den Import genauso wie andere Text-Dokumente im Word-, Open-Office- oder Rich-Text-Format vorliegen. Den Import startet man über ***Import > Fokusgruppen-Transkripte*** auf dem Menüband. Enthalten Transkripte Zeitmarken, werden diese nach erfolgreicher Zuordnung der passenden Audio- oder Videodatei aus dem Transkript ausgelesen und entfernt.

Abb. 15.1 zeigt die Ansicht in MAXQDA nach dem Import eines Fokusgruppentranskripts. In der „Liste der Dokumente" wurde beim Import ein neues Dokument angelegt und der Dateiname „Democratic Candidates" als Dokumentname übernommen. Das Dokument hat ein eigenes Symbol, an dem man immer sofort erkennen kann, dass es sich um ein Dokument des Typs „Fokusgruppe" handelt. Unterhalb des Dokuments sind die Teilnehmenden der Gruppendiskussion einzeln gelistet, wobei diese fest mit dem Dokument verbunden sind. Fokusgruppendokumente können wie andere Dokumente in der Liste verschoben und Dokumentgruppen und Dokumentsets zugeordnet werden. Die Teilnehmenden wandern beim Verschieben stets mit und können nur in ihrer Reihenfolge durch Klicken und Ziehen mit der Maus geändert werden.

In der „Liste der Codes" wird auf oberster Ebene ein Fokusgruppencode mit gleichem Namen wie das Dokument eingefügt und als Subcodes werden die Teilnehmenden defi-

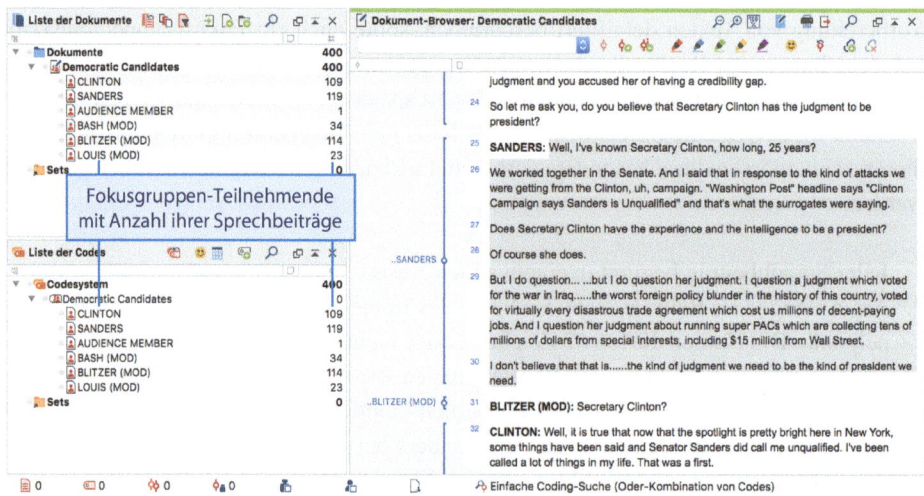

Abb. 15.1 Automatisch codierte Sprechbeiträge nach dem Import eines Fokusgruppentranskripts

niert. Die Teilnehmenden in der „Liste der Codes" und die Teilnehmenden in der „Liste der Dokumente" sind fest miteinander verbunden: Verändert man Reihenfolge oder Namen der Teilnehmenden im Codesystem, verändern sich zeitgleich Reihenfolge und Name im Dokumentbaum – und umgekehrt. Focusgruppencodes lassen sich nicht löschen, sie werden automatisch entfernt, wenn das zugehörige Dokument gelöscht wird. Liest man mehrere Fokusgruppentranskripte ein, so wird für jedes ein Dokument in der „Liste der Dokumente" eingefügt und jeweils ein weiterer Hauptcode in der „Liste der Codes" erstellt.

Wie die Codierstreifen im „Dokument-Browser" in Abb. 15.1 zeigen, werden beim Import die Sprechbeiträge der Teilnehmenden automatisch mit dem zugehörigen Teilnehmendencode versehen. Die Namen der Sprecher_innen werden dabei nicht mitcodiert, um den Umfang ihrer Redeanteile nicht künstlich zu erhöhen. Die Zahl hinter einem Teilnehmenden im Dokument- und im Codebaum informiert über dessen Anzahl an Sprechbeiträgen in der jeweiligen Fokusgruppe. Diese Anzahl bleibt während der Analyse konstant, es sei denn man löscht nach dem Import eine Teilnehmendencodierung oder ergänzt eine weitere – beides ist in der Regel nicht zu empfehlen.

▶ **Tipp** Nach dem Import sollten Sie in der „Liste der Dokumente" oder „Liste der Codes" die Namen der Teilnehmenden auf Schreibfehler überprüfen. Es wäre später ärgerlich, wenn die gleiche Person zweimal mit unterschiedlichen Namen erscheint, nur weil sie unterschiedlich geschrieben wurde. Dabei gilt es zu beachten, dass MAXQDA bei den Namen Groß- und Kleinschreibung unterscheidet. Da sich die Teilnehmendencodes nicht löschen lassen, muss man bei erkannten Fehlern das Transkript löschen und dann erneut einlesen, was leicht geht, solange noch keine weiteren Codierungen vorgenommen wurden.

Direkt nach dem Import ist ein guter Zeitpunkt, in der „Liste der Dokumente" in einem Dokument-Memo Informationen über die durchgeführte Fokusgruppe zu notieren, beispielsweise die Rahmenbedingungen der Datenerhebung und Besonderheiten bei der Durchführung. Die Dokument-Memos sind also der ideale Ort für die Protokolle der Moderierenden und das Postskriptum, sofern diese nicht als eigene Dokumente in die Projektdatei eingelesen werden. Es können auch Memos zu einzelnen Teilnehmenden verfasst werden, allerdings sollten standardisierte Informationen wie Alter und Beruf besser als Variablenwerte in der „Übersicht Fokusgruppen-Teilnehmende" festgehalten werden (s. u.).

Fokusgruppendiskussion direkt in MAXQDA transkribieren
Um die Audio- oder Videoaufnahme einer Fokusgruppe in MAXQDA zu transkribieren, importiert man zunächst die Aufnahme als neues Dokument und geht dann genauso wie in Kap. 4 „Transkription" beschrieben vor. Dabei sollten die oben genannten Regeln für die Vorbereitung von Fokusgruppentranskripten für die automatische Codierung beachtet werden. Nach Abschluss der Transkription wird bei geöffnetem Transkript die Funktion

Import > Text umwandeln > Angezeigten Text als Fokusgruppen-Transkript einfügen aufgerufen. Daraufhin erzeugt MAXQDA eine Kopie des Textes verarbeitet dieses genauso wie beim Import eines Fokusgruppentranskripts und codiert die Sprechbeiträge automatisch mit den Namen der Sprecher_innen. Bereits vorhandene Codierungen, Memos und Zeitmarken bleiben bei diesem Vorgang erhalten. Das ursprüngliche Dokument mit der Transkription kann anschließend gelöscht werden.

15.3 Fokusgruppentranskripte explorieren

Nach dem Import aller zu analysierenden Fokusgruppendaten bietet es sich zunächst an, die Fokusgruppentexte einer explorativen Analyse zu unterziehen, wofür insbesondere die in Kap. 5 vorgestellten Vorgehensweisen und Funktionen zur Verfügung stehen. Alle Erkenntnisse und Hypothesen, die sich im Verlaufe der Exploration und späteren Analyse einstellen, können wie gewohnt in Memos (auch bei einzelnen Teilnehmenden) und im Logbuch festgehalten werden, um sie zu einem späteren Zeitpunkt wieder abrufen zu können. Auffällige Textstellen lassen sich beim ersten Lesen mit den elektronischen Textmarkern (dem Farb-Codieren) farbig hervorheben, die Texte lassen sich nach interessierenden Wörtern durchsuchen und Wortwolken erlauben einen interaktiven Zugriff auf häufig vorkommende Begriffe. Ergänzend können mit MAXDictio Keyword-in-Context (KWIC)-Analysen durchgeführt werden.

Neben den bereits bekannten Explorationstools können auch die in Kap. 12 vorgestellten Visual Tools für eine Erkundung der Fokusgruppentranskripte herangezogen werden und darüber hinaus stellt MAXQDA auch zahlreiche speziell auf Fokusgruppen zugeschnittene Auswertungstools zur Verfügung. Gemeinsamer Kern dieser speziellen Tools ist, dass die Fokusgruppentranskripte in der „Liste der Dokumente" nicht nur wie normale Text-Dokumente für Analysen ausgewählt werden können, sondern dass MAXQDA auch Zugriff auf die Beiträge von einzelnen, mehreren oder allen Teilnehmenden erlaubt und damit einfache Differenzierungen auf Ebene der Sprecher_innen ermöglicht.

Sich eine Übersicht über die Teilnehmenden der Fokusgruppen verschaffen

Das erste hier vorgestellte Explorations-Tool ist die „Übersicht Fokusgruppen-Teilnehmende", welche wichtige Informationen über die einzelnen Teilnehmenden wie etwa Anzahl und Umfang der Sprechbeiträge liefert und die Speicherung von standardisierten Daten in Form von Variablen ermöglicht. Die Übersicht kann auf allen Ebenen im Dokumentbaum mit Ausnahme der Sets aufgerufen werden, unter anderem für einzelne Teilnehmende, für die Teilnehmenden einer Fokusgruppe oder aller Fokusgruppen im Projekt. Um die Übersicht zu öffnen, klickt man die gewünschte Ebene in der „Liste der Dokumente" mit der rechten Maustaste an und wählt *Übersicht Fokusgruppen-Teilnehmer* aus dem Kontextmenü.

Die Anzahl der Sprechbeiträge entspricht der Anzahl der Codierungen pro Teilnehmer_in im Codesystem und die Prozentuierung erlaubt einen leichten Vergleich über die

15.3 Fokusgruppentranskripte explorieren

Teilnehmenden hinweg. Bei der Interpretation gilt es zu berücksichtigen, ob bei einer Person viele sehr kurze Wortbeiträge codiert wurden, etwa wenn sie häufig Zwischenbemerkungen eingeworfen hat und dadurch sehr viele kurze Absätze codiert wurden. Aussagen über den Umfang der Beiträge in Zeichen, wie sie in den letzten beiden Spalten zu sehen sind, helfen bei der Bewertung der Redeanteile. Beispielsweise zeigt Abb. 15.2 für Clinton einen Redeumfang von 45 % bei lediglich 27 % der Sprechbeiträge. Besondere Berücksichtigung erfordern auch Kommentare und Hinweise innerhalb eines Transkripts, welche nicht zu den Sprechbeiträgen gehören, wie etwa „[Applaus]" oder „(unverständlich)", aber beim Import eines Transkriptes automatisch als Teile der Sprechbeiträge codiert wurden. Sie werden bei der Analyse der Zeichen mitgezählt, was aber bei sparsamen Gebrauch und unsystematischer Verteilung keinen bedeutenden Einfluss auf die Prozentanteile hat. Wer die Verteilungen von Anzahl und Umfang der Sprechbeiträge in einer Grafik darstellen möchte, kann in der „Übersicht Fokusgruppen-Teilnehmer" auf das Symbol **Statistik** in der oberen Symbolleiste klicken, um die Statistik- und Grafikfunktionen von MAXQDA aufzurufen, mit denen sich Säulen-, Balken- und Kreisdiagramme erzeugen und exportieren lassen.

Standardmäßig werden alle Teilnehmenden der gewählten Ebene in der Übersicht gelistet. Um die Ansicht auf einzelne Teilnehmende zu beschränken oder die Moderator_innen aus der Liste auszuschließen, aktiviert man die anzuzeigenden Teilnehmenden im Dokumentbaum und klickt anschließend auf das Symbol **Nur aktivierte Teilnehmende** ganz links in der Übersicht. Die Prozentanteile werden daraufhin automatisch neu berechnet. Nutzt man zur Reduktion der Übersicht die Filterfunktionen aus dem Kontextmenü einer Spaltenüberschrift, werden Zeilen nur ausgeblendet, eine Neuberechnung der Prozentanteile findet nicht statt.

Die Übersicht verhält sich wie alle Übersichten in MAXQDA und kann durchsucht, sortiert und exportiert werden. Sie erlaubt auch die Definition von Variablen, in denen sich zu jedem Teilnehmenden standardisierte Informationen festhalten lassen. Hierfür legt man zunächst nach Umschalten in die Variablenansicht (durch Klick auf das Symbols **Liste der Variablen**) neue Variablen an und trägt dann für alle Teilnehmenden die entsprechenden Variablenwerte ein. Alternativ lassen sich genauso wie bei den Dokumentvariablen auch Daten aus einer Excel-Tabelle importieren. In Abb. 15.2 ist eine Variable „Alter" vom

Teilnehmer	Fokusgruppe	Sprechbeiträge	% Sprechbeiträge	Zeichen	% Zeichen	Alter
CLINTON	Democratic Candidates	109	27,25	43.196	45,08	68
SANDERS	Democratic Candidates	119	29,75	35.069	36,60	74
AUDIENCE MEMBER	Democratic Candidates	1	0,25	15	0,02	0
BASH (MOD)	Democratic Candidates	34	8,50	4.430	4,62	0
BLITZER (MOD)	Democratic Candidates	114	28,50	9.722	10,15	0
LOUIS (MOD)	Democratic Candidates	23	5,75	3.390	3,54	0

Abb. 15.2 „Übersicht Fokusgruppen-Teilnehmende" für eine Fokusgruppe

Typ Ganzzahl angelegt worden, um das Alter der einzelnen Fokusgruppenteilnehmenden festhalten und bei der späteren Analyse für die Auswahl und Kontrastierung der Teilnehmenden verwenden zu können. Den Moderator_innen wurde das Alter „0" zugewiesen, was als fehlender Wert definiert wurde, um die Moderatoren bei der Analyse leicht ignorieren zu können.

Dokument-Portrait: Redeanteile grafisch darstellen
Ein Tool für die visuelle Exploration von Fokusgruppen stellt das Dokument-Portrait dar, mit dem sich unter anderem Redeanteile und bei kurzen Fokusgruppen auch Verläufe visualisieren lassen. Um eine sinntragende Darstellung zu erzielen, ist es allerdings zuvor notwendig, den einzelnen Teilnehmenden unterschiedliche Farben zuzuordnen. Dies geschieht durch Anklicken eines Teilnehmenden mit der rechten Maustaste und Wahl einer Farbe aus dem Kontextmenü. Das Dokument-Portrait lässt sich dann ebenfalls im Kontextmenü durch Rechtsklick auf das Fokusgruppendokument anfordern. Bei Bedarf kann man zuvor im Codesystem nur die Teilnehmenden aktivieren, die in die Visualisierung aufgenommen werden sollen.

Um die Redeanteile der einzelnen Teilnehmenden vergleichen zu können, ist es notwendig in der Symbolleiste den Darstellungsmodus *Sortiert nach Häufigkeiten der Farben* zu wählen, sodass sich ein Bild ähnlich wie ein Säulendiagramm aufbaut (Abb. 15.3).

Codeline: Gesprächsverlauf visualisieren
Die Codeline ist prädestiniert dafür, den Gesprächsverlauf einer Fokusgruppendiskussion bildlich zu veranschaulichen. Bei der Exploration geht es im ersten Schritt nur um die

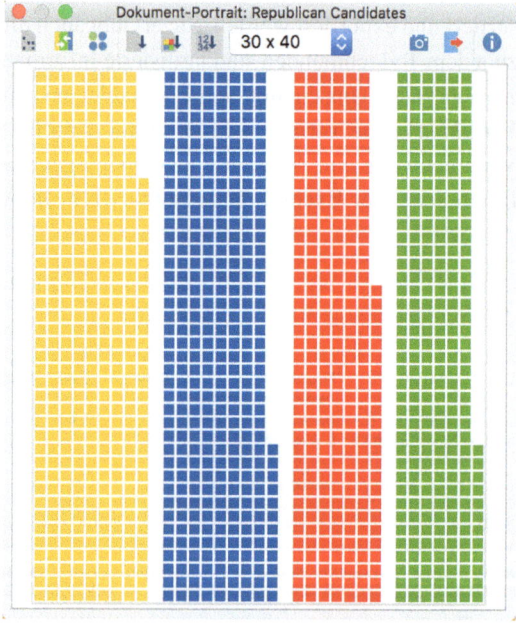

Abb. 15.3 Dokument-Portrait (sortiert nach Häufigkeit der Farben) für eine Fokusgruppe

15.3 Fokusgruppentranskripte explorieren

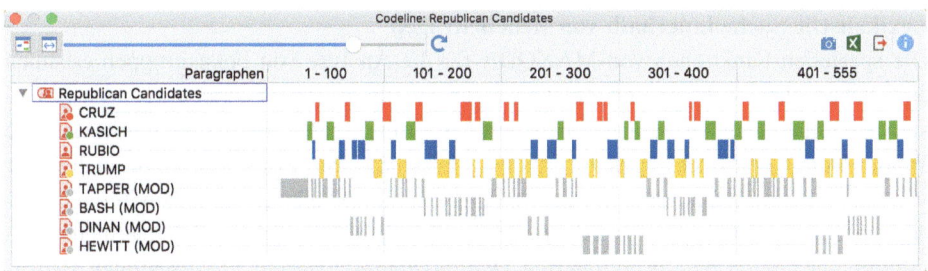

Abb. 15.4 Visualisierung des Redeverlaufs in einer Codeline

Untersuchung von Verlauf und Mustern bei den Redebeiträgen, später, nachdem Textstellen auch mit Themencodes oder Codes zur Gruppeninteraktion codiert wurden, lassen sich diese Ebenen ebenfalls in die visuelle Analyse mit der Codeline für tiefergehende Auswertungen einbeziehen. Um eine Codeline für eine Fokusgruppe zu erstellen, sind zunächst die Teilnehmendencodes im Codesystem zu aktivieren, da ansonsten alle Codes, also auch die Teilnehmenden von anderen Fokusgruppen, in der ersten Spalte sichtbar sind. Abb. 15.4 zeigt eine auf Fensterbreite komprimierte Codeline für eine Fernsehdiskussion mit vier Präsidentschaftskandidaten in den USA. In den Zeilen sind die einzelnen Teilnehmenden der Diskussion zu sehen, in den Spalten sind die einzelnen Abschnitte der Fokusgruppe zu sehen, sodass in der Codeline der Gesprächsverlauf der Fokusgruppe erkennbar wird. Neben den zu erwartenden Kurzbeiträgen der Moderator_innen ist zu bemerken, dass die Pausen zwischen den Beiträgen von Cruz, Kasich und Rubio tendenziell länger ausfallen als die Pausen zwischen den Beiträgen von Trump, der offensichtlich häufiger spricht und mehrere Kurzbeiträge beisteuert. Mithilfe eines Doppelklicks auf eine farbige Stelle zeigt man die zugehörigen Textstellen im „Dokument-Browser" an, um derartige Hypothesen im Originaltext zu überprüfen und zu verfeinern.

Wortwolke: Häufig verwendete Wörter von ausgewählten Teilnehmenden identifizieren

Wie in Kap. 5 beschrieben, eignet sich auch die Wortwolke für einen explorativen Zugang zu den Inhalten eines Textes, und damit auch für eine oder mehrere Fokusgruppen. Für ein einzelnes Fokusgruppendokument kann über dessen Kontextmenü in der „Liste der Dokumente" die Wortwolke aufgerufen werden. Durch Öffnen der Worthäufigkeitstabelle kann die Stopp-Liste mit für die Analyse uninteressanten Wörtern gefüllt werden und die Anzeige in der Wortwolke auf relevante Wörter reduziert werden.

Will man nur die Redebeiträge ausgewählter Personen analysieren, ist es notwendig, zunächst die zugehörigen Fokusgruppen-Dokumente in der „Liste der Dokumente" zu aktivieren. Anschließend müssen in der „Liste der Codes" die gewünschten Teilnehmenden aktiviert werden, woraufhin MAXQDA in der „Liste der Codings" die zugehörigen Redebeiträge der Personen anzeigt. Über das Symbol im Kopf der „Liste der Codings" kann dann die Wortwolke für die angezeigten Beiträge aufgerufen werden.

Lexikalische Suche innerhalb von Redebeiträgen
Die speziellen Funktionen von MAXQDA für die Analyse von Fokusgruppen erlauben eine Suche nach Wörtern und Zeichenfolgen innerhalb der Sprechbeiträge von ausgesuchten Teilnehmenden. Hat man beispielsweise mithilfe der Wortwolke interessierende Wörter identifiziert oder liegen aufgrund des Erkenntnisinteresses bestimmte Suchwörter vor, aktiviert man zunächst in der „Liste der Dokumente" alle gewünschten Teilnehmenden und ruft dann *Analyse > Lexikalische Suche* auf. Im Dialog lässt sich die Suche dann mithilfe der Option *Nur in aktivierten Dokumenten/aktivierten Fokusgruppen-Beiträgen* einschränken.

15.4 Fokusgruppentranskripte codieren

Nach Abschluss der Exploration wird man in der Regel in eine intensive Analysephase übergehen und die Fokusgruppen codieren, wofür alle in Kap. 6 beschriebenen Codiertechniken von MAXQDA zur Verfügung stehen. Aufgrund der besonderen Eigenschaften von Fokusgruppen (moderierte Diskussion mit mehreren Teilnehmenden, Fokussierung auf ein Thema, Gruppeninteraktion) lassen sich bei Fokusgruppen per se verschiedene Analyseebenen unterscheiden, welche sich in unterschiedlichen Bereichen des Codesystems niederschlagen sollten:

- die Ebene der Themen,
- die Ebene der einzelnen Teilnehmenden,
- die Ebene der Gruppeninteraktionen,
- die Ebene des Vorgehens der Moderator_innen.

Für die Ebene der Gruppeninteraktionen kann beispielsweise auf das Codierschema von Morgan und Hoffman (2018) zurückgegriffen werden, das andeutungsweise in Abb. 15.5 erkennbar ist. Für bestimmte Analysestile sind weitere Codierebenen denkbar, z. B. kann es für die dokumentarische Methode (Bohnsack 2014) hilfreich sein, Codes für die thematische Gliederung im Rahmen der „formulierenden Interpretation" anzulegen und in Coding-Kommentaren festzuhalten, wer das Thema initiiert hat – die Diskussionsleitung oder die Teilnehmenden. Bei einer evaluativen, skalierenden qualitativen Inhaltsanalyse (Kuckartz 2016; Mayring 2015) wird man bewertende Codes ergänzen, mit denen sich beispielsweise der Grad der Befürwortung eines neuen Produkts oder einer neuen Dienstleistung messen lässt. Für den Fall, dass man eine Studie zu Methodik und Methodologie von Fokusgruppen durchführt, werden ebenfalls weitere Codebereiche im Codesystem benötigt.

Der Übersicht halber empfiehlt es sich für alle diese Ebenen eigene Obercodes in der „Liste der Codes" zu definieren, sodass beispielsweise wie in Abb. 15.5 Themen- und Interaktionscodes klar voneinander getrennt sind. Auf allen berücksichtigten Ebenen lassen sich inhaltlich zugehörige Unterkategorien definieren. Die Analysetools von MAXQDA

15.5 Codierte Segmente gezielt zusammenstellen

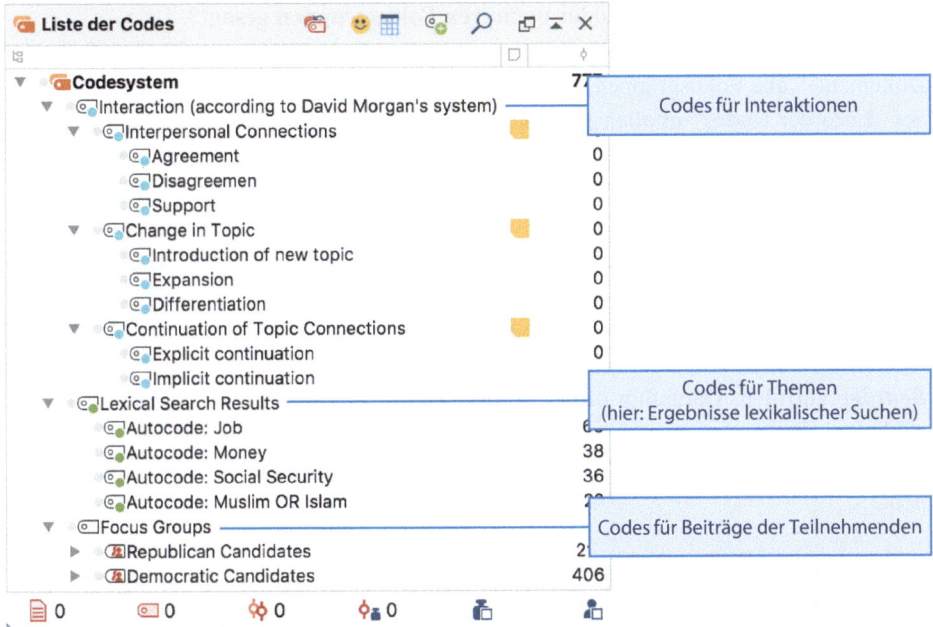

Abb. 15.5 Verschiedene Codebereiche in der „Liste der Codes"

ermöglichen dann später nach Abschluss der Codierarbeit zwischen den verschiedenen Ebenen Verbindungen herzustellen und diese aufeinander zu beziehen, etwa durch eine gemeinsame Darstellung in der Codeline oder die Zusammenstellung codierter Segmente nach ausgewählten Kriterien, wie sie im nächsten Abschnitt beschrieben wird. Da die Codes der Fokusgruppen wie normale Codes im Codesystem verschoben werden können, ist es zudem hilfreich diese unter einem Obercode zusammenzuführen, sodass man sie jederzeit einklappen kann (Abb. 15.5).

15.5 Codierte Segmente gezielt zusammenstellen

Hat man die Daten mit Blick auf die zu beantwortenden Fragestellungen exploriert und codiert, lassen sich codierte Textstellen für die weitere Analyse in der „Liste der Codings" systematisch zusammenstellen. Hierfür kommen die Aktivierungsfunktionen von MAXQDA zum Einsatz, die es erlauben, im Dokumentbaum sowohl ganze Fokusgruppentranskripte als auch nur die Beiträge von einzelnen Teilnehmenden auszuwählen und mit aktivierten Codes im Codesystem zu kombinieren. Je nach Fragestellung ist dabei eine unterschiedliche Aktivierungslogik zu verwenden:

Was hat eine Person in einer oder mehreren Fokusgruppen gesagt?

Um alle Sprechbeiträge einer Person zusammenzustellen, aktiviert man in der „Liste der Dokumente" alle Fokusgruppen, an denen die Person teilgenommen hat, und aktiviert in der „Liste der Codes" in allen Fokusgruppen zusätzlich die Codes dieser Person. Daraufhin werden in der „Liste der Codings" alle Beiträge dieser Person angezeigt. Sobald man eine weitere Person in der „Liste der Codes" durch Aktivierung auswählt, werden deren Beiträge ebenfalls angezeigt. Die Statusleiste informiert dabei wie gewohnt über die Anzahl der gefundenen codierten Textstellen – in diesem Fall der Beiträge.

Sofern nur die Redebeiträge einer Person innerhalb einer Fokusgruppe von Interesse sind, kann man auch jederzeit mit der rechten Maustaste auf den Namen im Dokument- oder Codebaum klicken und aus dem Kontextmenü den Eintrag *Übersicht Beiträge* aufrufen. Daraufhin öffnet MAXQDA ein Fenster mit den Beiträgen der angeklickten Person in einer tabellarischen Übersicht, die genauso wie die „Übersicht Codings" zu bedienen ist und das Durchblättern aller Beiträge inklusive Vorschau ermöglicht.

Was hat eine Person zu ausgewählten Themen gesagt?

Will man die Zusammenstellung auf ein bestimmtes Thema beschränken, so kommt eine andere Aktivierungslogik zum Einsatz: Statt das gesamte Fokusgruppendokument in die Analyse einzubeziehen, aktiviert man in der „Liste der Dokumente" nur den gewünschten Teilnehmenden (bei Bedarf auch mehrere) und aktiviert im Codesystem zusätzlich die gewünschten Themen. In der „Liste der Codings" erscheinen dann die Textstellen zu den ausgewählten Themen von den ausgewählten Personen. Um die Textstellen den Sprecher_innen zuordnen zu können, enthält die Herkunftsangabe in der „Liste der Codings" neben dem Namen der Fokusgruppe auch den Namen der jeweiligen Person (Abb. 15.6). Auch beim Export als tabellarische Übersicht werden die Namenszuordnungen mit ausgegeben.

Mithilfe der Funktion *Analyse > Komplexe Coding-Suche* kann man zudem komplexere Abfragen durchführen und codierte Segmente zusammenstellen, bei denen zum Beispiel mehrere Codes oder nur bestimmte und sonst keine anderen Codes vergeben wurden. Für die Beschränkung der Analyse auf die derzeit aktivierten Teilnehmenden ist im Dialog darauf zu achten, dass die Option *Nur in aktivierten Fokusgruppen-Beiträgen* ausgewählt wurde.

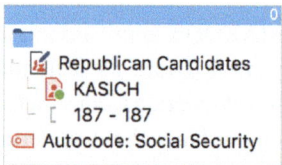

Abb. 15.6 Anzeige des Namens einer Person in der Herkunftsangabe in der „Liste der Codings"

Was haben Personen mit einer bestimmten Eigenschaft zu einem Thema gesagt?
Genauso wie sich mithilfe der Funktion *Mixed Methods > Aktivieren via Dokumentvariablen* einzelne Dokumente anhand ihrer Variablenwerte für die Analyse auswählen lassen, können auch einzelne Teilnehmende auf Basis ihrer Variablenwerte aktiviert werden. Hierzu ruft man aus dem Kontextmenü der obersten Ebene in der „Liste der Dokumente" die Funktion *Aktiviere Fokusgruppen-Teilnehmer via Variablen* auf und erzeugt, wie im Kap. 13 über die Mixed-Methods-Funktionen ausgeführt, im erscheinenden Dialog eine Bedingung, welche die zu aktivierenden Teilnehmenden zu erfüllen haben, etwa „Alter > 45" oder „Berufsgruppe = Pflegepersonal". MAXQDA aktiviert daraufhin alle Sprecher_innen in allen Fokusgruppen, auf welche die eingegebene Bedingung zutrifft. Will man die Auswahl auf eine Fokusgruppe beschränken, kann man in einer zusätzlichen Bedingung deren Namen angeben. Für die Aktivierung von Teilnehmenden anhand ihrer Variablenwerte stehen standardmäßig die von MAXQDA automatisch verwalteten Variablen „Name der Fokusgruppe", „Beiträge" und „Zeichen" zur Auswahl. Mit den letzten beiden lassen sich ohne großen Aufwand nur die Personen aktivieren, die mehr oder weniger als der Durchschnitt gesprochen haben.

15.6 Teilnehmende und Gruppen von Teilnehmenden vergleichen

Weitere für die Fokusgruppenanalyse typische Auswertungsfragen betreffen den Vergleich von einzelnen Teilnehmenden und von Gruppen von Teilnehmenden. Wie weiter oben bereits angedeutet, kann für diesen Zweck die Codeline auch nach der Codierung des Datenmaterials herangezogen werden, um den Gesprächs- und Themenverlauf von einzelnen oder mehreren Personen visuell zu untersuchen. Daneben bietet MAXQDA mit dem Code-Matrix-Browser, der Segmentmatrix und der Kreuztabelle weitere Funktionen an, die verschiedene Möglichkeiten der Datenkontrastierung erlauben, um Inhalte und deren Häufigkeiten personen- oder gruppenbezogen gegenüberzustellen.

Codierungen pro Teilnehmer_in mit dem Code-Matrix-Browser visualisieren
Um die Frage zu beantworten, wer wie häufig zu welchen Themen gesprochen hat, bietet sich ein visueller Vergleich der Teilnehmenden mit dem Code-Matrix-Browser an. Bevor man die Funktion wie gewohnt über den Tab *Visual Tools* anfordert, müssen zuerst die gewünschten Teilnehmenden in der „Liste der Dokumente" und die gewünschten Themen in der „Liste der Codes" aktiviert werden. Im Optionsdialog des Code-Matrix-Browsers wählt man für die Spalten dann *Fokusgruppen-Teilnehmer* und achtet darauf, dass die Optionen *Nur für aktivierte Fokusgruppen-Teilnehmer* und *Nur für aktivierte Codes* gewählt sind. Ein Beispiel ist in Abb. 15.7 dargestellt: Nachdem in einer Präsidentschaftsdebatte mit vier Kandidaten mehrere Themen mithilfe der lexikalischen Suche exploriert und die Treffer einschließlich des umgebenden Absatzes automatisch codiert wurden, ist mit dem Code-Matrix-Browser eine Matrix „Teilnehmenden × Themen" erstellt worden. Sie zeigt die Verteilung der Themencodierungen auf die vier Kandidaten.

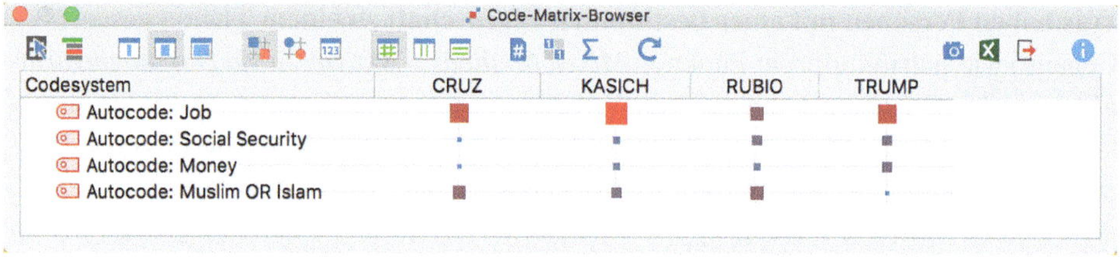

Codesystem	CRUZ	KASICH	RUBIO	TRUMP
Autocode: Job	■	■	▪	■
Autocode: Social Security	·	▪	▪	▪
Autocode: Money	·	▪	▪	▪
Autocode: Muslim OR Islam	■	▪	▪	·

Abb. 15.7 Teilnehmende (Spalten) × Themen (Zeilen) im Code-Matrix-Browser

Je größer das Quadrat auf einem Knotenpunkt, desto mehr Codierungen liegen bei dem Kandidaten für das jeweilige Thema vor. Die meisten Absätze wurden demnach zum Thema „Job" bei Kasich codiert. Natürlich sind die Ergebnisse von automatischen Codierprozessen und die daraus resultierenden Codierhäufigkeiten mit einer Portion Vorsicht zu interpretieren. Hierbei hilft es zum einen, die Anzeige im Code-Matrix-Browser auf die Zahlendarstellung umzuschalten, um zu sehen, wie stark die Unterschiede zwischen den Codierhäufigkeiten ausfallen, die zu den unterschiedlich großen Quadraten führen. Zum anderen ist zu empfehlen, die hinter den Zahlen liegenden Codierungen im Originaltext anzuschauen. Ein Doppelklick auf ein Quadrat listet die zugehörigen Segmente in der „Liste der Codings" auf, um diese im Detail inspizieren zu können. Für kleinere Tabellen mit maximal vier bis sechs Spalten bietet sich auch die Darstellung der Ergebnisse als interaktive Segmentmatrix an, die über das erste Symbol ganz links in der Symbolleiste des Code-Matrix-Browser aufrufbar ist. Sie ermöglicht einen synoptischen Vergleich der codierten Segmente, indem sie in einer tabellenartigen Darstellung anstelle der Quadrate die dahinterliegenden codierten Segmente auflistet. Wahlweise können zusätzlich die Quellenangabe, die Coding-Kommentare und zu den Texten verfasste Memos eingeblendet werden.

Standardmäßig ist die Darstellung des Code-Matrix-Browser so eingestellt, dass das größte Quadrat für die Zelle(n) mit den meisten und das kleinste Quadrat für die Zelle(n) mit den wenigsten Codierungen verwendet wird. Will man die Verteilung der Codierhäufigkeiten pro Thema oder für eine Person vergleichen, kann man auf Zeilen- oder Spaltenberechnung für die Symbolgröße umstellen. Würde man in Abb. 15.7 auf Zeilenberechnung umschalten, könnte man dadurch leicht erkennen, bei welchem Präsidentschaftskandidaten am meisten und bei welchem am wenigsten Absätze zu den einzelnen Themen codiert wurden.

Gruppen von Teilnehmenden mit der Kreuztabelle vergleichen
Mithilfe der Kreuztabellen-Funktion können Gruppen von Teilnehmenden aus einer oder auch aus mehreren Fokusgruppen anhand ihrer zuvor vergebenen Variablenwerte zusammengestellt und bezüglich der Codierhäufigkeiten pro Thema verglichen werden. Man kann sich die Darstellung so vorstellen, dass man die Spalten des Code-Matrix-Browsers in Gruppen zusammenfasst und dabei die Häufigkeiten pro Spalte zusammenrechnet.

15.6 Teilnehmende und Gruppen von Teilnehmenden vergleichen

Will man den Gruppenvergleich auf bestimmte Fokusgruppen beschränken, sollte man vor dem Aufruf der Funktion die zugehörigen Teilnehmenden in der „Liste der Dokumente" aktivieren. Dies geht am schnellsten im Kontextmenü einer Fokusgruppe mit dem Eintrag *Alle Teilnehmer aktivieren*. Auf jeden Fall sollten auch Codes im Codesystem aktiviert werden, für die man den Vergleich durchführen möchte, denn ansonsten berücksichtigt die Kreuztabelle bei Prozentberechnungen auch irrelevante Daten.

Nach Aktivierung von Teilnehmenden und Codes wird die Funktion über *Mixed Methods > Kreuztabelle > Kreuztabellen für Fokusgruppen* gestartet. Im erscheinenden Dialog legt man wie in Kap. 13 beschrieben mithilfe der Variablen Bedingungen fest, etwa „Alter < 50" und „Alter ≥ 50", um die beiden Gruppen der Unter-50-Jährigen mit den Personen, die 50 Jahre oder älter sind, zu kontrastieren. Die Kreuztabelle enthält dann für jede definierte Bedingung eine eigene Spalte, in der nur die Teilnehmenden berücksichtigt werden, welche die jeweilige Bedingung erfüllen. Um mehrere Gruppen vergleichen zu können, muss man also mindestens zwei Bedingungen anlegen. Da MAXQDA nicht überprüft, ob eine Person mehrere der definierten Bedingungen erfüllt und deshalb auch mehreren Gruppen zugerechnet wird, sollten die Bedingungen gut überprüft werden. Außerdem sollte man darauf achten, dass im Dialog ein Häkchen bei den Optionen *Nur für aktivierte Fokusgruppen-Teilnehmer* und *Nur für aktivierte Codes* gesetzt ist, was standardmäßig der Fall ist, sofern Aktivierungen vor dem Start der Funktion vorgenommen wurden.

Abb. 15.8 zeigt eine Kreuztabelle, welche die vier Präsidentschaftskandidaten anhand ihres Alters in zwei Gruppen aufteilt. Für die Darstellung in den Zellen sind Spaltenprozente gewählt worden, sodass man vergleichen kann, wie sich die Themen innerhalb der beiden Gruppen verteilen: Während bei beiden Gruppen das Thema „Job" auf ähnlichem Niveau vornan steht, sind bezüglich der Autocodierungen zum Thema „Muslim/Islam" deutliche Unterschiede zu erkennen. 30,8 % der Beiträge der Unter-50-Jährigen kreisen um dieses Thema, während es in der Gruppe der Älteren nur in 15,6 % der Beiträge vorkommt (wobei sich die Prozentzahlen natürlich nur auf die vier in der Kreuztabelle dargestellten Themen beziehen).

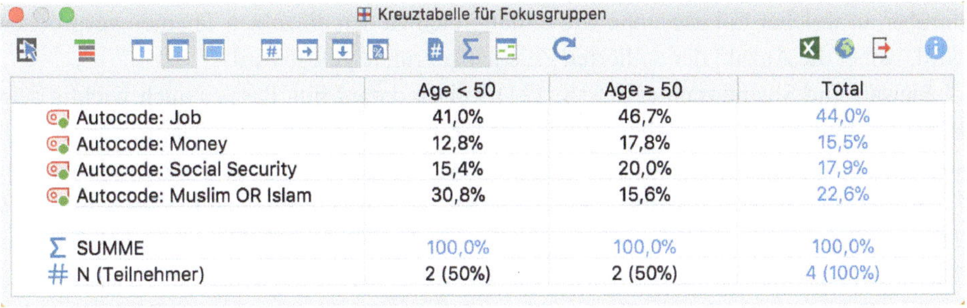

	Age < 50	Age ≥ 50	Total
Autocode: Job	41,0%	46,7%	44,0%
Autocode: Money	12,8%	17,8%	15,5%
Autocode: Social Security	15,4%	20,0%	17,9%
Autocode: Muslim OR Islam	30,8%	15,6%	22,6%
∑ SUMME	100,0%	100,0%	100,0%
# N (Teilnehmer)	2 (50%)	2 (50%)	4 (100%)

Abb. 15.8 Kreuztabelle für den Vergleich von Gruppen

15.7 Typische Auswertungsfragen beantworten

In der Literatur zu Fokusgruppen finden sich häufig Auflistungen von Fragestellungen, denen man typischerweise bei der Analyse von Fokusgruppen nachgehen kann. Sie ergeben sich aus den oben bereits erwähnten Charakteristika von Fokusgruppen und sind gewissermaßen begleitend zu den eigentlichen Fragestellungen einer durchgeführten Studie zu sehen, sofern sie nicht bereits in deren Entwicklung eingeflossen sind. Zum Abschluss dieses Kapitels greifen wir einige dieser für Fokusgruppen charakteristischen Auswertungsperspektiven von Krueger und Casey (2015, S. 147), Stewart und Shamdasani (2015, S. 120–123) sowie Liamputtong (2011, S. 173–178) auf und schließen dieses Kapitel mit einem Überblick, wie sich die damit verbundenen Fragestellungen sinnvoll mithilfe von MAXQDA analysieren lassen.

Häufigkeit und Ausmaß: Wie oft oder selten wurde ein Konzept oder Thema genannt? Wie viele unterschiedliche Teilnehmende haben ein Thema oder einen Aspekt genannt? Wie umfangreich und lange wurde über ein Thema oder einen Aspekt gesprochen?
Nachdem die interessierenden Themen, Konzepte und Aspekte in den Fokusgruppentranskripten codiert wurden, können deren Häufigkeiten am besten mit dem Code-Matrix-Browser einschließlich der dort verfügbaren Summen pro Teilnehmenden/pro Fokusgruppe und Summen pro Thema ermittelt werden. Dabei besteht die Möglichkeit, durch Aktivierungen in der „Liste der Dokumente" gezielt ganze Fokusgruppen als auch alternativ einzelne oder alle Teilnehmende in die Darstellung einzubeziehen. Eine diktionärsbasierte Auszählung von Wörtern mithilfe von MAXDictio erlaubt es zudem, Frequenzanalysen für größere Datenkorpora vorzunehmen und die Ergebnisse für einzelne Teilnehmende, Gruppen von Teilnehmenden sowie ganze Fokusgruppen gegenüberzustellen.

Zur Bewertung des Ausmaßes von Themen und Äußerungen kann die visuelle Darstellung von Themen in der Codeline herangezogen werden, schließlich ermöglicht sie die Inspektion der relativen Zeitdauer, mit der einzelne Themen besprochen wurden. Analytisch wertvoller, weil genaue Zahlenangaben liefernd, ist jedoch die Funktion *Analyse > Codeabdeckung > Texte, Tabellen und PDF*, die für die aktivierten Fokusgruppendokumente und aktivierten Themencodes aufgerufen wird. Die Ergebnistabelle informiert darüber, in welcher Fokusgruppe wie umfangreich zu den einzelnen Themen gesprochen wird, wobei die Anzahl der codierten Zeichen zugrunde gelegt wird.

Stewart und Shamdasani (2015, S. 121) weisen darauf hin, dass es auch wichtig sein kann, zu untersuchen, was die Teilnehmenden nicht gesagt haben. Dabei kann es sich sowohl um weniger interessante Selbstverständlichkeiten handeln als auch im Kontext der Fokusgruppe schwierig anzusprechende Aspekte wie etwa den eigenen Körper betreffende Themen. Die Analyse des Nicht-Gesagten kann in MAXQDA mithilfe eines deduktiv, aus Vorwissen konstruiertem Codesystem vorgenommen werden: Themen und Aspekte, die in einer Fokusgruppe nicht codiert wurden, kamen dort offensichtlich nicht zur Sprache.

Alternativ besteht die Möglichkeit, Suchläufe für interessierende Wörter durchzuführen, um herauszufinden, für welche Wörter keine Treffer vorliegen.

Reihenfolge: In welcher Abfolge wurden Themen und Aspekte genannt? Was wurde zuerst gesagt?
Für die Analyse von zeitlichen Aspekten bietet sich in der Regel die Codeline an, in der sichtbar wird, welche Themen und Aspekte „top-of-mind" (Stewart und Shamdasani 2015, S. 120) sind und als erste Antworten auf offen gestellte Frage genannt werden. Um die Wichtigkeit von Themen einzuschätzen, ist natürlich mehr als die Reihenfolge ihrer Nennung zu berücksichtigen, insbesondere sollte die jeweilige Relevanz für das Erkenntnisinteresse und der inhaltliche Gehalt, aber auch die Intensität, mit der Antworten vorgebracht werden, bei der Bewertung einbezogen werden.

Intensität und Spezifität: Mit welcher Inbrunst und mit welchem emotionalen Gehalt wurden Aussagen vorgetragen? Wie viele Details wurden von den Teilnehmenden eingebracht?
Will man diesen Analyseaspekten einen großen Stellenwert einräumen, bietet es sich an, wie bei der evaluativen, skalierenden qualitativen Inhaltsanalyse im Codesystem einen eigenen Obercode „Intensität" und „Spezifität" mit ordinalen Ausprägungen anzulegen, um eine skalierende Einschätzung von Aussagen vornehmen zu können. Verschiedene MAXQDA-Funktionen erlauben dann die Analyse des gemeinsamen Vorkommens von Intensitätscodes und Themencodes. Im Code-Relations-Browser und mithilfe der Funktion *Analyse > Codekonfigurationen > Komplexe Codekonfigurationen* lassen sich die Häufigkeiten des gemeinsamen Vorkommens untersuchen (vgl. Kap. 12) und in der Codeline können diese auch bezüglich ihrer zeitlichen Abfolge betrachtet werden.

Alternativ kann man die Gewichtsfunktion heranziehen, mit der man einer Codierung einen Intensitätswert von 0 bis 100 zuweist und später die Codierungen mithilfe des Gewichtsfilters bei weitergehenden Analysen ein- und ausschließen kann. Bei einer weniger formalen Vorgehensweise reicht es möglicherweise auch aus, die Intensität von in der „Liste der Codings" zusammengestellten Textstellen zu einem Thema zu eruieren und direkt in den Analysebericht einfließen zu lassen.

Argumentation: Welche Gründe für ihre Urteile und Bewertungen haben die Teilnehmenden genannt?
Auch für die Gründe kann es hilfreich sein, eigene Codes im Codesystem anzulegen und diese zu codieren. Eine Analyse des gemeinsamen Vorkommens von Codes kann allerdings problematisch sein, weil Meinungen und deren Begründungen nicht zwangsläufig an den gleichen Stellen im Transkript stehen müssen. Daher mag es zielführender sein, mit Dokument-Links, Memos und Coding-Kommentaren zu arbeiten, um einen Bezug zwischen Äußerungen und ihren Begründungen herzustellen.

Individuelle Konsistenz: Inwieweit sind die einzelnen Teilnehmenden bei ihren Meinungen geblieben?
Für die Beantwortung derartiger Fragen eignet sich insbesondere die Zusammenstellung von Beiträgen einzelner Personen zu einem Thema in der „Liste der Codings". Am schnellsten wird man diese nacheinander für verschiedene Personen zusammenstellen können, wenn man den Code-Matrix-Browser mit den Teilnehmenden in den Spalten verwendet und auf die jeweils interessierenden Knotenpunkte klickt, um die zugehörigen Beiträge einer Person in der „Liste der Codings" anzuzeigen. Mithilfe von Links und Memos lassen sich dann in MAXQDA direkt am Text widersprüchliche Aussagen und geänderte Meinungen hervorheben.

Gruppendynamik: In welchem Zusammenhang stehen Themen, Personen und Interaktion?
Liamputtong (2011, S. 176) präsentiert ein sehr hilfreiches Fragenset von Stevens (1996, S. 172), welches die Ebene der Gruppeninteraktion in drei Oberbereiche einteilt und jeweils zugehörige Fragen enthält:

- Was? (z. B. „Welche Statements provozierten Konflikte?"),
- Wer? (z. B. „Wurden einzelne Teilnehmende ausgeschlossen?") und
- Wie? (z. B. „Wie haben die Gruppenmitglieder auf die Ideen anderer reagiert?").

Viele dieser Fragen kann man leicht in Kategorien eines eigenen Codebereichs im Codesystem übersetzen und wie zuvor beschrieben analysieren, etwa „Konflikte", „Übereinstimmung" oder „Umgang mit Emotionen". Mehrere der Fragen jedoch können mit anderen Techniken effektiver analysiert werden: „Wurden Allianzen unter den Teilnehmenden gebildet?" oder „Wessen Interessen wurden in der Gruppe stärker vertreten als andere?" sind Fragen, deren Untersuchung einer holistischen Analyse des gesamten Gesprächs bedürfen und hervorragend auf den Explorationsergebnissen und ggf. erstellten Case-Summarys aufbauen kann, bei denen in Memos am und im Dokument erste Hinweise und Hypothesen in Bezug auf derartige Fragen zusammengetragen wurden.

16 (Online-)Surveydaten mit geschlossenen und offenen Fragen auswerten

Umfragen enthalten häufig geschlossene Fragen mit vorgegebenen Antwortmöglichkeiten und offene Fragen für Freitextantworten, um sowohl quantitative als auch qualitative Daten zu erheben. Das Ergebnis einer solchen Umfrage ist immer eine Datenmatrix „Fälle × Fragen", die für jede Person eine Zeile vorsieht und pro Frage mindestens eine Spalte enthält. Es stellt sich nun die Frage, wie eine solche Datenmatrix, die durchaus mehrere hundert oder tausend Fälle in den Zeilen und einige hundert Spalten enthalten kann, sinnvoll in MAXQDA importiert und analysiert werden kann. Da viele Umfragen heutzutage online durchgeführt werden, ergibt sich auch die Frage, wie man den Import aus Umfragetools wie LimeSurvey, Qualtrics oder SurveyMonkey bewerkstelligt. Ganz gleich, ob die Umfrage online oder auf Papier durchgeführt wurde: Der große Mehrwert bei der Analyse von Umfragedaten in MAXQDA besteht vor allem darin, dass man die als Texte importierten qualitativen und die als Fallvariablen importierten quantitativen Daten nicht nur getrennt, sondern ganz im Sinne einer Mixed-Methods-Analyse auch integriert auswerten kann.

In diesem Kapitel

✓ Umfragedaten importieren und dabei automatisch codieren
✓ Hinweise für den Import von Daten aus Online-Tools wie LimeSurvey oder SurveyMonkey erhalten
✓ Analysestrategien für Antworten auf offene Fragen anwenden
✓ Analysestrategien für die Integration qualitativer und quantitativer Daten kennenlernen

16.1 Umfragedaten vorbereiten und importieren

Eine Datenmatrix mit den Ergebnissen einer Umfrage lässt sich in MAXQDA über das Excel-Format importieren, das von vielen Onlinetools zur Datenerhebung und von Statistikprogrammen als Exportformat angeboten wird. Bevor man eine Excel-Datei mit Umfrageergebnissen importiert, sollte diese sorgfältig kontrolliert, bereinigt und auf Plausibilität überprüft werden. Dies gilt insbesondere bei Onlineumfragen, deren Daten man nicht selbst mit der Hand in den Computer übertragen hat. Bei Onlineumfragen werden oft Testdurchläufe des fertigen Fragebogens durchgeführt, deren Antworten ebenso entfernt werden müssen wie Doppeleinträge, die durch mehrfaches Absenden der Antworten von ein und derselben Person entstanden sind. Wertvolle Hinweise auf zu entfernende Einträge kann die Absendezeit der Antworten liefern, die üblicherweise von Onlinetools in einer eigenen Spalte festgehalten wird. Außerdem gilt es vor allem bei Onlineumfragen festzulegen, inwieweit die Daten von solchen Personen berücksichtigt werden sollen, welche die Umfrage nicht vollständig ausgefüllt haben. Das weit verbreitete Onlinetool „LimeSurvey" gibt als wichtige Hinweise für derartige Entscheidungen aus, auf welcher Fragebogenseite eine Person die Befragung beendet und wie lange die Ausfüllzeit insgesamt betragen hat. Zur Überprüfung der Plausibilität gehört vor allem die Kontrolle, ob eine Person erfundene Daten eingegeben hat, um schnell an einem versprochenen Gewinnspiel teilnehmen zu können oder weil die Motivation am Ende der Befragung abgenommen hat. Fake-Daten sind unter anderem daran zu erkennen, dass bei vielen Fragen „keine Antwort" ausgewählt, bei Matrixfragen immer die gleiche Antwortmöglichkeit ausgewählt und offene Fragen gar nicht oder nur sehr knapp beantwortet wurden. Wenn in der Umfrage sehr viele unterschiedliche standardisierte Informationen erhoben worden sind, kann es neben der Bereinigung der Datensätze in den Zeilen auch sinnvoll sein, eine Vorauswahl der standardisierten Daten, also der Variablen in den Spalten, vorzunehmen – zumal es später jederzeit möglich ist, noch fehlende standardisierten Daten als Variablen zu importieren.

Meist sind außer der Bereinigung der Datensätze und Variablen keine weiteren Vorkehrungen für den Import in MAXQDA zu treffen. Für den Import ist es allerdings notwendig, dass eine Spalte existiert, die im MAXQDA-Projekt als Dokumentname fungieren kann. Wenn möglich sollte man hierfür immer eine eindeutige Kennung der einzelnen Fälle verwenden, damit jederzeit in MAXQDA und auch bei einem späteren Export der Daten die Zuordnung der Fälle zu den Personen gewährleistet bleibt. Dies kann z. B. eine Fall-ID sein, die vom Onlinetool automatisch vergeben wurde, oder ein eindeutiger Name, den man selbst vergibt. Tab. 16.1 zeigt einen Auszug aus der Datenmatrix einer Online-Umfrage unter Marburger Studierenden zu ihrer Lebensqualität; insgesamt umfasst die Matrix 1178 Fälle (Zeilen) und beinhaltet neben den zahlreichen Variablen für standardisierte Informationen neun Spalten mit Antworten auf offene Fragen.

Den Import in MAXQDA startet man über die Funktion *Import > Survey-Daten > Daten aus Excel-Tabelle importieren* und wählt anschließend die Excel-Datei mit der Datenmatrix aus. MAXQDA analysiert die Datei und präsentiert einen Dialog für die Anpassung der Importeinstellungen (Abb. 16.1).

16.1 Umfragedaten vorbereiten und importieren

Tab. 16.1 Antworten auf offene und standardisierte Fragen in einer Tabellenstruktur

Fall-ID	Welche Freizeitangebote fehlen dir? (Offene Frage)	Was bedeutet für Dich überhaupt Lebensqualität? (Offene Frage)	Alter	Wohnbereich in Marburg
1007	Ordentliches und preiswertes Fitnessstudie in meiner Nähe. Club mit guter Musik.	Wenn man die Balance findet zwischen Pflicht (Studium), sozialem Miteinander (Freunde) und persönlichen …	27	Marburg Ortsteil
1008	[leer, weil keine Antwort]	Zeit, die Möglichkeit, physischen Raum und Nerven für die Dinge zu haben, die Mensch gerne …	27	Marburg Kernstadt
…	…	…	…	…

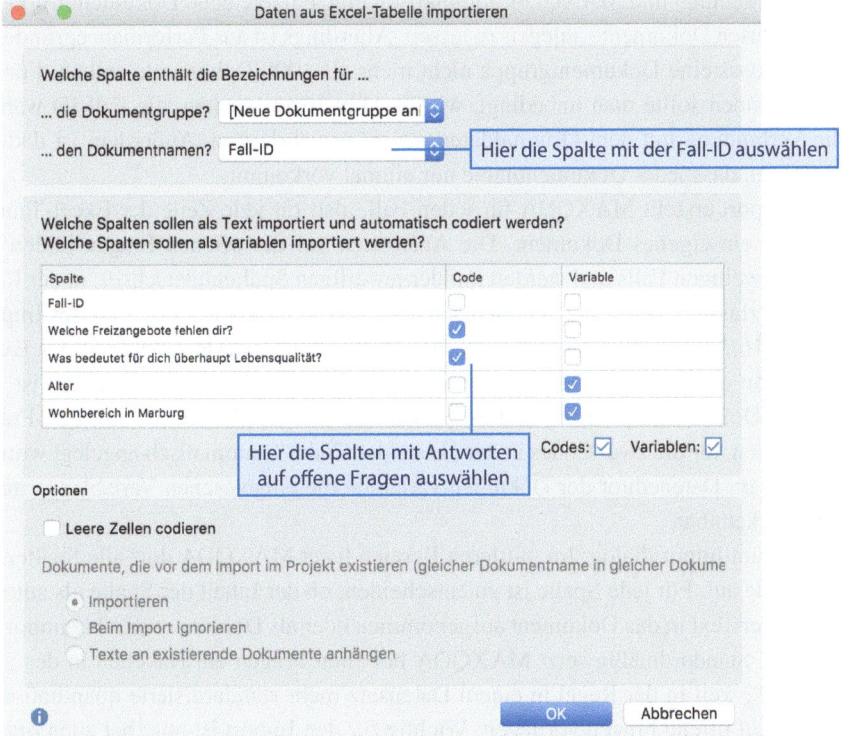

Abb. 16.1 Einstellungen für den Import von Umfragedaten festlegen

▶ **Tipp** Liegt die Datenmatrix als SPSS-Datei vor, kann man diese in SPSS über **Datei > Speichern unter** im Excel-Format abspeichern. Dabei sollte man die Option setzen, dass die Wertelabels anstelle der Werte exportiert werden, denn damit bewirkt man z. B. für eine Variable „Wohnbereich in Marburg", dass nicht bloß die Zahlen der Datenmatrix, sondern die jeweils zugeordneten Antwortvorgaben als Text in die Datei geschrieben werden. Leider speichert SPSS in der Excel-Datei nicht die Variablenlabel, sondern die häufig stark verkürzten Variablennamen in den Überschriften ab, weshalb man diese vor dem Importieren mit der Hand durch geeignete Kurzfassungen der Fragen ersetzen sollte.

Im oberen Bereich des Dialogs wird ausgewählt, welche Spalten die Namen der Dokumentgruppen und der Dokumente enthalten. Für die Dokumentgruppe bietet sich sinnvollerweise eine Gruppierungsvariable an, nach der die aus den Fällen entstehenden Dokumente in der „Liste der Dokumente" aufgeteilt werden. Für das oben vorgestellte Datenset zur Lebensqualität könnte man die Daten z. B. nach dem Wohnbereich aufteilen. Da man aber später mithilfe der standardisierten Daten die Dokumente in beliebigen Dokumentsets für Gruppenvergleiche zusammenstellen kann, ist es meist ausreichend die Voreinstellung zu übernehmen und MAXQDA automatisch eine einzige neue Dokumentgruppe für alle importierten Dokumente anlegen zu lassen. Allerdings ist aus Performancegründen zu empfehlen, dass eine Dokumentgruppe nicht mehr als 1000 Dokumente enthält. Für den Dokumentnamen sollte man unbedingt, wie in Abb. 16.1 zu sehen, die Fall-ID wählen, um die Verbindung mit dem Originaldatensatz zu gewährleisten. Außerdem ist dadurch gewährleistet, dass jeder Dokumentname nur einmal vorkommt.

Beim Import erstellt MAXQDA für jeden Fall, also für jede Zeile der Excel-Tabelle, automatisch ein eigenes Dokument. Die Antworten auf die offenen Fragen bilden den Inhalt des jeweiligen Falls und werden mit der jeweiligen Spaltenüberschrift, in der Regel also der Kurzfassung der Frage, automatisch codiert. Ein mögliches Ergebnis des Imports ist in Abb. 16.2 erkennbar: In der „Liste der Dokumente" wurde jede Zeile der Excel-Tabelle in ein eigenes Text-Dokument umgewandelt. Im „Dokument-Browser" ist eins dieser Text-Dokumente geöffnet und zeigt, wie die offenen Antworten mit den Fragen codiert wurden, für die zwei Codes in der „Liste der Codes" automatisch angelegt wurden. Zudem sind im Dateneditor der Dokumentvariablen die eingelesenen Variablenwerte für jeden Fall erkennbar.

Zurück zum Importdialog: Im mittleren Bereich listet MAXQDA dort alle Spalten der Excel-Tabelle auf. Für jede Spalte ist zu entscheiden, ob der Inhalt der Spalte als automatisch codierter Text in das Dokument aufgenommen oder als Dokumentvariable importiert werden soll. Standardmäßig setzt MAXQDA bei allen Fragen ein Häkchen in der Spalte „Variable", weil in der Regel in einem Datensatz mehr standardisierte quantitative als Antworten auf offene Fragen vorliegen. Wichtig für den Import ist nun, bei allen *offenen Fragen* das Auswahlhäkchen auf die Spalte „Code" zu wechseln. Man kann neben den offenen Fragen zusätzlich auch bei einigen interessierenden standardisierten Informationen das Häkchen in die Spalte „Code" setzen, so dass die Inhalte der Spalte sowohl in das Dokument als Text aufgenommen werden als auch als Variable importiert werden.

16.1 Umfragedaten vorbereiten und importieren

Dies ist besonders hilfreich, wenn man Variableninformationen zu einem Dokument nicht jedes Mal aus dem Tooltip auf einem Dokumentnamen oder aus dem Dateneditor für Dokumentvariablen ersehen will, sondern direkt im Text lesen möchte, wie alt die Person ist und wo sie in Marburg wohnt.

Die Option *Leere Zellen codieren* sollte im Regelfall ausgeschaltet bleiben, denn sie sorgt dafür, dass auch Zellen ohne Inhalt mit der jeweiligen Spaltenüberschrift codiert werden. Die ausgeschaltete Option hat den immensen Vorteil, dass man nach dem Import an den Codehäufigkeiten im Codesystem sofort erkennen kann, bei wie vielen Fällen eine Codierung vorliegt, das heißt wie viele Personen diese Frage beantwortet haben. Dies ist gut in der „Liste der Codes" in Abb. 16.2 zu erkennen, welche die Situation in MAXQDA direkt nach dem Import zeigt: Während die Frage nach fehlenden Freizeitangeboten nur von 129 Personen beantwortet wurde, liegen auf die Frage zur Lebensqualität Antworten von 1017 Personen vor.

Die Einstellungsmöglichkeiten im unteren Fensterbereich des Optionsdialogs sind für Studien mit mehreren Erhebungszeitpunkten gedacht und ermöglichen es unter anderem, die Inhalte einer Datenmatrix an Texte anzuhängen, die zu einem früheren Zeitpunkt bereits importiert wurden. Hierbei ist es wichtig, dass Dokumentgruppe und Dokumentname in beiden Datensets übereinstimmen, weshalb in den importierten Daten immer zwei Spalten für die korrekte Zuordnung der Dokumente vorhanden sein müssen.

Der Import geht für 1000 bis 2000 Befragte schnell vonstatten, der genaue Zeitbedarf ist von der Anzahl der offenen Fragen und der zu erzeugenden Variablen abhängig, sodass man für 5000 Fälle und zehn offenen Fragen unter Umständen auch mal einige Minuten Wartezeit einrechnen muss; schließlich werden bei einem solchen Import auch bis zu

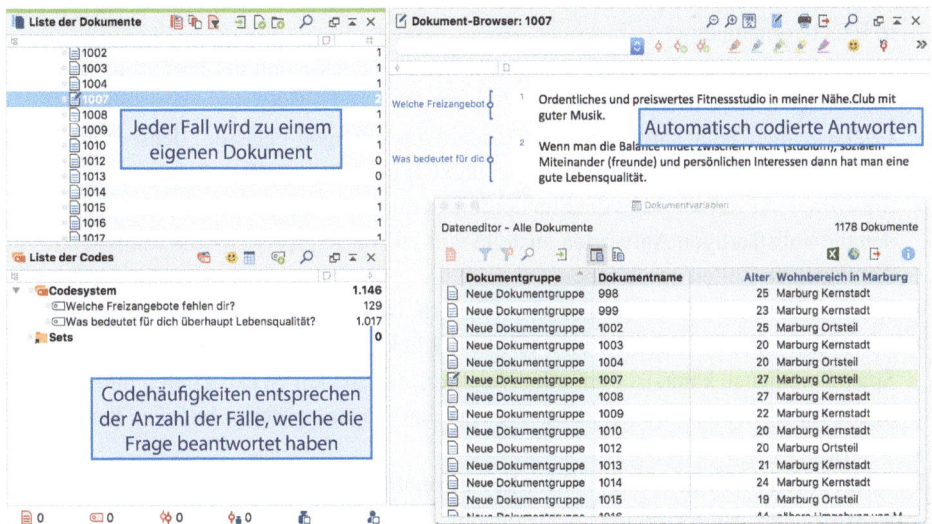

Abb. 16.2 Importierte Umfragedaten in MAXQDA

50.000 Codierungen erzeugt. Die Anzahl an Fällen ist in MAXQDA nicht beschränkt, allerdings sollte laut Hinweis des Online-Manuals ein Limit von insgesamt 200.000 Codierungen in MAXQDA-Projekten aus technischen Gründen nicht überschritten werden – eine Zahl, die man bei mehreren Tausend Fällen und vielen offenen Fragen im Blick behalten sollte.

Umfragedaten aus LimeSurvey importieren
„LimeSurvey" ist ein kostenloses Open-Source-Softwaretool für die komfortable Durchführung von Onlinebefragungen, das sich mit wenig Aufwand auf dem eigenen Webserver installieren lässt. Dies hat den großen Vorteil, dass man den Serverstandort selbst bestimmen kann und in punkto Datenschutz und Datensicherheit nicht auf Länder mit fragwürdigen Bestimmungen angewiesen ist. Viele Hochschulen in Deutschland bieten ihren Angehörigen die kostenlose Nutzung der Software auf einem eigenen Uniserver an, sodass man sich noch nicht einmal um die Installation kümmern, sondern lediglich einen Account für dessen Nutzung beantragen muss.

Nach Abschluss der Datenerhebung kann man eine Umfrage im Verwaltungsbereich von LimeSurvey aufrufen und die Daten im Bereich „Antworten & Statistik" über den Button ***Export > Ergebnisse für externe Anwendungen exportieren*** als Excel-Datei speichern. Beim Export können zahlreiche Einstellungen vorgenommen werden:

- *Format:* Sollte auf Microsoft Excel stehen.
- *Bereich:* IDs der Fälle, die exportiert werden – meist wird man alle Fälle exportieren wollen.
- *Generell > Komplettierungsstatus:* In der Regel sollten alle und nicht nur die komplett ausgefüllten Zeilen exportiert werden, denn man kann die Datenbereinigung bequem in Excel vornehmen.
- *Generell > Sprache:* Bei mehrsprachigen Umfragen lässt sich der Export auf eine der verwendeten Sprachen reduzieren.
- *Überschriften:* Hier kann man die Standardeinstellungen belassen, denn es ist meist vorteilhaft, wenn der vollständige Fragentext in der Überschrift steht.
- *Antworten:* Auch hier sollte die Standardeinstellungen übernommen werden, dann werden die vollständigen Antworten anstelle von schwer interpretierbaren Zahlencodes in die einzelnen Zellen geschrieben.
- *Spalten:* Hier lässt sich auswählen, welche erhobenen Informationen überhaupt exportiert werden. Da man durch einen falschen Klick die gesamte vorherige Auswahl der Spalten aufheben kann, ist es deutlich leichter, alle Spalten zu exportieren und unwichtige Spalten, wie die Antwortzeiten für einzelne Fragen, später in Excel zu löschen.

Umfragedaten direkt aus SurveyMonkey importieren
„SurveyMonkey" ist derzeit eins der weltweit am häufigsten eingesetzten Online-Befragungstools, das mit einer sehr großen Auswahl fertig formulierter Fragen aus zahlreichen Themenbereichen aufwartet. Die Firma hat ihren Hauptsitz in Kalifornien und bietet ne-

ben einem kostenlosen Basistarif mit begrenzter Funktionalität und beschränkter Fallzahl mehrere Tarife für zusätzliche Frageformate und unbeschränkte Fallzahlen. MAXQDA erlaubt den Direktimport der Antworten aus einer SurveyMonkey-Umfrage, sodass man sich den Zwischenschritt via Excel-Export sparen kann. Der Ablauf beim Import ist wie folgt:

- Schritt 1: Import über *Import > Survey-Daten > Daten von SurveyMonkey importieren* starten.
- Schritt 2: Es öffnet sich die SurveyMonkey-Webseite im Internetbrowser, wo man sich mit dem eigenen SurveyMonkey-Account einloggen und MAXQDA Zugriff auf die Antworten gewähren muss.
- Schritt 3: Nach erfolgreicher Autorisation lädt MXAQDA eine Übersicht aller Umfragen des Accounts, in der man eine durch Klick auswählt. In den Optionen kann man zudem eine Zufallsauswahl von Fällen vornehmen lassen, falls nur eine Teilmenge analysiert werden soll.
- Schritt 4: Genauso wie beim Import via Excel lässt sich nun festlegen, welche Daten als offene Fragen und welche als Dokumentvariablen importiert werden sollen. MAXQDA hat hier schon eine automatische Zuordnung aufgrund der Fragetypen vorgenommen.

▶ **Hinweis** Im kostenlosen Tarif von SurveyMonkey können weder Daten direkt in MAXQDA importiert, noch zu Excel exportiert werden. Hierfür ist ein Bezahltarif notwendig. Eine Übersicht über die Funktionalitäten kann auf dieser Webseite eingesehen werden: www.surveymonkey.de/pricing/details/. Ob der genutzte Tarif den Direktexport in MAXQDA erlaubt, verrät die Zeile „Daten extrahieren" im Bereich „Partnerintegrationen und APIs". Im Bereich „Analyse & Berichterstellung" sind die Exportmöglichkeiten für jeden Tarif aufgeführt.

16.2 Umfragedaten analysieren

Exploration der Daten
Sind die Umfragedaten auf die beschriebene Weise in MAXQDA importiert worden, kann die Analyse beginnen. Üblicherweise wird man sich hierbei zuallererst einen Überblick über die Daten verschaffen wollen, sowohl über das Spektrum der im Vergleich zu Interviewtranskripten deutlich kürzeren Freitextantworten als auch über die standardisierten Variableninformationen. Kuckartz et al. (2009) beschreiben ein mögliches Vorgehen bei der Datenexploration von Umfragedaten am Beispiel einer Online-Evaluation und geben dabei auch Hinweise zur Nutzung von MAXQDA. Das dort beschriebene Verfahren für die Exploration der qualitativen Daten greift auf viele der in Kap. 5 beschriebenen Möglichkeiten der Datenexploration mit MAXQDA zurück und lässt sich wie folgt skizzieren: Für eine Zufallsauswahl von etwa 5 bis 10 % der Fälle werden stichpunktartige Fallzusammenfassungen unter Einbezug von besonders relevanten standardisierten Daten verfasst.

Hierzu öffnet man die „Liste der Dokumentvariablen" über den Tab **Variablen** und wählt einige Variablen als Tooltip-Variablen aus, sodass die darin gespeicherten Informationen in der kleinen Vorschau angezeigt werden, wenn man mit dem Mauszeiger auf einem Dokument in der „Liste der Dokumente" verweilt (vgl. Abb. 16.3; Details zu Tooltip-Variablen finden sich in Kap. 10). Im Dokument-Memo werden die Fallzusammenfassungen gespeichert und mit einem Titel versehen, welcher den Fall in knappen Worten charakterisiert und auch quantitative Informationen wie Alter und Wohnbereich enthalten kann. Auswertungsideen, Thesen, Hypothesen und Ideen für hilfreiche Auswertungskategorien kann man in einem freien Memo oder noch einfacher in einem Memo auf der obersten Ebene in der „Liste der Dokumente" festhalten. Die Exploration kann man ergänzen durch lexikalische Suchen nach interessierenden Begriffen oder Worthäufigkeitsanalysen, die in MAXQDA über die Wortwolkenfunktion aufrufbar sind: Über einen rechten Mausklick auf eine Dokumentgruppe erzeugt man wie in Kap. 5 beschrieben eine Wortwolke mit den 50 häufigsten Begriffen aller Texte dieser Gruppe.

Für die Exploration der quantitativen Daten, die nach dem Import als Dokumentvariablen vorliegen, bietet sich eine Grundauszählung an, bei der für alle Fragen eine Häufigkeitstabelle mit den jeweiligen Antworten und deren absoluter und prozentualer Häufigkeit erstellt wird. Eine solche Grundauszählung lässt sich in MAXQDA über die Funktion **Variablen > Statistik für Dokumentvariablen** anfordern, woraufhin man Frage für Frage die erstellten Häufigkeitstabellen durchblättern kann. Komfortabler geht dies mit dem Zusatzmodul MAXQDA Stats, in dem sich Häufigkeitstabellen für die Dokumentvariablen über die Funktion **Deskriptive Statistiken > Häufigkeiten** erstellen lassen. Sinnvolle Gruppierungen der Fälle anhand der Variablenwerte können direkt aus MAXQDA Stats heraus als Dokumentset gespeichert werden. Zugriff auf die Memos, etwa um weitere Analyseideen festzuhalten, besteht allerdings erst wieder nach Beenden von Stats, denn während Stats läuft, sind alle anderen Funktionen von MAXQDA nicht sichtbar.

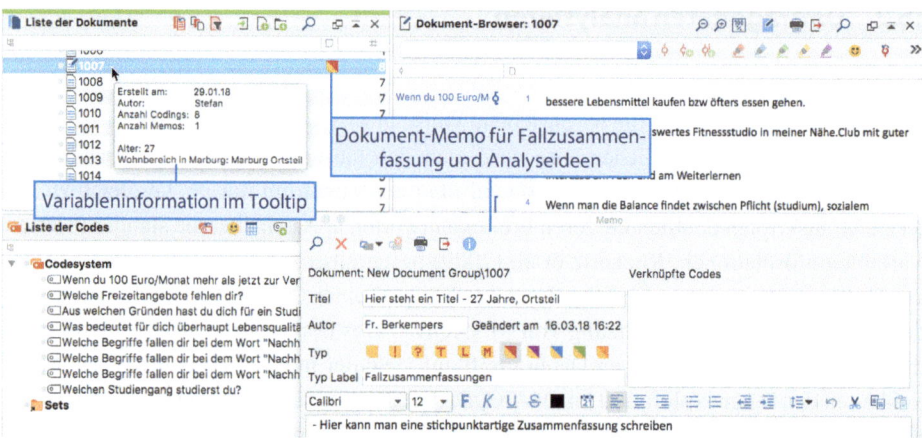

Abb. 16.3 Bildschirmansicht bei der Datenexploration (mit mehr importierten Fragen als im obigen Beispiel)

16.2 Umfragedaten analysieren

Antworten auf offene Fragen kategorisieren

Nach der Exploration stellt sich die Frage, wie sich die vergleichsweise kurzen Antworttexte sinnvoll analysieren lassen. In der Regel wird man hierzu jede Frage einzeln auswerten und die jeweiligen Antworten mithilfe von thematischen Kategorien systematisieren und beschreiben, sodass nach Abschluss der Analyse unter anderem Aussagen über häufig und weniger häufig genannte Themen getroffen werden können. Kuckartz et al. (2009, S. 78–79) weisen darauf hin, dass die Kategorien für die Analyse der Antworten sowohl a priori als auch direkt am Material gebildet werden können und geben Entscheidungshilfen, wann welche Form geeignet ist: Die Kategorienbildung am Material biete sich unter anderem an, wenn keine Vorab-Kategorisierung gewünscht ist und man die Antworten der Befragten zum Ausgangspunkt nehmen möchte, wenn das mögliche Antwortspektrum unbekannt ist oder wenn die zu beantwortenden Fragestellungen eher einen erkundenden Charakter haben. Die A-priori-Kategorienbildung hingegen empfehle sich dann, wenn Informationen über das abgefragte Thema bereits vorliegen, wenn nur ausgewählte Aspekte der Antworten interessieren und die Antworten auch Informationen enthalten, die nicht codiert werden müssen, oder wenn sich aus einer untersuchten Fragestellung direkt Analysekategorien ableiten.

MAXQDA besitzt eine Funktion, die speziell für die Auswertung von Antworten auf offene Fragen und die damit verbundene Kategorienbildung konzipiert ist: Über **Analyse > Survey-Antworten kategorisieren** öffnet sich ein Fenster, in das man einen Code mit den Antworten auf eine der offenen Fragen aus der „Liste der Codes" ziehen kann, um die Analyseansicht zu öffnen. Abb. 16.4 zeigt die Ansicht der Funktion „Survey-Antworten kategorisieren" für die Frage „Was bedeutet für dich überhaupt Lebensqualität?" Im linken Fensterbereich ist das Codesystem reduziert auf den Code der zu analysierenden Frage dargestellt und in der Spalte „Antworten" stehen die Texte aller Befragten untereinander. Mit der Maus lassen sich Antworttexte oder Teile derselben markieren und auf einen Code ziehen, woraufhin in der Spalte „Zugeordnete Codes" der verwendete Code angezeigt wird. Die vierte Spalte „Kommentar" erlaubt es, Hinweise, Anmerkungen und Erinnerungen zu den einzelnen Antworten zu notieren. Gleich, ob man sich für eine Vorab-Kategorienbildung, eine Entwicklung der Kategorien am Material oder eine Mischform

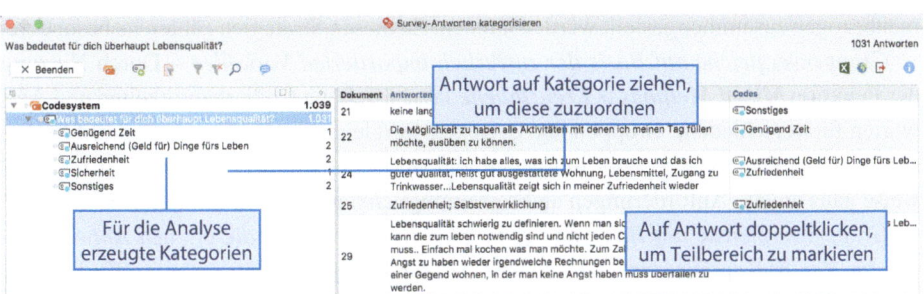

Abb. 16.4 Analyseansicht für das Kategorisieren von Antworten auf offene Fragen

entschieden hat: Mit einem Klick auf das Symbol *Neuer Code* fügt man entweder vorab oder während der fortschreitenden Analyse neue Unterkategorien ein.

Nicht selten kommt es vor, dass in einer Antwort auf eine Frage auch Themen aus anderen Fragen angesprochen werden, die dort codiert werden sollen. Durch Einschalten der Option *Alle Codes anzeigen* in der Symbolleiste kann man kurzzeitig das vollständige Codesystem einblenden und die „Fremdcodierung" vornehmen und anschließend die überflüssigen Codes durch Ausschalten der Option wieder ausblenden.

> **Tipp** Auch die Tastenkürzel, die man nach Rechtsklick auf einen Code in dessen Eigenschaftsmenü festlegen kann, stehen für das Codieren der Antworten zur Verfügung. Durch Rechtsklick auf eine Antwort und Auswahl der Option **Neuen Code erstellen und zuordnen**, lässt sich zudem direkt ein neuer Subcode unterhalb des Codes mit der offenen Frage anfügen und der markierten Antwort zuweisen.

Sind alle Antworten kategorisiert, kann man sich einen Überblick über die einzelnen Kategorieninhalte und die Codierhäufigkeiten verschaffen. Hierfür ist es hilfreich, dass sich die Subcodes nach Häufigkeit sortieren lassen – ein rechter Mausklick auf den Code der offenen Frage und Wahl der entsprechenden Funktion genügt. Um sich einen Überblick über die Codierungen zu einer Kategorie zu verschaffen, klickt man auf einen der Codes im angezeigten Codesystem, woraufhin in der Spalte „Antworten" nur die Aussagen zu der gewählten Kategorie angezeigt werden.

Zusammenhangsanalysen und Mixed-Methods-Analysen

Während das Fenster „Survey-Antworten kategorisieren" geöffnet ist, sind die anderen Funktionen von MAXQDA gesperrt. Erst wenn man das Fenster nach Abschluss der Kategorisierung wieder schließt, stehen die vielfältigen Möglichkeiten von MAXQDA für Zusammenhangsanalysen der Kategorien untereinander und für Mixed-Methods-Analysen unter Einbezug der Dokumentvariablen zur Verfügung. Da bei Surveys oft mehrere hundert oder tausend Fälle analysiert werden, sind vor allem Strategien interessant, welche auf den Häufigkeiten der Codierungen aufbauen, wobei die Einzelfälle zwar in den Hintergrund treten, ihre Aussagen aber jederzeit einsehbar sind und gruppen- oder themenbezogen zusammengestellt werden können. Zu diesen Strategien zählen insbesondere:

Gruppenvergleiche auf Basis der zusätzlich importierten Variablen – Durch Nutzung der Funktion **Mixed Methods > Kreuztabelle** lassen sich die Codierhäufigkeiten und Antworten für verschiedene Gruppen der Befragten vergleichen, etwa diejenigen mit Wohnsitz in der Marburger Kernstadt mit denen, die ländlicher wohnen, und daher möglicherweise ganz andere Anforderungen an Freizeitmöglichkeiten in Marburg stellen.

Gruppenvergleiche auf Basis der gebildeten Kategorien für die offenen Antworten – Die bei der Kategorisierung entstandenen Zuordnungen von Antworten zu Codes können ebenfalls für die Bildung von Gruppen verwendet werden. Im einfachsten Fall lassen sich hierbei immer zumindest zwei Gruppen kontrastieren, nämlich diejenigen, die eine bestimmte Antwort gegeben haben und diejenigen, welche dies nicht getan haben. In der Marburger Studierendenstudie könnte man die Befragten, welche bei der Frage zu Lebensqualität „Freunde" genannt haben, denjenigen gegenüberstellen, die nichts über „Freunde" geschrieben haben. Hierzu fügt man in einem ersten Schritt den Code „Freunde" als Dokumentvariable ein, was sich über die Funktion *In Dokumentvariable transformieren* im Kontextmenü eines Codes realisieren lässt. Die neu gebildete Variable gibt dann an, wie häufig in einem Fall der Code „Freunde" vergeben wurde, sodass man diese Variable bei der Erstellung einer Kreuztabelle verwenden kann. Zudem ermöglicht die Funktion *Mixed Methods > Statistik für QUAL Gruppen* die Erstellung eines sogenannten „Joint Displays" (Guetterman et al. 2015), in dem sich statistische Kennwerte für die gebildeten Gruppen vergleichen lassen. Mit einem solchen Joint Display lassen sich dann Fragen beantworten wie z. B. „Wie alt sind im Durchschnitt die Personen, die Freunde als Aspekt von Lebensqualität genannt haben?" Wer das Zusatzmodul MAXQDA Stats für die statistische Analyse verwendet, kann auf den Zwischenschritt der Umwandlung eines Codes in eine Variable verzichten und die Codehäufigkeiten direkt als Gruppierungsvariable für die Erstellung von deskriptiven Statistiken und Kreuztabellen sowie für die Durchführung von Varianzanalysen verwenden.

Kombinationen von Kategorien – Welche Kategorien treten häufig gemeinsam in einem Fall auf? Um diese Frage zu beantworten, kann man in MAXQDA auf die Funktionen unter *Analyse > Codekonfigurationen* zurückgreifen. Bei der einfachen Konfigurationsanalyse wählt man mehrere Codes aus, in der Regel die im Verlaufe der Analyse gebildeten Subkategorien zu einer offenen Frage. MAXQDA präsentiert dann als Ergebnis eine Liste mit den Kombinationen der Subkategorien und gibt die Anzahl der Fälle aus, bei denen eine Kombination vorkommt. Für eine offene Frage nach dem Verständnis von Lebensqualität lässt sich mit dieser Funktion untersuchen, ob die Aspekte „Freunde", „Familie" und „Freizeit" häufig zusammen genannt werden. Bei der komplexen Konfigurationsanalyse wählt man mindestens zwei Obercodes von verschiedenen offenen Fragen aus. MAXQDA analysiert dann die Häufigkeit aller möglichen Kombinationen der jeweiligen Subcodes und präsentiert in einer Tabelle die im Datenmaterial vorkommenden Kombinationen zusammen mit ihrer jeweiligen Häufigkeit. Mit Blick auf die Studie unter Marburger Studierenden kann mit dieser Technik analysiert werden, wie stark vermisste Freizeitangebote mit bestimmten Vorstellungen von Lebensqualität korrelieren. Sowohl die Analyse einfacher wie auch komplexer Codekonfigurationen sind dafür geeignet, verschiedene Typen von Befragten zu identifizieren.

17 MAXMaps: Infographics, Concept-Maps und Zusammenhangsmodelle erstellen

Schon in den 1990er Jahren haben sich die amerikanischen Methodiker Miles und Huberman mit dem Thema „Visualisierung von sozialwissenschaftlichen Forschungsdaten" befasst und in ihrem legendären Buch „Qualitative Data Analysis: An Expanded Sourcebook" zahlreiche praktische Vorschläge gemacht. Das Visualisierungstool MAXMaps knüpft hier an und bietet jede Menge Möglichkeiten zur graphischen Repräsentation von Daten und Zusammenhängen. Visualisierungen können verschiedene Aufgaben im Forschungsprozess haben: Sie können sowohl Mittel zur Exploration und Diagnose als auch zur Information und Darstellung sein. Nicht zuletzt dienen sie der Kommunikation mit den wissenschaftlichen Rezipient_innen der Forschung und der breiteren Öffentlichkeit. Letzteres erfordert eine auch ästhetisch ansprechende Gestaltung von Visualisierungen.

In diesem Kapitel

- ✓ Lernen, mit MAXMaps Zusammenhänge zu visualisieren
- ✓ Entdecken, welche Projekt-Elemente in einer Map integriert werden können
- ✓ Eine Map und ihre Elemente gestalten
- ✓ Mit Layern (Ebenen) arbeiten und eine Präsentation gestalten
- ✓ Die Synchronisierung von Maps mit den MAXQDA-Projektdaten nutzen
- ✓ Modell-Vorlagen für spezielle Visualisierungen einsetzen

17.1 Zusammenhänge visualisieren

Infographics (im Deutschen Infografiken) sind in aller Munde und aus dem Journalismus, Schulbüchern und dem Fernsehen nicht mehr wegzudenken. In den Geistes- und Sozialwissenschaften hingegen sind Visualisierungen bislang immer noch relativ selten. Ebert (2013) konnte aufzeigen, dass in den führenden Zeitschriften der Sozial- und Erziehungswissenschaft nur sehr wenige Beiträge Visualisierungen enthalten sind. In anderen Zweigen der Wissenschaft stellt sich die Lage hinsichtlich von Visualisierungen völlig anders dar: Aus Disziplinen wie der Medizin, der Physik oder der Klimaforschung sind visuelle Darstellungen kaum noch wegzudenken – man stelle sich etwa vor, in der Klimaforschung würde nur mit Hilfe von Texten argumentiert; gerade die Bilder sind es doch, die einem die dramatische Entwicklung im wahrsten Sinne „vor Augen führen".

Warum sollten Zusammenhänge überhaupt visualisiert werden? Die häufig zitierte Aussage „Ein Bild sagt mehr als tausend Worte" gilt nicht nur im Alltag, sondern sie trifft auch sehr oft in den mitunter ziemlich textlastigen Geistes- und Sozialwissenschaften zu. Generell lassen sich in Bezug auf die Rolle von Visualisierungen in der Wissenschaft zwei Funktionen zu unterscheiden: Zum einen können Visualisierungen ein wertvolles Hilfsmittel im Analyseprozess sein und eine große Bedeutung für die Diagnose besitzen, zum anderen können sie ein Mittel zur Darstellung, Präsentation und Popularisierung von Ergebnissen sein. Das lässt sich sehr gut am Beispiel der Rolle der bildgebenden Verfahren in der Medizin (z. B. Ultraschallschall-Untersuchung, Kernspintomographie oder MRT) nachvollziehen: Die Ultraschalluntersuchung während der Schwangerschaft dient dazu, Informationen über das „Kind im Bauch" zu gewinnen und Abweichungen von Normwerten zu erkennen. Dies ist die diagnostische Funktion dieses bildgebenden Verfahrens. Die üblichen Ultraschallgeräte sind aber auch in der Lage, vom angezeigten Ultraschallbild Fotos zu machen, welche dann von den werdenden Eltern mit gewissem Stolz Freunden und Bekannten präsentiert werden können.

Visualisierungen als Mittel zur Darstellung von Informationen und wissenschaftlichen Erkenntnissen sind heute sehr weit verbreitet, zumeist sind es allerdings quantitative Informationen, die graphisch dargestellt werden. So schmücken Balken- und Kreisdiagramme, in denen beispielsweise die Ergebnisse der Umfrageforschung dargestellt werden, nicht nur Fachbücher, sondern sind auch in sehr vielen Artikeln von Zeitschriften wie „Focus" oder „Spiegel" zu finden.

MAXQDA besitzt vielfältige Möglichkeiten zur Visualisierung. In Kap. 12 wurden bereits die Visualisierungstools *Codeline*, *Code-Matrix-Browser* und *Dokument-Portrait* dargestellt; in diesem Kapitel steht *MAXMaps*, das umfassendste Visualisierungstool von MAXQDA, im Mittelpunkt. Dies ist ein spezielles Werkzeug, das es erlaubt, Konzepte, Forschungsdesigns, Gegebenheiten im untersuchten Forschungsfeld sowie auch in den empirischen Daten bestehende Zusammenhänge bildlich darzustellen.

Was bedeutet dies im Einzelnen, welche Arten von Zusammenhängen lassen sich mit MAXMaps darstellen? Die folgende Darstellung zeigt einfache Beispiele für mögliche Visualisierungen des Zusammenhangs zwischen zwei Elementen, und zwar hier für Zusammenhänge von Code A und Code B.

17.1 Zusammenhänge visualisieren

Darstellungen von Zusammenhängen wie in Abb. 17.1 lassen sich mit MAXMaps realisieren; dabei können A und B beliebige Elemente, beispielsweise Kategorien, repräsentieren. Anstelle der Standardelemente von MAXQDA können auch Fotos, Diagramme oder Bilder in die Zeichnung eingefügt werden. Die einzelnen Elemente werden von den Benutzer_innen in der Arbeitsfläche von MAXMaps sinnvoll angeordnet und – falls eine Beziehung zwischen Ihnen besteht – miteinander durch Verbindungslinien verbunden. Ein solches Diagramm wie in Abb. 17.1 wird als „Map" bezeichnet. Eine Map wird auf einer Arbeitsfläche erzeugt, die zunächst leer ist und in die dann beliebig viele Elemente eingefügt werden.

Es lässt sich zwischen *freien Darstellungen* und *datenbasierten Darstellungen* unterscheiden: Als freie Darstellungen werden hier solche Grafiken bezeichnet, die prinzipiell auch mit anderer Grafiksoftware wie beispielsweise OmniGraffle oder auch mit Microsoft Word erzeugt werden könnten. Solche Software erlaubt es, z. B. Diagramme, Organigramme, Charts und anderes zu erstellen. Als *datenbasierte Darstellungen* werden hier solche Grafiken bezeichnet, die sich aus Elementen eines MAXQDA-Projektes zusammensetzen und bestehende Zusammenhänge wie beispielsweise das gleichzeitige Auftreten von bestimmten Codes visualisieren können.

Als *freie Darstellungen* können im Rahmen von Forschungsprojekten beispielsweise folgende Visualisierungen sinnvoll sein:

- Übersichten über Gegebenheiten im Forschungsfeld wie z. B. räumliche Situationen, Außenansichten von Gebäuden oder auch Organigramme
- Kontextelemente wie z. B. Fotos von Forschungsteilnehmenden oder von Forschungsorten
- Darstellungen der im Projekt eingesetzten Forschungsmethoden
- Darstellungen der verschiedenen inhaltlichen Blöcke eines Interviews
- geographische Darstellungen der Gegebenheiten im Forschungsfeld
- zeitliche Verläufe des Forschungsdesigns und viele andere mehr

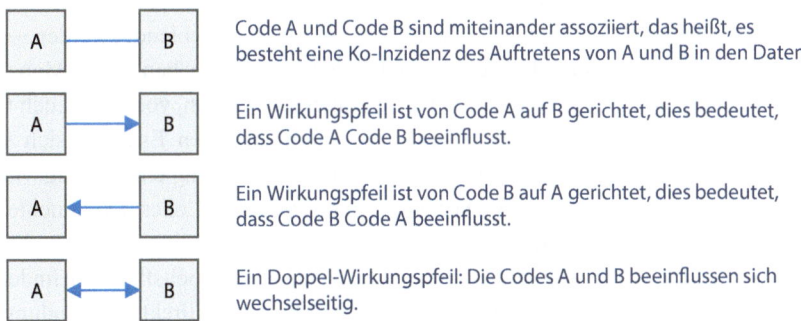

Abb. 17.1 Visualisierung des Zusammenhangs zwischen zwei Elementen

Es können also mit Hilfe von MAXMaps auch solche Grafiken erzeugt werden, die mit den *empirischen Daten* eines MAXQDA-Projekts in keiner direkten Beziehung stehen. Der eigentliche Clou von MAXMaps ist aber, dass Verbindungen der in einer Map dargestellten Symbole und Objekte zu den Daten eines MAXQDA-Projekts hergestellt werden können. Eine mit OmniGraffle oder Word erstellte Grafik mag noch so ästhetisch ansprechend und informativ gestaltet sein, sie ist aber nie direkt mit empirischen Daten verbunden. Hingegen ermöglicht es die in MAXMaps bestehende Verbindung zwischen empirischen Forschungsdaten und Grafik beispielsweise, das Symbol eines Codes anzuklicken und dessen Definition zu sehen, oder auch alle mit diesem Code codierten Textstellen in Tabellenform zu listen und anzuschauen.

Primär ist MAXMaps dazu bestimmt, die verschiedenen Elemente von MAXQDA („Objekte") visuell auf einer Arbeitsfläche darzustellen, miteinander zu verbinden und so komplexe inhaltliche Bezüge grafisch darzustellen. Elemente, die in eine Map importiert werden können, sind beispielsweise die Symbole für Codes, Dokumente, Codings und Memos sowie auch freie Elemente und Textfelder, deren Auswahl und Gestaltung wählbar ist. Auch Fotos und selbst erstellte Grafiken können in eine Map eingefügt werden.

MAXMaps lässt sich für sehr unterschiedliche Aufgaben benutzen. Maps können explorativ dazu dienen, Ideen festzuhalten und im Team zu kommunizieren. Mit MAXMaps können aber auch sehr komplexe Zusammenhänge visualisiert werden und Übersichten über ein Projekt oder Teilaspekte eines Projektes erstellt werden, zum Beispiel

- die Wirkungszusammenhänge zwischen verschiedenen Kategorien,
- die zu bestimmten Dokumenten oder Dokumentgruppen gehörenden Memos,
- die Überschneidungen von Codes,
- die Subkategorien von Codes,
- die Konstellation von Codes bei einem bestimmten Dokument in Form einer sogenannten Case-Map.

MAXMaps lässt sich ferner hervorragend für Vorträge und Präsentationen nutzen. Verschiedene Ebenen einer Map können nacheinander ein- oder ausgeblendet werden, so dass sich vielseitige Gestaltungsmöglichkeiten für Präsentationen ergeben. MAXMaps kann auch im Forschungsprozess in vielfältiger Weise eingesetzt werden, vor allem auch für diagnostische Zwecke und für die Entdeckung von Zusammenhängen. Es lassen sich zudem Codes ordnen und gruppieren (vgl. Abschn. „Visuelle Entwicklung eines Kategoriensystems mit Creative Coding" in Kap. 8), Verknüpfungen zwischen Codes, Dokumenten und Memos darstellen und vieles andere mehr.

MAXMaps ist interaktiv, d. h. die Objekte, die sich auf der Arbeitsfläche befinden, besitzen nach Anschalten eines speziellen „Synchro-Modus" eine direkte Verbindung zum MAXQDA-Projekt. So kann ein Dokument, dessen Symbol sich auf der Zeichenfläche befindet, durch einfaches Anklicken sofort zur Bearbeitung geöffnet, ein Memo gelesen und ggfs. ergänzt werden oder eine Zusammenstellung von codierten Segmenten unterschiedlicher Gruppen angefordert werden, um die Gruppen miteinander vergleichen zu können.

MAXMaps erlaubt es, in den Daten bestehenden Verknüpfungen sichtbar zu machen: Zu Dokumenten, die in MAXMaps importiert wurden, lassen sich etwa sämtliche angeheftete Memos automatisch importieren. Zu einem in MAXMaps als Symbol angezeigten Code können die mit diesem Code verknüpften Memos, die sich mit ihm überschneidenden Codes sowie seine Subcodes in die Map eingefügt werden. Auf diese Weise entsteht eine völlig neue Sichtweise auf die Daten: Zusammenhänge, die sonst vielleicht in Tabellen und listenartigen Zusammenstellungen verborgen blieben, werden *offensichtlich*. Dabei sind die Beziehungen zwischen den einzelnen Elementen der graphischen Repräsentation – beispielsweise zwischen den Codes – nicht auf hierarchische Beziehungen beschränkt, sondern können auch netzwerkartig dargestellt werden.

Dieser visuelle Zugang zu den Daten wird zusätzlich durch die flexiblen Gestaltungsoptionen von MAXMaps unterstützt. Die vielfältigen Möglichkeiten der Darstellung geben dem Benutzer großen Kreativitätsfreiraum. Das gilt vor allem in Bezug auf die Darstellung der visuellen Elemente, die eben nicht auf eine bestimmte Form der Darstellung festgelegt sind. Codes, Memos und Dokumente werden nicht zwangsläufig mit dem immer gleichen Symbol in vielleicht immer gleicher Farbe dargestellt, vielmehr können sie vom Benutzer völlig frei gestaltet werden. Bilder und Beschriftungen können mühelos individuell modelliert und eigene Fotos oder Symbole können importiert werden.

17.2 Grundzüge des Arbeitens mit MAXMaps

MAXMaps wird im Tab *Visual Tools* aufgerufen. Die Arbeitsfläche von MAXMaps (Abb. 17.2) ist zunächst zweigeteilt, links befindet sich die „Liste der Maps", und rechts die Arbeitsfläche, in der die Grafik erstellt wird. Es können beliebig viele Maps angelegt werden, die automatisch in der MAXQDA-Projektdatei gespeichert werden, d. h. um die Speicherung der Maps muss man sich keine Gedanken machen.

Eine Map lässt sich als Grafikdatei in den Formaten PNG, JPG oder SVG (scalable vector graphics) exportieren, sodass sie auch als Bild in andere Programme wie Word oder Powerpoint eingefügt werden kann. Am oberen Rand befindet sich ein Menüband mit zwei Tabs. Auf dem Tab *Start* finden sich alle wichtigen Funktionen zum Erstellen und Bearbeiten einer Map. Über den Tab *Einfügen* lassen sich neue Codes, Texte, Bilder und Formen in eine Map einfügen. Eine neue Map wird durch Anklicken von *Neue Map* im Menüband erzeugt.

Oben rechts im MAXMaps-Fenster finden sich zwei Pfeil-Symbole, um die letzten Aktionen rückgängig zu machen und wiederherzustellen. Die Rückgängig-Aktionen beziehen sich immer nur auf die aktuell geöffnete Map. Der „Rückgängig-Speicher" wird gelöscht, sobald eine andere Map geöffnet oder das Fenster MAXMaps geschlossen wird. Die globale Rückgängig-Funktion von MAXQDA hat keine Rückwirkungen auf die gespeicherten Maps in MAXMaps.

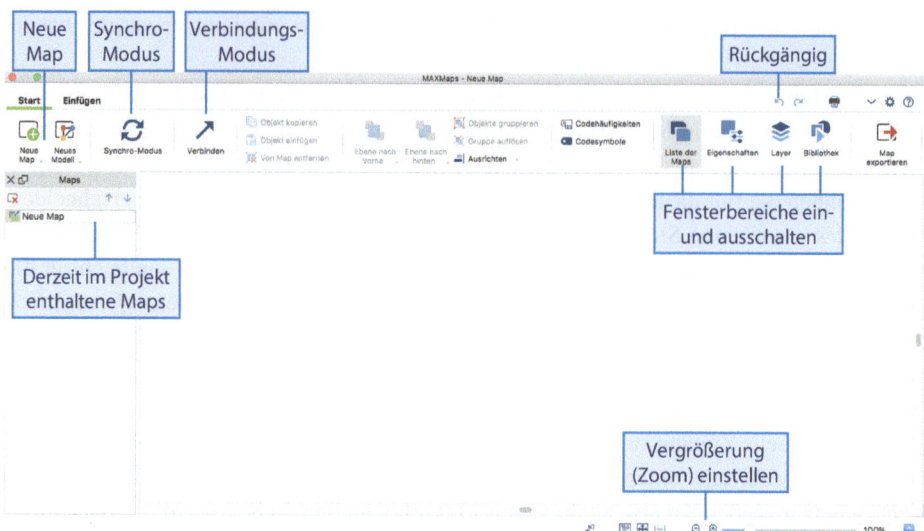

Abb. 17.2 Arbeitsfläche von MAXMaps

Mithilfe der Zoom-Optionen am unteren rechten Bildschirmrand besteht die Möglichkeit, die Ansicht zu vergrößern und zu verkleinern und zum zuerst eingefügten Objekt, dem „Ursprung" einer Map, zu springen.

17.3 Eine Map gestalten

Nach dem Anlegen einer neuen leeren Map geht es an die Gestaltung, das heißt, verschiedene Elemente werden nun in die Arbeitsfläche eingefügt. Dies geschieht in der Regel durch Ziehen mit der Maus oder mit Doppelklick bei gedrückter Alt-Taste. Alternativ kann das gewünscht Element auch mit der rechten Maustaste angeklickt und die Option *In Map einfügen* gewählt werden. MAXMaps kennt drei Arten von Objekten:

- *Standardobjekte.* Diese stammen aus MAXQDA (Codes, Dokumente, Memos, Codings) und können nur einmal in dieselbe Map eingefügt werden. Änderungen, die an diesen Objekten vorgenommen werden, haben keine Rückwirkung auf das MAXQDA-Projekt: Wird zum Beispiel in einer Map der Name eines aus MAXQDA eingefügten Dokumentes geändert, so bleibt der Name in der „Liste der Dokumente" von MAXQDA dennoch unverändert.
- *Freie Objekte.* Dies sind Zeichnungsobjekte; sie werden als „frei" bezeichnet, weil sie nicht mit Elementen des aktuellen MAXQDA-Projekts verbunden sind, also in diesem Sinne unabhängig von den analysierten Daten existieren.
- *Verbindungsobjekte.* Als solche werden Linien bezeichnet, die zwei Objekte in der Arbeitsfläche miteinander verbinden.

Standardobjekte und freie Objekte bestehen aus zwei Teilen: einer Objektbeschriftung („Label") und einem Objektbild. Auch die Verbindungslinien können mit einer Beschriftung versehen werden.

Verschiedene Optionen – verfügbar über das Einstellungsicon oben rechts im Menüband – sind für die Gestaltung einer Map wichtig:

- *Raster verwenden* – Das eingeschaltete Raster wird im Hintergrund der Arbeitsfläche angezeigt und ermöglicht das genauere Positionieren einzelner Elemente. Die Objekte rasten im Hintergrund auf festen Positionen ein.
- *Bilder beim Import auf diese Größe reduzieren* – Diese Option bestimmt, wie mit großen Bildern beim Import umgegangen wird. Wählbar sind 300, 600, 1200 Pixel sowie „Originalgröße". Die längere Bildseite wird auf die maximale Größe verkürzt. Hintergrundbilder werden immer in der Originalgröße importiert.
- *Dokument-Links visualisieren* – Wenn diese Option gewählt ist, werden vorhandene Dokument-Links zwischen zwei Dokumenten durch eine blaue Linie visualisiert.

Folgende MAXQDA-Elemente können in eine Map eingefügt werden – in Klammern ist angegeben, wo sich die Elemente in MAXQDA befinden:

- Dokumente („Liste der Dokumente")
- Dokumentgruppen („Liste der Dokumente")
- Dokumentsets („Liste der Dokumente")
- Codes und Subcodes („Liste der Codes")
- Code-Memos („Liste der Codes")
- Memos, die an Dokumentstellen angeheftet sind („Dokument-Browser")
- Memos, die an Dokumente angeheftet sind („Liste der Dokumente")
- Memos, die an Dokumentgruppen angeheftet sind („Liste der Dokumente")
- Freie Memos („Übersicht Memos")
- Codierte Segmente („Liste der Codings", „Übersicht Codings", „Dokument-Browser", „Multimedia-Browser")

17.4 Grafiken mit Style

Wer sich etwas Mühe gibt, kann aus seiner Map ein Schmuckstück machen und diese so stilvoll gestalten, dass sie auf Konferenzpostern oder in Präsentation einen hervorragenden Eindruck erzeugt. Das Aussehen aller Elemente einer Map kann über das Eigenschaftsfenster in vielfältiger Weise beeinflusst werden. Das Fenster wird über das gleichnamige Symbol im Tab *Start* eingeschaltet. Sobald ein Objekt in der Map angeklickt wird, lassen sich im Eigenschaftsfenster (Abb. 17.3) die Beschriftung des Objektes, Schriftart und -größe und viele andere Einstellungen anpassen. Es lässt sich beispielsweise im Bereich „Symbol" bestimmen, ob das Objektsymbol oder ob nur das Label sichtbar sein soll. Inter-

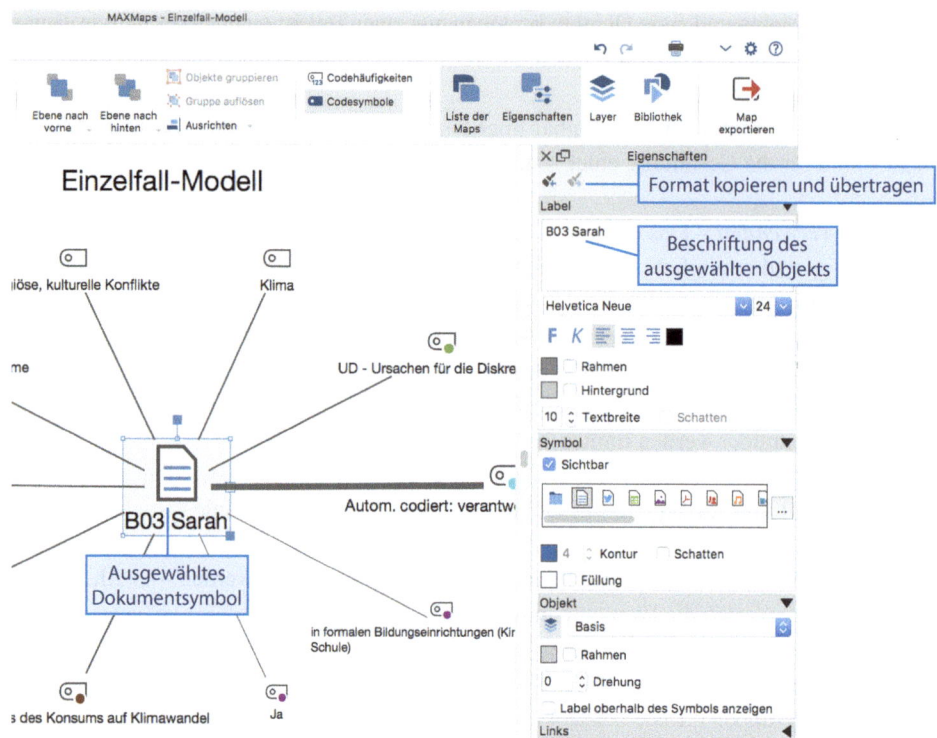

Abb. 17.3 Ausgewähltes Dokumentsymbol und das Fenster „Eigenschaften"

essant ist auch die Möglichkeit, statt der Standard-Symbole eigene Symbole oder auch ein Foto einzufügen. Im Bereich „Links" kann entweder ein externer Link oder ein Geo-Link mit dem Element verbunden werden. Beim späteren Doppelklick auf das Objekt wird die verlinkte Datei geöffnet bzw. im Fall eines Geo-Links wird die entsprechende Geo-Referenz aufgerufen. Die Link-Funktion erlaubt es, bei einem Dokument beispielsweise ein Foto der Person als Bild zu verknüpfen oder eben beim Anklicken den Wohnort sichtbar zu machen.

MAXMaps erlaubt es, Eigenschaften von einem Objekt auf andere Objekte zu übertragen; dadurch kann Objekten ein einheitliches Aussehen gegeben werden. Die Übertragung funktioniert so: Zunächst wird das Objekt ausgewählt, dessen Eigenschaft übertragen werden soll, anschließend wird im Eigenschaftsfenster auf das Symbol **Format kopieren** geklickt. Nun wird das Objekt ausgewählt, auf das die Formatierung angewendet werden soll, und auf das Symbol **Format übertragen** geklickt.

17.5 Eine Case-Map gestalten

Freie Darstellungen sind mit MAXMaps gestaltete Infografiken, die unabhängig von den Daten des Projektes sind, also prinzipiell auch mit Corel Draw, OmniGraffle, Adobe Illustrator oder anderen Zeichenprogrammen erzeugt werden können. Nur selten wird man aber Grafiken völlig unabhängig von einem MAXQDA-Projekt gestalten, wenngleich dies möglich ist und man beispielsweise recht einfach Geburtstagseinladungen oder Geburtsanzeigen mit MAXMaps entwerfen kann. Freie Darstellungen und datenbasierte Darstellungen lassen sich ohnehin nicht strikt voneinander trennen, die Übergänge sind, wie das folgende Beispiel zeigt, fließend. Betrachten wir die Abb. 17.4, in der eine Case-Map, eine Fallübersicht, für das Interview mit Jakob K. erstellt wurde. Sinn und Zweck der Visualisierung ist es hier, die Charakteristika dieser interviewten Person auf einen Blick darzustellen.

Um diese Map zu erzeugen, durchläuft man die folgenden Schritte:

1. Auf *Neue Map* klicken und der Map einen Namen geben, z. B. „Der Fall Jakob K.".
2. Über das Einstellungszahnrad (rechts im Menüband oben) das Raster einschalten.
3. Das Dokument Jakob K. mit der Maus in die Arbeitsfläche hineinziehen. Das Dokumentsymbol erscheint, wie in der „Liste der Dokumente".
4. Dieses Element mit der Maus größer ziehen und nach einem Doppelklick auf das Label die Beschriftung um „Der Fall" ergänzen.

Abb. 17.4 Beispiel einer Case-Map „Der Fall Jakob K."

5. Die Codes „Größte Weltprobleme", „Eigenes Verhalten", „Konsum und Klima", „Eigene Position", „Ursachen für die Diskrepanz" und „Einflussnahme" in die Map ziehen.
6. Die Label der Codes ggfs. wie in Abb. 17.4 ersichtlich verändern. Beim Code „Konsum und Klima" im Eigenschaftsmenü das Häkchen bei „Symbol sichtbar" entfernen.
7. Die fünf Codes auf der Arbeitsfläche so platzieren wie in Abb. 17.4.
8. Im Tab *Start* auf *Verbinden* klicken und die Verbindungslinien durch Klicken und Ziehen mit der Maus von einem Objekt zum anderen zeichnen.
9. Im Tab *Einfügen* auf *Neuer Text* klicken und für das oben links eingefügte Textfeld in dessen Label „Überbevölkerung, Hunger, Ungleichheit" eingeben. Das Textfeld unterhalb von „Größte Weltprobleme" verschieben.
10. Ein neues freies Objekt „Rechteck mit abgerundeten Kanten" durch Doppelklick im Tab *Einfügen* auf das entsprechende Symbol einfügen. Das Rechteck mit der Maus so groß ziehen, dass es sich als Rahmen eignet. Im Eigenschaftsfenster die Linienstärke der Kontur auf 10 setzen; die Hintergrundfarbe bleibt bei „weiß". Im Kontextmenü des neu eingefügten Rechtecks *Zur Bibliothek hinzufügen* anklicken.
11. Aus der Bibliothek das gerade eingefügte Objekt auf die Arbeitsfläche ziehen, sodass nun zwei identische freie Objekte in der Arbeitsfläche sind.
12. Beide Objekte an die vorgesehene Position bewegen, wo sie die dort befindlichen Codes überdecken; nacheinander auswählen und jeweils im Tab *Start* auf den Button *In den Hintergrund* klicken.
13. Jetzt fehlen nur noch die in den beiden Rechtecken stehenden thematischen Zusammenfassungen. Diese werden als Textfelder eingefügt, also wird im Tab *Einfügen* erneut der Button *Neuer Text* angeklickt. Der Text erscheint oben in der linken Ecke und wird an die vorgesehene Stelle in den rechteckigen Rahmen bewegt. Nun werden noch die thematischen Aussagen in das Textfeld eingegeben, z. B. „persönlich gewillt, aber zu bequem".
14. Nachdem alle thematischen Zusammenfassungen auf diese Weise eingegeben wurden, sollte die gesamte Map noch ein wenig optimiert werden, also gegebenenfalls die Elemente so verschieben oder mehrere Objekte markieren und mit *Start > Ausrichten* verteilen, dass sie auf einer Linie sind und alles optimal aussieht.

17.6 Mit Layern arbeiten und eine Präsentation gestalten

Wer je mit Bildbearbeitungsprogrammen wie Adobe Photoshop gearbeitet hat, dem ist der Begriff „Ebene" bzw. englisch „Layer" geläufig. Bei Photoshop werden Layer mit Transparentfolien verglichen, die übereinandergelegt werden, das heißt man kann jeweils die Ebene darunter sehen. MAXMaps erlaubt es ebenfalls, mit Layern zu arbeiten; die Elemente einer Map können unterschiedlichen Ebenen zugewiesen werden. Mit Hilfe von Layern, die nacheinander eingeblendet werden, lässt sich eine didaktisch durchgeplante

17.6 Mit Layern arbeiten und eine Präsentation gestalten

Präsentation entwerfen, die sukzessive an Komplexität gewinnt und eine sich entwickelnde Strukturthese aufzeigt.

Um Layer voneinander unterscheiden zu können, wird ihnen ein Name gegeben. Solange die Layer-Option nicht genutzt wird, werden alle neu eingefügten Objekte dem Standardlayer „Basis" zugewiesen. Die Layer-Funktion wird durch Anklicken des entsprechenden Symbols im Tab **Start** aufgerufen. Nun erscheint ein Fenster, in dem die vorhandenen Layer gelistet werden und neu erzeugt werden können, indem auf das rechts neben dem Layer-Icon befindliche Symbol **Neu** geklickt wird.

Im ersten Schritt sollten so viele Layer eingerichtet werden, wie man benötigt. Beim in Abb. 17.5 dargestellten Einzelfall-Modell könnte beispielsweise mit drei Layern gearbeitet werden: zunächst der Mittelpunkt der Map mit dem Dokumentnamen und dem Titel der Map, dann ein zweiter Layer mit dem inneren Kreis der Codes und als drittes ein Layer mit dem äußeren Kreis (derzeit ausgeblendet). Dementsprechend sollten die Layer benannt werden, nämlich „Mittelpunkt", „innerer Kreis" und „äußerer Kreis". Der Layer „Basis" ist immer vorhanden und kann weder umbenannt, noch gelöscht werden.

Im zweiten Schritt werden alle Elemente der Map einem bestimmten Layer zugeordnet. Dies funktioniert so: Anklicken des Elements mit der rechten Maustaste, Wahl der Option „Layer" und Zuordnung zu einer der drei Ebenen – anfangs sind alle Elemente dem Layer „Basis" zugeordnet, welcher sich dann nach und nach leert.

Die in der „Liste" aufgeführten Layer können jeweils gesondert ein- und ausgeblendet werden, indem man das Häkchen vor der Ebene an- oder ausschaltet. Abb. 17.5 zeigt die Map, wenn nur die Layer „Mittelpunkt" und „innerer Kreis" angeschaltet sind.

Visualisierungen werden sehr häufig zum Zwecke der Präsentation angefertigt. Bei einer Live-Präsentation im Rahmen eines Vortrags lassen sich nun nacheinander die ver-

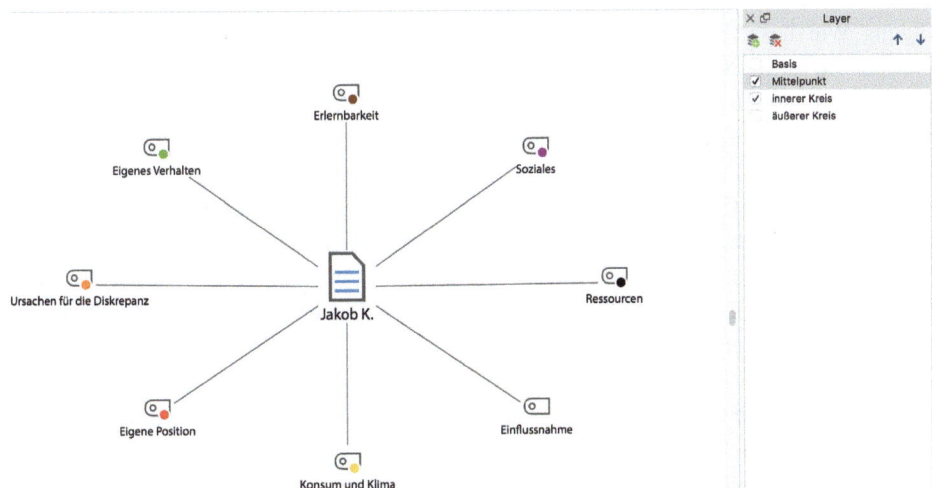

Abb. 17.5 Arbeiten mit verschiedenen Ebenen

schiedenen Ebenen anschalten, hier also beginnend mit „Mittelpunkt" gefolgt von „innerer Kreis" und „äußerer Kreis". Eine andere Möglichkeit ist es, von der Map drei Fotos anzufertigen a) Map nur mit Layer „Mittelpunkt" b) mit den beiden Layern „Mittelpunkt" und „innerer Kreis" und c) mit allen Layern. Wenn nun nach jedem Schritt die Map als Datei exportiert wird (z. B. im PNG-Format), lassen sich diese drei Dateien in eine PowerPoint- oder Prezi-Präsentation einbauen. Damit lässt sich auch unabhängig von MAXQDA eine die Ebenen dynamisch benutzende Präsentation gestalten.

17.7 MAXMaps mit den MAXQDA-Projektdaten synchronisieren

Die große Stärke von MAXMaps ist die Verbindung bzw. Synchronisierung von Infografiken mit der MAXQDA-Projektdatei. Verbindung bedeutet im einfachsten Fall, dass aus den Fenstern und Übersichten von MAXQDA Elemente, z. B. Codes, Memos und Dokumente, in eine Map hineingezogen werden können und deren Symbole und Farben übernommen werden. Auch enthalten viele Kontextmenüs von MAXQDA, beispielsweise in der „Liste der Dokumente" und in der „Liste der Codes", den Eintrag *In Map einfügen*. Darüber hinaus existieren zwei Wege der Verbindung von Map und Projektdaten: a) über den Weg des Kontextmenüs einzelner Elemente in einer Map und b) über den Synchro-Modus.

Synchronisierung via Kontextmenüs in MAXQDA
Ein Weg der Synchronisierung von Projektdaten und Map führt über die Kontextmenüs von Elementen in MAXMaps. Klicke ich einen Code in der Arbeitsfläche von MAXMaps mit der rechten Maustaste an, so stehen mir, wie in der „Liste der Codes" von MAXQDA, die „Übersicht Codings", die „Übersicht Memos" und die „Übersicht Variablen" zur Verfügung. Wie diese Übersichten zu handhaben sind, ist in Kap. 6 beschrieben.

Über die in MAXMaps im Kontextmenü eines Dokuments enthaltene Option *Memos importieren* können alle Memos dieses Dokuments in die Arbeitsfläche eingefügt werden; diese werden automatisch durch ungerichtete Linien mit dem Dokumentsymbol verbunden.

Bei eingefügten Codes ist im Kontextmenü die Funktion *Subcodes importieren* verfügbar; sie importiert die zum selektierten Code vorhandenen Subcodes der nächstniedrigeren Ebene und verbindet diese durch Verbindungslinien mit dem Code. Auf Wunsch bestimmt MAXQDA die Linienstärke entsprechend der Häufigkeit der Subcodes. Weitere Optionen der Kontextmenüs erlauben es

- überschneidende Codes zu importieren: Hier werden alle Codes in die „Zeichenfläche" eingefügt, die sich in den Dokumenten mit diesem Code überschneiden und durch gestrichelte Verbindungslinien mit dem Code verbunden;
- verknüpfte Memos zu importieren: Hier werden alle Memos, die mit dem Code verknüpft sind, eingefügt (Abb. 17.6). Memos, die sich bereits auf der Zeichenfläche

17.7 MAXMaps mit den MAXQDA-Projektdaten synchronisieren

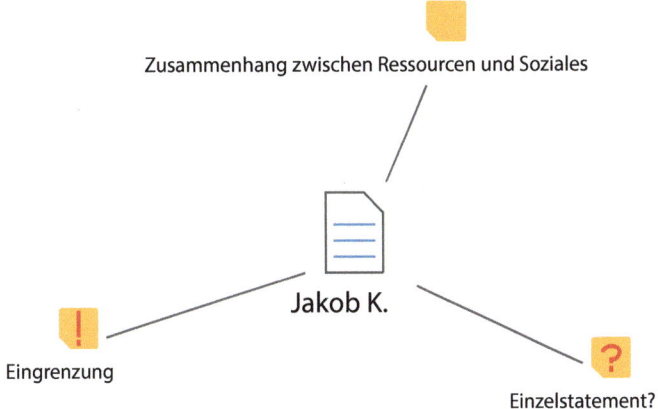

Abb. 17.6 Anzeige der Memos eines Dokumentes nach automatischem Import

befinden, werden nicht erneut eingefügt, aber mit dem Code durch eine Linie verbunden;
- den Text eines Codings zu importieren: Per Rechtsklick auf ein Coding-Symbol wird der gesamte Text eines codierten Segments als Label des Codings in die Map importiert.

Synchronisierung via Synchro-Modus

Der „Synchro-Modus" synchronisiert die Map mit dem MAXQDA-Projekt; er wird im Tab *Start* durch Anklicken des entsprechenden Symbols an- und ausgestellt. Im Falle eines Dokumentsymbols hat dies beispielsweise zur Folge, dass beim Bewegen der Maus auf ein Symbol in der Map das dem Dokument zugeordnete Memo im Tooltip erscheint und dass ein Doppelklick das Dokument im „Dokument-Browser" von MAXQDA öffnet. Tab. 17.1 gibt einen Überblick über die Aktionen, die im „Synchro-Modus" verfügbar sind.

Wichtig ist, dass bewusst keine Rückwärts-Synchronisierung zwischen einer Map und den MAXQDA-Projektdaten besteht. Wird beispielsweise der Name eines Dokuments oder eines Codes in einer Map geändert, hat dies keine Rückwirkungen auf die Namen der Dokumente und Codes in MAXQDA. Gleiches gilt, wenn der Text eines angezeigten codierten Segments gekürzt oder zusammengefasst wird; auch in diesem Fall bleibt die Codierung in der Datenbank so bestehen wie sie war.

Tab. 17.1 Verfügbare Aktionen im Synchro-Modus von MAXMaps

Symbol	Was passiert bei		
	Hovern (Bewegen der Maus auf das Symbol)	Einfachklick	Doppelklick
Dokumentgruppen- und Dokumentset-symbol	Anzeige des Memos der Dokumentgruppe oder Dokumentsets im Tooltip (falls ein Memo vorhanden)	Fokussieren der Dokumentgruppe oder des Dokumentsets in der „Liste der Dokumente"	
Dokumentsymbol	Anzeige des Dokument-Memos im Tooltip (falls ein Memo vorhanden)	Fokussieren des Dokuments in der „Liste der Dokumente"	Öffnen des Dokuments im „Dokument-Browser"
Memosymbol	Anzeige des Memos im Tooltip	Fokussieren des Memos (je nach Memo-Typ in „Liste der Dokumente", in „Liste der Codes", im „Dokument-Browser", im „Multimedia-Browser")	Öffnen des Memos
Codesymbol	Anzeige des Code-Memos im Tooltip (falls ein Memo vorhanden)	Fokussieren des Codes in der „Liste der Codes"	Öffnen der „Übersicht Codings" für diesen Code
Coding-Symbol	Vorschau des Codings im Tooltip	Fokussieren des Codes in „Liste der Codes", Dokument wird im „Dokument-Browser" bzw. Media-Datei im „Multimedia-Browser" geöffnet und an die Position des Codings bewegt	

17.8 Die Modell-Vorlagen: vorbereitete Maps für spezielle Aufgaben

Besonders nützlich sind die vorbereiteten Modell-Vorlagen, die in MAXMaps enthalten sind. Diese Vorlagen setzen bestimmte Visualisierungstypen um und erzeugen diese mit einem einzigen Klick. Die Benutzung von Modell-Vorlagen bedeutet im Vergleich zur manuellen Umsetzung der entsprechenden Auswertungskonzepte eine erhebliche Zeitersparnis.

Es stehen unterschiedliche Modell-Vorlagen zur Auswahl. Tab. 17.2 gibt einen Überblick über die neun Varianten und die Konzepte, die hinter den einzelnen Modellen stehen.

Bei allen Modellen besteht die Möglichkeit, via Aktivierung die Auswahl von Dokumenten bzw. von Codes zu steuern. Im Code-Überschneidungsmodell kann zudem die Selektion der codierten Segmente auch zusätzlich über die Angabe des Bereichs der Ge-

17.8 Die Modell-Vorlagen: vorbereitete Maps für spezielle Aufgaben

Tab. 17.2 Übersicht über die Modell-Vorlagen in MAXMaps

Bezeichnung	Im Fokus	Sinn und Zweck
Einzelfall-Modell	Ein Dokument, eine Dokumentgruppe oder ein Dokumentset	Dieses Modell zeichnet für ein ausgewähltes Dokument aus der „Liste der Dokumente" ein Modell mit den zugeordneten Codes, den Memos und den codierten Segmenten.
Einzelfall-Modell für Fokusgruppen-Teilnehmer	Ein Teilnehmer einer bestimmten Fokusgruppe	Dieses Modell zeichnet für einen Teilnehmer einer ausgewählten Fokusgruppe ein Modell mit den zugeordneten Codes, den Memos und den codierten Segmenten.
Einzelfall-Modell mit Code-Hierarchie	Ein Dokument, eine Dokumentgruppe oder ein Dokumentset	Diese spezielle Variante des Einzelfall-Modells zeichnet ein Modell, in dem auch die Code-Hierarchie dargestellt wird.
Zwei-Fälle-Modell	Zwei Dokumente, Dokumentgruppen oder Dokumentsets und ihre jeweiligen Codes	Dieses Modell visualisiert, welche Codes gemeinsam in zwei Dokumenten, Dokumentgruppen oder Dokumentsets vorkommen, und welche nur in einem der beiden „Fälle" existieren.
Ein-Code-Modell	Ein Code mit codierten Segmenten und Subcodes	Dieses Modell stellt in der Map einen ausgewählten Code und die zugehörigen codierten Segmente dar, zudem das Code-Memo und die mit dem Code verknüpften Memos.
Code-Theorie-Modell	Die mit einem Code verlinkten Memos	Das Modell hilft auf dem Weg zur Theorieentwicklung bzw. bei der Überprüfung von Hypothesen. Ein ausgewählter Code, ggf. auch die zugehörigen Subcodes, und die mit dem Code und seinen Subcodes verknüpften Memos werden in der Zeichenfläche dargestellt.
Code-Subcodes-Segmente-Modell	Ein Code mit seinen Subcodes und den codierten Segmenten	Ein ausgewählter Code und dessen Subcodes werden dargestellt. Mit jedem Code bzw. Subcode sind die hierzu vorhandenen Segmente verbunden.
Hierarchisches Code-Subcodes-Modell	Ein Code und seine Subcodes	Ein ausgewählter Code und seine Subcodes werden in die Map eingefügt. Das hierarchische Gefüge der Subcodes wird in Form mehrerer „Stockwerke" visualisiert.
Code-Überschneidungsmodell	Überschneidungen von Codes	Für mehrere Codes werden die Überschneidungen untereinander und mit anderen Codes gezeichnet. Durch Einbeziehen der Subcodes wird die Grafik noch komplexer.

wichtungsvariablen (vgl. Kap. 6) erfolgen. Die auf einen Klick hin erstellten Grafiken können wie normale Maps weiterbearbeitet werden, d. h. die Position der Elemente auf der Arbeitsfläche lässt sich verändern, Verbindungen lassen sich einfügen oder löschen und weitere Elemente, Textfelder und freie Objekte lassen sich hinzufügen.

Alle Modelle werden erstellt, indem im Tab **Start** auf **Neues Modell** geklickt und das gewünschte Modell ausgewählt wird. Im Folgenden werden einige ausgewählte Modelle näher beschrieben und es wird jeweils ein Beispiel gegeben, wie dementsprechende Visualisierungen aussehen.

Alle Codes und Codierungen eines Dokuments darstellen: Das Einzelfall-Modell

Die Grundfragen, die diesem Modell zugrunde liegen lauten: Welche Codes und Subcodes sind einem bestimmten Dokument zugeordnet? Welche codierten Segmente sind für diese Codes vorhanden? Welche Memos sind dem Dokument bzw. Textstellen des Dokuments zugeordnet?

Im Fall eines Interviews kann also gefragt werden: „Zu welchen Themen hat die interviewte Person etwas gesagt? Was genau hat sie mit welchen Worten gesagt? Welche Dimensionen wurden von ihr angesprochen?". Eine solche für ein bestimmtes Dokument erstellte Map wird in MAXQDA als „Einzelfall-Modell" bezeichnet. Nach Aufruf des Modells kann ein beliebiges Dokument (alternativ auch eine Dokumentgruppe oder ein Dokumentset) mit der Maus aus der „Liste der Dokumente" in die Arbeitsfläche hineingezogen werden. Es bestehen folgende Möglichkeiten, die automatische Auswahl von Elementen für die Map zu beeinflussen:

- Für Memos: Auswahl des Typs der Memos (Dokument-Memo, Memos im Dokument, Code-Memos und mit Codes verlinkte Memos)
- Für Codes: Beschränkung auf die aktivierten Codes, Beschränkung auf eine bestimmte maximale Anzahl von Codes, Anzeige des Obercodes (ja/nein)
- Für Codings: Anzeige von Codings (ja/nein), maximale Anzahl von anzuzeigenden Codings pro Code, Priorität bzgl. der Anzeige von Codings, entweder Priorität nach Gewicht oder nach Größe

Abb. 17.7 zeigt ein Beispiel für ein Einzelfall-Modell: Das ausgewählte Dokument „Jakob K." ist im Zentrum der Map angeordnet; mit diesem verbunden sind im inneren Kreis die Codes dieses Dokuments, oben beginnend mit „Einflussnahme". Im äußeren Kreis befinden sich die Codings, jeweils verbunden mit ihrem Code. Das abgebildete Einzelfall-Modell stammt aus einer Interviewstudie, die mit einem Leitfaden durchgeführt wurde. Dass bei vielen Codes nur ein Coding vorhanden ist, erklärt sich aus dem Tatbestand, dass es nur eine Textpassage gibt, die mit diesem Code codiert ist, nämlich genau jene, welche sich an die entsprechende Frage des Leitfadens anschließt.

In der oberen linken Ecke befindet sich ein Memo mit dem Titel „Eingrenzung". Dieses wird im Synchro-Modus mittels eines Doppelklicks geöffnet. Gleichzeitig wird dann im

17.8 Die Modell-Vorlagen: vorbereitete Maps für spezielle Aufgaben

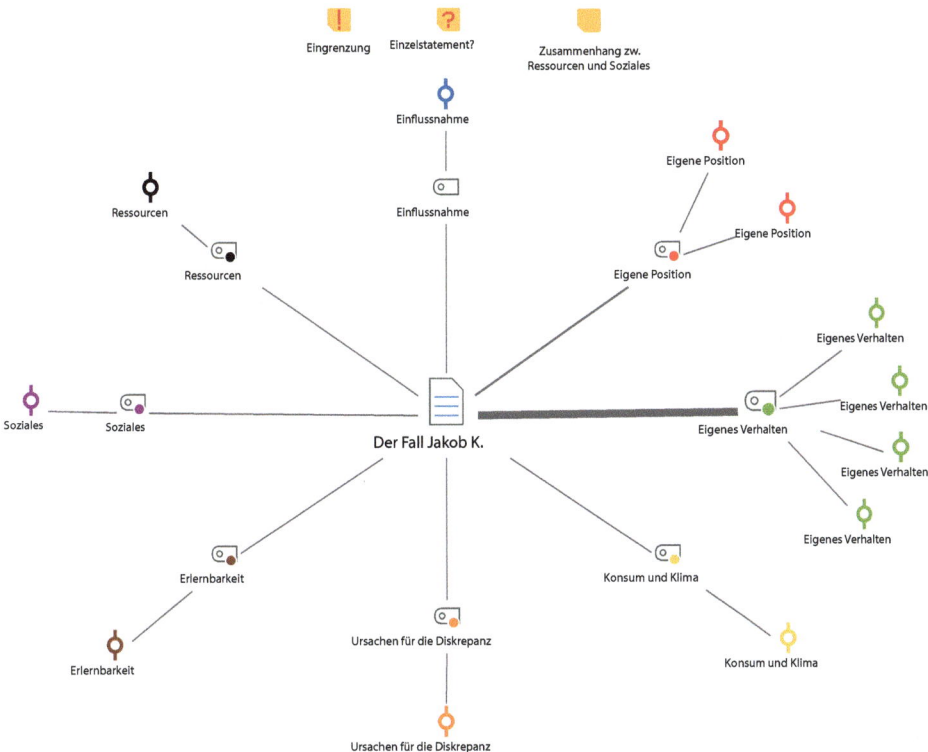

Abb. 17.7 Mittels „Einzelfall-Modell" erstellte Map für das Dokument Jakob K

„Dokument-Browser" das Dokument „Jakob K." an die Stelle positioniert, an der das Memo angeheftet ist.

Was lässt sich dieser Grafik entnehmen? Erstens sieht man, welche Codes dem Dokument zugeordnet sind. An der Strichstärke der Verbindungslinien lässt sich zweitens erkennen, welche Codes häufiger und welche seltener im Dokument zugeordnet sind; am häufigsten sind dies hier die Codes „Eigenes Verhalten" und „Eigene Position". Drittens ist visualisiert wie viele codierte Segmente für einen Code vorhanden sind und viertens lässt sich die Map zur Exploration von Inhalten nutzen: Wird die Maus bei eingeschaltetem Synchro-Modus über ein Coding-Symbol bewegt, erscheint der entsprechende Text des codierten Segments.

Weitere Gestaltungsmöglichkeiten erlauben die Texte der Segmente anstelle des Symbols einzufügen, Bilder für die Elemente der Map zu verwenden, die Größe der Elemente zu verändern sowie Memos, freie Textfelder und Links einzufügen – etwa einen Geo-Link für das Dokumentsymbol von „Jakob K." auf dessen Wohnort.

Das Einzelfall-Modell für Fokusgruppen-Teilnehmer

Das „Einzelfall-Modell für Fokusgruppen-Teilnehmer" ist genauso aufgebaut wie das Einzelfall-Modell, jedoch steht nicht ein Dokument oder eine Dokumentgruppe im Zentrum der Grafik, sondern ein einzelner Fokusgruppen-Teilnehmer (Abb. 17.8).

Eine Kategorie fokussieren: Das Ein-Code-Modell

Leitfragen für dieses Modell sind z. B.: „Welchen Dokumenten ist ein bestimmter Code zugeordnet?", „Wie sehen die mit diesem Code codierten Textstellen inhaltlich aus?" und „Welche Memos, die sich auf den Code beziehen, sind vorhanden?". In gewisser Weise ist dieses Modell das Gegenstück zum Einzelfall-Modell: Anstelle eines bestimmten Dokuments steht hier nämlich ein bestimmter Code im Zentrum des Interesses.

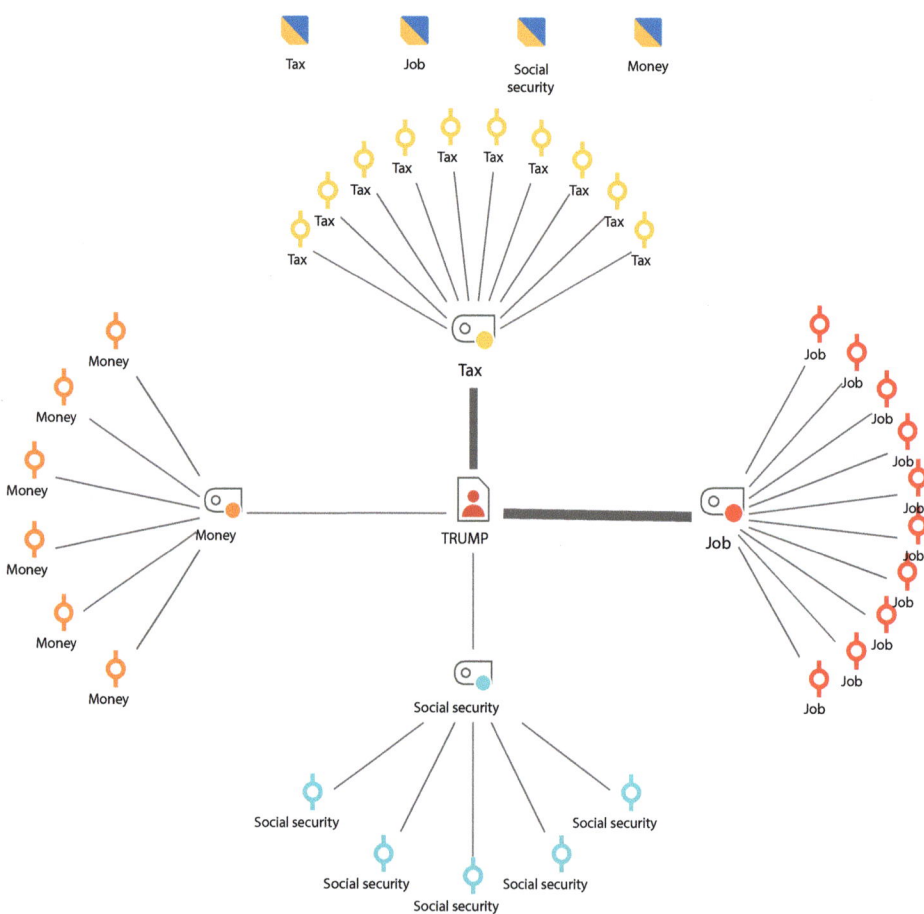

Abb. 17.8 Beispiel für „Einzelfall-Modell" mit Fokusgruppen-Teilnehmer

17.8 Die Modell-Vorlagen: vorbereitete Maps für spezielle Aufgaben

Abb. 17.9 zeigt ein sehr einfaches Ein-Code-Modell, und zwar für den Code „Natur und Umwelt als globales Problem", das heißt, Interviewte haben „Natur- und Umweltprobleme" unter den derzeit größten Weltproblemen genannt. Der Übersicht halber wurde die Darstellung in der Abbildung auf die Anzeige von zehn codierten Segmenten beschränkt.

Die Grafik zeigt den Code „NA Natur und Umwelt" im Zentrum, die zehn ausgewählten Codings sind mit dem Code durch Linien verbunden. Diese Codings stammen, wie den Labels zu entnehmen ist, aus den Interviews 6, 7, 9, 11 usw. Für zwei Codings wurde mit Hilfe der Kontextmenü-Option **Text des Codings als Label einfügen** der Text der codierten Segmente anstelle des Symbols eingefügt. Man könnte auch die Texte der übrigen Codings einfügen und dadurch einen vollständigeren Überblick über die inhaltlichen Aussagen zu diesem Thema erhalten. Am oberen Bildschirmrand sind zwei Memosymbole zu erkennen, dahinter verbergen sich das Code-Memo, welches die Code-Definition enthält und ein weiteres Memo, das mit diesem Code verknüpft ist. Die als Ein-Code-Modell erstellte Map kann nach eigenen Wünschen weiterbearbeitet werden, es können Elemente verändert, neue Elemente eingefügt und Verbindungslinien gezogen werden.

Auch diese Map ist mit den MAXQDA-Projektdaten synchronisiert: Ein Doppelklick auf ein Coding öffnet das betreffende Dokument und positioniert es genau an diese Textstelle – vorausgesetzt der Synchro-Modus ist eingeschaltet.

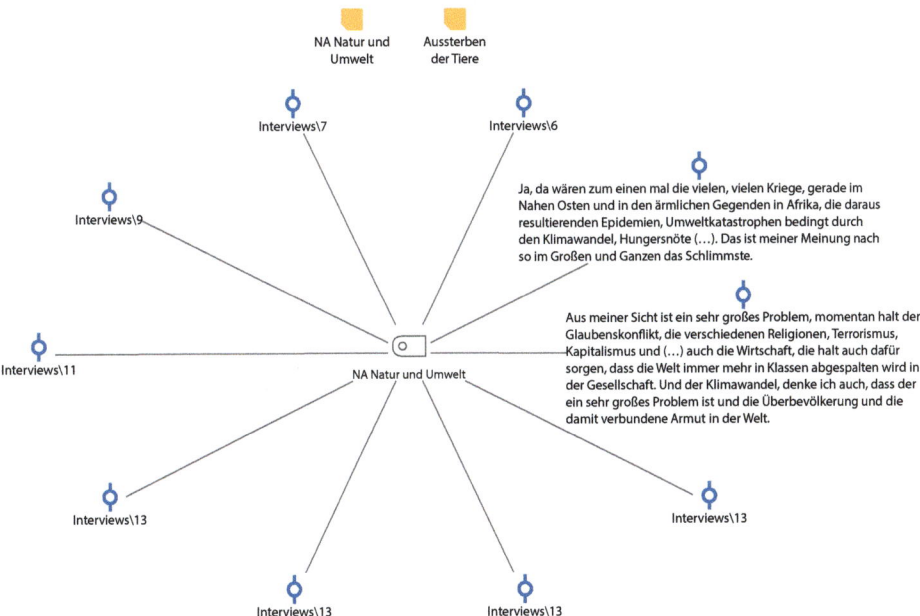

Abb. 17.9 Fokussierte Darstellung eines Codes mit dem „Ein-Code-Modell"

Memos zur Theoriebildung nutzen: Das Code-Theorie-Modell
Dieses Modell leistet wirksame Unterstützung bei der Theoriebildung bzw. bei der Überprüfung von Hypothesen. Im Mittelpunkt des Interesses stehen bei diesem Modell die zu einem bestimmten Code und seinen Subcodes vorhandenen Memos. In der Map dargestellt werden erstens die Code-Memos, die normalerweise dazu benutzt werden, die Code-Definitionen sowie eigene Ideen und Hypothesen festzuhalten, die sich auf bestimmte Kategorien beziehen; zweitens die mit den Codes verlinkten Memos. Für einen ausgewählten Code und seine Subcodes werden die Code-Memos und die verlinkten Memos automatisch in die Zeichenfläche eingefügt. Die Memos sind durch Linien mit ihrem Code bzw. Subcode verbunden.

Abb. 17.10 zeigt ein solches Code-Theorie-Modell. Im Zentrum steht der Code „WP – Größte Weltprobleme", dessen Subcodes (innerer Kreis) und deren Memos (äußerer Kreis). Wie üblich kann die Darstellung auf die aktivierten Codes beschränkt werden. Einzig der Code „NA – Natur und Umwelt" ist mit zwei Memos verbunden, seinem Code-Memo (dies enthält die Code-Definition) und einem Dokument-Memo mit dem Titel „Aussterben der Tiere", welches an eine Textstelle angeheftet ist und Überlegungen zu eben diesem Thema enthält.

Die erstellte Map ist interaktiv (bei eingeschaltetem Synchro-Modus): Ein Doppelklick auf ein Memo öffnet dieses und fokussiert den betreffenden Code in der „Liste der Codes". Bei einem Text-Memo bewirkt der Doppelklick, dass das entsprechende Dokument im

Abb. 17.10 „Code-Theorie-Modell" mit Code, Subcodes, Code-Memos und verlinkten Memos

17.8 Die Modell-Vorlagen: vorbereitete Maps für spezielle Aufgaben

"Dokument-Browser" geöffnet und genau an die Stelle positioniert wird, an der dieses Text-Memo angeheftet ist.

Zusammenhänge zwischen Codes entdecken: Das Code-Überschneidungsmodell

Leitfragen dieses Modells sind: „In welcher Relation stehen Codes zueinander?", „Welche Codes kommen gemeinsam vor?" und „Welche Codes tauchen bei welchen Dokumenten zusammen mit welchen anderen Codes auf?"

Mit Hilfe des „Code-Überschneidungsmodells" lassen sich solche Fragen beantworten; Abb. 17.11 zeigt die Grundstruktur an einem einfachen Beispiel. In einem offenen Interview wurde die Frage gestellt, welche Probleme derzeit als die weltweit größten Probleme eingeschätzt werden. Aus den Antworten wurden induktiv Kategorien gebildet. Die Visualisierung (Abb. 17.11) zeigt nun, welche Subcodes mit welchen anderen gemeinsam genannt wurden und wie häufig dies der Fall ist. Die Strichstärke der Verbindungslinien visualisiert die Häufigkeit des gemeinsamen Auftretens.

Die Grafik zeigt, dass „NA Natur und Umwelt" und „SO Soziales" besonders häufig gemeinsam genannt werden. Auch die Kombinationen von „NA Natur und Umwelt" und „RE Ressourcen" sowie „NA Natur und Umwelt" und „PO Politik" ist häufig anzutreffen. Relativ selten findet sich hingegen die Kombination von „WI Wirtschaft" mit anderen Subcodes. Das bedeutet, dass der Problemkreis „wirtschaftliche Probleme" meist alleine

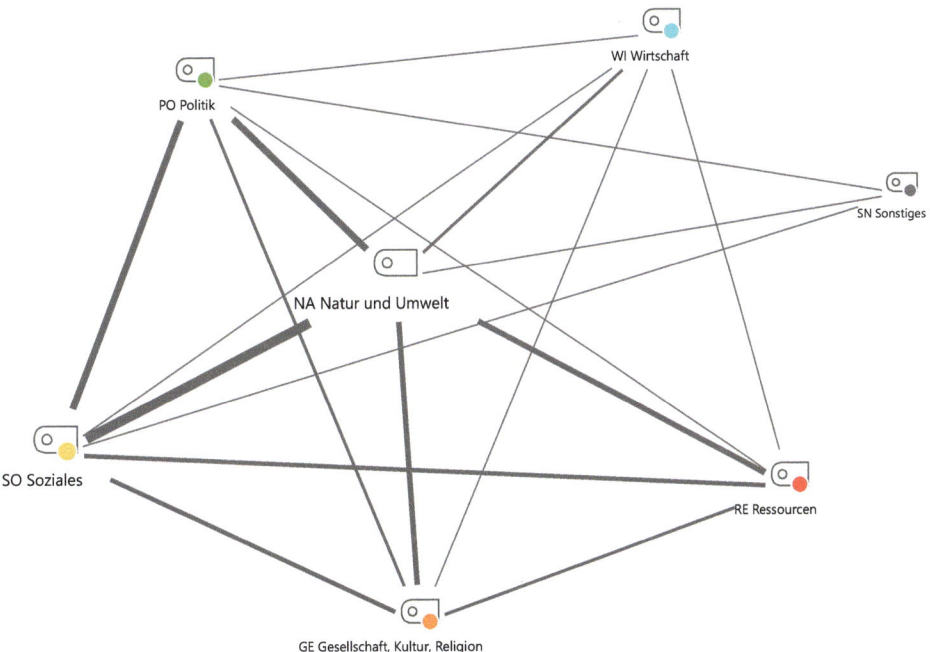

Abb. 17.11 Beispiel für ein „Code-Überschneidungsmodell"

und nur vergleichsweise selten in Kombination mit anderen Themen als größtes Weltproblem genannt wird.

Über eine Reihe von Optionen lässt sich die Gestaltung dieses Modells steuern:

- Die Analyse der Überschneidungen kann auf die aktivierten Dokumente eingegrenzt werden.
- Die Häufigkeit der Überschneidungen kann, wie in Abb. 17.11 geschehen, durch die Strichstärke der Verbindungslinien symbolisiert werden.
- Subcodes können einbezogen werden, wodurch die Grafik erheblich komplexer wird.
- Eine Mindestanzahl für darzustellende Überschneidungen kann festgelegt werden.
- Die Gewichtungswerte der Codierungen können einbezogen werden, d. h. es werden nur solche Codierungen für die Darstellung berücksichtigt, die innerhalb einer bestimmten Spannweite der Gewichtungsvariablen liegen.

Eine Kategorie mit Subkategorien und Coding fokussieren: das Code-Subcodes-Segmente-Modell

Dieses Modell ist ähnlich wie das Code-Überschneidungs-Modell in der Lage, sehr umfangreiche Informationen abzubilden; anders gesagt: Eine solche Map birgt die Gefahr,

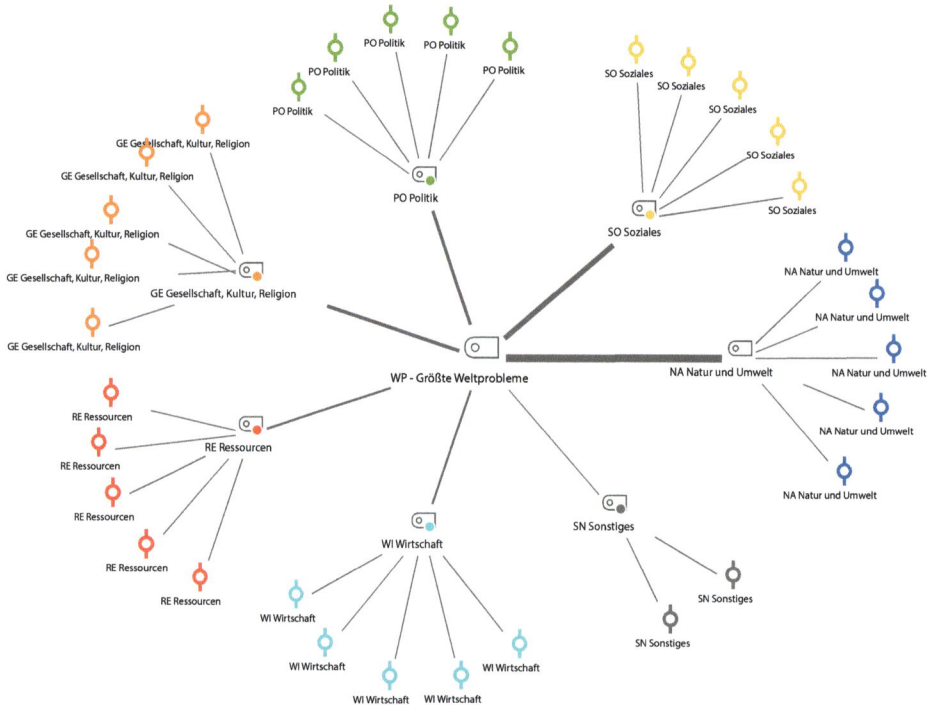

Abb. 17.12 Beispiel für ein „Code-Subcodes-Segmente-Modell"

17.8 Die Modell-Vorlagen: vorbereitete Maps für spezielle Aufgaben

schnell recht unübersichtlich zu werden. In vielfacher Hinsicht ähnelt dieses Modell dem „Ein-Code-Modell", aber anders als dort wird hier nicht nur ein bestimmter Code und die hiermit codierten Segmente fokussiert, sondern auch dessen Subcodes.

Was ist die Aufgabe dieses Modells? Für einen Code und seine Subcodes sollen die codierten Segmente in einem Diagramm visualisiert werden. Das Modell gibt einen visuellen Eindruck von der Verteilung der Häufigkeiten (durch die Linienstärke). Es kann auch genutzt werden, um die Aussagen zu bestimmten Themenfeldern zu explorieren. Wird die Maus über ein Coding-Symbol bewegt, wird der betreffende Text angezeigt – vorausgesetzt der Synchro-Modus ist angeschaltet.

Das Diagramm wird erstellt, indem zunächst ein Code in der „Liste der Codes" gewählt und mit der Maus in das Zentrum der Arbeitsfläche gezogen wird. Es können weitere Optionen ausgewählt werden, unter anderem wie viele Codes und Codings pro Code maximal angezeigt werden. Sinnvoll ist es auch, die Option „Häufigkeiten bestimmen Strichstärke" auszuwählen, weil dann in der Grafik sofort zu erkennen ist, welche Codes am häufigsten vorkommen.

Das in Abb. 17.12 dargestellte Modell zeigt den ausgewählten Code „WP – Größte Weltprobleme" in der Mitte. Er ist durch ungerichtete Pfeile mit seinen Subcodes verbunden. Im äußeren Kreis sind die pro Subcode vorhandenen Codings symbolisiert, und zwar maximal fünf (zuvor als Option im Eingangsdialog gewählt). Diese sind jeweils durch Verbindungslinien mit ihrem Subcode verbunden.

Die Map kann beliebig erweitert werden, so lassen sich die Elemente anders platzieren und neue Elemente, z. B. Code-Memos, können eingefügt werden.

Im Team zusammenarbeiten

18

Im Forschungsalltag kann man sie beide antreffen: die begeisterten Allein-Forscher_innen im Stil von Stephen Hawking, die ohne große Unterstützung ein Problem in Tag und Nachtarbeit zu lösen versuchen, und auch die wissenschaftlichen Teamarbeiter_innen, die überzeugt sind, dass die anstehenden Aufgaben am allerbesten in einem Team bewältigt werden können. In der empirischen Sozialforschung ist mehr und mehr Teamarbeit angesagt, häufig verlangen Ausschreibungen wie solche des BMBF oder anderer Ministerien ausdrücklich multidisziplinäre Arbeitsgruppen, nicht selten in Kombination mit Praxispartnern. Dies wirft die Frage auf, wie sich Teamarbeit sinnvoll organisieren und in Arbeitsprozesse mit der Software abbilden lässt. Teamarbeit erfordert nicht nur einen Plan und Absprachen, wer was zu welchem Zeitpunkt macht, sondern verlangt auch – soll nicht Chaos einreißen – strikte Regelungen. Nicht alle dürfen Codierungen löschen, das Kategoriensystem umorganisieren oder Memos verändern. Für solche Regelungen ist eine Rechteverwaltung erforderlich, in welcher die Projektleitung die Berechtigungen detailliert und für jedes Teammitglied genau festlegen kann.

In diesem Kapitel

✓ Die Relevanz von Teamarbeit verstehen und verschiedene Formen der Arbeitsteilung unterscheiden
✓ Extern gespeicherte Dateien verwalten und verteilen
✓ Arbeitsteilung organisieren und realisieren: Zwei Projekte zusammenführen und Analysearbeit von einem Projekt ins andere übertragen
✓ Review der Analyse gemeinsam gestalten
✓ Rechte für einzelne Teammitglieder an einem Projekt vergeben

18.1 Unterschiedliche Formen von Teamwork und Arbeitsteilung

Naturgemäß spielen Arbeitsteilung und Teamwork in der qualitativen Datenanalyse eine andere Rolle als in der quantitativen Forschung. Während bei der Auswertung quantitativer Daten die Analyseverfahren weitgehend standardisiert sind und sich diese im Extremfall sogar zusammen mit der Datenerhebung vollständig an externe Dienstleister „outsourcen" lassen, erfordert der Analyseprozess qualitativer Daten eine zeitintensive Auseinandersetzung mit dem Datenmaterial. Dementsprechend hat die Teamarbeit bei der Analyse qualitativen Materials auch eine größere Bedeutung als bei quantitativen Daten. Das gemeinsame Analysieren und Interpretieren von Daten hat in der qualitativen Forschung Tradition; dies zeigen regelmäßige Anfragen für gemeinsame Auswertungsgruppen auf einschlägigen Mailinglisten ebenso wie die zahlreichen Werkstattseminare auf Tagungen zu qualitativen Methoden, in denen die Teilnehmenden gemeinsam das Datenmaterial mit mehr oder weniger formalisierten Techniken besprechen, deuten, analysieren und kommentieren. Auch mit Blick auf häufig diskutierte Aspekte wie „Intersubjektivität", „konsensuelle Validierung" und „Reflexivität" wird deutlich, dass Teamarbeit ein wichtiger Bestandteil qualitativer Forschung ist. Vor diesem Hintergrund stellen sich zahlreiche Fragen, wie die Arbeitsteilung in einem qualitativen oder Mixed-Methods-Forschungsprojekt mit der Software MAXQDA effizient und effektiv gestaltet werden kann.

Je mehr Personen beteiligt und je komplexer ein Forschungsprojekt und dessen Auswertung sind, desto wichtiger ist auch die Definition von Guidelines für die Organisation der gemeinsamen Arbeit mit MAXQDA: Welche Transkriptionsregeln sind einzuhalten? Welche analytischen Informationen sollen in Memos und welche in Coding-Kommentaren festgehalten werden? Welche Memosymbole werden zur Kennzeichnung welcher Sachverhalte verwendet? Wie umfangreich sind Codierungen vorzunehmen; sollen bei Interviews die vom Interviewenden gestellten Fragen auch mit codiert werden oder reichen die Antworten? Wie soll mit dem wiederholten Vorkommen gleicher Informationen im Datenmaterial umgegangen werden; sollen diese mehrfach codiert werden oder nur einmal? Wie umfangreich sollen Summarys verfasst werden und mit welchem Abstraktionsgrad? Diese und weitere Fragen gilt es mit dem Team zu klären und schriftlich für alle verbindlich festzuhalten, z. B. im Logbuch eines MAXQDA-Projekts (vgl. Kap. 3).

Die gemeinsame Arbeit am Datenmaterial und die Arbeitsteilung lassen sich mit MAXQDA auf unterschiedliche Art und Weise realisieren. Generell ist dabei zu beachten, dass MAXQDA kein Multi-User-System ist, man also nicht mit mehreren Personen zeitgleich auf dieselbe Projektdatei zugreifen und diese bearbeiten kann. MAXQDA offeriert stattdessen zahlreiche Funktionen für das simultane Arbeiten mit Projektkopien und es ist jederzeit möglich, Projekte zusammenzuführen oder Analysearbeiten von einem Projekt in ein anderes zu transferieren. Es lassen sich drei verschiedene Ausgangssituationen bei der Arbeitsteilung unterscheiden, die mit unterschiedlicher technischer Realisierung in MAXQDA einhergehen:

18.1 Unterschiedliche Formen von Teamwork und Arbeitsteilung

Variante 1: Mehrere Personen arbeiten zeitversetzt nacheinander mit der gleichen Projektdatei. Die Teammitglieder reichen die Projektdatei nach jedem Arbeitsschritt zur nächsten Person weiter.

Diese Variante ist die einfachste Form der Zusammenarbeit und eignet sich besonders für den Fall, dass verschiedene Teammitglieder in unterschiedlichen Projektstadien die Daten bearbeiten sollen, etwa die Projektleitung zunächst ein Codesystem und einen Codierleitfaden erarbeitet, dann eine andere Person anhand der Vorgaben die Daten codiert und die Projektleitung am Ende die codierten Daten auswertet. Mithilfe der Rechteverwaltung, die wir am Ende des Kapitels im Detail erläutern, sollte man die Berechtigungen der Teammitglieder je nach Zuständigkeit bei der Analyse beschränken, vor allem um die versehentliche Änderung des Codesystems oder der zu analysierenden Texte zu verhindern.

Die Projektdatei kann man auch zentral auf einem Netzlaufwerk ablegen oder über Cloud-Dienste wie Dropbox, Google Drive und OneDrive über mehrere Rechner hinweg verteilen. Bei diesem Vorgehen benötigt man jedoch ein Regelsystem, um sicherzustellen, dass die Datei immer nur von einer Person zeitgleich geöffnet wird, um spätere Dateikonflikte auszuschließen. Außerdem ist es nicht empfehlenswert, die Projektdatei direkt aus einem mit Dropbox & Co. synchronisierten Ordner zu öffnen. Auf der sicheren Seite ist man hingegen, wenn man vor Beginn der Arbeit eine Kopie der Projektdatei in einem lokalen Ordner anlegt und die Datei nach Bearbeitung mit einem neuen Zeitstempel versehen zurücklegt. So ist sichergestellt, dass langsame Netzwerkverbindungen nicht die Arbeit behindern und Cloud-Dienste nur Bruchstücke der MAXQDA-Projektdatei synchronisieren und diese dadurch möglicherweise sogar beschädigen.

Für diese Variante der Zusammenarbeit ist es nicht zwingend notwendig, dass alle Teammitglieder eine MAXQDA-Lizenz besitzen. Die Mitglieder können sich auch einen USB-Stick mit einer „portablen Lizenz" von MAXQDA weiterreichen oder sich einen Computer teilen, auf dem MAXQDA installiert ist.

Variante 2: Mehrere Personen arbeiten zeitgleich an unterschiedlichen Fällen eines Projekts. Ihre Projektdateien enthalten unterschiedliche Dokumente und werden später zu einem Projekt zusammengeführt.

Bei dieser Arbeitsteilung werden die Fälle eines Projekts unter den Teammitgliedern so aufgeteilt, dass jedes Mitglied eine Projektdatei mit den zu bearbeitenden Dokumenten erhält. Diese Variante bietet sich also insbesondere dann an, wenn es nicht wichtig ist, dass alle Teammitglieder jederzeit alle Dokumente einsehen können, beispielsweise um Kontrastierungen durchzuführen, oder wenn die Datenmenge sehr groß ist und die Arbeitslast verteilt werden soll. Oft arbeitet das Team bei dieser Arbeitsvariante mit dem gleichen Codesystem, das sich mithilfe der Rechteverwaltung leicht vor Veränderungen schützen lässt. Die Verwendung eines vollständig übereinstimmenden Codesystems in allen Projektdateien ist jedoch nicht zwingend für die spätere einwandfreie Funktion der Teamwork-Optionen in MAXQDA erforderlich, denn man kann auch mit unterschiedlichen oder sich teilweise überlappenden Codesystemen arbeiten. Nachdem alle Projektmitglieder ihre Fälle zu Ende bearbeitet haben, werden die einzelnen Projektdateien zu einem einzigen Projekt fusioniert, das dann alle Dokumente enthält und ggf. allen oder ausgewählten Teammitgliedern für weitere Analysen des Gesamtmaterials zur Verfügung gestellt wird.

Bei zeitgleichem Arbeiten nach dieser Variante werden natürlich mehrere MAXQDA-Lizenzen benötigt.

Variante 3: Mehrere Personen arbeiten zeitgleich an den gleichen Fällen eines Projekts. Die Projektdateien enthalten identische Dokumente und es werden später Codierungen, Variablenwerte, Memos und Summarys für einzelne, mehrere oder alle Dokumente in eins der Projekte übertragen, das dann als „Masterprojekt" fungiert.

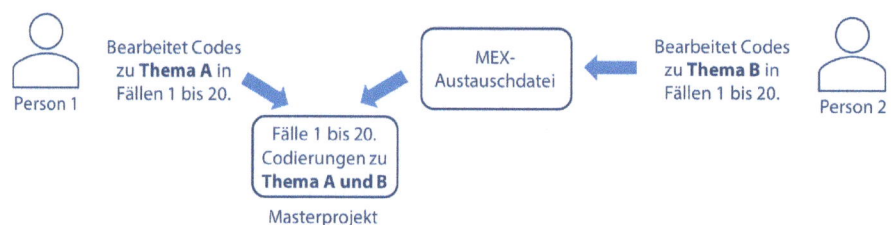

Diese Variante der Zusammenarbeit wird sehr häufig praktiziert, erlaubt sie doch allen Teammitgliedern stets das gesamte Material vor Augen zu haben. Häufig bearbeiten die einzelnen Teammitglieder unterschiedliche Themen, nach denen sie die Dokumente durcharbeiten, mit existierenden und manchmal auch neuen Codes versehen sowie Memos und Summarys für ihren Themenbereich verfassen. Nach Abschluss der Einzelarbeiten an den Dokumenten werden für einzelne Dokumente, einzelne Dokumentgruppen oder für alle Dokumente die vorgenommenen Codierungen, erzeugten Memos und Summarys sowie die Variablenwerte und Links über eine Exportdatei in einem allgemeinen MAXQDA-Austauschformat aus den verschiedenen Projekten in ein Masterprojekt transferiert.

Damit die Übertragung der Analysearbeiten korrekt vonstattengehen kann, ist es bei dieser Form der Zusammenarbeit zwingend notwendig, dass die Dokumente in den Projekten identisch sind. Das ist bei PDF- und Bild-Dokumenten sowie auch bei Videos meist gewährleistet, da sich deren Inhalte in MAXQDA nicht verändern lassen. Bei Text- und Tabellen-Dokumenten sieht es anders aus: Da man diese im Edit-Modus editieren kann, sollten sie zumindest auf „schreibgeschützt" gestellt werden, was sich über das Kontextmenü eines Dokuments und Wahl der Option *Eigenschaften* bewerkstelligen lässt. Schneller und sicherer hingegen ist es, wenn man mithilfe der Rechteverwaltung die Berechtigung zum Verändern von Text- und Tabelleninhalten für alle Personen abschaltet.

Auch bei zeitgleichem Arbeiten nach dieser Variante werden mehrere MAXQDA-Lizenzen benötigt.

Die drei Varianten der Zusammenarbeit schließen sich nicht gegenseitig aus und können auch miteinander kombiniert werden. Es spricht überhaupt nichts dagegen, dass Teammitglieder zunächst nacheinander eine Projektdatei bearbeiten, bevor die weitere Analyse der Daten auf die einzelnen Personen aufgeteilt wird. Für Variante 3 ist es zudem nicht zwingend erforderlich, dass in allen Projekten alle Dokumente vorliegen. Nur im Zielprojekt müssen natürlich die entsprechenden Dokumente existieren, was sich bei Bedarf durch das Fusionieren von Projekten erreichen lässt. Bewährt hat sich bei der Teamarbeit, wenn es eine Person gibt, welche als „Datei-Master" dafür Sorge trägt, dass die einzelnen Teammitglieder jeweils mit den richtigen Daten arbeiten und dabei auch die vereinbarten Regeln der Zusammenarbeit einhalten.

Unabhängig für welche Variante der Teamarbeit man sich entscheidet, sollte man bei jedem Start von MAXQDA darauf achten, dass man sich mit dem stets gleichen Usernamen bei MAXQDA anmeldet, damit alle Veränderungen, die man am Projekt vornimmt, mit dem eigenen Namen gekennzeichnet werden. So ist auch nach dem Fusionieren von Projekten oder dem Transfer von Analysearbeiten in ein anderes Projekt gewährleistet, dass vorgenommene Arbeiten einer Person zugeordnet werden können.

18.2 Zwei MAXQDA-Projekte fusionieren

Die für Variante 2 der Arbeitsteilung verwendete MAXQDA-Funktion für das Zusammenführen zweier Projekte eignet sich immer dann, wenn in beiden Projekten unterschiedliche Dokumente enthalten sind, die in einem Projekt vereint werden sollen. Technisch geht der Fusionierungsprozess so vonstatten, dass die Daten eines Projekts in ein bereits geöffnetes Projekt integriert werden. Daher ist es sinnvoll, zunächst das größere der beiden Projekte zu öffnen, weil dann weniger Daten importiert werden müssen. Um den Fusionierungsprozess zu starten, ruft man die Funktion *Projekte zusammenführen* im Tab *Start* auf und wählt anschließend die Projektdatei, die dem geöffneten Projekt hinzugefügt werden soll. Da in einem MAXQDA-Projekt nur ein Logbuch, nur ein Memo pro Code und nur ein Projekt-Memo (das ist das Memo ganz oben in der „Liste der Dokumente") vorhanden sein können, fragt MAXQDA vor dem Fusionieren nach, ob die ggf. vorhandenen Daten erhalten bleiben oder durch die Daten des Importprojekts ersetzt werden sollen.

Abb. 18.1 veranschaulicht das Prinzip der Fusion. Man stelle sich ein einfaches Projekt A mit der Dokumentgruppe „Interviews" und den drei Dokumenten „Interviews 1,

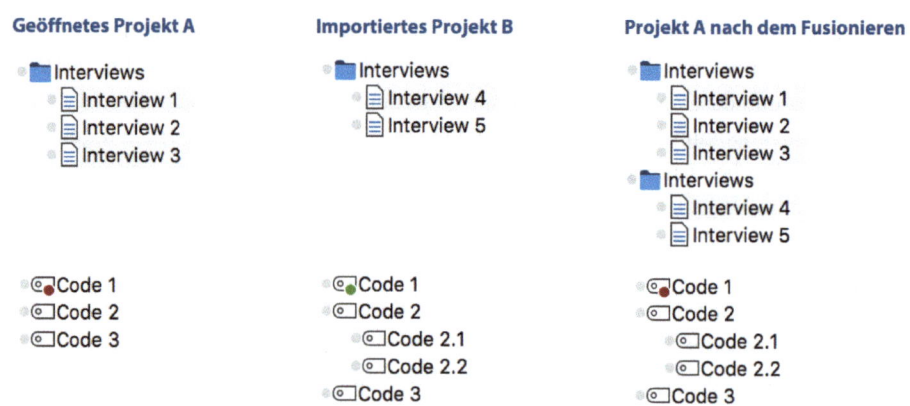

Abb. 18.1 „Liste der Dokumente" und „Liste der Codes" vor und nach dem Fusionieren

2 und 3" vor, in welches man ein Projekt B mit den „Interviews 4 und 5" importiert. Rechts in der Abbildung ist das Fusionsergebnis zu sehen: Beim Importvorgang werden standardmäßig alle Dokumentgruppen des importierten Projekts genommen und unten in der „Liste der Dokumente" des bereits geöffneten Projekts ergänzt. Daher ist eine zweite Dokumentgruppe mit Namen „Interviews" entstanden, welche die Interviews 4 und 5 des zweiten Projektes enthält. Auch die Codesysteme wurden fusioniert. Die Codes 2.1 und 2.2 waren nur in Projekt B enthalten und wurden dem Codesystem des geöffneten Projekts A hinzugefügt. Bei der Fusionierung werden Codes mit gleichem Namen an gleicher Position als identisch betrachtet. Die ggf. zugeordnete Codefarbe spielt hierbei keine Rolle, weshalb MAXQDA im Beispiel den roten „Code 1" aus Projekt A als identisch mit dem grünem „Code 1" aus Projekt B betrachtet.

Enthalten die zu fusionierenden Projekte gleichnamige Dokumentgruppen oder Dokumentsets, kann man beim Importvorgang die Option **Gleichnamige Dokumentgruppen/Dokumentsets zusammenführen** wählen. Im Beispiel würde dies dazu führen, dass in der „Liste der Dokumente" beim Fusionierungsprozess keine weitere Dokumentgruppe „Interviews" erzeugt wird, sondern die beiden Interviews 4 und 5 in die vorhandene Dokumentgruppe aufgenommen werden. Führt man beispielsweise in einem größeren Team mehrere Projekte zusammen, in denen sich teils identische Dokumente befinden, ist zudem die Option **Bereits vorhandene Dokumente nicht einfügen** sehr hilfreich. Sie sorgt dafür, dass Dokumente, bei denen Name und Dokumentgruppe übereinstimmen, beim Fusionieren übersprungen werden, sodass man lästige Doppelungen gleicher Dokumente vermeiden kann.

Beim Fusionieren von zwei Projekten werden alle Daten des importierten Projekts in das geöffnete übertragen, das beinhaltet auch die Summarys und die internen und externen Links sowie die mit MAXMaps erstellten Grafiken. Auch die Variablen werden übernommen, wobei noch nicht existierende Variablen ergänzt werden.

18.3 Codierungen, Memos, Summarys, Variablen und Links von einem Projekt in ein anderes transferieren

Die im Folgenden vorgestellten Funktionen zum „Teamwork Export/Import" erläutern Variante 3 der Arbeitsteilung und eignen sich insbesondere für den Fall, dass man in mehreren Projekten identische Dokumente hat, und Analyseinformationen wie Codierungen und Memos zwischen MAXQDA-Projekten transferieren will. Angenommen, Herr Arndt und Frau Berkempers arbeiten beide an ihren MAXQDA-Projekten an den gleichen fünf Dokumenten. Herr Arndt codiert in den Dokumenten das Thema A und Frau Berkempers codiert das Thema B, wobei zu den Themen jeweils entsprechende Codes in den Codesystemen der einzelnen Projektdateien vorliegen. Wir haben es also mit einer Situation in MAXQDA zu tun, wie sie beispielhaft in Abb. 18.2 dargestellt ist.

Um nun alle 195 Codierungen, die Frau Berkempers in ihrem Projekt vorgenommen hat, in das Projekt von Herrn Arndt zu transferieren, ruft Frau Berkempers aus dem Kontextmenü der Dokumentgruppe „Dokumentenanalyse" die Funktion ***Teamwork > Teamwork Export*** auf und wählt Namen und Speicherort für die Exportdatei aus. MAXQDA schreibt daraufhin alle benötigen Informationen für den Teamwork-Austausch der fünf Dokumente in diese Datei, welche im Format „MAXQDA Exchange Datei" mit der Dateiendung *.mex* gespeichert wird. Die Exportdatei kann problemlos per Mail oder über einen Cloud-Dienst an Herrn Arndt übermittelt werden. Herr Arndt öffnet wie gewohnt seine vorhandene Projektdatei und wählt dann aus dem Kontextmenü der Dokumentgruppe „Dokumentenanalyse" das Gegenstück der Exportfunktion aus, nämlich ***Teamwork > Teamwork Import***. Im Dateidialog wählt er anschließend noch die von Frau Berkempers erhaltene Datei aus, woraufhin MAXQDA einen Dialog präsentiert, in dem man sorgfältig die Zuordnung von Quell- und Zieldokumenten überprüfen sollte. Sofern die Dokumente im Zielprojekt nicht umbenannt wurden, ordnet MAXQDA die Quelldokumente anhand der Dokumentnamen automatisch den richtigen Zieldokumenten zu.

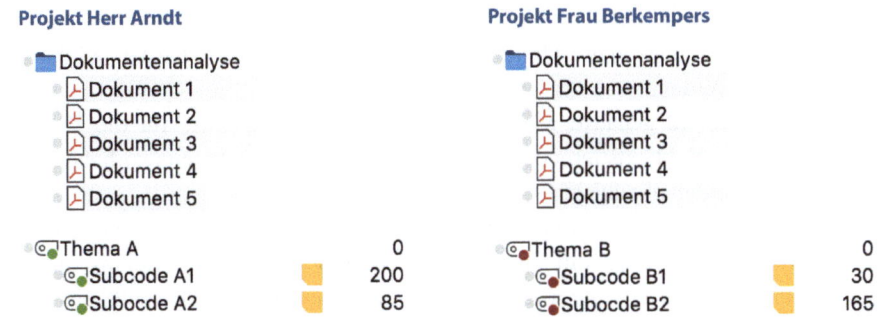

Abb. 18.2 Ausgangslage vor dem Teamwork-Transfer

▶ **Tipp** Für den reibungslosen Ablauf des Teamworks ist es notwendig, dass Dokumente und Dokumentgruppen im Projektverlauf nicht umbenannt werden und Dokumente nicht einfach anderen Dokumentgruppen zugeordnet werden. Außerdem sollte man stets darauf achten, Namen für Dokumentgruppen und Dokumente nur einmal zu vergeben. Nur dann können identische Dokumente auch tatsächlich als identisch erkannt werden.

In dem Optionsdialog lässt sich zudem festlegen, welche Daten aus der importierten Datei überhaupt eingelesen werden sollen und wie bei Konfliktfällen mit Codierungen und Summarys verfahren werden soll. Ein Konfliktfall bei den Codierungen liegt vor, wenn eine Codierung an einer Dokumentstelle ergänzt werden soll, die bereits eine Codierung mit dem gleichen Code besitzt, denn in MAXQDA gilt ja die Regel, dass pro Segment der gleiche Code nur einmal vergeben werden darf. Ein Konfliktfall für Summarys liegt vor, wenn im geöffneten Projekt und in der Importdatei jeweils eine Zusammenfassung für ein Dokument zu einem Code existieren. Die folgende Auflistung beschreibt, wie MAXQDA mit den verschiedenen Datenarten beim Teamwork-Import umgeht und welche Optionen für den Umgang mit den Konfliktfällen zur Verfügung stehen. Die festgelegten Optionen gelten für den gesamten Importvorgang; man kann MAXQDA nicht anweisen, für einzelne Codierungen oder Variablen anders zu verfahren.

- *Codierungen* – Es werden alle Codierungen einschließlich der dazugehörigen Kommentare und Gewichte in das Zielprojekt eingefügt. Für den Umgang mit Konfliktfällen, bei denen an einem Segment ein Code bereits existiert, stehen im Optionsdialog vier Varianten zur Verfügung: (1) es wird die vorhandene Codierung beibehalten, (2) die importierte Codierung „gewinnt" und überschreibt die vorhandene, (3) bei der „ODER-Kombination" werden jeweils die äußersten Grenzen der sich überschneidenden Codierungen genommen, (4) bei der „UND-Kombination" wird nur der reine Überschneidungsbereich codiert.
- *Codes* – Die Codes aus der Importdatei werden unten im Codesystem ergänzt, sofern sie noch nicht vorhanden sind. Codes mit gleichem Namen an gleicher Position im Codesystem werden als identisch interpretiert, wobei zugeordnete Farben bei der Prüfung ignoriert werden.
- *Variablen* – Es wird genauso wie beim Import einer Datenmatrix für die Variablen verfahren: Noch nicht existierende Variablen werden angelegt, bereits vorhandene Variablenwerte werden aktualisiert.
- *Memos* – Die Memos in der „Liste der Dokumente" und der „Liste der Codes" werden importiert, sofern an der jeweiligen Stelle noch kein Memo existiert. Memos innerhalb von Dokumenten werden importiert, wenn an der gleichen Position noch kein Memo mit gleichem Memotitel existiert. Freie Memos werden immer ergänzt.
- *Summarys* – Existiert an einer Position noch kein Summary, wird das Summary aus der Importdatei direkt übernommen. Für den Fall, dass an einer Position bereits ein Summary existiert, kann man per Option festlegen, ob (1) die Summarys aus der Im-

portdatei an vorhandene angehängt, ob sie (2) die vorhandenen überschreiben oder ob sie (3) in diesem Fall ignoriert werden sollen.

- *Links* – Innerhalb eines Dokuments gesetzte Links auf externe Dateien oder Webseiten werden übertragen, sofern an der Dokumentposition noch kein Link existiert. Alle anderen Links werden *nicht* übernommen.

MAXQDA überprüft während des Importvorgangs bei jedem Dokument einzeln, ob dieses identisch ist mit dem Dokument aus der Exportdatei. So wird sichergestellt, dass der Import korrekt vonstattengehen kann und man nicht aus Versehen eine falsche Zuordnung von Quell- und Zieldokumenten vorgenommen hat oder aus einem anderen Grund die Dokumente nicht übereinstimmen. Findet MAXQDA einen Unterschied zwischen zwei Dokumenten, erscheint eine Warnmeldung. In diesem Fall sollte man den Import für das betreffende Dokument überspringen und die beiden Dokumente auf Unterschiede vergleichen. Dies lässt sich für Text-Dokumente relativ komfortabel mit der Vergleichen-Funktion in Microsoft Word bewerkstelligen, mit deren Hilfe Unterschiede sichtbar gemacht werden können.

Im obigen Beispiel wird beim „Teamwork Import"-Prozess das Codesystem im Projekt von Herrn Arndt um den Code „Thema B" und dessen zwei Subcodes einschließlich der beiden Code-Memos ergänzt und alle Codierungen zu den beiden Subcodes werden übertragen. Das Projekt hat nach dem Transfer 285 vorhandene + 195 übertragene = 480 Codierungen.

Einen Teamwork-Transfer mithilfe einer MAXQDA Exchange Datei kann man für einzelne Dokumente, Dokumentgruppen oder alle Dokumente eines Projekts durchführen. Startet man den Prozess aus dem Kontextmenü eines Dokuments, werden nur dessen Informationen in die Exportdatei geschrieben. Startet man den Prozess hingegen ganz oben auf der Wurzel in der „Liste der Dokumente" werden für alle Dokumente des Projekts die notwendigen Informationen exportiert. In letzterem Fall kann man den Importvorgang im Zielprojekt auch nur für einzelne Dokumente durchführen, indem man den Import aus dem Kontextmenü eines Dokuments initiiert und ggf. die Zuordnung von Quell- und Zieldokument anpasst. Für den Transfer von Analysedaten ist es nicht notwendig, dass die betroffenen Projekte den gleichen Datenkorpus enthalten, nur die Dokumente, zu denen man Informationen transferieren will, müssen in beiden Projekten vorhanden sein. Wie das Beispiel in Abb. 18.2 zeigt, ist es auch nicht notwendig, dass alle Codes identisch sind.

Im Kasten 18.1 ist der Ablauf für den Transfer von Analysedaten aus einem Projekt in ein anderes noch einmal Schritt für Schritt beschrieben.

> **Kasten 18.1: Analysedaten aus einem Quellprojekt in ein Zielprojekt transferieren**
>
> - Öffnen Sie das Quellprojekt, aus dem Daten transferiert werden sollen.
> - Klicken Sie mit der rechten Maustaste entweder auf ein einzelnes Dokument, eine Dokumentgruppe oder die oberste Zeile in der „Liste der Dokumente" – je nachdem, für welche Dokumente Sie Analysedaten transferieren möchten. Wählen Sie aus dem Kontextmenü den Eintrag *Teamwork > Teamwork Export*.
> - Vergeben Sie einen Dateinamen und wählen Sie einen Speicherort für die Datei mit den Transferinformationen und merken Sie sich den Speicherort gut.
> - Schließen Sie das Quellprojekt und öffnen Sie das Zielprojekt.
> - Klicken Sie mit der rechten Maustaste auf das Dokument, die Dokumentgruppe oder die oberste Zeile in der „Liste der Dokumente" – je nachdem, zu welchen Dokumenten die Daten transferiert werden sollen.
> - Wählen Sie die zuvor gespeicherte Datei aus.
> - Kontrollieren Sie im erscheinenden Dialog die Zuordnung von Quell- und Zieldokumenten und legen Sie fest, welche Informationen übertragen werden sollen. Mit Klick auf *Importieren* starten Sie sodann den Transfer.
>
> Tipp: Wenn Sie nur für eine Auswahl an Dokumenten und/oder Codes Daten transferieren möchten, können Sie die entsprechenden Dokumente und Codes aktivieren, bevor Sie die Funktion *Teamwork Export* aufrufen. MAXQDA fragt Sie dann, ob Sie den Export der Analysedaten auf die aktivierten Elemente beschränken möchten.

18.4 Externe Dateien bei der Zusammenarbeit im Team verwalten

Bei allen vorgestellten Varianten des Teamworks ist es unerheblich, ob die einzelnen Personen mit einem Mac- oder Windows-Computer arbeiten. Hierüber braucht man sich keine Gedanken machen, denn die MAXQDA-Teamwork-Funktionen lassen sich auch plattformübergreifend einsetzen. Gedanken sollte man sich hingegen über die Speicherung von externen Dateien machen, sofern man mit Projekten arbeitet, in denen nicht alle Dokumente, die in der „Liste der Dokumente" angezeigt werden, auch in die Projektdatei eingebettet sind.

Wie in Kap. 3 erläutert, werden Audio- und Videodateien generell, Bilder und PDF-Dokumente auf Wunsch nicht in die Projektdatei importiert, sondern im „Ordner für extern gespeicherte Dateien" abgelegt. Dieser Ordner ist in den globalen Einstellungen von MAXQDA frei wählbar und kann jederzeit geändert werden. Arbeitet man im Team mit einem Projekt, das extern gespeicherte Dokumente enthält, ist es daher zwingend notwendig, dass diese Dateien auf allen Computern, an denen mit dem MAXQDA-Projekt gearbeitet wird, im jeweils eingestellten Ordner für externe Dateien verfügbar sind. Um dies zu erreichen, kann man die Dateien per USB-Stick oder gemeinsamen Netzlaufwerk an die einzelnen Mitglieder verteilen, die sie auf ihren Computern in die jeweiligen Verzeichnisse kopieren.

Empfehlenswert ist auf jeden Fall, dass ein lokaler Ordner für die externen Dateien verwendet wird, damit die Dokumente schnell von MAXQDA geladen werden können. Ein Netzlaufwerk ist für den Ordner mit den externen Dateien folglich nicht zu empfehlen, weil hierdurch sehr lästige Zeitverzögerungen beim Öffnen oder Durchsuchen eines Dokuments entstehen können. Wohl aber können die Dateien in einer gemeinsamen Dropbox oder einem vergleichbaren synchronisierten Ordner liegen und auf diese Weise über die Teammitglieder hinweg verteilt werden, da hierdurch ja auf den jeweiligen Rechnern lokale Kopien der Dateien abgelegt werden.

▶ **Tipp** Reicht der lokale Speicherplatz nicht aus, weil z. B. sehr große Videodateien analysiert werden sollen, dann kann man mit den externen Dateien auch auf eine externe Festplatte ausweichen, die über eine schnelle USB 3.0 Leitung angeschlossen ist.

Ist man sich unsicher, ob ein Projekt überhaupt externe Dateien enthält, verschafft die Funktion *Start > Externe Dateien* Klarheit: In der erscheinenden Übersicht werden alle externen Dateien angezeigt und fehlende Dateien lassen sich direkt identifizieren. Ist die Übersicht leer, braucht man sich bei diesem Projekt keine Gedanken über externe Dateien machen.

18.5 Über die Analysearbeit im Team kommunizieren

Ein großer Vorteil der gemeinsamen Arbeit im Team besteht darin, dass man sich mit mehreren Personen über die Analysearbeit austauschen, Unsicherheiten besprechen und dadurch die Qualität der Analyse steigern kann. Dies betrifft alle Schritte des Forschungsprozesses von der Erarbeitung eines geeigneten Erhebungsinstruments über die Entwicklung angemessener Auswertungskategorien für das qualitative Datenmaterial bis hin zur Interpretation und Verschriftlichung der Ergebnisse. Besonders für den Prozess des Codierens, der in qualitativen Forschungsprojekten mit MAXQDA häufig den Kern der Analysearbeit darstellt, lassen sich im Team Review-Verfahren definieren, um die Codierarbeit systematisch im Team zu überprüfen. Hierzu gehört neben der Nutzung der Funktionen für die Bestimmung der Intercoder-Überstimmung (vgl. Kap. 19), insbesondere auch die sukzessive Überprüfung der Codierungen durch verschiedene Personen. Für diese Review-Prozesse eignen sich insbesondere die Gewichtsfunktion und die Coding-Kommentare. Diese MAXQDA-Funktionen erlauben es Teammitgliedern, den Stand einzelner Codierungen im Datenmaterial zu dokumentieren und sich gegenseitig über den Stand der Codierungen zu informieren.

Die Gewichtsfunktion für die Teamarbeit nutzen
Die Arbeit mit der Gewichtsfunktion vollzieht sich in zwei einfachen Schritten. Im ersten Schritt stellen alle Codierenden in den globalen Einstellungen von MAXQDA das Standardgewicht auf einen beliebigen, aber einheitlich vereinbarten Wert, z. B. 20, sodass alle fortan vorgenommenen Codierungen automatisch mit diesem Gewicht versehen werden. Je nach Ressourcen und Projektbedarfen kann man im Team natürlich auch vereinbaren, dass die Codierenden nur denjenigen Codierungen ein Gewicht von 20 zuweisen, bei denen sie unsicher sind oder Diskussionsbedarf sehen.

Im zweiten Schritt kontrolliert eine zweite Person, beispielsweise die Projektleitung, die vorgenommenen Codierungen und stellt alle durchgesehenen Codierungen auf 100 oder einen anderen vereinbarten Wert, um zu kennzeichnen, dass diese Codierungen den Review-Prozess bereits erfolgreich durchlaufen haben. Um die Codierungen eines bestimmten Gewichtes zu überprüfen, lassen sich diese in der „Liste der Codings" mithilfe des Gewichtsfilters zusammenstellen. Hierzu klickt man mit der rechten Maustaste in den grauen Bereich in der „Liste der Codings", wählt die Funktion *Gewichtsfilter bearbeiten* und gibt einen Minimal- und Maximalwert für anzuzeigende Codierungen ein. Anschließend kann durch einen Klick auf das Gewichtssymbol in der Statusleiste am unteren Fensterrand der Gewichtsfilter ein- und auch wieder ausgeschaltet werden. Alternativ lässt sich auch die tabellarische „Übersicht Codings" nach der Spalte „Gewicht" sortieren, um auf die interessierenden Codings direkt zuzugreifen. Dies hat den großen Vorteil, dass man die Gewichte nach dem Review direkt in der Tabelle ändern kann.

Mithilfe unterschiedlicher Zahlen können den Codierungen auch weitere „Zustände" zugeordnet werden. So kann es bei unklaren Fällen hilfreich sein, eine Zahl für den Zustand „Im Team mit allen diskutieren" vorzusehen. Im Logbuch oder einem Memo auf der obersten Ebene sollte die Bedeutung der einzelnen Zahlen für alle deutlich sichtbar festgehalten werden.

Die Coding-Kommentare für die Teamarbeit nutzen
Während die Coding-Gewichte nur den Austausch von Zahleninformationen zwischen Teammitgliedern erlauben, ist es mithilfe der Coding-Kommentare möglich, auch qualitative Informationen bei einer Codierung festzuhalten. Genauso wie für die Gewichtsfunktion beschrieben, können in den Coding-Kommentaren verschiedene Zustände von Codierungen mithilfe von vereinbarten Kürzeln notiert und zusätzlich um beliebige Hinweise für andere Teammitglieder ergänzt werden.

18.6 Rechte für einzelne Teammitglieder verteilen

Für jedes MAXQDA-Projekt lässt sich eine eigene Rechteverwaltung aktivieren, die es ermöglicht einzelne Teammitglieder mit definierbaren Berechtigungen bei der Projektbearbeitung auszustatten. Wichtig zu betonen ist, dass die Rechteverwaltung keine erhöhte Datensicherheit durch Verschlüsselung der Daten bietet, sondern die Beschränkung der

18.6 Rechte für einzelne Teammitglieder verteilen

Rechte in MAXQDA einen guten Workflow im Team gewährleisten und z. B. verhindern soll, dass einzelne Personen ein vorgegebenes Codesystem ändern, was sich hinderlich auf die weitere Zusammenarbeit auswirken würde. Das Einschalten der Rechteverwaltung für das aktuell geöffnete Projekt und die Zuordnung von Rechten ist Schritt für Schritt im Kasten 18.2 beschrieben.

Kasten 18.2: Benutzerverwaltung für Projekte einschalten und User anlegen

- Wählen Sie die Funktion ***Projekt > Benutzerverwaltung einschalten***.
- Vergeben Sie im erscheinenden Dialog ein Kennwort. MAXQDA erzeugt daraufhin in der Benutzerverwaltung einen neuen User mit dem Namen, mit dem Sie sich aktuell bei MAXQDA angemeldet haben. Der neue User wird automatisch der höchsten Berechtigungsstufe zugeordnet.

Es erscheint das in Abb. 18.3 dargestellte Fenster für die Benutzerverwaltung, in dem Sie für vier verschiedene Usergruppen unterschiedliche Rechte vergeben können. Die Voreinstellungen orientieren sich an einem typischen Forschungsteam mit einer Leitungsperson (Gruppe „Admin"), wissenschaftlichen Mitarbeitenden („Level 1") sowie Hilfskräften („Level 2 und 3").

- Überprüfen Sie, ob die vordefinierten Rechte der einzelnen Gruppen den Bedürfnissen Ihres Projekts entsprechen. Nach Klick auf die jeweilige Gruppe im linken Fensterbereich können Sie im rechten Fensterbereich durch einen Klick auf das Häkchen bzw. auf das Stopp-Schild die einzelnen Rechte aus- und einschalten.
- Wählen Sie eine der Ebenen durch Mausklick aus und legen Sie durch Klick auf das erste Symbol am unteren Dialograand so viele User wie notwendig an. Nach Klick auf einen User können Sie die Gruppenzuordnung nachträglich ändern. Der Username ist für die Anmeldung am Projekt ausreichend, Sie können aber bei Bedarf auch ergänzende Informationen in die Felder „Name" und „Kommentar" eintragen.
- Reichen Sie das Projekt an alle Teammitglieder weiter und teilen Sie ihnen die jeweiligen Usernamen mit.
- Sobald ein Teammitglied die Projektdatei öffnet, gibt er oder sie den mitgeteilten Usernamen ein. Das Kennwortfeld muss bei der ersten Anmeldung *frei* bleiben. Nach Klick auf ***OK*** erscheint ein Dialog, in dem die Person dann ein eigenes Kennwort vergeben muss, mit dem sie ab dann das Projekt öffnen kann.

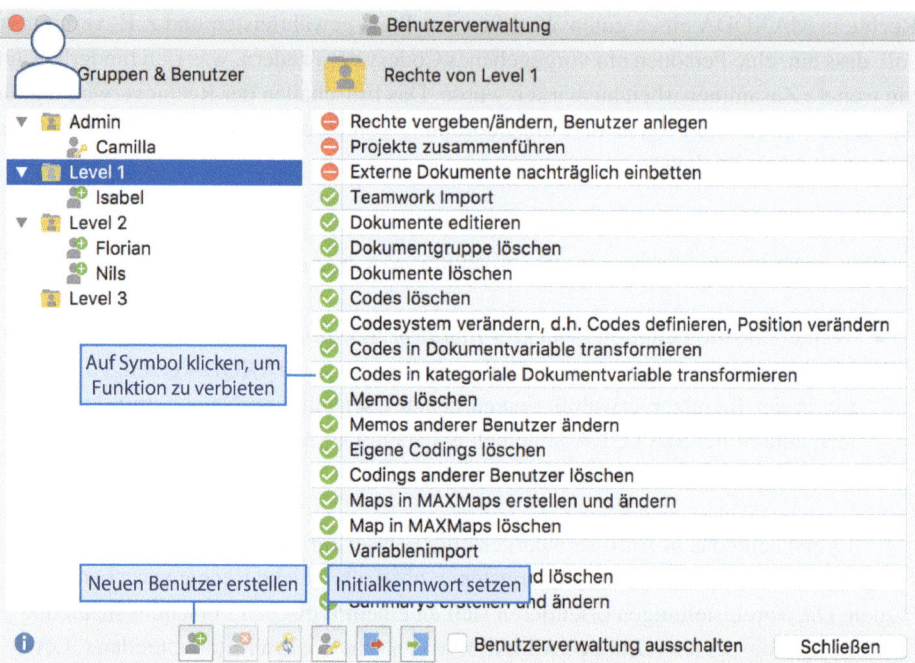

Abb. 18.3 Rechte für einzelne Usergruppen vergeben, hier für „Level 1"

▶ **Achtung** Nachdem die Benutzerverwaltung für ein MAXQDA-Projekt eingeschaltet wurde, lässt sich das Projekt nur noch öffnen, wenn man sich mit einem der Usernamen anmeldet, die in der Benutzerverwaltung eingetragen sind. Sofern die voreingestellten Rechte der Usergruppen nicht geändert wurden, können außerdem nur User der höchsten Berechtigungsstufe die Benutzerverwaltung aufrufen. Daher sollten sich diese User ihr Kennwort besonders gut merken.

In Abb. 18.3 ist zu sehen, dass die Benutzerin „Camilla" durch das erstmalige Einschalten der Benutzerverwaltung automatisch der Gruppe „Admin" hinzugefügt wurde. Der Schlüssel an ihrem Usersymbol zeigt an, dass ihrem Benutzernamen bereits ein Kennwort zugeordnet ist. Bei allen anderen Personen zeigt hingegen das Pluszeichen an, dass sich diese neuen User noch nicht „beim Projekt" angemeldet und noch keine eigenen Kennwörter vergeben haben. Als zusätzliche Sicherheitshürde kann man im Fenster der Benutzerverwaltung durch Klick auf das Symbol *Initialkennwort setzen* ein Kennwort definieren, das alle neuen User bei ihrer ersten Anmeldung am Projekt eingeben müssen, bevor sie im nächsten Schritt ein eigenes Kennwort wählen dürfen.

18.6 Rechte für einzelne Teammitglieder verteilen

Die Rechteverwaltung für ein Projekt lässt sich jederzeit durch Wahl der entsprechenden Option am unteren Fensterrand der Benutzerverwaltung ausschalten. Dort findet sich auch ein Symbol, um das komplette System zur Rechteverwaltung eines MAXQDA-Projektes einschließlich aller Benutzernamen, Kennwörter und Rechteeinstellungen in eine Datei zu exportieren. Mit der komplementären Funktion *Benutzerverwaltung importieren* kann diese in ein anderes MAXQDA-Projekt importiert werden. Dieser Transfer kann beim Anlegen neuer Projekte sehr viel Arbeit ersparen.

Intercoder-Übereinstimmung analysieren   19

Bei qualitativen Forschungsprojekten drängen sich unmittelbar Fragen zur Intersubjektivität der Analyse auf: Kommt eine andere Person zu den gleichen Ergebnissen? Sieht sie in einer Interviewpassage die gleichen Themen angesprochen wie ich? Inwieweit stimmen wir in unserem Verständnis der Kategorien überein? Mit diesen Fragen betritt man das Feld der Gütekriterien, die auch in der qualitativen Forschung nicht zu vernachlässigen sind. Besonderes Augenmerk wird bei kategorienbasierten Ansätzen auf die Frage gerichtet, inwieweit zwei Personen die gleichen Themen, Aspekte und Phänomene im Datenmaterial identifizieren und den gleichen Kategorien zuweisen. Es kann durchaus vorkommen, dass zwei Personen inhaltlich übereinstimmen, aber einem Phänomen unterschiedliche Kategorien zuordnen, weil die Kategoriendefinitionen noch nicht zweifelsfrei formuliert sind. MAXQDA bietet zahlreiche teils interaktive Funktionen, welche die systematische Analyse, Verbesserung und Überprüfung der Übereinstimmung von Codierenden ermöglichen. So lassen sich inhaltlich schwierige Kategorien, missverständliche Anweisungen und unscharfe Kategoriendefinitionen identifizieren, um Schritt für Schritt die Analysequalität zu erhöhen.

In diesem Kapitel

✓ Den Sinn, Zweck und Einsatzgebiete der Übereinstimmungsprüfung kennenlernen
✓ Die Vorgehensweise der Intercoder-Überprüfung in MAXQDA nachvollziehen
✓ Die Überprüfung für die Codiereinheiten „Dokument" und „Segment" durchführen
✓ Die prozentuale Übereinstimmung berechnen und sinnvolle Grenzwerte setzen
✓ Die zufällige Übereinstimmung berücksichtigen

19.1 Ziele und Einsatzgebiete der Übereinstimmungsprüfung

Das Ausmaß, in dem verschiedene Forscher_innen zu demselben Ergebnis gelangen, ist ein wichtiges Gütekriterium empirischer Studien. In der qualitativen Forschung wird daher häufig die Frage nach der Intercoder-Übereinstimmung gestellt: „Inwieweit stimmen verschiedene Codierer_innen bei der Zuordnung von Kategorien zu Texten, Bildern und Videos überein?" Die Überprüfung und Verbesserung der Intercoder-Übereinstimmung ist eng mit der Forschungstradition der (qualitativen) Inhaltsanalyse verbunden und wird dort als ein zentrales Qualitätsmerkmal angesehen (Kuckartz 2016; Mayring 2015; Schreier 2012). Bei stärker interpretativ und rekonstruktiv arbeitenden qualitativen Analyseverfahren stellt sich die Frage nach der Intercoder-Überprüfung selten bis gar nicht, da hier das Analysewerkzeug der Kategorien eine untergeordnete bis gar keine Rolle spielt. Gleichwohl in Forschungsprojekten, die dem Grounded-Theory-Ansatz folgen, eine intensive Arbeit mit Codes und Kategorien stattfindet, wird man bei ihnen ebenfalls selten auf Prüfungen der Intercoder-Übereinstimmung treffen, steht hier doch ausdrücklich die fortlaufende Weiterentwicklung der Konzepte und Kategorien im Vordergrund und nicht deren Anwendung am Material nach definierten Regeln.

Was genau verspricht man sich von der Übereinstimmungsanalyse und zu welchem Zweck wird sie eingesetzt? Nun, hierauf gibt es zahlreiche Antworten: Genauso wie neue Mitarbeitende der in Berlin ansässigen Facebook-Kontrollabteilung das Regelwerk zur Löschung unangemessener Beiträge erlernen müssen, um Formulierungen angemessen einschätzen zu können (Hamann 2017), ist es auch Aufgabe von neuen Codierenden in einem Forschungsprojekt, sich das Regelwerk über die Kategorienanwendung anzueignen. Inwieweit dies gelingt, zeigt die Überprüfung der Übereinstimmung mit einer normativ vorgegebenen Codierung. Mithilfe von Intercoder-Überprüfungen lassen sich jedoch nicht nur die Effekte von Schulungen für Codierende bestimmen; sie kann ebenso für die Schärfung des Kategoriensystems und der Codieranweisungen eingesetzt werden. Mit ihrer Hilfe lassen sich Probleme mit einzelnen Kategorien und ihren Definitionen identifizieren und reduzieren, man kommt Abgrenzungsproblemen von Kategorien auf die Spur und kann zudem Codierende identifizieren, deren Vorgehen von den anderen systematisch abweicht. Somit kann die Übereinstimmungsanalyse gleichermaßen Mittel zur Überprüfung, Sicherung und Verbesserung der Qualität von Codierprozessen sein.

Wenn mehrere Personen das gleiche Datenmaterial für eine Prüfung der Übereinstimmung codieren, stellt sich unweigerlich die Frage nach der Arbeitsorganisation. Hierbei lassen sich prinzipiell drei Varianten unterscheiden:

Codieren zu zwei Zeitpunkten Bei diesem Arbeitsablauf werden die Daten zunächst von einer Person codiert und anschließend werden die vorgenommenen Codierungen von einer oder mehreren Personen überprüft. Beispielsweise codiert in einem ersten Schritt eine Hilfskraft die Texte, die Leiterin des Projekts schaut alle Codierungen anschließend durch, nimmt Korrekturen vor und diskutiert Zweifelsfälle mit der Hilfskraft oder im For-

19.1 Ziele und Einsatzgebiete der Übereinstimmungsprüfung

schungsteam. Dieses Vorgehen eignet sich nur für den Fall, dass bereits gut ausgearbeitete Kategoriendefinitionen vorliegen. Das Codieren zu zwei Zeitpunkten kann man ggf. auch selbst durchführen: Die eigenen Codierungen werden zwei bis vier Wochen später noch einmal von der gleichen Person angeschaut und kontrolliert oder die Daten erneut von der gleichen Person codiert, ohne die vorherige Codierung anzuschauen.

Gleichzeitiges gemeinsames Codieren Im Sinne eines konsensuellen Codierens kann im gesamten Forschungsteam oder auch in Zweierteams über die Daten diskutiert und gemeinsam geeignete Kategorien den verschiedenen Abschnitten des Datenmaterials zugeordnet werden. Diese Vorgehensweise eignet sich vor allem für die Annäherung an das Material und die Entwicklung oder erste Erprobung von Kategoriensystemen. Sie ist der Gefahr des Einflusses von Hierarchien und der Dominanz extrovertierter Personen ausgesetzt.

Gleichzeitiges unabhängiges Codieren Das am häufigsten eingesetzte Verfahren ist jenes, bei welchem die Codierenden unabhängig voneinander das Datenmaterial codieren und anschließend ihre Ergebnisse vergleichen. Für die Berechnung der prozentualen Übereinstimmung und für zufallskorrigierte Übereinstimmungs-Koeffizienten wie Cohens Kappa oder Krippendorffs Alpha (s. u.) ist die unabhängige Codierung generell Pflicht. Wichtig und kennzeichnend für die qualitative Forschung ist unseres Erachtens jedoch, dass es nicht bei der Berechnung und Publikation von Übereinstimmungswerten bleibt. Vielmehr sollten diese gemeinsam mit den Stellen, an denen Nicht-Übereinstimmungen aufgetreten sind, die Grundlage bilden für eine systematische Diskussion über die Unstimmigkeiten und was daraus für Konsequenzen für das Kategoriensystem und die Codieranweisungen zu ziehen sind. Ausgehend von diesem Anspruch an qualitativ ausgerichtete Analysen bevorzugen wir in diesem Kapitel durchgängig den Begriff „Intercoder-Übereinstimmung" gegenüber dem der „Intercoder-Reliabilität". Reliabilität zählt zu den drei klassischen Gütekriterien *quantitativer* Forschung, steht für den Anspruch der Zuverlässigkeit und Replizierbarkeit von Messungen und ist eher im Kontext quantitativer Inhaltsanalyse zu verorten; zudem ist die Übertragbarkeit klassischer Gütekriterien auf qualitative Forschung kritisch zu hinterfragen (Kuckartz 2016, S. 201–207).[1]

Es fällt auf, dass vor allem das gleichzeitige unabhängige Codieren geeignet ist, *systematische* Übereinstimmungsanalysen durchzuführen. Die ersten beiden Varianten stellen weitere Formen dar, die Codierqualität zu erhöhen und können gewinnbringend mit der dritten Variante kombiniert werden.

MAXQDA bietet eigens entwickelte Funktionen, welche die Bestimmung der Intercoder-Übereinstimmung, die Kontrolle der Nicht-Übereinstimmungen und vor allem auch

---

[1] Krippendorff unterscheidet konsequent zwischen Übereinstimmung und Reliabilität im Kontext der (bei ihm eher klassisch orientierten) Inhaltsanalyse: „To be clear, agreement is what we measure; reliability is what we wish to infer from it. In content analysis, reproducibility is arguably the most important interpretation of reliability" (Krippendorff 2004, S. 414).

die Optimierung der Übereinstimmung unterstützen. Wir beschreiben diese Funktionen mit Blick auf unterschiedliche Codierende und verwenden daher durchweg den Begriff „Intercoder". Die Verfahren lassen sich aber genauso auch für den Fall des wiederholten Codierens durch ein und dieselbe Person anwenden, was immer dann sinnvoll ist, wenn man die Stabilität des eigenen Codierverhaltens, die sogenannte „Intracoder-Übereinstimmung", analysieren möchte.

Bevor mit der Überprüfung der Übereinstimmung in MAXQDA begonnen werden kann, ist zunächst zu klären, für welche Dokumente (und in welcher Reihenfolge) die Überprüfung durchgeführt werden soll. Ist die analysierte Datenmenge klein und überschaubar, können alle Dokumente von einer zweiten Person codiert werden. Dies ist beispielsweise dann der Fall, wenn man zehn halbstündige Kurzinterviews durchgeführt hat, die mit einem einfachen Kategoriensystem thematisch codiert wurden. Meist wird das Datenmaterial jedoch umfangreicher sein, weshalb eine Auswahl getroffen werden muss. In der Literatur finden sich manchmal Angaben dazu, dass ein bestimmter Prozentanteil der Daten von einer zweiten Person codiert werden sollte. Eine solche Prozentangabe von vielleicht 10 % mag einen ersten Anhaltspunkt liefern, aufgrund sehr unterschiedlicher Datenmengen und Rahmenbedingungen in Projekten sollten jedoch unbedingt weitere Kriterien zur Auswahl hinzugezogen werden:

- Die Anzahl der zu erwartenden Codierungen – Es hat beispielsweise keinen Sinn, sich auf sehr wenige Dokumente zu beschränken, wenn abzusehen ist, dass nur wenige der zur Verfügung stehenden Kategorien in den ausgewählten Dokumenten überhaupt Anwendung finden werden.
- Die Unterschiedlichkeit der Fälle – Die Auswahl sollte möglichst ein breites Spektrum des Datenmaterials widerspiegeln. Hierfür bietet sich eine bewusste Auswahl von Dokumenten nach dem Prinzip maximaler Kontrastierung (z. B. kurze vs. lange Texte oder Interviews mit erzählfreudigen vs. knapp antwortenden Interviewten) oder auch eine Zufallsauswahl an.
- Das Entwicklungsstadium des Kategoriensystems – Gerade bei der erstmaligen Anwendung eines neu entwickelten Kategoriensystems sollte relativ frühzeitig mit der Überprüfung der Intercoder-Übereinstimmung begonnen werden, um Schwachstellen erkennen zu können.
- Die Ressourcen – Intercoder-Analysen bedürfen ihrer Zeit. Häufig arbeiten Projekte unter Zeitdruck und nicht immer gibt es Personen, die gewillt und geeignet sind, eine Zweitcodierung vorzunehmen. Ganz verzichten sollte man auf eine Intercoder-Überprüfung (bei einer qualitativen Inhaltsanalyse) jedoch nie. Manchmal wird der Aufwand auch überschätzt, doch gilt hier klar die Devise „wenig ist besser als gar nicht".

Generell ist zu empfehlen, lieber frühzeitig für ein überschaubares Datenset die Übereinstimmung zu kontrollieren als spät im Projekt festzustellen, dass die Codieranweisungen missverständlich waren. Um Verbesserungen bezüglich des Codierprozesses berichten zu können, ist es notwendig, mehrfach eine Überprüfung durchzuführen, beispielsweise beginnt man mit zwei sehr unterschiedlichen Dokumenten, diskutiert aufgetretene Nicht-Übereinstimmungen und Problempunkte und nimmt sich anschließend zwei weitere Dokumente vor.

Vor dem Start der Analyse in MAXQDA ist es nicht nur sinnvoll, sich Gedanken über die Auswahl der Dokumente, sondern auch über die Auswahl der einzubeziehenden Kategorien zu machen. Bei der Intercoder-Überprüfung hat es meist wenig Sinn, alle Codes gleichzeitig zu überprüfen. Zunächst einmal fallen Codes wie „Interessante Textstelle", „Geeignete Zitate", manchmal auch „Sonstiges" aus der Überprüfung raus. Wer bei der Codierung in zwei Schritten vorgegangen ist und erstmal großflächig Themen codiert hat, bevor die Themen nacheinander ausdifferenziert wurden, muss auch bei der Überprüfung der Übereinstimmung in zwei Schritten vorgehen. Dabei wird bereits für die erste großflächige Themenzuordnung eine Überprüfung durchgeführt. In weiteren Analysen nimmt man sich dann die Subcode-Zuordnungen bei den einzelnen Themen vor. Darüber hinaus ist zu berücksichtigen, welche Art von Codierungen erzeugt werden. Einfache Faktencodierungen (z. B. ob eine Person angibt, Anhänger einer Partei zu sein oder nicht) lassen sich beispielsweise nur sinnvoll mit aufwändigen Codierungen im Rahmen einer komplexen Argumentationsanalyse mischen, wenn man nicht an der Berechnung eines Gesamtwertes interessiert ist.

19.2 Das Vorgehen zur Prüfung der Intercoder-Übereinstimmung in MAXQDA

MAXQDA erlaubt es, die Übereinstimmung zwischen zwei Codierenden für jeweils ein Dokument zu bestimmen. Um die Prüfung in MAXQDA durchzuführen, ist es notwendig, dass dieses Dokument zweimal in einem Projekt vorhanden ist – einmal codiert von Person 1 und einmal codiert von Person 2. Zudem müssen sinnvollerweise vorab ein Codesystem und entsprechende Anweisungen für die Codierenden festgelegt worden sein. Aber wie organisiert man nun am besten den Prozess? Die folgenden Schritte verdeutlichen ein geeignetes Procedere:

- Schritt 1: Es wird ein Projekt mit allen Dokumenten sowie dem Codesystem angelegt. In den Code-Memos werden die Codieranweisungen für die einzelnen Kategorien festgehalten. Sofern vorab Codiereinheiten definiert werden sollen, die von beiden Personen zu codieren sind, können diese beispielsweise mit einem Code namens „Zu codierende Segmente" versehen werden. Sofern das Datenmaterial eine gleichförmige Struktur aufweist, reicht es ggf. aus, beide Codierer_innen anzuweisen, immer den gesamten Absatz oder die gesamte Antwort zu codieren.
- Schritt 2: In der Benutzerverwaltung schaltet man für das Codesystem und die Dokumente für die beteiligten User_innen den Schreibschutz ein, um das Projekt vor ungewollten Änderungen zu bewahren (vgl. Kap. 18). Die Auswahl der Dokumente,

die von einer zweiten Person zu codieren sind, können beispielsweise durch Zuweisung einer bestimmten Farbe leicht sichtbar gemacht werden.
- Schritt 3: Das Projekt wird an beide Codierer_innen gegeben.
- Schritt 4: Beide Personen codieren die ausgewählten Dokumente und fügen an den Namen eines *fertig* codierten Dokuments jeweils ihr Kürzel oder ihren Namen an, um die Codierungen später zuordnen zu können.
- Schritt 5: Beide Projekte werden mithilfe der in Kap. 18 beschriebenen Funktion ***Start > Projekte zusammenführen*** zu einem Projekt verschmolzen, das alle zu vergleichenden Dokumente doppelt enthält. Dabei ist unbedingt die Option ***Vorhandene Dokumente nicht einfügen*** zu wählen, sodass nur die Dokumente ergänzt werden, die von der zweiten Person codiert wurden. An den Dokumentnamen ist jetzt erkennbar, wer jeweils ein Dokument bearbeitet hat.

Sobald ein Projekt vorliegt, das die zu überprüfenden Dokumente jeweils codiert von beiden Personen beinhaltet, kann die Überprüfung der Intercoder-Übereinstimmung *paarweise für zwei Dokumente* durchgeführt werden. Hierzu wählt man zunächst durch Aktivierung die Codes aus, die man in die Überprüfung einbeziehen möchte, und startet die Überprüfung dann über ***Analyse > Intercoder-Übereinstimmung*** im Menüband. Der erscheinende Dialog (Abb. 19.1) ermöglicht es, jeweils zwei Dokumente für die Überprüfung festzulegen und zwischen drei Arten der Übereinstimmung zu unterscheiden.

MAXQDA erlaubt die Überprüfung der Übereinstimmung von zwei Codierenden auf drei sich steigernden Niveaus, wobei sich die ersten beiden Arten der Übereinstimmung

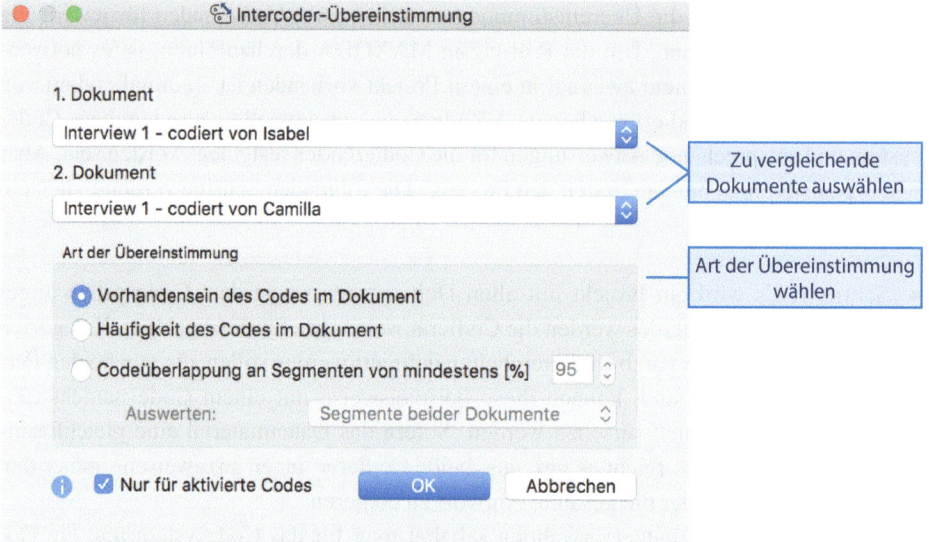

Abb. 19.1 Einstellungen für die Intercoder-Übereinstimmung vornehmen

auf die Codiereinheit „Dokument" beziehen und die dritte auf die Codiereinheit „Segment":

- *Vorhandensein des Codes im Dokument* – Als eine Übereinstimmung wird gezählt, wenn beide Codierer_innen bei einem Dokument den gleichen Code vergeben haben. Dabei spielt es keine Rolle, ob die eine Person den Code dreimal und die andere nur einmal zugeordnet hat. Auch die Position der Codierung im Dokument ist unerheblich, Hauptsache der Code existiert im Dokument. Eine Nicht-Übereinstimmung für einen Code kann folglich nur vorliegen, wenn eine Person den Code *einmal oder mehrmals* und die andere Person *gar nicht* im Dokument vergeben hat. Dieses Niveau der Übereinstimmungsprüfung ist beispielsweise für Kategorien interessant, die sich auf das gesamte Dokument beziehen. Wenn in einer Studie mit Reha-Patienten_innen ein Code „Vorher bereits Reha-Erfahrung" zugeordnet werden soll, kann es beispielsweise egal sein, wo und wie oft der Code im Dokument vergeben wurde – Hauptsache beide Codierer_innen haben ihn zugewiesen.
- *Häufigkeit des Codes im Dokument* – Als eine Überbeinstimmung wird gewertet, wenn beide Codierer_innen in dem Dokument den gleichen Code gleich häufig vergeben haben. Auch hierbei spielen die Positionen der Codierungen im Dokument keine Rolle. Hat eine Person den Code „Selbstbewusstsein" im Dokument dreimal und die andere nur zweimal vergeben, liegt keine Übereinstimmung bezüglich dieses Codes vor.
- *Codeüberlappung an Segmenten von mindestens [%]* – Als eine Übereinstimmung wird gezählt, wenn beide Codierer_innen an einem Segment den gleichen Code zugeordnet haben. Die Segmente müssen in ihrer Position nicht hundertprozentig identisch sein, hierfür kann ein Toleranzbereich eingestellt werden.

Für die korrekte Überprüfung der Intercoder-Übereinstimmung in MAXQDA ist es notwendig, dass die Dokumente der beiden Codierer_innen identisch sind. Falls dies nicht der Fall sein sollte, gibt MAXQDA eine Warnmeldung einschließlich eines Hinweises auf die erste unterschiedliche Dokumentstelle aus. In diesem Fall empfiehlt es sich, den möglicherweise falsche Ergebnisse liefernden Vorgang abzubrechen und zu untersuchen, an welchen Stellen sich die Dokumente unterscheiden.

Die Übereinstimmungsprüfung kann für alle Dokumentarten, also für Texte, PDFs, Tabellen, Bilder sowie Audio- und Videodateien durchgeführt werden.

19.3 Intercoder-Übereinstimmung auf Dokument-Ebene

Ein Beispiel für das Ergebnis einer Intercoder-Überprüfung ist in Abb. 19.2 dargestellt. Camilla und Isabel haben unabhängig voneinander das Interview 1 codiert und es wurde die Intercoder-Überprüfung mit der zweiten Variante, der Übereinstimmung der Häufigkeiten von Codes im Dokument, durchgeführt. Die Ergebnisdarstellung entspricht der des Visual Tools „Code-Matrix-Browser", in der die beiden zu vergleichenden Dokumente

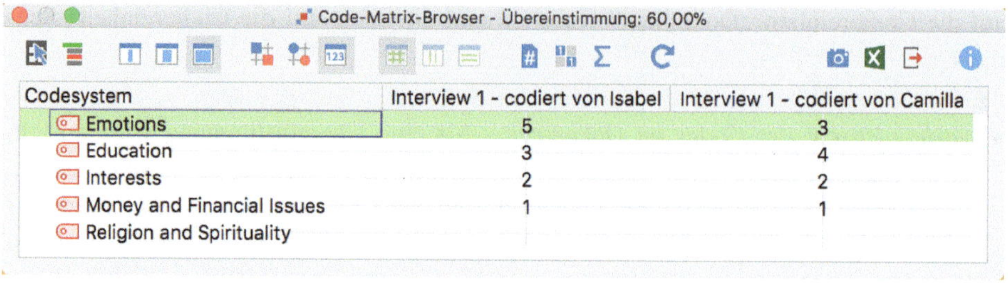

Codesystem	Interview 1 - codiert von Isabel	Interview 1 - codiert von Camilla
Emotions	5	3
Education	3	4
Interests	2	2
Money and Financial Issues	1	1
Religion and Spirituality		

Abb. 19.2 Ergebnis für die Intercoder-Übereinstimmung auf Dokument-Ebene

in zwei Spalten gegenübergestellt sind. Es wurde auf Zahlendarstellung umgeschaltet, um die Übereinstimmungen besser vergleichen zu können, beispielsweise haben Isabel und Camilla den Code „Interests" beide zweimal vergeben, es liegt also bezüglich dieses Codes eine Übereinstimmung vor. In der Titelzeile gibt MAXQDA die prozentuale Übereinstimmung der beiden Codierer_innen bezogen auf alle in der Darstellung enthaltenen Codes aus. Die prozentuale Übereinstimmung ergibt sich als Anzahl der Codes mit Übereinstimmungen geteilt durch die Anzahl aller berücksichtigten Codes. Sind alle Codes ausgeklappt, entspricht dies der Zeilenanzahl mit Übereinstimmungen geteilt durch die Gesamtzeilenanzahl. Die im Titel gezeigte Übereinstimmung von 60 % ergibt sich im Beispiel wie folgt: Bei drei Codes („Interests", „Money and Financial Issues", „Religion and Spirituality") stimmen die beiden überein, bei den anderen zwei Codes nicht, es wird also gerechnet Anzahl der übereinstimmenden Codes / Gesamtzahl der Codes = 3 / (3 + 2) = 60 %. Diese Zahl gibt an, dass die beiden Codiererinnen bei 60 % der Codes übereinstimmen und sie sich dementsprechend bei 40 % der Codes unterscheiden. Bei der Analysevariante „Vorkommen des Codes" würde sich übrigens eine 100 %-ige Übereinstimmung der beiden Codierer_innen ergeben, da beide vollständig darin übereinstimmen, ob sie die aufgeführten Codes im Dokument vergeben haben oder nicht.

▶ **Hinweis** Standardmäßig werden nur die aktivierten Codes in einer linearen Liste ausgegeben ohne ihre Obercodes. Sobald über die Symbolleiste die Option **Codes mit Hierarchie darstellen** gewählt wird, erscheinen ggf. auch nicht-aktivierte Obercodes, die zur korrekten Darstellung des Codebaums notwendig sind. Die Berechnung der prozentualen Übereinstimmung ignoriert diese Codes.

Das Interessante bei der Intercoder-Analyse sind ja in der Regel die Nicht-Übereinstimmungen, um Probleme mit einzelnen Codes, den Codieranweisungen oder einzelnen Codierer_innen aufzudecken. MAXQDA unterstützt die Analyse der Nicht-Übereinstimmungen durch Interaktivität der Ergebnisdarstellung: Ein Doppelklick auf eine Zelle listet alle zugehörigen Codierungen in der „Liste der Codings" und so lässt sich im Beispiel überprüfen, an welcher Stelle Camilla eine Codierung mit „Emotions" mehr vorgenommen hat als Isabel.

19.4 Intercoder-Übereinstimmung auf Segment-Ebene

▶ **Tipp** Wer gleichzeitig mehrere Dokumente hinsichtlich der Übereinstimmung von Codierungen auf Dokument-Ebene vergleichen möchte, kann hierfür die Funktion **Mixed Methods > Ähnlichkeitsanalyse für Dokumente** einsetzen. Hierbei wird eine Matrix „Dokumente × Dokumente" auf Basis vorgenommener Codierungen erstellt, aus der die paarweise Übereinstimmung pro Dokument abgelesen werden kann.

19.4 Intercoder-Übereinstimmung auf Segment-Ebene

Auch wenn eine Überprüfung auf Dokument-Ebene erste Anhaltspunkte für systematische Unterschiede bezüglich der Verwendung von Kategorien liefert, wird in den meisten Fällen eine segmentgenaue Prüfung der Übereinstimmung notwendig sein. Diese lässt sich über die dritte Variante im Optionsdialog (***Codeüberlappung an Segmenten von mindestens [%]***) anfordern (Abb. 19.1). In der Praxis qualitativer Forschung ordnen die Codierenden häufig nicht nur Kategorien zu vorgegebenen Segmenten zu, sondern legen erst beim Codieren die Segmente fest, die codiert werden sollen. Hierbei kann es leicht vorkommen, dass die eine Person in einem Text ein Zeichen oder ein Wort mehr codiert hat als die andere oder beide Codierenden bei einem Video die gleiche Szene codiert haben, jedoch die eine Person das Ende der Szene eine Sekunde später angesetzt hat als die andere. Um diese geringfügigen, inhaltlich unproblematischen Differenzen der Segmentgrenzen bei der Überprüfung zu ignorieren, kann im Optionsdialog die gewünschte minimale Überlappung von zwei zu vergleichenden Codierungen in Prozent eingestellt werden. Eine Codeüberlappung von 100 % bedeutet, dass die Segmente exakt übereinstimmen müssen, um bei MAXQDA als Übereinstimmung gewertet zu werden.

▶ **Hinweis** Die im Optionsdialog eingestellte Prozentzahl ist nicht mit der prozentualen Übereinstimmung zu verwechseln, die als Ergebnis der Prüfung ausgegeben wird. Im Optionsdialog wird nur die minimale Überlappung eingestellt, bei der zwei Codierungen als übereinstimmend gewertet wird.

Die gewünschte minimale Überlappung muss für jeden Anwendungsfall individuell festgelegt werden. Ein Wert von 100 % sollte eingestellt werden, wenn die Codierenden vorab definierte Segmente einschätzen sollen. Dies ist beispielsweise der Fall, wenn die Codieranweisung lautet, jeden Absatz eines Textes zu codieren, oder wenn zuvor alle zu codierenden Segmente mit einem bestimmten Code versehen wurden und jetzt aus der „Liste der Codings" jeweils vollständig zu thematischen Codes zugeordnet werden. In den meisten Fällen wird man jedoch mit etwa 95 % minimaler Überlappung testweise starten und bei sehr vielen Fehlmeldungen an Nicht-Übereinstimmungen den Wert schrittweise erniedrigen.

Nach Start der Intercoder-Übereinstimmungsfunktion auf Segment-Ebene werden von MAXQDA zunächst die Codierungen des ersten Dokuments und dann des zweiten Dokuments durchlaufen. Jede Codierung wird daraufhin überprüft, ob die andere Person an

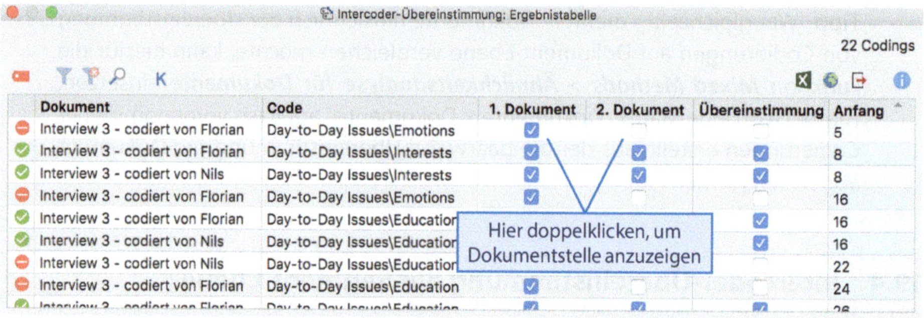

Abb. 19.3 Ergebnis für die Intercoder-Übereinstimmung auf Segment-Ebene (Segmenttabelle)

der gleichen Stelle den gleichen Code vergeben hat. Angenommen eine Person hat im Dokument 10 und eine andere Person 12 Codierungen vorgenommen, dann werden 10 + 12 = 22 Segmente auf Übereinstimmung geprüft. Abb. 19.3 zeigt einen Ausschnitt aus der Ergebnistabelle, die MAXQDA für die Überprüfung ausgibt. Jede Zeile enthält das Ergebnis für die Überprüfung eines Segments, wobei grüne Häkchen Übereinstimmungen und Stoppschilder Nicht-Übereinstimmungen symbolisieren. Dementsprechend liest man folgende Informationen aus der ersten Zeile ab: In Absatz 5 hat Florian (1. Dokument) eine Codierung mit dem Code „Emotions" vorgenommen, Nils (2. Dokument) hingegen nicht. Dementsprechend fehlt in der Spalte „Übereinstimmung" das Häkchen und in der ersten Spalte wird ein Stoppschild angezeigt.

▶ **Tipp** Durch Klick auf die Spaltenüberschrift „Übereinstimmung" wird die Tabelle so sortiert, dass alle Nicht-Übereinstimmungen oben in der Tabelle angezeigt werden.

Generell wird man in der qualitativen Forschung, vor allem zu Beginn der Datenanalyse, jeder Nicht-Übereinstimmung auf den Grund gehen und ihre Ursache identifizieren wollen: Hat die zweite Person etwas übersehen? Sollten zwei Codes klarer voneinander abgegrenzt oder gar zusammengelegt werden? Haben die beiden Personen den gleichen Code zugeordnet, stimmen aber nicht ausreichend bei der Wahl der Segmentgrenzen überein? Die Interaktivität der Ergebnistabelle unterstützt die Identifikation der Probleme. Ein Doppelklick in die Spalte „1. Dokument" und „2. Dokument" öffnet dieses jeweils an der entsprechenden Stelle im „Dokument-Browser" und ermöglicht es, zu untersuchen, worin sich die Codierenden unterscheiden.

Sogleich stellt sich die Frage, wie mit der Nicht-Übereinstimmung umgegangen wird. Wie bereits weiter oben betont, geht es in qualitativ ausgerichteten Forschungsprojekten darum, diese Unterschiede als Anlass für Diskussionen über die Codierungen, das Kategoriensystem und die Dokumentstellen zu nehmen und sich auf eine Codierung zu einigen. Dabei ist es manchmal hilfreich, den ganzen Fall als Kontextinformation hinzuzunehmen oder sich zu Vergleichszwecken andere Codierungen mit der Kategorie in MAXQDA anzeigen zu lassen. In der Regel lohnt es sich, den Einigungsprozess und dabei hervorgebrachte Argumente und Sichtweisen zu protokollieren, denn häufig ergeben sich wertvolle Hinweise für die Analyse des Datenmaterials. Nicht selten verbergen sich hinter einer Abgrenzungsproblematik von Kategorien interessante und für die Forschungsfrage relevante Analyseaspekte – und seien es nur Hypothesen, die man an weiterem Datenmaterial überprüft. Eins der beiden Dokumente sollte als „Masterdokument“ definiert werden. In diesem Dokument werden die notwendigen Verbesserungen an den Codierungen vorgenommen, sodass dieses Dokument nach Abschluss der Intercoder-Analyse die optimierte Codierung enthält.

Codespezifische Ergebnisdarstellung

MAXQDA zeigt neben der Segmenttabelle auch eine sogenannte „Codespezifische Ergebnistabelle“ an. Diese gibt nicht nur den Prozentanteil der Übereinstimmungen über alle Codes hinweg, sondern auch für jeden Code einzeln an (Abb. 19.4). Die prozentuale Übereinstimmung ergibt sich jeweils als Anteil der Übereinstimmungen an den ausgewerteten Codings. In Abb. 19.4 ergibt sich in der Zeile „<Total>“ mit 18 Übereinstimmungen bei insgesamt 22 Codings ein prozentualer Anteil von 81,82 %.

Der prozentuale Anteil an Übereinstimmung liefert wertvolle Hinweise bei der Identifikation problematischer Codes, doch muss man seine Höhe mit einer guten Portion Vorsicht bewerten. Insbesondere sollten die absoluten Anzahlen an ausgewerteten Codierungen pro Code in der Spalte „Gesamt“ und die Anzahl an Nicht-Übereinstimmungen berücksichtigt werden: Liegen beispielsweise nur fünf Codierungen der beiden Personen vor, reduziert eine Nicht-Übereinstimmung den Prozentwert bereits um 20 Prozentpunkte. Und bei zwei Codierungen (wie beim Code „Money and Financial Issues“ in Abb. 19.4) kann es nur die Werte 0 % und 100 % geben. Neben der absoluten Anzahl ist die Verteilung der Codierungen auf die beiden Codierenden zu beachten. Ist diese sehr ungleich, liegt meist ein systematischer Unterschied beim Codieren vor, etwa weil eine Person feinteiliger als die andere codiert hat, was zu einer geringen prozentualen Übereinstimmung führt.

Wer die prozentuale Übereinstimmung für eine qualitative Studie in einer Publikation berichtet, sollte immer auch darüber informieren, wodurch die verbleibenden Unterschie-

Intercoder-Übereinstimmung: Codespezifische Ergebnistabelle

4 Codes

Code	Übereinstimmung	Nicht-Übereinstimmung	Gesamt	Prozentual
Day-to-Day Issues\Emotions	6	2	8	75,00
Day-to-Day Issues\Education	6	2	8	75,00
Day-to-Day Issues\Interests	4	0	4	100,00
Day-to-Day Issues\Money and Financial Issues	2	0	2	100,00
<Total>	18	4	22	81,82

Abb. 19.4 Ergebnis für die Intercoder-Übereinstimmung auf Segment-Ebene (Codetabelle)

de verursacht werden und welche Relevanz diese für die Studie besitzen. Alleine die „Overall-Prozent" anzugeben ist wenig hilfreich, besser ist es, zumindest auch das Minimum und das Maximum bei einzelnen Codes anzugeben, sofern man nicht gleich alle Informationen der Ergebnistabelle in die Publikation integriert. Dies ist insofern anzuraten, als aus den zuvor genannten Gründen auch die absolute Anzahl ausgewerteter Codings und Nicht-Übereinstimmungen berichtet werden sollte. Während der Analyse ist es also notwendig, problematische Codes und die Nicht-Übereinstimmungen zu dokumentieren, um diese später berichten zu können.

Offen bleibt noch die Frage, was als niedrige und was als hohe prozentuale Übereinstimmung zu werten ist. Diese Frage ist leider nicht mit etablierten Grenzwerten zu beantworten, denn die prozentuale Übereinstimmung von Codierenden hängt nicht nur wie beschrieben von der Anzahl absoluter Codierungen, sondern auch von anderen Faktoren ab. Hierzu gehören insbesondere die Anzahl und Varianz unterschiedlicher (Sub-)Kategorien und die Schwierigkeit der vorzunehmenden Codierungen, schließlich sind Argumente generell schwieriger zu codieren als einfache Themenzuordnungen.[2] Für die Bewertung hilft zumeist der einfache Umkehrschluss: Wenn bei einem Code 80 % Übereinstimmung vorliegen, heißt dies, dass sich 20 % der Codierungen unterscheiden. In der Regel wird man dies nicht akzeptieren wollen, sondern höhere Schwellenwerte für die prozentuale Übereinstimmung festlegen. Bei der Festlegung geeigneter Werte sollten besonders inhaltliche Faktoren berücksichtigt werden.

Codiereinheiten vs. Codings
Bei der Verwendung der Intercoder-Überprüfung in MAXQDA ist es wichtig, zwischen Codiereinheiten und den Codings (den Codierungen) zu unterscheiden. In vielen Ansätzen der Intercoder-Übereinstimmung wird davon ausgegangen, dass jeder Codiereinheit genau ein Code zugewiesen wird. Dies ist beispielsweise der Fall, wenn Mediziner_innen ein Röntgenbild hinsichtlich des Vorliegens einer Krankheit beurteilen oder wenn ganze Zeitungsartikel auf einer Skala „Latenter Rassismus" mit den Werten niedrig, mittel oder hoch bewertet werden. Pro Codiereinheit liegt dann für jede Codierer_in genau eine Codierung vor.

In vielen Analysen, die mit MAXQDA durchgeführt werden, ist dies nicht der Fall. Es kann durchaus vorkommen, dass die beiden Codierenden die codierten Segmenten im Dokument mit einer unterschiedlichen Anzahl an Codierungen versehen haben. Um für derartige Fälle dennoch eine Intercoder-Übereinstimmung durchzuführen, geht MAXQDA wie oben beschrieben vor: Erst werden die Codierungen der einen Person, dann die der anderen Person durchlaufen und jeweils auf Übereinstimmung mit der anderen Person überprüft. In Abb. 19.5 sind einige Beispiele dargestellt, die verdeutlichen, wie viele Über-

---

[2] Die Frage geeigneter Grenzwerte stellt sich übrigens nicht nur in qualitativ orientierter Forschung. Wirtz und Caspar (2002, S. 25) weisen selbst im Kontext testtheoretisch fundierter Messung von Interrater-Reliabilität in der Psychologie darauf hin, dass aufgrund der zahlreichen Einflussfaktoren entweder auf Basis inhaltlicher Überlegungen oder vergleichbarer Studien ein Wert festgelegt werden sollte, „ab der die Reliabilität als zufriedenstellend gelten kann".

19.5 Berechnung zufallskorrigierter Koeffizienten wie Kappa

			Codings	Übereinstimmungen	Nicht-Übereinstim.	Prozent
A	Textstelle	A	2	2	0	100%
A	Textstelle	B	2	0	2	0%
B, A	Textstelle	A, B	4	4	0	100%
B, A	Textstelle	A	3	2	1	67%
B, A	Textstelle	C	3	0	3	0%
B, A	Textstelle	C, D	4	0	4	0%

Abb. 19.5 Anzahl an Übereinstimmungen für verschiedene Konstellationen bei zwei Codierenden

einstimmungen jeweils aus diesem Verfahren resultieren. Beispielsweise zeigt die erste Zeile, in der beide Personen den „Code A" vergeben haben, dass hier 2 Übereinstimmungen gezählt werden. Für den Fall, dass die Personen wie in Zeile 2 zu sehen einen unterschiedlichen Code zugeordnet haben, ergeben sich 2 Nicht-Übereinstimmungen.

Im Optionsdialog beim Aufruf der Intercoder-Funktion lässt sich bei der Option „Auswerten:" im Aufklappmenü auswählen, dass nur die Codierungen aus dem einen oder dem anderen Dokument, also nur von einer Person, auf Gleichheit mit der anderen Person analysiert werden sollen. Diese Einstellung kann in dem Fall verwendet werden, wenn beide Codierende vorab definierte Segmente jeweils mit einem Code versehen haben. In der Ergebnistabelle entspricht dann die Anzahl der ausgewerteten Codings den Codiereinheiten.

19.5 Berechnung zufallskorrigierter Koeffizienten wie Kappa

„Meine Betreuerin hat gesagt, dass ich Kappa berechnen soll. Wie mache ich das in MAXQDA?" „Brauche ich nicht Kappa für meine Analyse?" Solche Fragen beschäftigen nicht nur viele Promovierende, die wir in Workshops beraten, sondern werden auch regelmäßig im Diskussionsforum auf der MAXQDA-Webseite gestellt. Dahinter steht nicht selten der Wunsch nach Legitimation des eigenen qualitativen Vorgehens gegenüber einer Scientific Community, die primär der Tradition quantitativen Forschens folgt. Hier ist Kappa ein bekannter Koeffizient, weshalb Betreuende von Forschungsarbeiten diesen einfordern. Ein Koeffizient wie Kappa quantifiziert die Qualität der qualitativen Analyse in einer Zahl und übersetzt die Arbeit in eine nachvollziehbare, weil gewöhnte Form. Erst durch die Berechnung derartiger Maßzahlen ist die Anschlussfähigkeit an manche Scientific Community und die Publizierbarkeit in manchen Journals gewährleistet.

Auch wenn die übermäßige Betonung eines zufallskorrigierten Koeffizienten zu Lasten anderer wichtiger Gütekriterien qualitativer Forschung zu hinterfragen ist, so hat die Berechnung zufallskorrigierter Koeffizienten durchaus ihre Berechtigung und ihren Sinn. Bei der Bestimmung der reinen prozentualen Übereinstimmung stellt sich nämlich immer zwangsläufig die Frage, inwieweit eine Übereinstimmung durch Zufall entstanden sein kann. Zur Beantwortung dieser Frage wurden zufallskorrigierte Koeffizienten entwickelt, die mögliche zufällige Übereinstimmungen aus der einfachen prozentualen Übereinstimmung herausrechnen. Gewissermaßen soll bestimmt werden, um wie viel besser ein Mensch im Gegensatz zu einer zufällig arbeitenden Maschine einen Text oder ein Video mit einem existierenden Set an Kategorien codieren kann.

Für die Bestimmung zufallskorrigierter Koeffizienten wird häufig auf folgende Basisformel zurückgegriffen: $(Po - Pc)/(1 - Pc)$, wobei Po der prozentualen Übereinstimmung und Pc der erwartbaren zufälligen Übereinstimmung entspricht. Durch diese Berechnungsweise gibt der resultierende Wert an, wie stark die Übereinstimmung der Codierenden oberhalb des Zufalls liegt. Koeffizienten wie Kappa (Cohen 1960), Pi (Scott 1955) und Alpha (Krippendorff 1970) unterscheiden sich vorrangig darin, wie die erwartete Zufallsübereinstimmung berechnet wird. Als Grundlage für deren Bestimmung wird in der Regel eine Matrix „Kategorien mal Kategorien" herangezogen, wie sie schematisch in Tab. 19.1 dargestellt ist. Die Zellen informieren darüber, wie häufig die Kombination der beiden Kategorien bei einer codierten Einheit vorkommt. Auf der Hauptdiagonalen befinden sich die Zellen mit Übereinstimmungen der beiden Codierenden (hier die Zellen a, e, i). Die Zufallsübereinstimmung wird mithilfe der Randsummen bestimmt. Für die folgenden Erklärungen ist wichtig zu betonen, dass die Erstellung einer solchen Tabelle voraussetzt, dass jede codierte Einheit von jeder Person genau einmal codiert wurde.

An dieser Stelle beschränken wir uns auf die Berechnung zufallskorrigierter Koeffizienten für die Übereinstimmung auf Segment-Ebene, da die Bestimmung auf Dokument-Ebene deutlich seltener vorkommt und sich in MAXQDA nicht automatisiert durchführen lässt. Um in MAXQDA die Berechnung eines zufallskorrigierten Koeffizienten auf Segment-Ebene anzufordern, klickt man nach Durchführung der Intercoder-Überprüfung in der Ergebnistabelle (Abb. 19.3) auf das Kappa-Symbol in der Symbolleiste. MAXQDA erstellt daraufhin die in Abb. 19.6 dargestellte Ausgabe.

Was zeigt die Ausgabe und wie ist sie zu lesen? Nur selten lässt sich in der qualitativen Forschungspraxis eine wie in Tab. 19.1 gezeigte Matrix erstellen, da die Codierenden einem Segment häufig mehrere Codes zuordnen und es darüber hinaus vorkommen kann, dass eine Person ein Segment mit einem oder mehreren Codes versehen hat, während die andere gar keine Kategorie zugeordnet hat. Aus diesem Grund geht MAXQDA wie oben beschrieben einmal die Codierungen der einen Person und dann die Codierungen der an-

Tab. 19.1 „Code × Code"-Tabelle, auf der Diagonalen (a, e, i) finden sich die Übereinstimmungen

Codierer_in 1	Codierer_in 2			
	Kat. 1	Kat. 2	Kat. 3	Summe
Kat. 1	a	b	c	a+b+c
Kat. 2	d	e	f	d+e+f
Kat. 3	g	h	i	g+h+i
Summe	a+d+g	b+e+h	c+f+i	N

19.5 Berechnung zufallskorrigierter Koeffizienten wie Kappa

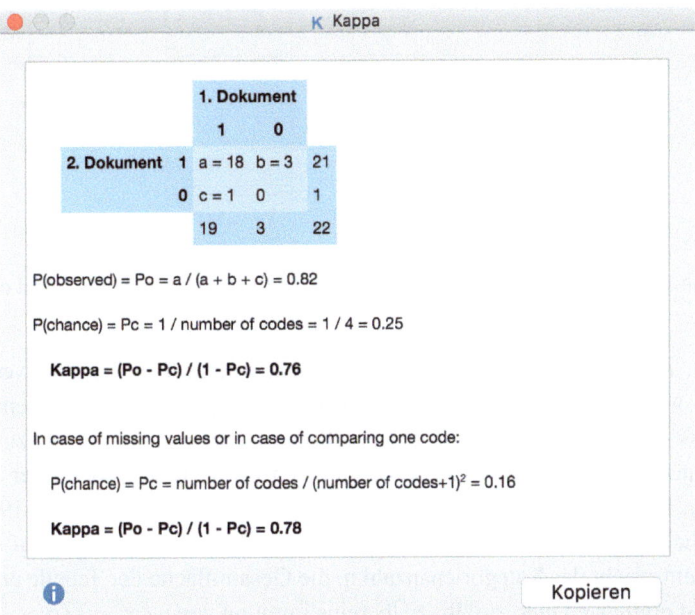

Abb. 19.6 Ergebnisfenster der Berechnung von Kappa nach Brennan und Prediger (1981)

deren Person durch und zählt als Übereinstimmung, wenn die andere Person den gleichen Code an der gleichen Stelle vergeben hat. Um für diese Vorgehensweise einen zufallskorrigierten Koeffizienten bestimmen zu können, wird eine wie in Abb. 19.6 dargestellte Vierfeldertafel erstellt. Die linke obere Zelle a gibt an, wie häufig die beiden Codierenden den gleichen Code an einem Segment vergeben haben. Die rechte obere Zelle b und die linke untere Zelle c geben wieder, an wie vielen Segmenten die beiden bei der Zuordnung voneinander abweichen. Die vierte Zelle d ist immer Null, denn es kann aufgrund des verwendeten Verfahrens niemals ein Segment geben, dass von beiden Codierenden *nicht* codiert wurde.

Unterhalb der Tabelle werden die prozentuale Übereinstimmung Po und die erwartete Zufallsübereinstimmung Pc berechnet. Po entspricht dem in der codespezifischen Tabelle ausgegebenen Wert in der Zeile „<Total>". Da die Randverteilungen der Vierfeldertafel aufgrund der Zelle d = 0 immer ungleich verteilt sind, kann die Zufallsübereinstimmung nicht ohne Weiteres wie bei Cohens Kappa, Scotts Pi oder Krippendorffs Alpha berechnet werden. Ungleiche Randverteilungen können beispielsweise bei Cohens Kappa zu abstrusen und paradoxen Werten führen, was einen häufig geäußerten Kritikpunkt darstellt (z. B. bei Feinstein und Cicchetti 1990; oder bei Gwet 2008). Bei der Berechnung von Pc folgt die Berechnung in MAXQDA daher einem Vorschlag von Brennan und Predi-

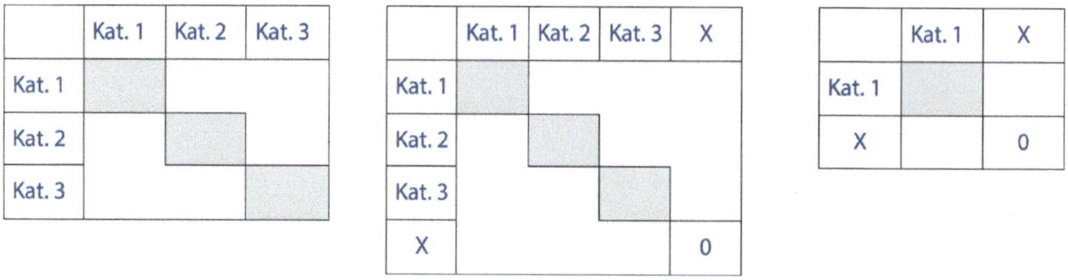

Abb. 19.7 Bestimmung der zufälligen Übereinstimmung (*grau*); „X" steht für „nicht codiert"

ger (1981)[3]. Anstatt die erwartete Zufallsübereinstimmung über die Randverteilung zu bestimmen, wird hier die Anzahl der Kategorien herangezogen. Es ist leicht nachvollziehbar, dass die Wahrscheinlichkeit der zufälligen Übereinstimmung bei zunehmender Kategorienanzahl abnimmt. Rechnerisch ergibt sich Pc als 1/n, wobei n der Anzahl der verwendeten Kategorien entspricht. Dies ist in der linken Tabelle in Abb. 19.7 grafisch veranschaulicht: Die Anzahl der grauen Zellen mit Übereinstimmungen auf der Hauptdiagonalen entspricht der Kategorienanzahl n, die Gesamtfläche der Tabelle entspricht n^2 Zellen, somit ergibt sich eine zufällige Übereinstimmung von $n/n^2 = 1/n$.

Für den häufig auftretenden Fall, dass sich die Codierenden bei der Anzahl vergebener Kategorien pro Segment unterscheiden dürfen, kann die erwartete Zufallsübereinstimmung leicht nach unten korrigiert werden. Wie die mittlere Tabelle in Abb. 19.7 zeigt, kommt in diesem Fall gewissermaßen eine weitere Kategorie „X" hinzu, die so viel bedeutet wie „nicht codiert". Da die Anzahl der Zellen mit zufälliger Übereinstimmungen immer noch der Kategorienanzahl n entspricht, errechnet sich Pc nun mit $n/(n+1)^2$. MAXQDA gibt den so errechneten Wert ebenfalls aus. Im Beispiel liegt er mit 0,78 leicht über dem „normalen" Kappa-Wert von 0,76. Wie die Tabelle ganz rechts in Abb. 19.7 verdeutlicht, muss dieser Wert auch für den Fall genommen werden, dass nur ein Code ausgewertet wird, den die Codierenden zugewiesen haben – oder nicht (Spalte/Zeile „X").

▶ **Hinweis** MAXQDA gibt also nicht Cohens Kappa, sondern Kappa nach Brennan und Prediger (1981) aus, die ihren Koeffizienten mit einem griechischen Kappa mit tiefgestelltem n benannt haben: κ_n. In einer Publikation, in der man die Ergebnisse der Berechnung in MAXQDA angibt, sollte ein Hinweis auf Brennan und Prediger erfolgen, um Verwechslungen zu vermeiden.

Offensichtlich nimmt die auf diese Art und Weise berechnete Zufallsübereinstimmung mit zunehmender Kategorienzahl ab. Angenommen, es hat sich eine prozentuale Übereinstimmung von 90 % ergeben. Dann führt die Zufallskorrektur bei zwei Kategorien zu einem Kappa von 0,80 und bereits bei zehn Kategorien liegt Kappa bei 0,89.

---

[3] Krippendorff (2004, S. 417) weist darauf hin, dass dieser Vorschlag bereits 1954 von Bennett et al. formuliert wurde und später von mehreren Autor_innen, unter anderem von Brennan und Prediger (1981), mit leichten Variationen „erneut erfunden" wurde.

19.5 Berechnung zufallskorrigierter Koeffizienten wie Kappa

Wie ist die Höhe von Kappa zu bewerten? Brennans und Predigers Kappa kann Werte zwischen $-1{,}00$ und $+1{,}00$ annehmen; ein Wert von 0 entspricht einem Gleichstand mit dem Zufall, ein Wert von $+1$ entspricht perfekter Übereinstimmung der Codierenden – weiter kann man nicht vom Zufall entfernt sein. 1,00 wird immer dann erreicht, wenn die prozentuale Übereinstimmung der beiden Codierer_innen bei 100 % liegt. Zwar kann man sich für die Interpretation der Höhe an den Benchmark-Hinweisen zu Cohens Kappa orientieren, nach denen in Anlehnung an Landis und Koch (1977) ab 0,61 von einem guten („substantial") und ab 0,81 („almost perfect") von einem sehr guten Ergebnis gesprochen wird. Doch sind solche Benchmarks sehr kritisch zu betrachten. Zum einen kann Cohens Kappa rein rechnerisch in vielen Fällen niemals den Wert 1,00 erreichen, weshalb die genannten Schwellenwerte für Kappa nach Brennan und Prediger tendenziell erhöht, keinesfalls erniedrigt werden sollten. Zum anderen gilt wie bei der prozentualen Übereinstimmung, dass der festgelegte Schwellenwert bzw. die Bewertung der Höhe auch inhaltlich begründet werden sollte, beispielsweise indem erläutert wird, welche verbleibenden Nicht-Übereinstimmungen durch die Grenzziehung in Kauf genommen wurden.

Wir wollen diesen Abschnitt mit zwei wichtigen Hinweisen schließen: *Erstens* sollte unserer Ansicht nach die Berechnung und Publikation eines zufallskorrigierten Koeffizienten die qualitativ Forschenden keineswegs dazu verleiten, die Verbesserung des Kategoriensystems aus dem Auge zu verlieren. Und *zweitens* ist es für die Berechnung zufallskorrigierter Koeffizienten notwendig, dass die zu codierenden Segmente, also die Codiereinheiten, *a priori* festgelegt wurden. Wenn die Codierenden die Segmentgrenzen frei bestimmen dürfen, hat die Berechnung zufallskorrigierter Koeffizienten der Übereinstimmung keinen Sinn. Der Grund dafür liegt auf der Hand: Selbst bei einem einseitigen Text mit 2000 Zeichen tendiert die Wahrscheinlichkeit P_c, dass zwei Codierende genau die gleichen Zeichen zufällig auswählen und ihnen den gleichen Code zuweisen gegen Null. Eine Zufallskorrektur ist daher gar nicht notwendig.

Die Analysearbeit dokumentieren und archivieren

20

In der Diskussion um Gütekriterien und Standards qualitativer Forschung spielen die Kriterien Glaubwürdigkeit, Verlässlichkeit, Zuverlässigkeit und Auditierbarkeit eine wichtige Rolle. Im Kern geht es um eine umfassende Dokumentation des Forschungsprozesses, und zwar aller Phasen eines Projektes von der Konzeption und Datenerhebung bis zur Datenauswertung. Mithilfe von MAXQDA lässt sich all dies hervorragend bewerkstelligen. Alle Daten und Analyseprozesse können dokumentiert werden, z. B. die Originalaufnahmen von Interviews, die damit synchronisierten Transkriptionen, Videos und Quellenmaterial, Protokolle über die Interviewsituation, die entwickelten Kategorien und ihre Definitionen, das Kategoriensystem und der Prozess, wie sich dieses entwickelt hat, und vieles anderes mehr. Auf der einen Seite stehen also die Analyse und die Präsentation der Ergebnisse und auf der anderen Seite die Dokumentation des Gangs der Forschung. In diesem Kapitel stehen Fragen der Dokumentation und der Archivierung im Mittelpunkt, bisher vorgestellte Funktionen und Instrumente von MAXQDA werden aus diesem Blickwinkel erneut beleuchtet, zudem werden neue Funktionen beschrieben, die explizit für diese Zwecke konzipiert wurden.

> **In diesem Kapitel**
>
> ✓ Memos kontinuierlich nutzen: Projektbeschreibung, Postskriptum, Code-Definitionen
> ✓ Das Logbuch als Forschungstagebuch nutzen
> ✓ Die Dokumentationsfunktionen kennenlernen
> ✓ Das Kategoriensystem mit der Codebuch-Funktion dokumentieren
> ✓ Die Codierungen mit Hilfe des Smart Publishers zusammenstellen
> ✓ Einen Audit-Trail anlegen: Wie hat sich alles im Analyseverlauf entwickelt?
> ✓ Die Analysearbeit und die Daten archivieren und weitergeben

20.1 Dokumentation ist Pflicht

Glaubwürdigkeit, Verlässlichkeit und Auditierbarkeit sind zentrale Gütekriterien qualitativer Forschung. In diesem Kontext spielt Dokumentation eine wichtige Rolle. Es sollte für die Rezipient_innen nachvollziehbar sein, welche Methode gewählt und wie während der Analyse vorgegangen wurde. Bei einer Studie, in der offene Interviews oder Experteninterviews mit der Methode der qualitativen Inhaltsanalyse ausgewertet wurden, sollte Folgendes dokumentiert werden (Kuckartz 2016, S. 222):

- die Auswahl der Forschungsteilnehmenden,
- die Regeln, nach denen transkribiert wurde,
- der Interviewleitfaden,
- der Begleitfragebogen, sofern ein solcher verwendet wurde,
- Angaben zur Länge der einzelnen Interviews und der Spannweite der Interviewdauer,
- das Kategoriensystem einschließlich von Beispielen, d. h. codierten Segmenten einzelner Kategorien,
- mindestens ein Transkript als Beispiel für die erhobenen Daten und die Art der Verschriftlichung (sofern es seitens der Gutachter_innen bei einer Qualifikationsarbeit verlangt wird),
- der Prozess der Entwicklung des Kategoriensystems im Verlaufe der Analyse.

Einen Überblick über das gesamte Projekt gibt bereits die Funktion *Projektinformation,* die im Tab *Reports* zu finden ist (Abb. 20.1). Die Ausgabe listet u. a. die Projektbeschreibung aus dem Projekt-Memo sowie zahlenmäßige Angaben zu den Dokumentgruppen und Dokumenten, den Kategorien und vorgenommenen Codierungen.

Sowohl die „Liste der Codes" als auch die „Liste der Dokumente" lassen sich zur Dokumentation des Kategoriensystems und der bearbeiteten Fälle exportieren und drucken. In beiden Fällen geht dies über die Funktionen *Export* bzw. *Drucken*, ebenfalls im Tab *Reports*.

Abb. 20.1 Funktionen im Tab „Reports"

Tab. 20.1 Übersicht über verschiedene Memotypen zur Dokumentation

Memotyp	Wo verfügbar?	Bedeutung für die Dokumentation
Projekt-Memo	Wurzel der „Liste der Dokumente"	Projektbeschreibung: Design, Sampling, Erhebungen
Dokumentgruppen-Memo	Bei der Dokumentgruppe in der „Liste der Dokumente"	Beschreibung dieser Dokumentgruppe und ggf. der Kriterien für die Auswahl von Forschungsteilnehmenden bzw. der Sampling-Strategie
Dokument-Memo	Beim Dokument in der „Liste der Dokumente"	Postskriptum, Informationen zum Interviewverlauf, unter Umständen auch Fallzusammenfassung
Code-Memo	„Liste der Codes"	Kategoriendefinitionen mit Ankerbeispielen
Freies Memo	„Übersicht Memos" im Tab „Reports"; neues Memo auch über „Freies Memo" im Tab „Analyse"	Alle Informationen, die nicht mit bestimmten Dokumenten, Dokumentgruppen oder Codes verbunden sind, z. B. der Interviewleitfaden

20.2 Die Memos als wichtige Hilfsmittel zur Dokumentation

Mit der Dokumentation des Forschungs- und Analyseprozesses sollte gleich am Anfang eines Projektes begonnen werden. Unter den Werkzeugen, die MAXQDA hierfür zur Verfügung stellt, nehmen die Memos eine wichtige Rolle ein. Tab. 20.1 gibt einen Überblick über die unterschiedlichen Memoarten und ihre Funktionen für die Dokumentation.

Wie Memos im Detail aussehen und wie sie zu handhaben sind, ist in Kap. 3 und 5 beschrieben. Wichtig sind auch die Export-Funktionen, die über **Reports > Übersicht Memos** aufgerufen werden; hiermit wird es möglich, eine Auswahl von Memos als RTF-Datei für Word- oder als Excel-Datei zu exportieren, sodass diese als Grundstock für den Dokumentationsteil eines Projektberichts oder einer Qualifikationsarbeit dienen können.

20.3 Das Logbuch als digitales Forschungstagebuch

Die Praxis, ein Forschungstagebuch zu führen, stammt ursprünglich aus der Ethnologie und der Feldforschung, verdient es aber, auch von anderen Disziplinen übernommen zu werden. Das Forschungstagebuch ist ständiger Begleiter der Forschung, und zwar am besten vom Beginn der Forschung an. Hier sollte nicht nur alles festgehalten werden, was im Verlauf der Forschung geschehen ist und was man im Feld von Forschungsteilnehmenden erfahren hat, auch Reflektionen und geplante Erhebungen und Analysen sollten hier notiert werden. So hat das Forschungstagebuch eine doppelte Funktion, zum einen ist es ein Instrument, das der Dokumentation und der eigenen Erinnerung dient, also quasi selbstbezüglich ist, zum anderen ist es die optimale Grundlage, um für andere, z. B. die Scientific Community, eine nachvollziehbare und detaillierte Beschreibung des Forschungsprozesses zu erstellen; insofern ist das Forschungstagebuch auch nach außen, in Richtung „Präsentieren" gerichtet.

In MAXQDA lässt sich ein Forschungstagebuch mit der Funktion „Logbuch" erstellen und kontinuierlich führen. Der Begriff „Logbuch" stammt aus der Seefahrt. Es dient dort dazu, alle bedeutsamen Ereignisse und Beobachtungen in einem fortlaufenden Tagebuch zu archivieren. Eine ähnliche Funktion hat das Logbuch von MAXQDA. Hier können alle Vorgänge rund um das Projekt und die Datenauswertung festgehalten werden. Aufgerufen wird das Logbuch im Tab *Start*. Es öffnet sich ein Fenster, das unterhalb der Kopfzeile eine Symbolleiste besitzt. Die Symbole sind selbsterklärend, sie dienen dazu, den Text des Logbuchs zu formatieren, beispielsweise eine Schriftart, Schriftgröße oder Schriftfarbe zu wählen; auch lässt sich das Logbuch drucken und als Datei exportieren.

Ein neuer Eintrag lässt sich einfügen, indem man auf das Symbol *Neuer Logbuch-Eintrag* klickt, das ganz links in der Symbolleiste zu finden ist. Dies bewirkt, dass das aktuelle Datum, die Uhrzeit sowie der Benutzername im Logbuch protokolliert werden. Das Logbuch wird wie eine Schriftrolle angelegt, d. h. neu Einträge werden immer von oben in das Logbuch eingefügt.

20.4 Einen Text mit Absatznummern und Codierungen exportieren und ausdrucken

Nur selten wird man eine vollständige Dokumentation der Rohdaten anfertigen wollen, denn schließlich käme schon bei 20 bis 30 offenen Interviews eine beträchtliche Menge an Text zusammen, die als Ausdruck schnell einen Aktenordner füllen würde. Sehr häufig wird man aber – insbesondere bei Dissertationen und Masterarbeiten – ein oder mehrere Beispiele für die erhobenen Rohdaten in den Anhang der Arbeit integrieren wollen. Hilfreich ist es dann, eine Fassung eines Textes zu erstellen, die mit Absatznummern versehen ist. Dazu geht man folgendermaßen vor:

- Den betreffenden Text öffnen.
- Im „Dokument-Browser" auf das Symbol *Angezeigtes Dokument exportieren* klicken.
- Im folgenden Dateidialog das gewünschte Ausgabeformat wählen (in der Regel empfiehlt sich hier das RTF-Format, das von Word und anderen Schreibprogrammen gelesen werden kann).
- Die Frage „Textdokument mit Paragraphennummern exportieren?" bejahen.

Der exportierte Text wird immer als Tabelle gespeichert, wobei die erste Spalte die Paragraphennummern enthält. Es besteht auch die Möglichkeit, gleichzeitig mehrere Texte zu exportieren, und zwar über *Export* im Tab *Reports*. Nach Anklicken dieser Option besteht dann die Möglichkeit zwischen *Alle Dokumente* oder *Alle aktivierten Dokumente* auszuwählen.

20.4 Einen Text mit Absatznummern und Codierungen exportieren

Wenn eine gedruckte Version des Textes gewünscht wird, kann entweder die erzeugte und gespeicherte Export-Datei ausgedruckt werden oder es wird im **Dokument-Browser** das Symbol **Dokument drucken** gewählt. Beim Druck aus MAXQDA heraus bestehen im erscheinenden Druckdialog folgende Auswahlmöglichkeiten:

- Anzahl der Kopien
- Auswahl der zu druckenden Seiten
- Hoch- oder Querformat
- Einstellung der Seitenränder
- Bestimmen einer Kopf- und Fußzeile
- Ausgabe der Seitenzahl
- Visualisierung der Codierungen
- Visualisierung der Memos
- Maximale Breite der Visualisierungsspalte

Um die eigene Vorgehensweise und die geleistete Codierarbeit zu dokumentieren, ist es oft sinnvoll einen exemplarischen Text oder einen Auszug desselben anzufertigen, bei dem die Codierstreifen am Seitenrand angezeigt und ggf. auch die codierten Textpassagen farblich hervorgehoben sind. Ein entsprechend aufbereiteter Textauszug ist in Abb. 20.2 zu sehen. Anstelle eines Ausdrucks kann auch eine PDF-Datei erstellt werden, die sich verschicken oder Archivieren lässt. Hierfür muss unter Windows ein PDF-Drucker installiert werden. Dies ist auf Mac-Computern nicht notwendig, hier kann durch Klick auf den Button mit den drei Punkten neben der Druckerauswahl ein weiterer Dialog aufgerufen werden, in dem links unten PDF als Ausgabeformat gewählt werden kann.

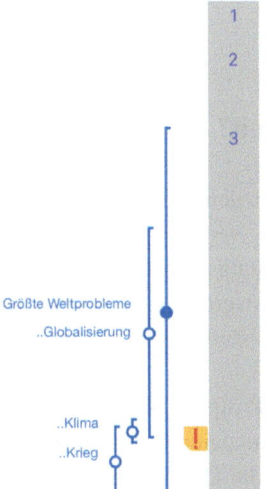

Abb. 20.2 Textauszug mit visualisierten Codierungen und Memos

20.5 Das Kategoriensystem und die codierten Segmente dokumentieren

Bei kategorienbasierten Analysemethoden stehen natürlicherweise die Kategorien und ihre Definitionen im Mittelpunkt des Interesses. Ein Überblick über die Codes lässt sich bereits über *Export > Liste der Codes* bzw. *Drucken > Liste der Codes* – beides im Tab *Reports* – gewinnen. Beim Exportieren lässt sich das Ausgabeformat bestimmen und auf Wunsch werden auch die Code-Memos exportiert.

Mit der Funktion *Reports > Codebuch* besteht die Möglichkeit, automatisch ein Kategorienhandbuch zu erzeugen. Alle oder nur die ausgewählten Codes werden im Codebuch in der Reihenfolge des Codesystems gelistet und zu jedem Code wird das zugehörige Code-Memo ausgegeben. Weitere Optionen erlauben die Ausgabe der Häufigkeiten der Codes und Subcodes sowie die Vereinheitlichung des Schrifttyps der Memos. Das fertige Codebuch enthält die Kategoriendefinitionen der einzelnen Codes, so wie diese in den Code-Memos festgehalten sind. Die Codebuch-Funktion spart sehr viel Arbeit bei der Erstellung eines Anhangs für einen Forschungsbericht.

Das Codebuch wird im RTF-Format erstellt und lässt sich problemlos mit Textverarbeitungsprogrammen weiterbearbeiten. Es enthält ein Deckblatt mit dem Titel „Codebuch", dem Projektnamen und dem Erstelldatum. Auf der folgenden Seite ist das Codesystem in tabellarischer Form aufgeführt. Im Hauptteil werden die jeweiligen Codes mit den zugehörigen Memos in der Reihenfolge des Codesystems aufgelistet.

Ein sehr komfortables Werkzeug, das automatisch einen Report der vorgenommenen Codierungen erzeugt, ist der Smart Publisher (Aufruf über *Reports > Smart Publisher*). Er wurde bereits in Kap. 9 ausführlich mit seinen verschiedenen Optionen dargestellt. Im Kontext der Projekt-Dokumentation eignet sich der Smart Publisher vor allem dazu, die für eine oder mehrere ausgewählte Kategorien vorhandenen Codierungen in einheitlichem Layout einschließlich Quellenangabe zu listen.

20.6 Audit-Trail: Wie hat sich das Projekt entwickelt?

Im Deutschen existiert bislang kein korrespondierender Begriff zu dem englischen Begriff „Audit Trail". Diesen kann man am ehesten mit „Prüfpfad" oder „verlässlicher Prüfpfad" übersetzen. Audit Trail bezeichnet die chronologische Aufzeichnung aller durchgeführten Operationen, also in der empirischen Sozialforschung beispielsweise die Genese eines Kategoriensystems. In Katalogen von Gütekriterien findet man häufig „Auditierbarkeit" (Auditability), womit das Gleiche gemeint ist.

Ein einfacher, gleichwohl sehr effektiver Weg einen solchen Prüfpfad für das gesamte Projekt zu ermöglichen sieht so aus, dass die MAXQDA-Projektdateien in regelmäßigen Abständen dupliziert und gespeichert werden. Dies wird über die Option *Projekt speichern unter* im Tab *Start* bewerkstelligt. An den vorgeschlagenen Dateinamen sollte das aktuelle Datum angehängt werden und die Frage, ob man mit der Kopie weiterarbeiten möchte, sollte verneint werden.

Um speziell die Entwicklung des Kategoriensystems oder einzelner Kategorien und Subkategorien im Verlauf des Analyseprozesses zu dokumentieren, empfiehlt es sich, zu verschiedenen Zeitpunkten eine visuelle Darstellung mittels des in Kap. 16 beschriebenen visuellen Werkzeugs MAXMaps zu erstellen. Dieses wird im Tab *Visual Tools* gestartet. Die Codes, deren Entwicklung dokumentiert werden soll, zieht man in die Arbeitsfläche hinein und fügt anschließend deren Subcodes hinzu, wobei die Strichstärke der Verbindung die Häufigkeit der Subcodes anzeigen kann. Wenn auf diese Weise zu mehreren Zeitpunkten Diagramme erzeugt werden, lässt sich später die kontinuierliche Entwicklung des Codesystems auch visuell, z. B. in einer PowerPoint-Präsentation, darstellen. Eine detaillierte Beschreibung der Handhabung von MAXMaps ist in Kap. 16 zu finden.

20.7 MAXQDA-Projekte und Daten weitergeben und archivieren

Angenommen die Betreuer_in einer Masterarbeit oder Dissertation möchte sich einen Eindruck von der bisherigen Auswertungsarbeit machen und sich anschauen, was mit welchen Codes codiert wurde, wie das Codesystem aussieht und dergleichen mehr. Dieses Ansinnen wirft einige Fragen auf, zum Beispiel: Welche Elemente lasse ich im Projekt drin, was nehme ich raus? Kann ich die Rohdaten einfach so weitergeben? Ferner mag es sein, dass die Betreuer_in keine MAXQDA-Lizenz besitzt. Was dann?

Beantworten wir die Fragen der Reihe nach: Persönliche Aufzeichnungen, noch unausgegorene Ideen und dergleichen, sollten nicht in einem zur Weitergabe vorgesehenen Projekt verbleiben. Falls noch nicht vollständig und konsequent geschehen, muss das Material vor jeglicher Weitergabe vollständig anonymisiert werden. Da eine solche Anonymisierung in jedem Fall vorzunehmen ist, wird diese noch mit dem Originalprojekt vorgenommen. Anschließend wird mit *Projekt speichern unter* (im Tab *Start*) die Fassung für die Weitergabe erzeugt. Aus dieser Kopie werden die nicht benötigten Elemente, z. B. persönliche Memos gelöscht. In dieser Form kann das MAXQDA-Projekt dann an die Gutachter_innen weitergegeben werden. In der Regel besteht ein MAXQDA-Projekt nur aus einer einzigen Datei, was allerdings nicht der Fall ist, wenn auch Multimediadaten bearbeitet werden. Solche Dateien werden, wie auch PDF-Dateien ab einer bestimmten Größe (welche in den *Einstellungen* wählbar ist) als externe Dateien gespeichert. Mittels *Externe Dateien auflisten* (im Tab *Start*) lässt sich ein Überblick über Anzahl und Größe und Speicherort der externen Dateien erhalten (Abb. 20.3).

Die externen Dateien können mittels der im Tab *Start* verfügbaren Option *Externe Dateien bündeln* in einem Zip-Archiv zusammengestellt werden. Diese Zip-Datei erhält den Namen „projektname.mx18.zip" und wird im gleichen Ordner wie die Projektdatei gespeichert. Sie kann dann zusammen mit der MAXQDA-Projektdatei weitergegeben werden und wird, sofern sie im gleichen Ordner wie das Projekt liegt, beim Öffnen des MAXQDA-Projekts am Zielort automatisch in den Ordner für externe Dateien entpackt.

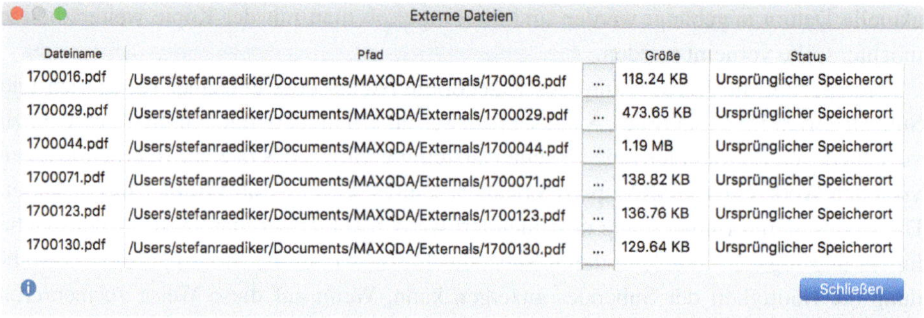

Dateiname	Pfad	Größe	Status
1700016.pdf	/Users/stefanraediker/Documents/MAXQDA/Externals/1700016.pdf	118.24 KB	Ursprünglicher Speicherort
1700029.pdf	/Users/stefanraediker/Documents/MAXQDA/Externals/1700029.pdf	473.65 KB	Ursprünglicher Speicherort
1700044.pdf	/Users/stefanraediker/Documents/MAXQDA/Externals/1700044.pdf	1.19 MB	Ursprünglicher Speicherort
1700071.pdf	/Users/stefanraediker/Documents/MAXQDA/Externals/1700071.pdf	138.82 KB	Ursprünglicher Speicherort
1700123.pdf	/Users/stefanraediker/Documents/MAXQDA/Externals/1700123.pdf	136.76 KB	Ursprünglicher Speicherort
1700130.pdf	/Users/stefanraediker/Documents/MAXQDA/Externals/1700130.pdf	129.64 KB	Ursprünglicher Speicherort

Abb. 20.3 Auflistung extern gespeicherter Dateien

Was aber tun, wenn die Gutachter_innen selbst keine MAXQDA-Lizenz haben? In diesem Fall können diese ja eigentlich mit der Projektdatei wenig anfangen. Für diese Zwecke gibt es den „MAXQDA Reader". Dies ist eine kostenlose MAXQDA-Version, die zum Anschauen von Projekten und zum Nachvollziehen der analytischen Arbeit dient. Mit dem Reader ist es nicht möglich, die Daten zu bearbeiten und beispielsweise Codierungen vorzunehmen, aber Projekte lassen sich hiermit speziellen Zielgruppen zugänglich machen; so wird der MAXQDA Reader beispielsweise auch in Museen und Bibliotheken genutzt.

Bei Abschlussarbeiten, wie Bachelor-/Masterarbeiten oder Dissertationen, stellt sich häufig die Frage, was dokumentiert werden soll und ob dies im Text der Arbeit oder in gesonderter Form, beispielsweise einem Anhang oder einer beigelegten DVD, geschehen soll. Allgemeingültige Regeln lassen sich hierfür schwer angeben, da es häufig institutsspezifische Traditionen und/oder spezielle Anforderungen der Gutachter_innen gibt. Das bedeutet, man ist gut beraten, zunächst in Erfahrung zu bringen, was im konkreten Fall erwartet wird und dann erst mit der Arbeit an der entsprechenden Dokumentation zu beginnen. In der Regel sollten – je nach Analysemethoden – die zentralen Codes bzw. das entwickelte Kategoriensystem im Text der Arbeit dokumentiert werden, während die Kategoriendefinitionen eher in den Anhang gehören. Häufig ist es auch sinnvoll, Beispiele für die Rohdaten – etwa einige transkribierte Interviews – im Anhang zu dokumentieren. Wie dies zu geschehen hat, ist ja bereits zu Beginn des Kapitels beschrieben.

Seit vielen Jahren wird diskutiert, ob es nicht auch für qualitative Daten sinnvoll wäre, diese für Sekundäranalysen zu archivieren und interessierenden Forscher_innen zur Verfügung zu stellen (Corti et al. 2005; Medjedović 2014). In Großbritannien gibt es bereits seit längerem ein spezielles Datenarchiv namens ESDS Qualidata an der University of Essex, das Teil des UK Data Service ist. Wenn man die eigenen Daten solchen Archiven zur Verfügung stellen möchte, sollte man allerdings nochmals im Detail prüfen, ob die vorgenommene Archivierung ausreicht und ob die Weitergabe der Daten durch die informierte Einwilligung, die in der Regel zu Beginn der Datenerhebung eingeholt wird, auch gedeckt wird. Spezielle Probleme gibt es hier im Fall von Videodaten, die sich ja nicht ohne Weiteres anonymisieren lassen.

Literatur

Bacher, J., Pöge, A., & Wenzig, K. (2010). *Clusteranalyse: Anwendungsorientierte Einführung in Klassifikationsverfahren* (3. Aufl.). München: Oldenbourg.

Baur, N., Kelle, U., & Kuckartz, U. (Hrsg.). (2017). *Mixed methods*. Wiesbaden: Springer VS.

Bazeley, P. (2009). Editorial: Integrating data analyses in mixed methods research. *Journal of Mixed Methods Research, 3*(3), 203–207. doi: 10/dqbcxc.

Bazeley, P. (2010). Computer assisted integration of mixed methods data sources and analysis. In A. Tashakkori & C. Teddlie (Hrsg.), *SAGE handbook of mixed methods in social and behavioral research* (2. Aufl., S. 431–467). Thousand Oaks: SAGE.

Bazeley, P. (2012). Integrative analysis strategies for mixed data sources. *American Behavioral Scientist, 56*(6), 814–828. doi: 10/dpvnfx.

Bazeley, P. (2013). *Qualitative data analysis: Practical strategies*. Thousand Oaks: SAGE.

Bazeley, P. (2017). *Integrating analyses for mixed methods research*. Thousand Oaks: SAGE.

Bohnsack, R. (2014). *Rekonstruktive Sozialforschung: Einführung in qualitative Methoden* (9. Aufl.). Opladen: Verlag Barbara Budrich.

Brennan, R. L., & Prediger, D. J. (1981). Coefficient kappa: Some uses, misuses, and alternatives. *Educational and Psychological Measurement, 41*(3), 687–699. doi: 10/d22q4b.

Bryman, A. (2006). Integrating quantitative and qualitative research: How is it done? *Qualitative Inquiry, 6*, 97–113. https://doi.org/10.1177/1468794106058877.

Bryman, A. (2007). Barriers to integrating quantitative and qualitative research. *Journal of Mixed Methods Research, 1*(1), 8–22. doi: 10/ff72cf.

Charmaz, K. (2006). *Constructing grounded theory*. Thousand Oaks: SAGE.

Charmaz, K. (2014). *Constructing grounded theory* (2. Aufl.). Thousand Oaks: SAGE.

Cohen, J. (1960). A coefficient of agreement for nominal scales. *Educational and Psychological Measurement, 20*(1), 37–46. doi: 10/dghsrr.

Corbin, J. M., & Strauss, A. L. (2015). *Basics of qualitative research: Techniques and procedures for developing grounded theory* (4. Aufl.). Thousand Oaks: SAGE.

Corti, L., Witzel, A., & Bishop, L. (2005). On the potentials and problems of secondary analysis: An introduction to the FQS special issue on secondary analysis of qualitative data. *Forum Qualitative Sozialforschung / Forum: Qualitative Social Research, 6*(1). doi: 10/ch96.

Creswell, J. W. (2015). *A concise introduction to mixed methods research*. Thousand Oaks: SAGE.

Creswell, J. W. (2016a). *30 Essential skills for the qualitative researcher*. Thousand Oaks: SAGE.

Creswell, J. W. (2016b). Reflections on the MMIRA: The future of mixed methods: Task force report. *Journal of Mixed Methods Research, 10*(3), 215–219. doi: 10/gcsfks.

Creswell, J. W., & Plano Clark, V. L. (2011). *Designing and conducting mixed methods research* (2. Aufl.). Thousand Oaks: SAGE.

D'Andrea, L. M., Hodgen, C. M., & Heaton, M. (2016). Visualizing communication patterns among expert and novice counselors. *Journal of Professional Communication, 4*(2), 37–56. doi: 10/gc6vs5.

Diekmann, A. (2007). *Empirische Sozialforschung: Grundlagen, Methoden, Anwendungen* (4. Aufl.). Reinbek bei Hamburg: Rowohlt.

Dittmar, N. (2009). *Transkription. Ein Leitfaden mit Aufgaben für Studenten* (3. Aufl.). Wiesbaden: VS.

Döring, N., & Bortz, J. (2016). *Forschungsmethoden und Evaluation in den Sozial- und Humanwissenschaften* (5. Aufl.). Berlin: Springer.

Dresing, T., & Pehl, T. (2018). *Praxisbuch Interview, Transkription & Analyse: Anleitungen und Regelsysteme für qualitativ Forschende* (8. Aufl.). Marburg: Eigenverlag.

Ebert, T. (2013). Die Systematisierung visueller Darstellungsformen in der sozialwissenschaftlichen Forschung. Philipps-Universität Marburg, Marburg. https://archiv.ub.uni-marburg.de/diss/z2013/0712/. Zugegriffen: 27. Nov. 2017.

Erzberger, C., & Kelle, U. (2003). Making inferences in mixed methods: The rules of integration. In A. Tashakkori & C. Teddlie (Hrsg.), *Handbook of Mixed Methods in Social and Behavioral Research* (S. 457–488). Thousand Oaks: SAGE.

Feinstein, A. R., & Cicchetti, D. V. (1990). High agreement but low Kappa: I. the problems of two paradoxes. *Journal of Clinical Epidemiology, 43*(6), 543–549. doi: 10/fwqv5m.

Fetters, M. D., & Freshwater, D. (2015). Publishing a methodological mixed methods research article. *Journal of Mixed Methods Research, 9*(3), 203–213. doi: 10/gcsfkr.

Fielding, N., & Lee, R. M. (1998). *Computer analysis and qualitative research*. Thousand Oaks: SAGE.

Fink, A. (2010). *Conducting research literature reviews: From the internet to paper* (3. Aufl.). Thousand Oaks: SAGE.

Fölling-Albers, M., & Meidenbauer, K. (2010). Was erinnern Schüler/innen vom Unterricht? *Zeitschrift für Pädagogik, 56*(2), 229–248.

Glaser, B. G. (1992). *Basics of grounded theory analysis: Emergence vs forcing* (2. Aufl.). Mill Valley: Sociology Press.

Glaser, B. G., & Strauss, A. L. (1998). *Grounded theory: Strategien qualitativer Forschung*. Bern: Huber.

Glaser, B. G., & Strauss, A. L. (2010). *Grounded theory: Strategien qualitativer Forschung* (3. Aufl.). Bern: Huber.

Gough, D., Oliver, S., & Thomas, J. (2017). *An introduction to systematic reviews* (2. Aufl.). Thousand Oaks: SAGE.

Greene, J. C., Caracelli, V., & Graham, W. F. (2008). Identifying the purposes for mixed methods designs. In V. L. Plano Clark & J. Creswell (Hrsg.), *The mixed methods reader* (S. 121–148).

Guetterman, T., Creswell, J. W., & Kuckartz, U. (2015). Using joint displays and MAXQDA software to represent the results of mixed methods research. In M. T. McCrudden, G. J. Schraw & C. W. Buckendahl (Hrsg.), *Use of visual displays in research and testing: Coding, interpreting, and reporting data*. Charlotte: Information Age Publishing.

Gwet, K. L. (2008). Computing inter-rater reliability and its variance in the presence of high agreement. *The British Journal of Mathematical and Statistical Psychology, 61*(Pt 1), 29–48. doi: 10/frj36r.

Hamann, G. (2017). „Wir retten hier Leben!!!" Wie geht Facebook mit umstrittenen Beiträgen um? Ein Besuch beim hauseigenen Löschkommando in Berlin. *DIE ZEIT, 29*. http://www.zeit.de/2017/29/facebook-hatespeech-loeschung-heiko-maas. Zugegriffen: 9. Nov. 2017.

Hart, C. (2017). *Doing a literature review: Releasing the research imagination* (2. Aufl.). Thousand Oaks: SAGE.

Hatani, F. (2015). Analyzing high-profile panel discussion on global health: An exploration with MAXQDA. *Forum Qualitative Sozialforschung / Forum: Qualitative Social Research*, *16*(1). doi: 10/gc6vs6.

Heath, C., Hindmarsh, J., & Luff, P. (2010). *Video in qualitative research*. Thousand Oaks: SAGE.

Hesse, W., Merbeth, G., Frölich, R., & Endres, A. (1992). *Software-Entwicklung: Vorgehensmodelle, Projektführung, Produktverwaltung*. München: Oldenbourg.

Heyvaert, M., Hannes, K., & Onghena, P. (2016). *Using mixed methods research synthesis for literature reviews*. Thousand Oaks: SAGE.

Hilpert, J., Benighaus, L., & Scheel, O. (2012). Auswertung von Fokusgruppen mit MAXQDA am Beispiel des Projektes „Wahrnehmung der Fusionsenergie bei ausgewählten Bevölkerungsteilen". In M. Schulz, B. Mack & O. Renn (Hrsg.), *Fokusgruppen in der empirischen Sozialwissenschaft: Von der Konzeption bis zur Auswertung* (S. 170–194). Wiesbaden: VS.

Hopf, C. (2016). *Schriften zu Methodologie und Methoden qualitativer Sozialforschung*. Wiesbaden: Springer VS.

Hopf, C., & Schmidt, C. (1993). *Zum Verhältnis von innerfamilialen sozialen Erfahrungen, Persönlichkeitsentwicklung und politischen Orientierungen: Dokumentation und Erörterung des methodischen Vorgehens in einer Studie zu diesem Thema*. Hildesheim: Institut für Sozialwissenschaften der Universität Hildesheim.

Jahoda, M., Lazarsfeld, P. F., & Zeisel, H. (1975). *Die Arbeitslosen von Marienthal. Ein soziographischer Versuch über die Wirkungen langandauernder Arbeitslosigkeit* (25. Aufl.). Frankfurt am Main: Suhrkamp.

Johnson, R. B., Onwuegbuzie, A. J., & Turner, L. A. (2007). Toward a definition of mixed methods research. *Journal of Mixed Methods Research*, *1*(2), 112–133. doi: 10/fksqf8.

Kelle, U. (2007). *Die Integration qualitativer und quantitativer Methoden in der empirischen Sozialforschung: Theoretische Grundlagen und methodologische Konzepte*. Wiesbaden: VS.

Kelle, U., & Kluge, S. (2010). *Vom Einzelfall zum Typus: Fallvergleich und Fallkontrastierung in der Qualitativen Sozialforschung* (2. Aufl.). Wiesbaden: VS.

Kelle, U., Prein, G., & Bird, K. (1995). *Computer-aided qualitative data analysis: Theory, methods and practice*. Thousand Oaks: SAGE.

Knappertsbusch, F. (2017). Ökologische Validität durch Mixed-Methods-Designs: Die Nutzung qualitativer Interviews zur komplementären Ergänzung standardisierter Vorurteilsmessung. *KZfSS Kölner Zeitschrift für Soziologie und Sozialpsychologie*, *69*(S2), 337–360. doi: 10/gc7n75.

Kowal, S., & O'Connell, D. C. (2005). Zur Transkription von Gesprächen. In U. Flick, E. von Kardoff & I. Steinke (Hrsg.), *Qualitative Forschung: Ein Handbuch* (8. Aufl., S. 437–447). Reinbek bei Hamburg: Rowohlt.

Krippendorff, K. (1970). Bivariate agreement coefficients for reliability of data. *Sociological Methodology*, *2*, 139–150. doi: 10/dcrncd.

Krippendorff, K. (2004). Reliability in content analysis: Some common misconceptions and recommendations. *Human Communication Research*, *30*(3), 411–433. doi: 10/frt2c6.

Krueger, R. A., & Casey, M. A. (2015). *Focus groups: A practical guide for applied research* (5. Aufl.). Thousand Oaks: SAGE.

Kuckartz, U. (2014). *Mixed Methods: Methodologie, Forschungsdesigns und Analyseverfahren*. Wiesbaden: Springer VS.

Kuckartz, U. (2016). *Qualitative Inhaltsanalyse: Methoden, Praxis, Computerunterstützung* (3. Aufl.). Weinheim: Beltz Juventa.

Kuckartz, U. (2017). Datenanalyse in der Mixed-Methods-Forschung: Strategien der Integration von qualitativen und quantitativen Daten und Ergebnissen. *KZfSS Kölner Zeitschrift für Soziologie und Sozialpsychologie*, *69*(S2), 157–183. doi: 10/gcsjhp.

Kuckartz, U., & Rädiker, S. (2014). Datenaufbereitung und Datenbereinigung in der qualitativen Sozialforschung. In *Handbuch Methoden der empirischen Sozialforschung* (S. 383–396). Wiesbaden: Springer VS.

Kuckartz, U., Dresing, T., Rädiker, S., & Stefer, C. (2008). *Qualitative Evaluation: Der Einstieg in die Praxis* (2. Aufl.). Wiesbaden: VS.

Kuckartz, U., Ebert, T., Rädiker, S., & Stefer, C. (2009). *Evaluation online: Internetgestützte Befragung in der Praxis*. Wiesbaden: VS.

Kuckartz, U., Rädiker, S., Ebert, T., & Schehl, J. (2013). *Statistik: Eine verständliche Einführung* (2. Aufl.). Wiesbaden: VS.

Landis, J. R., & Koch, G. G. (1977). The measurement of observer agreement for categorical data. *Biometrics*, *33*(1), 159–174. doi: 10/dtzfj3.

Liamputtong, P. (2011). *Focus group methodology: Principles and practices*. Thousand Oaks: SAGE.

Mayring, P. (2015). *Qualitative Inhaltsanalyse: Grundlagen und Techniken* (12. Aufl.). Weinheim: Beltz.

Mayring, P., König, J., Birk, N., & Hurst, A. (2000). *Opfer der Einheit: eine Studie zur Lehrerarbeitslosigkeit in den neuen Bundesländern*. Opladen: Leske + Budrich.

Medjedović, I. (2014). *Qualitative Sekundäranalyse: Zum Potenzial einer neuen Forschungsstrategie in der empirischen Sozialforschung*. Wiesbaden: Springer VS.

Meyer, U.-K. (2014). MAXQDA11 Tipp des Monats: Wie verwalte ich meine Exzerpte in MAXQDA? [Blogbeitrag]. http://www.maxqda.de/blog/tipp-des-monats-wie-verwalte-ich-meine-exzerpte-maxqda/. Zugegriffen: 27. Nov. 2017.

Miles, M. B., Huberman, A. M., & Saldaña, J. (2013). *Qualitative data analysis: A methods sourcebook* (3. Aufl.). Thousand Oaks: SAGE.

Morgan, D. L. (2007). Paradigms lost and pragmatism regained: Methodological implications of combining qualitative and quantitative methods. *Journal of Mixed Methods Research*, *1*(1), 48–76. doi: 10/cn42c5.

Morgan, D. L. (2014). *Integrating qualitative and quantitative methods: A pragmatic approach*. Thousand Oaks: SAGE.

Morgan, D., & Hoffman, K. (2018). A system for coding the interaction in focus groups and dyadic interviews. *The Qualitative Report*, *23*(3), 519–531.

Onwuegbuzie, A. J., & Dickinson, W. (2008). Mixed methods analysis and information visualization: Graphical display for effective communication of research results. *The Qualitative Report*, *13*(2), 204–225.

Onwuegbuzie, A. J., & Teddlie, C. (2003). A framework for analyzing data in mixed methods research. In A. Tashakkori & C. Teddlie (Hrsg.), *Handbook of mixed methods in social and behavioral research* (S. 351–383). Thousand Oaks: SAGE.

Onwuegbuzie, A. J., Dickinson, W. B., Leech, N. L., & Zoran, A. G. (2009a). A qualitative framework for collecting and analyzing data in focus group research. *International Journal of Qualitative Methods*, *8*(3), 1–21. doi: 10/gcd43f.

Onwuegbuzie, A. J., Slate, J. R., Leech, N. L., & Collins, K. M. (2009b). Mixed data analysis: Advanced integration techniques. *International Journal of Multiple Research Approaches*, *3*(1), 13–33. doi: 10/fznj88.

Plano Clark, V. L., & Ivankova, N. V. (2016). *Mixed methods research: A guide to the field*. Thousand Oaks: SAGE.

Reichertz, J. (2014). Die Konjunktur der qualitativen Sozialforschung und Konjunkturen innerhalb der qualitativen Sozialforschung. In G. Mey & K. Mruck (Hrsg.), *Qualitative Forschung* (S. 87–102). Wiesbaden: Springer VS.

Reichertz, J. (2016). *Qualitative und interpretative Sozialforschung: Eine Einladung.* Wiesbaden: Springer VS.
Rose, D. (2000). Analysis of moving images. In M. W. Bauer & G. Gaskell (Hrsg.), *Qualitative researching with text, image and sound* (S. 247–262). Thousand Oaks: SAGE.
Saldaña, J. (2015). *The coding manual for qualitative researchers* (3. Aufl.). Thousand Oaks: SAGE.
Sandelowski, M., Voils, C., & Knafl, G. (2009). On quantitizing. *Journal of Mixed Methods Research, 3*(3), 208–222. doi: 10/bgncjx.
Sauerborn, E. (2014). MAXQDA11 Tipp des Monats: Wie ich meine Literatur in MAXQDA verwalte [Blogbeitrag]. http://www.maxqda.de/blog/tipp-des-monats-wie-ich-meine-literatur-maxqda-verwalte/. Zugegriffen: 27. Nov. 2017.
Schmidt, C. (2010). Auswertungstechniken für Leitfadeninterviews. In B. Friebertshäuser & A. Prengel (Hrsg.), *Handbuch qualitativer Forschungsmethoden in der Erziehungswissenschaft* (3. Aufl., S. 473–486). Weinheim: Juventa.
Schreier, M. (2012). *Qualitative content analysis in practice.* Thousand Oaks: SAGE.
Scott, W. A. (1955). Reliability of content analysis: The case of nominal scale coding. *Public Opinion Quarterly, 19*(3), 321–325. doi: 10/bzw9xp.
Silver, C., & Lewins, A. (2014). *Using software in qualitative research: A step-by-step guide* (2. Aufl.). Thousand Oaks: SAGE.
Stevens, P. E. (1996). Focus groups: Collecting aggregate-level data to understand community health phenomena. *Public Health Nursing (Boston, Mass.), 13*(3), 170–176.
Stewart, D. W., & Shamdasani, P. N. (2015). *Focus groups: Theory and practice* (3. Aufl.). Thousand Oaks: SAGE.
Strauss, A. L. (1998). *Grundlagen qualitativer Sozialforschung: Datenanalyse und Theoriebildung in der empirischen soziologischen Forschung* (2. Aufl.). München, Stuttgart: UTB.
Strauss, A. L., & Corbin, J. (1996). *Grounded Theory: Grundlagen Qualitativer Sozialforschung.* Weinheim: Beltz.
Tashakkori, A., & Teddlie, C. B. (Hrsg.). (2002). *Handbook of mixed methods in social & behavioral research.* Los Angeles: SAGE.
Teddlie, C., & Tashakkori, A. (2009). *Foundations of mixed methods research: Integrating quantitative and qualitative approaches in the social and behavioral sciences.* Thousand Oaks: SAGE.
Tesch, R. (1990). *Qualitative research: Analysis types and software tools.* New York: Falmer Press.
Tufte, E. R. (2001). *The visual display of quantitative information.* Cheshire: Bertrams.
Tuma, R., Schnettler, B., & Knoblauch, H. (2013). *Videographie: Einführung in die interpretative Videoanalyse sozialer Situationen.* Wiesbaden: Springer VS.
Vogl, S. (2017). Quantifizierung: Datentransformation von qualitativen Daten in quantitative Daten in Mixed-Methods-Studien. *KZfSS Kölner Zeitschrift für Soziologie und Sozialpsychologie, 69*(S2), 287–312. doi: 10/gc7n76.
Witzel, A. (2000). Das problemzentrierte Interview. *Forum Qualitative Sozialforschung / Forum: Qualitative Social Research, 1*(1). doi: 10/cmz4.
Woolley, C. M. (2009). Meeting the mixed methods challenge of integration in a sociological study of structure and agency. *Journal of Mixed Methods Research, 3*(1), 7–25. doi: 10/d4gtjk.
Zhao, P., Li, P., Ross, K., & Dennis, B. (2016). Methodological tool or methodology? Beyond instrumentality and efficiency with qualitative data analysis software [49 paragraphs]. *Forum Qualitative Sozialforschung / Forum: Qualitative Social Research, 2*(17), Art. 16. doi: 10/ch95.

If you have any concerns about our products,
you can contact us on
ProductSafety@springernature.com

In case Publisher is established outside the EU,
the EU authorized representative is:
**Springer Nature Customer Service Center GmbH
Europaplatz 3, 69115 Heidelberg, Germany**

Printed by Libri Plureos GmbH
in Hamburg, Germany